悦·读人生

冲突与秩序

简明社会学导论

第15版

[美]斯坦利·艾岑
（D. Stanley Eitzen） | [美]凯利·艾岑·史密斯
（Kelly Eitzen Smith） | [美]玛克辛·巴卡·津恩
（Maxine Baca Zinn） 著

张文潇　庞志 译

U0360898

IN CONFLICT
AND ORDER

Understanding Society

15th Edition

清華大學出版社

北京

北京市版权局著作权合同登记号　图字：01-2022-0478

Authorized translation from the English language edition, entitled IN CONFLICT AND ORDER: UNDERSTANDING SOCIETY，15th Edition, 9780135164686 by D. STANLEY EITZEN，KELLY EITZEN SMITH，MAXINE BACA ZINN,published by Pearson Education Limited, copyright © 2020 Pearson Education Limited. This edition is authorized for sale in the People's Republic of China (excluding Hong Kong SAR, Macao SAR and Taiwan).

All rights reserved. No part of this book may be reproduced or transmitted in any form or by any means, electronic or mechanical, including photocopying, recording or by any information storage retrieval system, without permission from Pearson Education Limited. CHINESE SIMPLIFIED language edition published by Tsinghua University Press Limited, copyright ©2024.

本书中文简体翻译版由培生教育出版集团授权给清华大学出版社出版发行。未经许可，不得以任何方式复制或传播本书的任何部分。本书经授权在中华人民共和国境内（不包括中国香港特别行政区、澳门特别行政区和台湾地区）销售和发行。

本书封面贴有 Pearson Education(培生教育出版集团) 激光防伪标签，无标签者不得销售
本书封面贴有清华大学出版社防伪标签，无标签者不得销售。
版权所有，侵权必究。举报：010-62782989，beiqinquan@tup.tsinghua.edu.cn。

图书在版编目 (CIP) 数据

冲突与秩序：简明社会学导论：第 15 版 /（美）斯坦利·艾岑 (D. Stanley Eitzen)，（美）凯利·艾岑·史密斯 (Kelly Eitzen Smith)，（美）玛克辛·巴卡·津恩 (Maxine Baca Zinn) 著；张文潇，庞志译 . —北京：清华大学出版社，2024.10
（悦·读人生）
书名原文：In Conflict and Order: Understanding Society Fifteenth Edition
ISBN 978-7-302-65491-9

Ⅰ . ①冲…　Ⅱ . ①斯… ②凯… ③玛… ④张… ⑤庞…　Ⅲ . ①社会学　Ⅳ . ① C91

中国国家版本馆 CIP 数据核字 (2024) 第 092322 号

责任编辑：刘志彬
封面设计：汉风唐韵
版式设计：方加青
责任校对：王凤芝
责任印制：刘海龙

出版发行：清华大学出版社
　　　　　网　　　址：https://www.tup.com.cn, https://www.wqxuetang.com
　　　　　地　　　址：北京清华大学学研大厦 A 座　　　邮　　编：100084
　　　　　社 总 机：010-83470000　　　　　　　　　邮　　购：010-62786544
　　　　　投稿与读者服务：010-62776969, c-service@tup.tsinghua.edu.cn
　　　　　质 量 反 馈：010-62772015, zhiliang@tup.tsinghua.edu.cn
印 装 者：三河市君旺印务有限公司
经　　销：全国新华书店
开　　本：185mm×260mm　　　印　　张：21.75　　　字　　数：499 千字
版　　次：2024 年 10 月第 1 版　　　印　　次：2024 年 10 月第 1 次印刷
定　　价：88.00 元

产品编号：093751-01

序言

对于任何社会的研究，最终都会触及秩序何以可能这个根本性的问题。社会学家斯坦利·艾岑（D. Stanley Eitzen）和他的女儿凯利·艾岑·史密斯（Kelly Eitzen Smith）、学生玛克辛·巴卡·津恩（Maxine Baca Zinn）在《冲突与秩序：简明社会学导论》这本著作中对此作出了深入的探讨。

本书的独到之处在于，作者引用大量的案例与当代的流行话题呈现出美国社会中的和谐与冲突、整合与分裂、稳定与变迁，并由此论证在任何一个社会中都必然包含着两种力量，即整合和稳定的力量与冲突和变迁的力量。在这种意义上，"秩序—冲突"构成了理解和解释社会生活的统一框架。

正如作者所说，这种二元性主要体现于社会层面。换言之，秩序与冲突的存在、发生与转变，也必然是要建立在社会之中的。因此，本书用了大量的篇幅来分析社会结构与社会过程，涵盖了人类被社会形塑的方式、不平等的社会系统、社会制度及社会变迁等经典议题。需要注意的是，社会虽然是本书探究的焦点，但这并不意味着我们对于个体的忽视乃至抛弃；相反，我们更应该认识到，一旦社会离开了人，秩序的观念便丧失了实际意义，正是人的存在赋予了一个社会以其秩序的存在。因此，我们必须关注的是，人自身是如何对社会秩序加以特别的赋予、维持和再创造的。在本书的结尾部分，作者将侧重点放在人类能动性上，利用在民权运动、女权运动、同性恋权利运动领域的案例，聚焦人类是如何以个体或集体的方式改变社会结构的，这有助于打破结构决定论的偏见。在这种意义上，个人与社会又构成了本书的另一个分析框架。

为了说明社会学概念与理论的普遍性，作者还尝试通过专栏和表格等方式将关注点从美国社会转向其他社会，并由此发展出一种全球性的视角。在这种比较视野下的社会学研究，进一步深化了我们对本书核心议题的思考，即：秩序何以可能？显然，在不同的社会情境中，人们维持秩序的手段各不相同。不过可以明确的是，无论在何种社会情境下，那种在由外向内强力制服之下的秩序，往往运程短暂，且易于受到各种抗拒性力量的打击，而最终自然地走向冲突乃至崩溃。反过来，那种由内而外对于共同性价值的认可，对于共同体的持久存在必然是不可或缺的。进而言之，秩序构建的基础必然是要在一种文化认同的逻辑下才会真正发生，否则这种秩序构建的基础便没有牢固性可言。

让我们暂且冲破冲突与秩序的视角，来重新审视社会学的研究问题。正如作者所言，社会学探索了我们个人生活、社会和世界的终极问题。在个人层面，社会学研究浪漫的爱情、暴力、身份认同、从众、越轨、个性和人际关系权力等现象的原因和后果。在社会层面，社会学对贫困、犯罪率、种族主义、性别歧视、恐同症、污染和政治权力做出研究和解释。在全球层面，社会学则研究诸如社会不平等、战争、冲突解决、移民模式、气候变化和人口增长等现象。以上这些主题全部被纳入本书的研究当中，因此，通过阅读本书，读者们可以快速地发展出一种社会学的视野和洞察力。这对个人来说很重要，它既有助于人们理解自身，也有助于人们了解其所身处其中的社会。这种理解对个体而言是一种解放，对社会而言是人们采取富有意义的社会行动以实现社会变迁的必要前提。

从原著的内容上看，这本著作既适合作为一种专业入门教材，也可以作为对社会学感兴趣的读者的基础普及性读物，还可以作为社会科学研究者的枕边书。从译著的水准上看，张文潇博士曾配合我完成多部译著，具有一定的翻译功底，而这本书作为她的首部译著，更是格外用心。为此，我很乐意为本书作序并向大家推荐，希望各位同仁可以沉浸于文字之中，感受社会学的魅力。

赵旭东
于北京

前言

许多刚入门的学生仅仅是通过一门课程接触社会学,这门课程将使他们以一个崭新且富有意义的方式去理解自身、他者、他们的社会以及其他社会。由此,本书最基本的目标就是帮助学生们发展出一种社会学的视角。

在第 1 章中,我们明确强调了这一目标,而它也隐含地贯穿了《冲突与秩序:简明社会学导论(第 15 版)》(以下简称《冲突与秩序》)整本书。社会学的视角关注行为的社会根源,这就需要通过质疑所有的社会制度来摆脱现存的神话和意识形态。社会学家关注最持久的问题之一是,谁从现有的风俗习惯和社会秩序中获益了?谁又没能获益?由于社会群体是由人构成的,因此它们并非不可更改的。那么,有没有更好的办法?

尽管在针对这些问题所做出的回答上存在一些争议,但从社会学的角度来看,比起这些回答,对那些被许多人视作不可更改的现有的社会制度提出质疑的意愿更为重要。这便是社会学视角之开端。但是,仅仅具有批判性还不够,社会学家必须有一个理解社会世界的一致方式,这将我们引向此版《冲突与秩序》的第二个目标,即对理解和解释社会生活的统一框架作出详细阐述。此版《冲突与秩序》假定,在所有的社会中,都存在一种固有的二元性。对于任何一个社会的现实分析必须包含两种力量,一种是整合与稳定的力量,另一种是导向冲突和变迁的力量。美国社会就以和谐与冲突,整合与分裂,稳定与变迁为其特征。要想充分理解社会结构的复杂性、社会变迁的机制及社会问题的根源,理解此类二元的综合是至关重要的。

然而,本书未能实现在秩序的观点与冲突的观点之间达成平衡这一目标。尽管两种观点都被融入了每一章,天平还是朝向冲突的观点倾斜了。这种不平衡是一种有意识的产物,关乎作为社会学家和教师的作者是如何看待社会结构与社会机制的。它除了表明我们所相信的是对社会的现实分析,还用它隐含的对现状的神圣化(sanctification)反驳了秩序观点的主流看法。鉴于美国社会持续存在一系列的社会问题,强调秩序的立场对我们来说是站不住脚的。不过,质疑现存的社会制度,将其视为社会问题的根源的冲突立场却是我们所赞同的。隐含于这一立场之中的是,以更为人道的方式重构社会。

我们强调冲突的方式而非秩序的模型,并不意味着《冲突与秩序》是一本论战性的著作。相反,我们是以一个平和(sympathetic)的视角去调查社会结构的。现有的制度的确有助于系统的稳定性及其保持。但重点在于,当讨论包含了相对大量的冲突视角时,它就成了一个对于系统的现实评估,而非过分乐观的判断。

在本书中,这种二元性主要体现于社会层面。尽管社会层面是我们探究的焦点,但小群体和个体层面也并未被忽略。适用于社会的原则也适用于我们所身处其中的小型社会组织,如家庭、工作群体、运动队、宗教组织和社团等。同样重要的是,社会学视角表明了社会力量是如何形塑个体身份的,以及群体成员身份是如何在许多重要方面决定个体的思想与行动的。在整本书特定的专栏中,个体与社会之间的关系得到了阐述,涉及影响个体的社会变迁与社会力量,以及我们尝试应对这些社会趋势时可以作出的选择。

本书的结构

本书分为五部分，第一部分（第 1~2 章）介绍了社会学视角、学科的基本概念，以及社会生活的二元性。这两章为后文分析美国社会结构（体制）及社会过程（变迁）打下了基础。这部分的重点在于社会的特征，尤其是美国社会的特征。

第二部分（第 3~6 章）描述了人类被社会形塑的方式。这部分的主题涉及引导我们作出选择的价值观，社会认同与人格的社会基础，控制个体与群体行为的机制，以及违背社会期望的越轨。在这四章中，我们既研究那些使生活在美国社会的人趋同的力量，也研究那些使人们与众不同的力量。

第三部分（第 7~10 章）关注不平等的体制。我们观察社会是如何把人们安排进高低有序的层次结构的。我们也研究了保障某些人能够享有比其他人更大的权力、更多的财富、更高的声望的机制，及其正向和负向的结果。其他章节则重点关注特定的分层结构，包括阶级、种族和性别。

第四部分（第 11~16 章）围绕所有社会的另一个特征，即社会制度的存在展开讨论。从历史观点来看，每个社会在满足其生存需要及其成员需求方面，都发展出了一种相当一致的方式。以家庭这类社会组织为例，它们确保了定期输入新成员，为幼者提供稳定的关怀与保护，并对性行为作出调节。除了围绕家庭所展开的讨论之外，第四部分的各个章节还致力于研究教育、经济、政策、宗教和医疗。要想理解社会，理解制度尤为重要，因为这些制度是其结构的一部分，它们抵制变迁，并且对人们公共和私人的生活都有着深远的影响。

第五部分（第 17~18 章）考察了社会变迁与人类能动性。第 17 章显示了三种主要的经济与人口社会力量，即全球化、移民问题及人口老龄化是如何引起社会变迁的。在第 18 章，我们利用民权运动、女权运动、同性恋权利运动领域的案例，集中关注自下而上的社会变迁。这一章的目标在于，通过聚焦人类是如何以个体或集体的方式改变社会结构的，批驳在前几章提到的结构决定论的偏见。

本书的主题

与前面的版本一样，本书第 15 版包括 4 个主题：多样性；不平等与寻求社会正义的斗争；变迁中的经济；全球性问题。第一，尽管围绕种族、阶级与性别展开的研究分为不同的章节，但对这类不平等的根源的探索贯穿全书的文本、图像与表格之中。第二，第 18 章乃至整本书中关于人类能动性的各种实例，无权势者组织起来获得权力，实现正向的社会变迁，如公民权、同性恋权利、残疾人权利以及在体育运动领域和工作场所中的性别平等，均驳斥了结构决定论这一倾向。第三，本书对经济结构转型的根源及其后果做了研究。这在美国社会中是一个关键性的转变，对个人、社区、社会乃至全球经济都产生了重大的影响。第四，通过描述、专栏和表格，本书的关注点经常会从美国社会转向其他社会。在此，全球性的视角是非常重要的，原因至少有两个：用以说明社会学概念的普遍性，以及帮助我们理解世界是如何变得愈加相互关联的。

从社会学的角度来看，这四个主题，即多样性，不平等与寻求社会正义的斗争，变迁中的经济，以及全球性问题，是有待研究的重要概念。我们认识到，社会问题本身是结构性的，社会变迁的步伐正在加快，而社会制度在改革和迎接挑战方面却进展缓慢。美国社会的问题事关重大，因此必须找到解决办法。但是理解必须先于行动，这是本书的目标之一。

最后，我们为自己是社会学家而感到自豪。我们同时希望你能够捕捉到社会学家对于发掘和理解社会生活的复杂性与神秘性的热情。

专题

为了帮助学生发展和培养社会学视角，本书整合了以下几个专题。

全球专栏介绍世界各国人民之间相互联系的例子。

多样性专栏强调对各种各样的群体、制度、选择和行为的包容与理解。

深入观察专栏围绕特定的主题作出了详细阐述。

媒体与社会专栏研究技术创新和社会媒体如何影响社会生活。

本版的更新部分

与之前的版本相比，本书第 15 版在以下几个方面有所不同，并作出改进。

最新的统计资料，包括最新的美国人口普查数据、劳工局就业数据、司法部犯罪数据等。另外，整本书都附有新的图、表。

更多关于经济变化的信息，广泛覆盖各种专题，具体涉及跨国公司的崛起，巨型合并，第四次工业革命，工作福利的减少，临时工和"零工"就业的增加，以及富人与普通人之间日益扩大的差距。

广泛覆盖权力与政治，涉及 2016 年美国总统大选的方方面面（竞选资金，游说，利用社会媒体等），我们在整本书中都强调唐纳德·特朗普（Donald Trump）当选后的政策变化，如美国和墨西哥之间的边境墙、旅行禁令，以及 2017 年的税制改革等。

覆盖了当代的流行话题，包括日益加剧的种族紧张局势，如出于种族动机的针对警察行动所产生的暴力与冲突，围绕枪支管控而不断增加的冲突，新型社会运动，如"下跪"（Take a Knee）[①]、"我也是"（Me too）[②]、"时间到了"（Time's Up）[③]，关于移民及其子女（追梦者）的争论，公众对媒体和"虚假"新闻的感受，以及围绕变性人权利的争议。

"媒体与社会"专栏贯穿全书。部分议题如下：性别与社交媒体，Facebook 游说，数字时代的家庭生活，美国电视节目上的家庭演变。关于社交媒体对社会各个方面的影响，贯穿全书。

增加健康与医疗的新章节，包括美国持续上升的医疗费用，不同阶层、种族、民族和性别的健康差异，医疗改革的政治学，以及从其他社会获得的关于替代医疗制度的经验教训。

---

① 译者注：2016 年 8 月，NFL 的黑人球员卡佩尼克（Kaepernick）为了抗议美国社会对黑人的歧视以及警察粗暴行为（police brutality），在比赛开始前演奏美国国歌时，以 "take a knee" 的方式表示不满。虽然此后他饱受包括总统在内的人的批评，还为此失业，但如今效仿的人却越来越多。

② 译者注：Me too（我也是），是女星艾丽莎·米兰诺（Alyssa Milano）等 2017 年 10 月针对美国金牌制作人哈维·韦恩斯坦（Harvey Weinstein）性侵多名女星丑闻发起的运动，呼吁所有曾遭受性侵的女性挺身而出说出惨痛经历，并在社交媒体贴文附上标签，借此唤起社会关注。

③ 译者注：娜塔丽·波特曼（Natalie Portman）等逾 300 名影星、编剧和导演公布组成反性侵联盟，以 "Time's Up"（时间到了）为名，帮助受性骚扰和性侵犯的女性，并筹款帮助她们打官司。"Time's Up" 反性侵联盟在《纽约时报》刊登全版广告，表示女性受性骚扰、工作不平等待遇等问题已经够了，必须改变现况。

关于作者

斯坦利·艾岑（D. Stanley Eitzen）（1934—2017）是科罗拉多州立大学社会学荣誉退休教授，曾在该校授课 21 年，并曾荣获约翰·N. 斯特恩杰出教授奖。在从堪萨斯大学获得博士学位之前，他曾在高中担任足球、篮球和田径教练，还教授社会学。回到学校后，他获得了社会学硕士学位（第二个硕士学位）和博士学位。40 多年来，他发表了大量的文章，并出版了多部教材，如《社会问题》《多样化家庭》《全球化：社会世界的转型》《社会问题的解决之道》《他国之鉴》《北美体育社会学》《公平与犯规：体育神话与悖论之再思考》。除了教学与写作，斯坦利还曾担任《社会科学杂志》《西方社会科学协会杂志》的编辑，同时，他还是北美体育社会学协会主席。

凯利·艾岑·史密斯（Kelly Eitzen Smith）1999 年从亚利桑那大学获得博士学位。目前，凯利是一名应用社会学家，以及景观建筑与设计学院的评估协调员，同时还是亚利桑那大学原住民技术援助办公室的研究助理。此前，她曾任教于亚利桑那大学社会学系，并担任应用社会学中心的副主任。她是《社会问题》（与斯坦利·艾岑和玛克辛·巴卡·津恩合作的第 15 版）、《体验贫困：来自底层的声音》（与斯坦利·艾岑合作的第 2 版）的合著者。

目前，她协助学校完成各个方面的认证工作，包括数据收集、调查、年度报告、项目评估和自学报告；还在大学的原住民技术援助办公室开展研究并提供协助；她的研究兴趣包括住房与交通的承受力、贫困、城市社会问题、部落社会、社区与邻里规划、以公共交通为导向的发展。

玛克辛·巴卡·津恩（Maxine Baca Zinn）是密歇根州立大学社会学系荣誉退休教授。她从俄勒冈大学获得社会学博士学位，著有《美国社会中的有色人种妇女》（与邦妮·桑顿·迪尔合著）、《透过差异棱镜／视角的性别》（与皮尔丽特、迈克尔·梅斯娜合著）等著作。她还是多部社会学教材的合著者，包括《多样性家庭与社会问题》，该书在文本和学者联合方面优于多个版本，并因此获得了麦加菲（McGuffey）奖。此外，她著有《全球化：社会世界的转型》一书。她曾担任西方社会科学协会主席。2000 年，她获得了美国社会学协会的杰西·伯纳德奖（Jessie Bernard Award），这是社会学界关于性别研究的最高奖项。2013 年，由于杰出的学术成就，她获得了密歇根社会学协会颁发的查尔斯·霍顿·库利奖（Charles Horton Cooley Award）。2015 年，她获得了美国社会学会拉丁美洲分会颁发的杰出职业奖。

目录

第1章
社会学视角

对于我们每个人来说，生活似乎都是一系列选择。我们决定学校教育有多重要，以及应该主修什么专业。我们选择工作、伴侣和生活方式。但我们享有多大程度的自由呢？你是否曾经感到被无法控制的事件和条件所困？你的宗教信仰可能会让你对某些行为感到愧疚。你的爱国情怀，甚至会让你心甘情愿地牺牲性命。这些意识形态的隐秘力量是强大的，它们如此强大以至于我们往往没有将其视为陷阱。当你确信与一个朋友、一群朋友或一个伴侣的某种关系，对你而言是错误的时候，你是否曾继续这段关系？你是否曾经因为同伴的压力而参与过一种行动？这种行动在后来看起来是荒唐透顶甚至有违道德的。你对这些问题的回答很可能是肯定的，因为我们至亲至近的人有效地控制了我们的一致性。

在另一个层面上，你是否曾经感到，由于自己的民族、性别、年龄、种族特点或社会阶层而丧失了某些机会？举个例子，如果你是一位女性，你可能会想在你的教会中寻求一个领导职位，但你会因教会的信仰而被否认。或者，如果你是一位男性，你可能想尝试某些工作或爱好，但这样做会让你的男子气概遭受质疑。

更远一些来说，我们每个人都受到公司董事会、政府部门和外国资本的决策的控制。我们能否保住工作可能并不取决于我们的工作表现，而取决于公司将工厂迁到海外，将工作外包到海外，或者购买替代人力的设备这类决策。同样，投资银行家和对冲基金经理的行动也可能会在世界范围内引发一场影响数百万人的金融危机，就像2007年最后几个月发生的那样。当他们的高风险投资失败时，股市暴跌，一些大型银行和经纪公司破产，而另一些则接受了政府的救助。恐慌随之而来，财富损失殆尽。由于股票投资组合和房屋价值暴跌，数百万美国人损失了多达一半价值的储蓄。

所有这些例子都表明，虽然生活可能看起来是一系列的选择，但个体会受到自己无法控制的更大事件的影响。社会学就是试图理解这些社会力量的学科，这些外部力量形塑着我们的生活、兴趣和个性。本章我们将介绍社会学的概念、假设和技巧。

社会学

社会学是一门系统研究人类社会的学术性学科。社会学作为一门研究社会、制度和社会行为的学科，既有趣、有洞察力，又很重要。这是因为社会学探索与分析了我们的个人生活、社会和世界的终极问题。在个人层面上，社会学研究浪漫的爱情、暴力、身份认同、从众、越轨、个性和人际关系权力等现象的原因和后果。在社会层面上，社会学对贫困、犯罪率、种族主义、性别歧视、恐同症、污染和政治权力作出研究和解释。在全球层面上，社会学则研究诸如社会不平等、战争、冲突解决、移民模式、气候变化和人口增长等现象。其他学科也有助于理解此类社会现象，但社会学对此做出了独特的贡献。社会学的洞察力对个人来说很重要，因为它有助于我们理解我们为何会如此行事。这种理解不仅是解放，而且是采取富有意义的社会行动以实现社会变迁的必要前提。

关于社会学视角的假设

为了发现社会生活的潜在秩序和解释人类行为的原则，科学家们把重点放在了不同层次的现象上。这种分工的结果是产生了学术性学科，每个学科都专注于相对狭窄的现象领域。对社会现象感兴趣的生物学家主要关注行为的有机基础，如 DNA、大脑的化学反应和激素平衡。心理学解释认为，人类行为的来源在于导致内疚、攻击性、恐惧症、缺乏动力和低自尊产生的个体心理。对人类行为的理解得益于各个学科的重点（见图 1-1）。每一门学科都对此类知识做出了重要贡献。在关注人类行为的三大学科中，社会学通常是最不为人所知的。本书的明确目标是通过向读者介绍这些认知与解释社会世界的社会学方法来弥补这一缺陷。让我们首先考虑有关社会学研究途径的假设，这些假设是这种独特而富有洞察力地看待和理解社会世界的方式的基础。

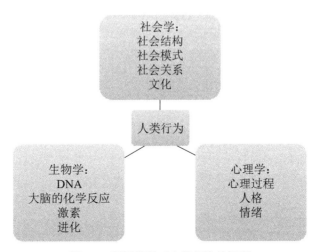

图 1-1　不同学科对人类行为的阐释

从本质上讲，个体是社会性的动物。这一假设有两个基本原因。首先，人类的婴儿来到这个世界时完全依赖他人生存。事实上，这一最初的依赖期意味着我们每个人从出生起就融入了社会群体当中。人类社会性的第二个基础是，纵观历史，人们发现与他人合作（为了防御、物质享受、克服自然危险和改进技术）对自己有利。

在很大程度上，个人是由社会所决定的。这一基本假设源于第一个假设，即人是社会性的动物。个人是其所处社会环境的产物，有以下几个原因。婴儿受制于成年人，尤其是父母。这些人塑造婴儿的方式千差万别，这取决于他们及其所处社会的喜好。父母对孩子思考自身及他人的方式有着深远的影响。父母传递宗教观点、政治态度和对他人的态度。

如图 1-2 所示，孩子因某些行为而遭受惩罚，因其他行为而得到奖励。孩子成为虔诚的信徒或无神论者，共和党人或民主党人，种族主义者或国际主义者，这在很大程度上取决于父母、同辈群体及其他与之互动的人。

父母可能会将一些特殊的信仰和行为传递给后代，但最重要的是，他们扮演着文化中介的角色，将社会的生活方式传递给自己的孩子。因此，孩子出生于一个家庭，也出生于一个社会。个体生于斯的社会塑造了他们的个性和认知。我们是谁，我们如何看待自己，以及其他人如何对待我们，通常都是我们的社会地位（如社会阶层、种族 / 民族、性别和性取向）的结果。一个人的个性也受到其被他人接受、拒绝和定义的方式所形塑。一个人被认为是有魅力的还是平庸的，是受欢迎的还是没人缘的，是有价值的还是不值一提的，取决于这个人所嵌入其中的社会与群体的价值观。现在更是如此，因为大多数民众都使用社交媒体与

图 1-2 父母将宗教观点、政治态度和对他人的
态度传递给自己的孩子
资料来源: Zoonar GmbH/Val Thoermer/Alamy Stock Photo

更广泛的社会进行联系和互动。虽然基因决定了一个人的生理机能和潜能，但是社会环境决定了一个人的个性及其对世界的看法。

另一种认为人类是由社会决定的说法是，人们类似于木偶，被看不见的力量操纵。然而，说我们是木偶未免太过分了。这一假设并不意味着完全的**社会决定论**（完全以社会因素来解释人类行为的假设）。木偶的比喻是用来传达这样的想法，即我们的身份和我们所做的很多事情都是社会环境的产物。但也有不墨守成规者、离经叛道者和革新者。社会并不是一个由机器人所组成的僵化的、静止的实体。虽然社会成员受到其所处社会环境的塑造，但他们也改变了环境。人类既是社会的形塑者，也是被形塑者。这就引出了社会学研究途径的第三个假设。

个人创造、维持并改变其身处其中的社会形态。尽管个人在很大程度上是社会的木偶，但他们也是木偶操纵者。各种规模和类型的社会群体（家庭、同辈群体、工作团体、公司、社区和社会）都是由人来建构的。相互作用的人创造了一种社会结构，这个社会结构成为控制这些人的来源（换言之，他们成了自己创造的木偶）。但是群体成员之间的持续互动也改变着群体。

群体是人类创造的这一假设具有四个重要含义。

第一个含义是，这些被创造出来的社会形态本身就有一定的抗拒变化的动力。与群体

有着共同的行为和思维方式被认为是自然而正确的。虽然是人为创造的，但是这个群体的期望和结构呈现出一种神圣的品质，即传统的神圣性，以社会规定的方式来限制行为。

第二个含义是，因为社会组织是由人创造和维持的，所以它们并不完美。奴隶制通过利用社会的其他阶层而使某些阶层受益。一个自由的宽松的企业竞争机制创造赢家和输家。科技的奇迹使世界范围内的运输和通信变得容易而且相对便宜，但也造成了污染和自然资源的浪费。这些例子表明，人们组织自己的方式会产生积极的结果，也会产生消极的后果。

第三个含义是，通过集体行动，个人能够改变社会结构，甚至改变历史进程。例如，在印度由圣雄甘地所领导的社会运动，结束了英国殖民统治；又如，马丁·路德·金领导的南方民权运动，如图 1-3 所示。

图 1-3　通过集体行动，个体能够改变社会结构，甚至改变历史进程
资料来源：Citizen of the planet/Alamy Stock Photo

这一假设的第四个含义是，个体并不是被动的。相反，他们通过适应、协商和改变社会结构来积极地形塑社会生活。这个过程被称为**人的能动性**。最后一章将专门讨论在社会行动者及其社会环境之间所发生的，带来社会变革的有意义的互动。本书的大部分内容都是自上而下地考察社会生活，而人的能动性则自下而上地提供了关键的视角和见解。

社会学的想象力

赖特·米尔斯（C. Wright Mills，1916—1962）在其经典著作《社会学的想象力》（1959）中写道，社会学的任务是要认识到个人情况与社会结构是密不可分的。**社会学的**

想象力包括以下几个相关的组成部分。

- 社会学的想象力是由一种从他者的角度来看待社会世界的意愿所激发的。
- 它包括不再从个人及其问题的角度去思考，而是更多地关注导致问题产生的社会、经济和历史环境。换句话说，社会学的想象力是注意到影响个人、家庭、群体和组织的社会模式的能力。
- 当一个人具有社会学的想象力时，他的调查可以发生转变，从单一家庭转向国家预算，从低收入者转向国家福利政策，从一名失业者转向由制造业到服务/知识经济的社会转型，从一位带着生病孩子的单身母亲到未参保者的高昂医疗费用，从一个无家可归的家庭到保障性住房的短缺。
- 要培养社会学的想象力，就要脱离那些对社会生活想当然的假设。人们必须愿意对那些形塑社会行为的结构性安排提出质疑。
- 当我们拥有了这种想象力时，我们就开始看到解决社会问题的办法，那就是不在于改变有问题的人，而在于改变社会结构。

社会学的历史发展

18 世纪末，社会学出现于西欧，当时正处于启蒙运动时期（也被称为理性时代）。在工业革命、法国大革命、城市化和资本主义等剧烈的社会变革的推动下，这一时期的知识分子倡导进步、民主、自由、个人主义和科学方法等思想。这些思想取代了中世纪的旧秩序，在旧秩序中，宗教教条和对王权的绝对服从占主导地位。新知识分子相信，人类可以解决其社会问题。他们还认为，社会本身可以被理性分析。在百家争鸣中，几位理论家为当代社会学思想奠定了基础。我们简要地关注以下四位理论家所做的贡献：奥古斯特·孔德，埃米尔·涂尔干，卡尔·马克思和马克斯·韦伯。在整本书中，我们将进一步阐述涂尔干、马克思和韦伯的社会学解释。

图 1-4　法国哲学家奥古斯特·孔德创造了"社会学"这个词

资料来源: Chronide/Alamy Stock Photo

奥古斯特·孔德（1798—1857）：社会科学

社会学的创始人是法国人奥古斯特·孔德（见图 1-4），他将拉丁语的"socius"（"同伴""与他人的"）和希腊语的"logos"（"研究"）合并，创造了"sociology"（"社会学"）这个词，意指关于社会和群体生活的科学。孔德试图利用启蒙运动对**实证主义**（基于系统观察、实验和比较的知识）的强调，将社会学确立为一门科学（他最初起的名字是"社会物理学"），从而摆脱关于社会和人性的宗教争论。孔德相信，社会学家利用科学原理可以解决贫困、犯罪和战争等社会问题。

埃米尔·涂尔干（1858—1917）：社会事实与社会契约

涂尔干通过强调社会事实，为社会学提供了基础理论。他的经典著作《自杀论》（Durkheim，1951，1897 年首次出版）展示了如何用社会因素解释个体行为。涂尔干关注**社会事实**——存在于个人外部的社会因素，如传统、价值观、法律、宗教观和人口密度。涂尔干理论的关键在于，这些因素影响了人们的行为，从而要考虑社会学的解释，而不是生物学和心理学的推理。

涂尔干还对社会整合感兴趣，关注是什么将群体和社会联系在一起。他的作品展示了信仰体系是如何将人们联系在一起的；公共庆典和仪式是如何促进团结的；如何给某些人贴上越轨的标签，以重申社会认为是正确的做法；相似性（共同的传统、价值观、意识形态）是如何在传统社会中提供社会黏合剂的，而差异性（劳动分工）又是如何在复杂的社会中创造社会契约的（即由于工作角色的专业化，人们需要彼此）。

涂尔干对社会角色、社会化、失范、越轨行为、社会控制和社会契约等社会学的核心概念做出了宝贵的贡献。需要特别指出的是，涂尔干的作品为贯穿本书中的秩序模型提供了基础，我们将在第 2 章对此作出详细解释。

卡尔·马克思（1818—1883）：经济决定论

卡尔·马克思毕生致力于分析和批评他所观察的社会。他特别关注社会底层人民与精英之间、弱者与强者之间、被支配者与主导者之间的鸿沟。马克思认为，一个社会的经济类型决定了这个社会的基本结构（分层制度、资源分配不均、法律偏见和意识形态）。因此，他对其所处时代的经济体系，即资本主义，是如何形塑社会的这一主题兴趣浓厚。资本所有者（资产阶级）剥削工人（无产阶级）以攫取最大的利润。资产阶级利用自己的经济实力让弱势者保持相对弱势的地位，并从教育系统、法律及其他社会制度的安排中不平等地获益。由于这些资本所有者控制着政治制度、宗教和媒体，他们还决定了社会中的主流思想。这样，工人阶级就接受了主流的意识形态。马克思称之为**虚假意识**（相信不符合群体客观利益，而是符合资产阶级最佳利益的思想）。当资本主义固有的矛盾（见第 11 章）使工人阶级认识到资产阶级的压迫并发展出**阶级意识**（意识到他们的阶级利益，共同的压迫，了解谁是压迫者），导致无产阶级反抗制度时，社会变革就会发生。因此，阶级冲突是社会变革的引擎，如图 1-5 所示。

马克思对不平等制度、社会阶级、权力、异化和社会运动等社会学核心概念做出了巨大的贡献。马克思的世界观是冲突视角的基础，它贯穿了全书，我们将在第 2 章对此作出解释。

图 1-5　99% 的运动是关于阶级意识的一个极好的例子

资料来源: Norma Jean Gargasz/Alamy Stock Photo

马克斯·韦伯（1864—1920）：对马克思的回应

虽然这是一种过于简单化的说法，但将韦伯的思想视为对马克思作品的一种回应是有帮助的。在韦伯看来，马克思的决定论过于狭隘了。韦伯在回应中指出，社会的基本结构有三个来源：政治、经济和文化领域，而不仅仅是马克思所说的经济领域。同样，社会阶层不仅由经济资源决定，还涉及地位（声望）和权力维度。正如马克思所主张的，政治权力不仅来自经济资源，还来自领导者的卓越品质（**卡里斯玛**）。但权力也可以存在于组织（而不是个人）中，正如韦伯对科层制的大量分析中所表明的。韦伯通过展示意识形态如何形塑经济，反驳了马克思对物质经济问题的强调。可以说，他最重要的著作《新教伦理与资本主义精神》（Weber，1958，1904 年首次出版）展示了一种特殊类型的宗教思想（新教信仰体系）是如何使资本主义成为可能的。总之，韦伯对社会学的重要性体现在他对权力、意识形态、卡里斯玛、科层制和社会变革等核心概念的巨大贡献上。

社会学的方法

社会学研究依赖于可靠的科学数据和逻辑推理。社会学家使用多种方法来收集数据和研究人口。在我们描述社会学家如何收集可靠的数据并得出有效的结论之前，让我们先研究一下社会学家提出的各种问题。

社会学问题

首先，社会学家会问一些事实性的问题。举个例子，假设我们想知道美国的公共教育系统是否为所有的青少年提供了平等的教育机会。为了确定这一点，我们需要进行一个实证调查，以找到与以下事项相关的事实，即每个州内各个学区为每位学生花费的金额。在各个学区内，我们需要了解相邻学校的资金分配情况。无论学校的社会阶层或种族构成如何，这些资金是否被平均分配？在一所学校中，男女学生的课程设置是否相同？参加课外活动是否收取额外费用，这是否会通过社会阶层对儿童的参与产生影响？

社会学家也可能提出比较问题，换言之，一种社会环境下的情况与另一种社会环境下的情况相比如何？最常见的是，这些问题涉及一个社会与另一个社会的比较。这里的例子可能是各个工业化国家在婴儿死亡率、谋杀、吸毒或16岁学生的数学分数方面的比较。或者，使用前面的例子，如何比较各州在每名学生上的支出？在教育平等方面，美国与瑞典相比如何？这些都是比较问题的例子。

社会学家可能会提出的第三种问题是历史性问题。社会学家对趋势感兴趣。例如，当今离婚率、移民、犯罪和政治参与的现实情况如何？这些模式随着时间的推移发生了怎样的变化？

迄今为止，我们考虑的这三类社会学问题决定了事物的实际情况。但这些类型的问题尚且不够。社会学家会超越事实去发问。为什么美国的实际工资（扣除通货膨胀）自1973年以来有所下降？为什么穷人会致贫？为什么出生率会随着工业化发展而下降？为什么有些人犯罪，其他人却没有？这些类型的"为什么"问题促进了理论的发展。**社会学理论**是一套解释一系列人类行为和各种社会事件的观点。研究者的理论方法指导着研究过程，从各种类型问题的提出到假设的发展，再到结果的分析。

数据来源

社会学家不使用刻板印象来解释行为，也不根据错误的样本进行推测。由于我们是被解释的世界的一部分，社会学家必须获得无可非议的证据。除了严格遵守科学准则外，社会学家有4个基本的数据来源，这些数据能够产出有效的结果，它们分别是调查研究、实验、观察和现有数据。接下来我们简要介绍这些方法。

（1）**调查研究**。社会学家对获得具有特定社会属性的人的信息很感兴趣。他们可能想知道性别、种族、民族、宗教和社会阶层的差异如何影响政治信仰和行为。他们可能想确定穷人是否与社会中的其他人持有不同的价值观，这一问题的答案将对贫困的最终解决方案产生巨大的影响。或者他们可能想知道人们的投票模式、工作行为或婚姻关系是否会因收入水平、受教育程度或宗教信仰而有所不同。

为了回答这类及与之相似的问题，社会学家可能使用个人访谈、书面问卷或在线调查的方式来收集数据。研究者可以从所有可能的受试者或从选定的**样本**（总体中具有代表性的部分）中获得信息。由于人口规模，前一种方法往往是不切实际的，因此要从较大的总体中随机抽取受试者样本。如果科学地选择（即研究总体中的每个个体都有相等的机会被纳入样本），那么相对较小比例的样本可以得出令人满意的结论，换言之，从样本中得出的推断对总体来说是可靠的。例如，对 100 万的总体进行概论抽样，从中仅抽取 2 000 个样本，后者所提供的数据可以与对总体（100 万个体）进行调查的数据非常接近。

纵向调查是一种特殊类型的调查研究，对于理解人类行为有着特殊的意义。这种类型的研究会经年累月地收集同一批人的信息。例如，密歇根大学的收入动态追踪调查是世界上持续时间最长的纵向家庭调查。它始于 1968 年，追踪了超过 1.8 万人及其后代，收集了这些群体在婚姻、儿童发展、收入、就业及其他主题方面的数据（University of Michigan，2017）。

（2）**实验**。**变量**是一种可变项，如特征、价值或信念。为了理解几个变量之间的因果关系，社会学家会使用对照实验。举个例子，假设我们想测试学生们对老龄化的态度是否会被他们的观影内容所影响。使用实验的方法，研究人员将选取一些学生，并随机分配一些学生去观看一部以负面的方式描绘老龄化的电影，并辅以一场关于老龄化统计数据的立场中立的讲座，这组学生被称为实验组。另一些学生，即**对照组**，则不会观看这部电影，但会参加同样一场讲座。（对照组是一组未接触自变量的受试者，在本例中，自变量为电影。）在观影之前，所有的学生都将接受一次关于他们对老龄化态度的测试。这项预测试会建立一个基准，用来衡量受试者对于老龄化的态度所发生的变化。研究人员可能会假设，实验组的学生对老龄化的态度会比只听过讲座的学生（对照组）更消极。在观影和讲座结束后，两组学生将再次接受其对老龄化态度的测试。如果后测显示实验组与对照组对老龄化的态度（**因变量**）不同，则假定电影（**自变量**）是变化的来源。换句话说，自变量被假定为原因，因变量被假定为受自变量的影响。

（3）**观察**。社会学研究有两种观察方法：参与式观察和非参与式观察。通过**参与式观察**，研究人员实际上加入了被研究的群体，以便充分了解他们的行为。例如，为了研究一个特定的宗教团体，研究人员可能会成为一名成员，参加仪式并研究该团体的信仰。研究人员在不干预的情况下，可以尽可能准确地观察在社区、群体或社会事件中发生的事情。这类程序特别有助于理解决策过程、暴乱、教派对其成员的吸引力或不同的就业经历等社会现象。例如，2001 年，芭芭拉·艾伦瑞克（Barbara Ehrenreich）出版了《我在底层的生活——当专栏作家化身女服务生》一书。在该书中，她详细介绍了自己作为餐厅服务员、酒店服务员、沃尔玛员工、房屋清洁工和养老院助理的经历。她的经历表明，以低工资支付住房和交通费用是很困难的。

使用**非参与式观察**，研究人员不会成为他们正在研究的群体的一部分，也不会直接参与任何被观察的活动。非参与式观察的目的是在自然的环境中观察事件和社会互动。非参与式观察通常与其他研究方法，如调查、访谈和现有数据等一起使用。2016 年，哈佛大学的社会学家马修·德斯蒙德（Matthew Desmond）出版了一本书，详细描述了生活在密尔沃基最贫困社区的 8 个家庭的生活。在《扫地出门：美国城市中的贫穷与暴利》[①]一书中，德斯蒙德通过非参与式观察的方法展示了生活在被驱逐边缘的贫困家庭，以及那些掌握他们命运的房东的情况，如图 1-6 所示。

图 1-6 社会学家使用非参与式观察等方法来研究各类群体，如无家可归者

资料来源: Marmaduke St. John/Alamy Stock Photo

（4）**现有数据**。社会学家还可以利用现有数据来检验理论。最常见的信息来源是政府的各个机构。这些数据涉及出生、死亡、收入、教育、失业、商业活动、卫生服务系统、监狱人口、军费开支、贫困、移民、犯罪等方面，主要提供给国家、地区、社区和人口普查地区。另外，还可以从商业公司、运动队和联盟、工会和专业协会等处获得重要的信息。可以利用统计技术对这些数据进行分析，来描述人口以及社会变量对各种因变量的影响。

客观性

社会学视角的一个基本问题是社会科学的一个障碍，即客观性问题。我们都会犯对不同社会群体抱有刻板印象的错。此外，我们通过对自己宗教和政治信仰的感性过滤来解释事件、物质对象和人们的行为。当原教旨主义者反对学校采用某些书籍时，当立法机构批准堕胎时，当总统主张通过取消社会服务削减数十亿美元联邦预算时，或当最高法院否认私立学校具有排斥某些种族群体的权利时，我们大多数人都很容易在随后的辩论中表明立场。

---

① 该书中文翻译版于 2018 年由广西师范大学出版社出版。

由此，社会学家陷入了两难境地：一方面，他们是有信仰、感情和偏见的社会成员；另一方面，他们的专业任务是以严谨和科学的方式来研究社会。后者要求科学家 / 学者必须是冷静而客观的观察者。简而言之，如果预设立场，他们就会丧失科学家的身份标签。

这种**价值中立**的理想（在研究中绝对没有偏见）是有问题的。首先，科学家是否应该在道德上对自己研究所产生的影响漠不关心？社会学所研究的问题类型及其使用的策略或者支持现有的社会安排，或者破坏它们。对于这些影响，社会学家应该保持中立吗？

其次，采取完全中立的立场是否可能？答案很可能是否定的。这一论点基于几个相关的假设。一是科学家 / 学者的价值观决定了他要研究什么和提出什么问题。举个例子，在对贫困的研究中，一个涉及研究对象的关键决定——应该研究贫困者本身，还是研究倾向于使社会某一阶层持续贫困的制度？答案很可能完全取决于研究人员的价值观。

此外，我们的价值观使我们决定从哪个有利位置获得有关某一特定社会组织的信息。如果研究者想了解监狱是如何运作的，他们必须确定是需要来自囚犯、狱警、监狱管理人员的描述，还是州惩戒委员会的描述。每一种观点都提供了关于监狱的有用见解，但显然也都是失之偏颇的。

总之，在研究和分析社会问题时，偏见是不可避免的。研究问题的选择、分析问题的角度以及提出的解决方案都反映了一种倾向，即支持或不支持现有的社会安排。此外，与生物学家可以冷静地观察精子和卵子在受孕时的表现不同，社会学家是其寻求研究和理解的社会生活的参与者。当社会学家研究无家可归者、贫困儿童或城市衰败时，他们无法摆脱自己的感受和价值观。然而，他们不能让自己的感情和价值观影响分析。换句话说，调查和研究报告必须反映现实，而不是研究者所希望的情形。社会学家必须显示出科学诚信，这就要求他们认识到偏见，并确保这些偏见不会使研究结果无效。如果本着这种精神进行适当的研究，无神论者可以研究宗教派别，和平主义者可以研究军工复合体，离婚者可以研究婚姻。

对社会学思考的挑战

社会学可能会让一些人感到不适，因为受试者的行为并非总是确定的。预测并不总是准确的，因为人们可以在选项中进行选择，或者被非理性因素所说服。举个例子，贫困、吸毒的父母所生的孩子是否会在学校刻苦学习而生活得并不好？根据统计数据或现有研究，我们可以预测这种情况可能会发生，但并不确定。相反，化学家们确切地知道，如果在试管中将一定量的钠与氯混合将会产生何种反应；土木工程师掌握了岩层、降雨模式、土壤类型、风流和极端温度的知识，他们确切地知道在某个地方修建大坝时需要满足哪些要求。然而，如果地基和建筑材料不断变化，他们也无法得出结论。对社会学家而言，这就是问题所在，也是其兴奋之源。

社会学因其并不是非黑即白的，也会让一些人感到不适，它不像一道只有一个正确答案的数学题。例如，在解释贫困时，一位社会学家可能会关注家庭背景以及代际间缺乏向上的流动性，另一位社会学家可能会关注我们的教育体系，该体系对某些人不利而对其他人有利，还有的社会学家可能会关注使人们陷于贫困的职业状况。如前所述，社会学家基于他们独特的理论视角，可能以不同的方式对行为作出解释。这可能会让一些学生感到沮丧，他们宁愿针对一个社会问题只有一个正确的答案或观点，但这正是社会学视角令人兴奋之处！

最后，社会学不是一门令人舒适的学科，因为它挑战并批判性地审视长期存在的文化信仰、制度和行为。社会学让一些人感到害怕，因为它对这些人通常视为理所当然的事情提出质疑。社会学家会提出此类问题：社会究竟是如何运作的？谁真正拥有权力？在现有的社会安排下，谁会受益，谁又不会？诸如此类问题的提出，意味着发问者有兴趣超越被普遍接受的官方定义。社会学家的基本假设是，事情并不像看上去的那样。镇长是你们镇里最有权势的人吗？司法制度真的公正吗？美国是一个将天赋和努力结合起来公平地使人们分层的精英社会吗？要提出这样的疑问，就会质疑现有的神话、刻板印象和官方教条。

对社会的批判性考察使人们意识到社会中存在的矛盾。显然，如果你问下列问题，就会有这样的效果：为什么美国以自由的名义保护世界各地的独裁政权？为什么我们鼓励向富人提供补贴，但却反对向穷人提供补贴？如果乔治·W.布什的姓氏是埃尔南德斯，父母是移民工人，那么他的政治地位会攀升至何处？为什么杀害白人的人比杀害非裔美国人的人更有可能被判处死刑？为什么在美国这样的民主国家，真正民主的组织如此之少？

学生们对社会学的一个常见反应是，他们发现这一研究具有威胁性。社会学是颠覆性的，也就是说，社会学破坏我们的基础，因为它质疑所有的社会安排，无论是宗教的、政治的、经济的还是家庭的。尽管这种批判性的方法可能让一些人感到不适，但它对于理解人类的社会安排以及找到社会问题的解决方案是必要的。因此，我们期望读者从社会学角度思考。这个过程刚开始可能会让人感到不适，但最终会给所有社会事物带来启迪、趣味和兴奋感。

第 2 章
社会生活的二重性：秩序与冲突

20 世纪 60 年代的一项经典实验中，有 24 名互不相识的 12 岁男孩被带到一个夏令营（Sherif and Sherif，1966）。在三天时间里，这些不知道自己参与了一项实验的男孩们参加了夏令营活动。在此期间，营地顾问（实际上，他们是研究助理）观察到男孩们自然而然地发展出了交友模式。然后，这些男孩被分成两组，每组 12 人。为了打破先前的交友模式，男孩们被故意分开。然后将两组相互隔离 5 天进行活动。在这段时间里，营地顾问让这些男孩单独待着，因此后续发生的事情都是男孩们行为的自发结果。实验人员发现，在这两组中都产生了：①劳动分工；②等级结构，即男孩们在权力、威望和奖励方面的差异；③规则的制定；④对违反规则的处罚；⑤在群体认同中起积极作用的专门的语言，如昵称和群体符号；⑥为实现团体目标的成员合作。

这个实验说明了社会组织的过程。研究人员并未坚持认为这些现象发生在每一组中；它们似乎是自然而然发生的。那么，为什么会发生这种现象？我们应该如何解释每个群体中出现了共同的社会结构？本章将阐述两种社会模式（也是社会学中的两种观点），它们对这些问题的回答截然不同，即秩序与冲突。

社会系统：秩序与冲突

对社会的分析始于对其结构的心理图像。这个图像（或模式）影响着科学家寻找什么、看到什么，以及他们如何解释社会中发生的现象。

社会的特征之一是分化的存在，这是两种流行的社会模型的基础，每个社会都是由各个部分组成的。这种分化可能是由诸如年龄、种族、性别、体能、受教育程度、家庭背景、财富、组织成员资格、工作类型或任何其他被成员视为重要特征的差异所造成的。关于分化的基本问题是：社会各部分之间的基本关系是什么？围绕该问题，有两种相互矛盾的答案，它们为两种社会模型——秩序与冲突——提供了理论基础。

一个答案是，社会各部分和谐相处。它们合作是因为有着相似或互补的利益，需要帮助彼此完成那些对所有人都有利的事情（如商品和服务的生产、分配及保护）。仍以谢里夫实验为例，秩序模型会强调在两组男孩中都出现的劳动分工有助于帮助男孩们实现群体目标。根据这一模型，自发形成的基本关系是一种合作关系。

另一个答案则是，社会各个子单位之间基本上是相互竞争的。这一观点基于以下假设：人们最渴望的东西（财富、权力、资源和高地位）总是供不应求；因此，竞争和冲突是普遍的社会现象。让我们再以谢里夫实验为例，冲突模型强调男孩们在权力方面的等级结构，以及规则和惩罚（即，谁制定了这些规则，谁可以从中受益）的形成。根据这一模型，自发形成的基本关系是竞争、支配和从属关系。

哪种社会模型是正确的？夏令营的实验表明，这两个模型都为我们提供了关于人类行为以及社会在秩序和冲突方面的二重性特征的重要见解。

秩序模型

秩序模型（也称**功能主义**或**结构功能主义**）给社会赋予了凝聚力、共识、合作、互惠、稳定和持久性的特征。社会由相互依存、相互联系的各个部分组成，被视为建立秩序和稳定的社会系统。社会系统的各个部分基本上是协调一致的，每个部分都发挥着不同的功能以使社会保持平衡。如果秩序被破坏了，这些部分将根据需要进行调整以产生一个新的稳定的秩序。之所以高度合作（和社会整合）能够实现，是因为人们在社会目标和文化价值观方面达成了高度共识。此外，由于利益互补，系统的不同部分被假定为是相互需要的。因为主要的社会过程是合作，而且系统是高度整合的，所以所有社会变迁都是渐进的、调整的和改良的。因此，社会基本上是稳定的单位。

对于秩序论者而言，核心问题则是：社会纽带的本质是什么？是什么让群体团结在一起？这是 20 世纪初法国社会理论家埃米尔·涂尔干所关注的重点问题（参见第 1 章）。涂尔干利用各种整合形式来解释自杀率、社会变迁和宗教普遍性的差异（Durkheim，1951，1960，1965）。

涂尔干认为，根据社会成员之间的联系方式，存在两种社会类型。在较小范围、不那么复杂的社会中，成员之间的团结是通过集体意识（意识形态、价值观、道德情感和传统文化）实现的。因此，社会整合之所以发生，是因为社会成员的同质性。相反，现代的复杂社会则通过分化实现社会整合。社会以分工为基础，参与专门任务的社会成员通过相互依赖而团结在一起。

关注整合的一种方法是确定社会结构、规范与社会活动的显性和隐性后果。这些后果是否有助于社会系统的整合（凝聚力）？例如，涂尔干指出，惩罚犯罪具有处罚和威慑罪犯的**显性后果**（预期的）。然而，惩罚的**隐性后果**（意外的）是社会对那些被视作道德的、正确的行为的重申。因此，社会通过信奉相同的规则而得以整合。

在涂尔干的引导下，信奉秩序的社会学家对社会的各个方面作出了许多颇有见地的分析。通过关注社会结构与活动的所有预期的和意外的功能及后果，我们可以透过表象看到本质，从而更全面地了解不同的社会安排和活动，如仪式（从婚礼到体育赛事）、社会分层、时尚、宣传活动，甚至是政治机器。

冲突模型

冲突模型的假设（一种社会观点，认为冲突是社会生活的常态，影响权力分配以及社会变迁的方向和程度）与秩序模型的假设相反。互动的基本形式不是合作而是竞争，竞争往往导致冲突。因为社会中的个人和群体都在竞争有利地位，所以社会整合的程度较低，也比较脆弱。社会变迁源于相互竞争的群体之间的冲突，因此往往是剧烈的和革命性的。而冲突的普遍性也源于各个社会群体的不同目标和利益。此外，这也是社会组织本身的结果。

最著名的冲突论者是卡尔·马克思。根据他的理论，每个社会中（马克思认为，除了共产主义的最后历史阶段）都存在两个群体（即占有生产资料的群体以及为之效劳的群体），这两个群体之间存在动态的紧张关系，如图 2-1 所示。涂尔干将现代工业及其所需的劳动分工视为促进社会团结，而马克思则将这些群体视为分化和剥削的源泉。马克思关注的是不平等——压迫者与被压迫者、支配者与被支配者、强者与弱者。他认为，当权者通过维持现状来保护自己的特权。法律、宗教、教育、政治和大众传媒都是为既得利益者服务的。强者利用并凌辱弱者，从而播下了自我毁灭的种子。当被统治的人民团结起来并推翻统治者时，精英的毁灭之路就开启了。

图 2-1　马克思认为，在每个社会中，那些拥有生产资料的人与工人之间都存在冲突
资料来源： Philip Scalia/Alamy Stock Photo

冲突论者还强调，社会中的统一或秩序是表面上的，因为它并不是源于共识而是强迫所得到的结果。有人指出，当权者使用武力和欺骗手段来维持社会的平稳运行，而利益主要归于当权者。

社会生活的二重性

通过总结秩序论者和冲突论者看待社会本质的相反方式，可以看出社会生活的二重性特征。当被问及"社会各部分之间的基本关系是什么？"这个问题时，秩序论者和冲突论者的答案可能截然不同。这一分歧引出了关于社会的一些相关假设。表 2-1 对此类假设作出了总结。

表 2-1　社会生活的二重性：关于社会的秩序模型与冲突模型的假设

	秩序模型	冲突模型
问题：社会各部分之间的基本关系是什么？		
回答：	和谐、合作	竞争、冲突、支配和从属
原因：	各部分利益互补。就社会规范和价值观达成基本共识	人们想要的东西总是供不应求。对社会规范和价值观存在基本异议
整合程度：	高度整合	松散式整合，任何社会整合的实现都是武力和欺诈的结果
社会变迁类型：	渐进式	调整式、改革式、突变式和革命式
稳定度：	稳定	不稳定

在表 2-1 中，有一个有趣但却令人费解之处，这两种模型是由针对同一现象的不同的科学观察者所持有的。那么，专家们在研究社会时为何会得出如此不同的假设？答案是这两种模型都部分正确。这两个模型都关注现实，但只关注现实的一部分。科学家们倾向于接受这些模型中的一个，从而只关注社会现实的一部分，至少是出于两个原因：①在科学家的智性发展时期，其中一个模型或另一个模型很流行；②一种模型或另一种模型对他们分析自己感兴趣的特定问题是最有意义的。例如，埃米尔·涂尔干的兴趣就在于将自己的精力投入研究是什么将社会团结在一起，而卡尔·马克思的根本关注点则是革命性的社会变迁的原因是什么。

为了帮助大家在阅读中深入了解这两个模型是如何为社会现象提供有价值的见解的，我们将以体育分析为例。

从秩序和冲突的角度看体育。考察社会各个方面的秩序论者重点关注它们对社会稳定的贡献（选自 Eitzen and Sage，2013）。从这个角度来看，体育从以下几个方面维护现有的社会秩序。

体育象征着美国人的生活方式——竞争、个人主义、成就和公平竞赛。体育运动不仅符合基本的美国价值观，而且是一种强有力的机制，通过社会化使年轻人培养可取的性格特征，如接受权威、遵守规则和追求卓越。

体育还通过爱国主义（例如，伴随体育赛事的国歌、军事表演及其他民族主义仪式）促进社会成员的团结。例如，在"9·11"恐怖袭击后，在比赛第 7 局时唱诵的《上帝保佑美国》[1]成了美国棒球比赛的传统，以此来表现美国人民的忠诚、团结和爱国主义精神。在众多体育赛事中，围绕美国职业橄榄球大联盟（NFL）的 4 分卫科林·卡佩尼克（Colin Kaepernick）的争议就生动地体现了强制性的爱国主义精神。卡佩尼克在唱国歌时跪下了，这打破了美国人唱国歌时必须站立的惯例，也是他对美国警察的暴行和种族歧视做出的和

_____

① 原文为"God Bless America"。

平抗议。其他橄榄球球员纷纷效仿。特朗普总统为此指责美国职业橄榄球大联盟，他在推特上表示联盟应该解雇那些没有站着唱国歌的球员（Rodrigue and Person，2017）。作为对总统言论的回应，一些职业体育项目的运动员选择跪着唱国歌以示抗议（这被称为"下跪运动"）。公众在这一问题上存在很大分歧，一些人支持球员，认为他们拥有宪法赋予的和平抗议的权利，而另一些人则对球员的行为感到不满。然而，问题仍然是，无论你赞成还是反对抗议者，爱国主义都是体育运动中不可或缺的一部分。

最后一点，通过运动员在比赛中的卓越表现、英勇成就，那些在运动场上的看似不可能发生的神奇时刻、目标一致的感觉以及球迷们的忠诚感，体育运动鼓舞着我们，如图 2-2 所示。

图 2-2　体育通过爱国主义促进社会成员的团结以支持现状
资料来源：Dirk Shadd/ZUMAPRESS/Newscom

从秩序的角度来看，体育显然是有益于社会的。体育使青年人步入正轨，以体育团结人，以体育鼓舞人。因此，挑战或批判体育就是挑战我们社会秩序的基础。

冲突论者认为，社会秩序反映了当权者的利益。体育运动是在青年、高中、大学、职业运动员和奥林匹克的各个层面组织起来的，目的是利用运动员并实现当权者的目标（如公共关系、声望，特别是利益）。请参见深入观察专栏"大学生运动员应该加入工会吗？冲突视角下的体育运动"。冲突论者会指出当体育运动被利益所支配时的危险。为了保持领先或保持竞争力，学校或教练可能会做出一些不道德的行为。例如，2017 年 9 月，美国联邦调查局逮捕了 4 名全国大学体育协会（NCAA）教练和 1 名阿迪达斯品牌经理，他们涉嫌在招募大学生运动员时存在欺诈和腐败行为。

深入观察

大学生运动员应该加入工会吗？冲突视角下的体育运动

2014 年 4 月 25 日，美国西北大学足球运动员参加了一场可能改变大学生运动员面貌的投票。在美国大学运动员协会和前 4 分卫凯恩·科尔特的带领下，队伍以投票的方式决定是否加入工会，并组建第一个大学体育工会。在投票前，位于芝加哥的国家劳动关系委员会裁定，获得奖学金的球员是该大学的雇员，有组建工会的权利。然而在 2015 年，美国西北大学的运动员们组建第一个学生运动员工会的请求被拒绝了。

工会化的争论显然与有关体育的冲突视角的观点一致。大学从像足球这样能产生巨大收益的运动项目中赚取数百万美元，甚至数十亿美元。美国西北大学足球队每年产生的收益约 3 000 万美元（Curry，2014）。与此同时，运动员们会设法选择与自己的训练日程不冲突的课程，每周进行 50 个小时的训练，他们冒着脑震荡和受到其他与运动有关的伤害的风险，并被与运动有关的医疗账单缠身，而如果他们受伤不能再参赛了，就失去了安全保障。

对西北大学而言，2015 年反对成立工会的裁决是一场胜利，该校对国家劳动关系委员会的裁决提出上诉，宣称球员是学生，而非雇员（Ganim，2014）。美国大学生体育协会（NCAA），一个每年会产生数十亿美元的组织，也受到了成立工会这一想法的威胁。回想一下马克思关于权力的观点，他认为当权者通过维持现状来保护自己的特权。在这种情况下，现状是阻止大学运动员组建工会，避免让他们得到向大学提出要求的权力。

体育运动从三个方面抑制了穷人抗争和革命的可能性。第一，体育验证了关于资本主义的盛行的神话，即任何人只要足够努力就可以取得成功。如果一个人失败了，那是他自己的错，而非社会体系的错。第二，作为娱乐的体育转移了人们对贫困、失业和悲惨生活等严酷现实的注意力。第三，体育给受压迫的社会成员带来了虚无缥缈的希望，因为他们认为体育是向上层社会流动的现实途径。富有运动员的高知名度证明了运动能力可以转化为金钱上的成功。当然，现实情况是，只有极少数有抱负的运动员获得过职业地位，如表 2-2 所示。

表 2-2　高中毕业后参加体育比赛的可能性

学生运动员	男子篮球	女子篮球	足球	棒球	男子冰球	男子足球
高中学生运动员数量	546 428	429 380	1 083 308	488 815	35 155	440 322
NCAA 学生运动员数量	18 684	16 593	73 660	34 554	4 102	24 803
从高中进入 NCAA 甲组学生的百分比	1.0%	1.2%	2.6%	2.1%	4.6%	1.3%
从高中进入 NCAA 乙组学生的百分比	1.0%	1.1%	1.8%	2.2%	0.5%	1.5%

学生运动员	男子篮球	女子篮球	足球	棒球	男子冰球	男子足球
从高中进入 NCAA 丙组学生的百分比	1.4%	1.6%	2.4%	2.8%	6.5%	2.8%
从高中进入 NCAA 的所有学生的百分比	3.4%	3.9%	6.8%	7.1%	11.7%	5.6%
NCAA 占主要从业人员的百分比	1.1%	0.9%	1.5%	9.1%	5.6%	1.4%

注释：这些百分比基于估计数据，应视为实际百分比的近似值。
资料来源：NCAA, 2017; http://www.ncaa.org/about/resources/research/estimated-probability-competing-college-athletics.

　　冲突论者和秩序论者在许多关于体育的事实上是一致的，但在解释上有很大的区别。他们都同意体育使青年人社会化，但冲突论者对这种社会化持否定态度，因为他们认为体育是一种让青年人服从命令、努力工作并融入一个对他们未必有利的体系的机制。他们双方都同意体育维持了现状，但冲突论者并没有像秩序论者所坚持的那样将其解释为好的，而是将其视为坏的，因为它反映并且强化了社会中权力和资源的不平等分配。

秩序模型与冲突模型的综合

　　如表 2-1 所示，两个模型关于每个对比的假设都是矛盾的，这突出了社会生活的二重性特点。社会交往可能是和谐的，也可能是激烈的；社会是整合的，也是分裂的，是稳定的，也是动荡的；社会变迁可能是快速的，也可能是缓慢的，是革命性的，也是渐进的。

　　把两种观点单独来看，每一种观点都会导致对社会的错误认知和解释，但如果把它们综合起来看，二者相互补充，并且能够呈现一个完整且现实的模式。因此，将两种模型的优点结合起来的综合体似乎是理解社会结构和过程的最佳视角。

　　综合模式的第一个假设是稳定与变化的过程是所有社会都拥有的特性。人类社会有一个基本的悖论：社会总是有序的，但也总是在变化。社会观察者必须认识到社会生活的这两个基本属性。在任何社会当中，都有推动变革的动力（如技术），也有坚定不移地保持不变的力量（如习俗、宗教信仰和主要制度）。这两个过程构成了社会的辩证法（对立力量）。作为相反的趋势，它们会制造紧张，因为工具性力量不断推动着制度改变，而这并非其本性使然。

　　第二个假设是社会是有组织的，但组织产生的过程会引起冲突。此外，组织意味着权力的差别分配。权力不平等至少表现为两种冲突产生的方式：决策差异和社会分层体系（社会阶级和少数群体）的不平等。稀缺资源永远无法平等地分配给社会中的所有人和所有群体。有权有势者总会得到差别化的报酬，并就稀缺资源的分配情况作出关键的决策。

　　第三个假设是社会是一个社会系统。"社会系统"一词有三个重要含义：①社会中不存在混乱，而是存在某种表面上的秩序，即社会单位内的行为通常是可预测的；②存在地理空间或成员身份之间的边界；③部分是相互依存的，从而表达出了分化与团结的现实。社会是由许多子系统（如团体、组织和社区）组成的系统。尽管这些子系统都以某种方式相互关联，但有些子系统与其他子系统之间紧密相连，而与另一些子系统则只是有松散的联系。各部分之间的相互依存进一步表明，一个部分所发生的事件和作出的决定可能对整个系统产生深远的影响。比如，2001 年恐怖分子对世贸中心和五角大楼的恐怖袭击对整个美国社会产生了深远的影响（例如，航空业和娱乐业因遭受财务重创而裁员；航空公司获得政府补贴，而工人却被辞退；股市下跌；机场的安检程序升级，导致航班长期延误；司法部制定了侵犯隐私的新规定）。然而，有些事件对整个美国社会却几乎没有影响。对于综合模式而言，最重要的是认识到系统的各个部分可能与其他部分具有互补的利益关系，但也可能具有相互排斥的、不相兼容的利益和目标。由于有共同的目标和相似的利益（如抵御外部威胁），社会上普遍存在某种程度的相互合作与和谐关系。由于利益不相容、资源稀缺和报酬不平等问题，社会中也会存在一定程度的竞争和矛盾。因此，社会是不完善的体系。

第四个假设是社会是通过利益互补、达成文化价值共识以及强制手段团结在一起的。社会确实会凝聚起来，它以各种力量将不同的社会群体整合成为单一的实体。对秩序模型和冲突模型的强调为这种整合提供了双重基础，即共识与强制。

社会变迁是所有社会中普遍存在的现象。它可能是渐进的，也可能是突然爆发的，或者是革命性的。所有社会体系都是处于不断变化中的。秩序论者倾向于将这种变化视为一种循序渐进的现象，这或者是因为创新，或者是因为差异（例如，将单位划分为子单位，分开活动，并使整体运作效率更高），这种观点在一定程度上是正确的。变化也可能是爆发的，它可能是由社会运动引起的，也可能是由社会之外的力量引起的（即作为对系统外部的事件的反应或对他人创新的接受）。

本章剩余部分将通过考察美国社会中的两种力量，即团结人民、维持秩序的力量与引发冲突和分裂的力量，来揭示社会生活的双重性。

社会的整合力量

秩序论者认识到冲突、不和谐与分裂发生在社会内部，特别是在复杂的异质性的社会中。然而，他们所强调的与之恰恰相反，认为合作共赢、和谐共处和团结协作是社会的特征。他们将美国社会视为"我们是美国人民"，而不是由时有敌意的团体所组成的集团。特别值得一提的是，秩序论者关注的是什么使社会团结在一起，又是什么力量以某种方式阻止了无政府状态成为现实。或者正如英国哲学家托马斯·霍布斯在很久以前所发问的那样："为什么没有一场人对人的全面战争？"这个根本问题的答案可以从许多因素的综合作用中找到。

功能整合

最重要的团结因素可能是**功能整合**现象（涂尔干指出，专业化分工导致社会不同要素之间的团结）。在一个高度分化的社会中，比如美国，由于专业分工，不同部门之间的互动具有一定的规律性。因为没有一个群体是完全自给自足的，导致了相互依赖的结果。农民需要磨坊主、加工商和零售商，以及化肥制造商和农业技术人员。制造商一方面需要原材料，另一方面需要客户。管理者需要工人，工人也需要管理者。

这些群体由于相互需要，以及每一方都能从互动中获益，而努力维持一种社会框架，使双方利益最大化，使双方冲突或关系破裂的可能最小化。对这些关系进行管理的成文和不成文规则，通常会导致合作而不是孤立或冲突，也会引起不同的（和潜在冲突的）群体之间的联系。

社会价值观共识

美国不同群体达成团结的第二个基础是，几乎所有人都持有某些共同的基本价值观。秩序论者认为，持有共同的价值观就像是社会黏合剂，将不同的人绑定到一个有凝聚力的社会当中。与功能整合不同，这里的团结是通过人与人之间的相似性而非差异实现的。

当代社会学家埃里克·奥林·赖特（Erik Olin Wright）和乔尔·罗杰斯（Joel Rogers）认为，美国社会的大多数人都认可以下价值观念（2011）：

（1）自由。人们普遍认为，人不应该受到他人所施加的强制性限制。

（2）繁荣。经济应该为大多数人而不是仅为特权精英提供良好的生活水平。

（3）效率。经济应该产生理性结果，最大限度地有效利用资源。

（4）公平。人民应该得到公正的对待，并享有平等的成功机会。

（5）民主。公共政策应该反映公众而不仅是有权势的精英的意愿。

许多象征集中体现了美国人在基本价值观方面的共识。国旗就是这样一个统一的象征。虽然它只是一块布，但旗帜却清楚地象征着某些近乎神圣的事物。当国旗被玷污时，人们所表现出的震惊和对亵渎者的惩罚都证明着他们对国旗的崇敬。许多批评"下跪运动"的人就是指责那些抗议者不尊重国旗。纵观历史，持不同政见的团体会刻意朝着国旗吐口水或焚毁国旗。他们之所以选择玷污国旗，正是因为它所代表的意义，以及大多数公民对国旗怀有强烈的崇敬之情。1989 年美国最高法院裁定，个人有权亵渎国旗，因为宪法保护政治言论自由。这一裁定激怒了大多数美国人，而政客们抓住机会，将亵渎国旗定为违法行为，并使其通过了立法。

同样，《独立宣言》和《宪法》等文件备受推崇，这也有助于团结民众。美国的文化遗产也通过感恩节、阵亡将士纪念日和独立日等节日受到推崇。而通过对乔治·华盛顿、亚伯拉罕·林肯和约翰·肯尼迪等领导人的集体敬意，也可以达成共识。

社会秩序

至少在最低限度上使美国人团结起来的第三个因素，是他们都受到类似的影响和游戏规则的制约。美国人受同一法律体系（在国家一级）约束，他们受同一政府管辖。

此外，他们使用相同的货币兑换系统、相同的计量单位标准等。我们认为遵守交通规则、使用信用卡、接受支票或借记卡代替现金等做法是理所当然的，这就是社会秩序的体现。

群体成员身份

团结的另一个来源是群体成员身份。有些群体是排他性的，这类群体将成员资格限制在特定种族、族群、收入类别、宗教或拥有其他特征的人中。如果被排斥在外的人希望自己融入其中，排他性群体就会造成社会紧张，因为排他性往往意味着优越感。一些乡村俱乐部、兄弟会、教堂和社区是建立在排他性和优越性的双重基础之上的。然而，还有其他类型的群体，这类群体的成员是由不同背景的人（即富人和穷人或黑人和白人）组成的。因此，异质性的组织，如政党、宗教派别或教会以及退伍军人组织，使成员不仅有机会与不同的人互动，而且有机会共同奋斗。

即使不是大多数，许多美国人也属于多个组织，这些组织具有不同种族、宗教或其他显著特征。在一定程度上，这些跨领域的成员身份和忠诚的存在，往往就会抵消潜在的社会阶级、种族或其他方面的分歧。属于几个不同组织的个体可能会感受到一些交叉压力（即相反方向的拉力），从而防止两极分化，如图 2-3 所示。

此外，大多数人至少属于一个组织，如学校、教会或公民团体，这个组织的规范是支持整个社会的规范的。这些组织支持政府及其主张，并期望其成员也能如此。

图 2-3   群体成员身份有助于加强团结和维持社会稳定
资料来源：Q-Images/Alamy Stock Photo

国际竞争与冲突

每两年，世界将迎来夏季或冬季奥运会，这是一项有 200 多个国家参与的国际体育竞赛。这一引起全球关注的事件有助于促进民族团结与增加自豪感，因为美国人会看到在比赛中获胜的本国运动员站在领奖台上时国歌奏响，晚间新闻也会播报各个国家的奖牌数量。诸如此类的活动有助于人民团结，而这是不分种族、民族、性别、宗教或政治信仰的，如图 2-4 所示。

图 2-4 奥运会有助于促进民族团结和增加自豪感
资料来源：Michael Kemp/Alamy Stock Photo

社会存在的外部威胁也使我们团结在一起。马基雅维利给君主的建议揭示了这一令人遗憾的事实："如果君主陷入困境，他应该发动一场战争。"这也是美国国务卿威廉·苏厄德在内战前给林肯总统的建议。林肯指出，尽管从维护国家团结的角度来看，这是一个权宜之计，但它只是一个短期的解决方案。

不管这些群体如何多元化，它们所感受到的对安全的真正威胁会使其团结起来。因此，美国在越南战争中缺乏团结的合理解释是，越共并未被大多数美国人视为对其安全的真正威胁。不过，20 世纪 80 年代苏联的军备扩张被视为真正的威胁，许多美国人团结一心，为了赶超苏联，他们甘愿做出牺牲。2001 年 9 月 11 日，在恐怖分子袭击世贸中心和五角大楼之后，具有多元差异的美国人纷纷义愤填膺地支持总统，怀着一个共同的目标，尽可能地减少恐怖主义的威胁。恐怖主义的威胁已成为来自外部的促进团结的新来源。

大众传媒

世界正处于一场通信革命当中。比如，电视几乎覆盖了美国的每个家庭。互联网已经从根本上改变了人们之间的关系、个人获取新闻和了解话题的方式、人们开展工作以及分享想法的方式。秩序论者认为大众传媒的形式具有多种整合功能。例如，政府官员可以利用媒体影响公众行动（如团结起来反对敌人或就某些问题进行投票）。媒体还强化了社会价值观和规范。报纸社论和博客对于某些人或事件进行赞扬，而谴责其他的人或事。刑侦类电视剧强化了社会规则，罪犯在最后时刻被抓获并受到惩罚。美国英雄得到赞扬，其敌人则受到诋毁。我们的生活方式是正确的，别人的方式则被认为是不正确或不道德的。然而，也可以从另一个角度看待大众传媒，那就是人们有一种倾向——被那些迎合自己观点的网站所吸引。这可能会形成群体内的团结，但会极大地促进社会分化。

有计划地整合

卡里斯玛式人物或其他具有影响力的人可能会努力将系统中被分割的部分团结起来。因此，工会领袖或天主教教区大主教都可以通过个人劝诫或以身作则，说服群体成员合作而不是竞争，或者放松对成员资格的要求而不是保持排他性。

美国地方、州和联邦各级的公职人员可以通过三种主要方式利用自己的权力来整合社会各部分：①通过制定法律来消除群体之间的隔阂；②努力解决使社会分裂的问题；③提供调解人，帮助管理层和工人等不和团体谈判找出解决方案。

总统等高官可以使用各种社会整合方法。首先是**笼络**技巧（委任持不同政见团体的一名成员加入决策机构，以安抚持不同政见的群体）。其次，他们可以使用行政权来执行和解释法律，从而团结社会内部的群体。最后，总统及其他高官可以利用媒体说服民众。特朗普自 2016 年当选总统以来，利用推特作为与公众联系的平台（在总统任期的前 6 个月，他发送了近 1 000 条推特），主要集中在发表挑衅性言论、诋毁媒体、批评他国领导人以及抱怨批评他的人。虽然特朗普有很多支持者，但也有同样庞大数量的直言不讳的批评者。有人可能会说，尽管美国社会有着共同的价值观和功能整合，但分裂社会的力量从未像现在这样强大。

社会生活的碎片化：美国社会分歧加深

社会是一体化的，但所有社会在某种程度上都存在不团结与不和谐。考察美国社会中的分化的影响尤其重要，因为它们有助于解释当代的冲突与社会变迁。虽然种种迹象显示社会凝聚力不断下降，但我们主要考虑以下四点：两极分化不断加剧；对社会制度的信任度不断下降；贫富差距不断扩大；在多样性问题上的分歧不断加深。

两极分化不断加剧

无论是在立法机构中，还是在媒体上，公众的声音都变得更加尖锐，更加要求意识形态的纯洁性，因此，分裂多于团结。当双方在极端情况下聚集时，达成共识、妥协的可能性就会减小。共和党与民主党在理念上存在分歧。

例如，共和党人在国会上支持有助于企业的解决方案。因此，他们反对工会和政府对企业的监管。为了振兴经济，他们相信减税的力量，尤其是针对富人的减税政策，并假设减税的好处会产生涓滴效应。共和党人还反对政府福利计划，因为他们认为补贴会助长福利依赖，而不是自力更生和个体责任。降低税收和减少福利表明他们希望缩小政府规模。在他们看来，政府不是解决问题的办法，而是问题之所在。

相比之下，民主党人则相信强有力的政府监管可以保护环境、工人及消费者。他们支持工会和提高最低工资。他们为弱势群体建立了强大的安全网。为了刺激经济复苏，民主党人更相信政府的财政权能。简而言之，民主党人认为政府是解决许多问题的关键。

过去，美国国会中的共和党人和民主党人就这些问题进行辩论并经常达成共识。在大多数情况下，谈话会以文明有礼的方式展开。然而在最近，各政党有时会妖魔化自己的对手，用嘲笑和威胁的方式来证明自己的观点。最重要的是，共和党人和民主党人越来越难在一些特定问题上达成妥协了。

由于媒体的变化，越来越多的公众变得更加两极分化。50 年前，有三个新闻网，无论选择哪个新闻网，信息都是基本相同的；换言之，它们都是主流媒体。平衡与客观是它们的标准。但现在，随着有线电视、电台、政治博客、聊天室、政治期刊和专业网站的出现，消费者可以选择那些强化其信念的信息。自由主义者可以阅读、观看和收听微软全国广播公司等自由派媒体，而保守主义者则可以只关注福克斯新闻等保守派媒体。按照哈佛大学法学教授索尔·卡斯·桑斯坦的说法，当我们只听到一面之词，或只与志同道合的人在一起时，温和的观点会变得强硬，变得更加教条。这种现象被称为**群体极化**（Sunstein，2009）。你是否曾经因为不同意某人的观点而在社交媒体上"删除好友"？这也导致了群体极化。更深入的例子，请参阅媒体与社会专栏的"关于拟议税制改革的报道——两种观点"。

媒体与社会

关于拟议税制改革的报道——两种观点

2017 年 9 月，特朗普政府与共和党领导人推出了一项税制改革提案。两家新闻媒体对该提案的报道显示了媒体是如何强调同一主题 / 事件的不同方面的。当人们只阅读或观看强化自己信仰体系的新闻媒体时，冲突和群体极化的现象就增强了。

微软全国广播公司

微软全国广播公司的撰稿人雷切尔·玛多（Rachel Maddow）在一篇题为《质疑白宫关键税收主张的新证据》的文章中辩称，富人并未根据拟议计划而获得减税的说法是彻头彻尾的谎言。

事实上，该计划的最大福利将流向最富有的 1% 的人和最富有的 0.1% 的家庭，而穷人和中产阶级几乎得不到什么好处。微软全国广播公司援引了来自无党派税收政策中心的统计数据，最富有的 1% 的美国人将获得 8.5% 的税收减免，为 129 030 美元；最富有的 0.1% 的家庭将获得 10.2% 的税收减免，为 722 510 美元；典型的中产阶级家庭将获得 1.2% 的税收减免，约合 660 美元；而穷人将得到大约 0.5% 的税收减免，大约 60 美元。尽管特朗普总统宣称他不会从税制改革中受益，但数据表明，他本人会从该项计划中获益（Benen，2017）。

福克斯新闻

福克斯新闻的一位撰稿人在同一天发表的题为《特朗普：减税将成为经济的"火箭燃料"》的文章中，强调了税制改革对公司和商业的好处。此外，他还提到了要向中产阶级全面减税，以促进经济增长。税收等级的数量将从 7 个降至 3 个（简化税收制度），并指出该计划建议对极为富有的人征收附加费（Fox News，2017）。

对社会制度的信任度不断下降

将社会凝聚在一起的黏合剂中的一个重要成分是人们对社会制度的信任。例如，当企业不时陷入欺诈行为（如虚假广告、贿赂）等丑闻时，存在于商界之中的信任就会土崩瓦解。最值得注意的是，由于贷款机构的不择手段和政府监管不力而导致房地产泡沫破裂，数百万房主被迫破产或丧失抵押品赎回权。

2017 年哈佛－哈里斯全国代表民意调查显示，美国民众并不信任主流媒体。近 65% 的受访民众认为主流媒体会受特朗普总统指使而报道虚假新闻。共和党人更不信任主流媒体（80%），而接受调查的民主党人中这一比例为 53%（伊斯利，2017）。

宗教组织在受到丑闻的冲击后，其合法性受到了质疑（帕伦蒂，2010）。有一些电视福音布道者涉嫌财务渎职。有些伪善的传教士在谴责同性恋者的同时，也参与了同性恋活动。有崇拜古鲁的邪教，有时会进行性虐待、强迫监禁和其他邪恶行径。牧师猥亵儿童以及随后天主教等级制度对其行为的掩盖，给教会带来了巨大的经济负担，也给个人带来了悲痛和疑虑。这些越轨行为不仅是有缺陷的个人的行为，同时也暴露了宗教组织的腐败。正如迈克尔·帕伦蒂所说：

> 这些犯罪者及其组织是腐败的，他们通过犯罪的方式对人类生命造成了伤害。他们利用神圣的长袍、崇高的地位和道德上的权威欺压弱势群体，做着这些几乎不会受到惩罚的行为，还把宗教组织作为他们的活动基地，使之成为一个摧毁灵魂的罪恶巢穴（帕伦蒂，2010：153）。

美国联邦政府也不被数百万公民所信任。当奥巴马入主白宫时，众议院和参议院的共和党人使用各种方法来阻挠民主党人通过进步立法。这在很大程度上导致了僵局。当《平价医疗法案》等立法通过时，许多人表示反对，因为他们认为这是对个人自由的侵犯。除此之外，还有金钱的作用，以及政府官员的行为符合谁的利益的问题（参见第 12 章）。2013 年，政治陷入僵局，这导致政府 17 年以来第一次关门，美国公众彻底对政府失去了信心和信任。在政府闭门两个月后进行的一项民意调查显示，只有 5% 的美国人认为美国的民主制度运作良好，无须改变（转引自布尔马，2014）。

随着从奥巴马到特朗普的政府更迭，联邦政府中的两极分化现象和不信任在总体上均有所增加，各政党在不同方向上出现了明显变化（见图 2-5）。

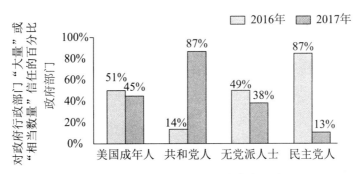

图 2-5　对美国政府行政部门的信任程度

资料来源：盖洛普民意调查（Jones，2017）. http://news.gallup.com/poll/219674/trust-judicial-branch-executive-branchdown. aspx? g_source=position2&g_medium=related&g_campaign=tiles.

简而言之，商界、媒体、宗教界和政界的恶劣行径增加了公民的愤怒情绪，从而削弱了使市场和社会得以凝聚的信任。

贫富差距不断扩大

相比其他发达国家，美国的贫富差距更大，而且还在持续扩大。2016 年，最富有的 20% 的家庭的国民收入份额占比为 51.1%，而最底层的 20% 的家庭的国民收入份额占比仅为 3.1%（Semega，Fontenot，and Kollar，2017）。通过比较收入分布前 5% 的人和收入分布后 20% 的人，目前的收入差距是自 1947 年人口普查局开始追踪以来最大的。2016 年，在财富和收入的最底层，有 4 060 万美国人低于政府的官方贫困线，其中 1 850 万人处于所谓的深度贫困之中，收入不到官方贫困线的一半。他们的安全网是薄弱的，而且越来越薄弱。启蒙计划的资金严重不足，在符合条件的 3~5 岁儿童中，仅有 31% 的儿童参加了该项目，在符合条件的 3 岁以下的儿童中，参加该计划的仅占 6%（National Head Start Association，2017）。无家可归者和忍饥挨饿者的人数在逐渐增加。这不仅是贫富之间的差距，也是富人与普通工人之间的差距。

关于不平等的数据清楚地表明，美国正在向两级社会迈进。这对社会有重要影响。它将人们分成不同的阵营，从而引发了从税制改革、医疗保健再到穷人福利计划的各种争论。

在多样性问题上的分歧不断加深

相对于其他任何社会而言，美国或许都是一个多民族、多种族和多宗教的社会。地域差异和代沟的存在进一步增加了美国社会的多样性。虽然在一定程度上发生了同化，但不同的群体和类别并没有融合成一个同质的群体，而是继续保持着分离的状态，它们往往带着一种自豪感，这使同化变得不可能，冲突也不可避免（参见多样性专栏"美国的暴力与分裂"）。

目前，美国少数族裔的人口数量正在增长（见图 2-6）。许多白人害怕成为少数族裔，他们尤其担心拉美裔和亚裔移民的涌入，特别是非法移民。因此，超过 31 个州通过了将英语作为官方语言的法案。一些州拒绝非美国公民入学。信奉白人至上的群体和其他仇恨群体的数量正在增加。治安队组织起来守卫边境。种族分裂的一个标志是高移民地区的"白人大迁徙"。封闭式社区和私立学校的兴起及家庭教育的崛起也是排他性而非包容性的表现（见图 2-7）。

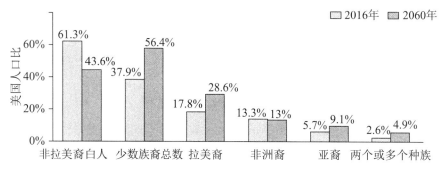

图 2-6　按种族和族裔划分的人口预测：2016 年和 2060 年

注释： 少数族裔人口是指除了非拉美裔白人以外的所有人。2016 年，非拉美裔白人占人口总数的 61.3%。如果包括拉美裔白人，2016 年的白人人口占比为 76.9%。有两个种群的数字太小无法在图表上得到体现：美国印第安人 / 阿拉斯加原住民（2016 年占比为 1.3%，2060 年占比为 0.6%）；夏威夷原住民 / 太平洋岛民（2016 年和 2060 年占比均为 0.2%）。

资料来源： 2060 年美国人口普查预测来源：美国人口普查局，2015 年。

图 2-7　移民冲突达到了历史最高水平

资料来源：Janine Wiedel Photolibrary/Alamy Stock Photo

随着美国种族和民族多样性的增加，宗教多样性也极大增加了。而其中一些群体，尤其是穆斯林，往往是仇恨犯罪的受害者。2015 年，向美国联邦调查局报告的仇恨犯罪中约有 20% 的案件涉及宗教（59% 涉及种族，18% 涉及性取向）。

一些美国人还受到性取向越来越多样化的威胁。尽管 2015 年美国最高法院裁定同性婚姻在全美范围内合法，但民意调查显示，即便支持同性婚姻的人数创历史新高，但仍有 32% 的美国人对此持反对态度（Pew Research Center，2017）。

总之，日益增长的多样性是美国社会的现实。如果我们不能找到办法去接受人与人之间的差异，我们就会分裂成阶级、种族、民族和性别"飞地"①。我们面临的挑战在于，要从筑造墙壁转向搭建桥梁。

多样性

美国的暴力与分裂

冲突视角强调，社会群体往往存在相互竞争的利益，社会在本质上是支离破碎且不稳定的。不幸的是，美国各地有许多暴力和分裂的例子证明着这一观点。

1. 宗教暴力。在经历了 2001 年 9 月 11 日恐怖袭击之后，针对美国穆斯林的仇恨犯罪大幅上升。16 年后的今天，诸如清真寺纵火、暴力威胁、枪击和公然袭击事件的数量再次上升。一项针对 2015 年反穆斯林事件的分析显示，与前一年相比，反穆斯林事件增加了 78%（Levin，2016）。特朗普当选总统后，2017 年的头两个月中就有 4 座清真寺被烧毁，其他清真寺也被蓄意破坏。一些人将暴力升级归咎于特朗普在竞选期间发表的相关言论，以及他对来自伊斯兰国家的游客的临时禁令，他们认为这些言论加剧了人们对穆斯林的恐惧和敌意。

针对犹太组织的暴力和威胁也出现了类似的上升。2017 年头两个月，犹太组织收到了 148 起炸弹威胁（And one，2017）。西雅图的一个犹太教堂被喷上了"大屠杀是伪造出来的历史"的字样。2017 年 8 月，白人民族主义者在弗吉尼亚大学校园游行，高呼"犹太人不会取代我们"，这场集会以暴力告终，并致使 3 人死亡。而这些只是美国针对宗教群体的众多暴力案件中的一小部分。

2. 党派暴力。2017 年 6 月，在年度国会棒球赛前一天的一次练习中，作为伯尼·桑德斯追随者、特朗普反对者的詹姆斯·霍奇金森向议员们开枪射击，众议院多数党领袖史蒂夫·斯卡利斯受重伤，另有 3 人受伤。共和党随即指责民主党煽动其追随者的敌对行动（Pilkington，Gabbatt，and Beckett，2017）。然而，这种党派间的暴力行动并不新鲜。早在 2011 年，美国众议员加布里埃尔·吉福兹和另外 18 人（案件造成了 6 人死亡）就在亚利桑那州图森的一家杂货店外遭受枪击。案发时吉福兹正在举行一场"国会就在你的街角"的公开活动。从著名的亚伯拉罕·林肯和约翰·F. 肯尼迪的暗杀事件到针对乔治·沃克·布什和巴拉克·奥巴马的暗杀企图，党派暴力一直是美国历史的一部分。

---

① 译者注：原意指一种特殊的人文地理现象，即隶属于某一行政区管辖但不与本区毗连的土地。在此用作比喻义，指与周围人群（或地方）有着不同特征的人群（或地方）。

3. 种族暴力。根据联邦调查局的统计数据，美国大多数（占比 59%）被报告的仇恨犯罪都是出于种族动机。历史上种族暴力的例子比比皆是。2015 年，21 岁的白人至上主义者戴伦·鲁夫在南卡罗来纳州一座以黑人为主的教堂开枪，造成 9 人死亡（Blain，2017）。最近发生的其他暴力事件还包括在华盛顿特区公共场所（国家美术馆、国家非裔美国人历史文化博物馆和赫什霍恩博物馆）出现了绞索。此外，最近警察对黑人（通常是手无寸铁的或逃跑的男子）开枪或过度使用武力的种族暴力行为，已经引起公众的关注。因此，像"黑人的命也是命""黑命攸关运动""下跪运动"等运动，不仅是为了抗议暴力事件的发生，而且是为了抗议司法制度，后者往往对涉案警察作出无罪判决或无效审判。

4. 性少数群体暴力。2016 年，奥马尔·马特恩走进了佛罗里达州奥兰多的一家同性恋夜总会，向 350 人开枪，造成 49 人死亡，53 人受伤。针对性少数群体（女同性恋者、男同性恋者、双性恋者、跨性别者、疑性恋者）的暴力行为十分普遍。1998 年，怀俄明州的学生马修·谢巴德因其是同性恋者而遭受酷刑和谋杀。同年，詹姆斯·伯德因其同性恋者和黑人身份，在得克萨斯州被捆绑在卡车后面拖拽致死。2009 年，奥巴马总统签署了《仇恨犯罪预防法》，该法案将联邦仇恨犯罪法扩大到包括因受害者性别、性取向、性别认同或残疾而引发的犯罪。由于这项法案的颁布，联邦调查局现在要跟踪基于性别和性别认同的仇恨犯罪统计数据。根据联邦调查局的数据，2016 年，至少有 77 名属于性少数群体的人被杀害，其中包括 27 名跨性别者。

秩序、冲突与社会问题

社会的秩序模型与冲突模型都十分重要，它们在本书的其他章节中也均有运用。虽然每个模型都很重要，但现实的分析必须同时包括这两种模型。必须包括秩序模型，因为社会中存在整合、秩序和稳定性；因为社会各部分或多或少都是相互依存的；因为大多数社会变迁，特别是我们主要社会制度的变革，都是循序渐进的。冲突模型同样重要，因为社会并不总是一个和谐的整体。相反，社会生活的很大一部分是建立在竞争的基础上的。社会整合很脆弱，因为它往往基于微妙或公然的胁迫。

这两种模型的一个关键区别是，它们各自隐含着的对社会结构的性质（规则、习俗、制度、社会分层和权力分配）的假设。秩序模型认为社会结构基本上是正确而恰当的，因为它具有维持社会的基本功能。因此，这种模式就隐含着对现状的接受，认为社会系统正常运行。当我们在本书中考察主要社会制度时，其中一项任务是确认每个制度是如何帮助社会进行整合的。但与此同时，我们还需要考虑谁在这些制度下是受益者，谁是非受益者。因此，系统的合法性始终受到质疑。

这两种社会模型对社会问题的处理方式也不同。**社会问题**是伤害任何一部分人口的社会诱发状况，或是违反社会规范和价值观的行为或状况。本书涉及的许多主题都是社会问题，例如，种族和性别不平等、贫困和无家可归，以及歧视问题。

　　秩序和冲突的视角限制了持有其中一方观点的人以相反的方式看待社会问题的成因、后果和解决办法。秩序视角关注的是越轨者本身。这种方法（这是研究社会问题的传统方法）会问，谁是越轨者？他们的社会和心理背景是什么？他们与谁交往？越轨者不知何故不符合主流群体的标准；他们被认为不合乎常规行为。持有秩序视角的人认为，这种情况是因为社会化不足而常有发生。换句话说，越轨者没有将社会规范和价值观内化，因为他们要么是在价值体系冲突的环境中长大的（移民子女或中产阶级学校的穷人也是如此），要么是受到越轨亚文化（如帮派）的影响。因为秩序论者使用现行的标准来定义和标记越轨者，毫无疑问地接受了现有的社会实践和结构。而解决办法是改造越轨者，使他们符合社会规范。

　　冲突论者对社会问题则采取了不同的解决方法。这一模型的拥护者批评秩序论者是在指责受害者。聚焦个体越轨只是研究（表面的）症状，而不是（真正的）疾病。越轨者是一种社会未能满足个体需求的表现。贫困、犯罪、吸毒和种族主义的根源在于法律、习俗、生活质量、财富与权力的分配，以及学校、政府和公司所公认的做法。从这个角度来看，问题在于学校，而不是辍学的学生；在于财富分配不均，而不是穷人；在于少数群体获得成功所遭遇的障碍，而不是他们对此漠不关心。在这一观点下，既定的（社会）系统并不是神圣的。由于系统是社会问题的主要根源，因此必须对其进行重组，而不是对个人进行重组。

　　尽管本书中大部分内容都试图在秩序和冲突视角之间取得平衡，但当社会问题成为焦点时，冲突模型显然更受青睐。之所以这样，有两个原因。社会学的研究对象不是个体，而是社会，个体是心理学的特定领域。如果社会学家不对社会结构进行批判性分析，又有谁会呢？另外，我们相信，社会问题的根源可见于社会的制度性框架之中。因此，本书中反复出现的一个主题就是，社会问题从根源上说是社会性的，而不是个体病态所独有的结果。

第 3 章
文化

2009 年，索尼影业发行了电影《2012》，这部电影是根据古代玛雅人的长纪年历在 2012 年 12 月 21 日结束这一现实背景制作的。一些人认为这意味着世界将在 2012 年走向灭亡，这种观点受到许多网站的追捧。这部电影便描述了在 12 月 21 日发生的一场全球大灾难，它摧毁了我们的现实世界。

循着类似的思路，2000 年同样是一个非常重要的年份。它划定了一个千年期的结束和另一个千年期的开始。人们认为它标志着耶稣诞生后的 2000 年。一些教派对《圣经》中的两本书——《旧约》中的《但以理书》和《新约》中的《启示录》进行了解释，他们认为这个日期将带来世界末日（既存世俗世界的终结）。显然，对他们来说，2 000 这个数字极其重要。但它代表着什么？为什么划分 1 000 年的日历会有重大意义？如果这很重要，那么新千年是始于 2000 年 1 月 1 日，还是 2001 年 1 月 1 日？我们使用的日历从耶稣诞生开始，而关于这个日期就有多达 6 年的偏差。一名 6 世纪的修道士狄奥尼修斯·伊希格斯（Dionysius Exiguus）估算过基督教历法。学者们现在认为伊希格斯是错误的，犹太统治者希律王死于公元前 4 年，而耶稣可能是在那之前一两年出生的（Zelizer，1999）。那么，按真实的纪年，2000 年可能应该是 2005 年或 2006 年？

当西方人纪念 2000 年时，中国人庆祝的是 4698 年。对于伊朗的拜火教信徒来说，这一年是 2390 年；对于穆斯林来说，这一年是 1421 年，因为距先知穆罕默德出生已经 1421 年；而对于犹太人来说，这一年是 5760 年。显然，历法的起始日期是一个任意的决定，不同社会各具差异。然而，一个没有被全世界普遍接受、偏离正确纪年长达 6 年、没有以 0 开头的日历，却被大多数西方世界用来指定 2000 年 1 月 1 日为新千年的开始。由于一些人认为这一天会出现混乱，他们囤积了罐头和其他必需品，这表明尽管新千年开始这一概念及其发生的时间是社会建构的产物，但人们给它们赋予了意义。这些文化意义随之成为人类行为的重要决定因素。

社会学的一个重要焦点是社会对人类行为的影响。随着人类的互动，逐渐产生了制约个人的两个基本来源：社会结构和文化。**社会结构**指的是一个社会组织成员之间的联系和网络。**文化**作为本章的主题，指的是社会组织成员所共享的知识（包括物质的和非物质的）。由于这种共享的知识包括什么是正确的，以及一个人在不同的情境、宗教信仰和交流互动下应当如何行事，因此文化不仅限制了人的行为，而且正如前面的例子所表明的，也限制了人们如何思考和解释他们的世界。

本章分为三个主要部分。第一部分描述了文化的特征及其对理解人类行为的重要性。第二部分探讨了构成社会文化的共享知识。第三部分集中讨论了文化的一个特定方面——

价值观。这一讨论对于理解组织和一些关于美国社会的问题尤为重要。最后，我们将从秩序和冲突的角度对价值观进行探讨。

文化：人们共享的知识

虽然世界各地的文化迥然不同，但它们有一些共同的要素。我们发现，虽然文化在不断地形成和再形成，但它以可预测且通常是有限的方式引导人类的行为。让我们更仔细地看一下文化的典型特征。

文化是一个生成的过程

人们就各种事情交换意见的前提是他们在任何一种持续的基础上进行互动。随着时间的推移，人们形成了共同的想法、共同的处事方式以及对某些行为的共同解释。这样一来，参与者就创造了一种文化。文化的生成性是一个持续的过程，文化是逐渐形成的，而不是在社会组织的初期就存在。任何群体的文化都在不断地发生变化，因为成员之间在不断地发生互动。随着科技的发展，音乐、时尚、电影、电视等促进新的或不同的想法和行为产生，**流行文化**（普遍存在的文化模式）不断演变。所以说，文化从来不是完全静止的。

文化是习得的

文化不是人类的本能或与生俱来的，它并非人类生物器官的一部分。然而人类的生物器官使文化成为可能。也就是说，我们是制造符号的生物，能够将意义赋予特定的物体和行动，并将这些意义传达给其他人。当一个人加入一个新的社会组织时，他就必须学习该组织的文化。对于出生在一个社会中的婴儿来说是如此，对于加入联谊会或兄弟会的大学生、加入军队的青年人或初到一个国家的移民来说，也是如此，如图 3-1 所示。这个习得文化的过程，称为**社会化**，也是下一章的主题。当我们学习一个社会或社会中的一个群体的文化时，我们与他人分享对语言和符号的共同理解；我们知晓社会规则，明白适当与否，道德与否的标准，能够鉴别妍媸美丑。甚至厌恶、愤怒和羞耻这些深层次的情绪都与文化有关。就比如在一个社会中令人作呕的食物（如昆虫）在另一个社会中可能被认为是美味佳肴。

文化引导人类行为

由于文化产生于社会互动，所以它是人类社会发展的必然产物。更重要的是，文化对任何社会系统的维护都是必不可少的，因为它具备两个关键的功能，即行动的可预测性和稳定性。然而，为了实现这些功能，文化必须限制人类的自由（尽管正如我们将看到的那样，文化限制通常不被认为如此）。

图 3-1   加入军队后，个人必须学习一种全新的文化
资料来源：Panda 3800/Shutterstock

文化是如何制约个人的？或者换句话说，文化是如何内化于人，从而使其行为受到控制的？文化不仅在个人外部运作，也在其内部发挥作用。西格蒙德·弗洛伊德（Sigmund Freud）认识到这一过程，他将"超我"概念化为人格结构的一部分，该部分将社会道德内化，从而抑制人们做出被父母、团体或社会认为是错误的行为。

内化的过程（在这个过程中，社会的要求成为个体的一部分，起到控制其行为的作用）主要是通过三种方式完成的。首先，文化通过孩子出生时（所接触）的信仰体系成为人类构成的一部分。这种信仰体系由父母以及那些与孩子直接接触的人提供，塑造了孩子对周围世界的看法，也使他们对自己形成一定的认识。例如，在美国，一个孩子可能被教导要毫无保留地接受基督教信仰。这些信仰实际上是强行灌输的，因为其他信仰体系被认为是不可接受的。值得注意的是，在孩子将基督教信仰内化之后，这些信仰往往被用作控制孩子的手段。

其次，文化是通过对个体归属其中的群体（所属群体）或他们希望所属的群体（**参照群体**）的心理认同而内化的。个体希望有归属感，他们希望被他人所接受。因此，人们倾向于顺应其初级群体的行为以及整个社会的意愿。对儿童社会化的研究不断表明这一过程的重要性。社会规范的内化反映在这一事实上，即儿童从 5 岁开始，表现出越来越不喜欢那些不符合群体规范的内群体成员（Nesdale，2007：222）。

最后，文化通过为个体提供一个身份而内化。人们的年龄、性别、种族、宗教和社会阶层影响着别人对他们的看法及其看待自己的方式。

那么这也就说明了，文化不是自由的，而是一种约束。在所有可能的行为中（这些行为可能被某个社会认为是合适的），一个特定社会的人只能在有限的范围内进行选择。个体看不到文化的约束性，因为他们已经内化了其所属社会的文化。从出生开始，儿童就被其所处社会的文化所塑造。由于他们经历的独特力量的配置（基因结构、同龄群体、父母的社会阶层、宗教和种族），他们身上保留了一些个性，但那些被认为适合他们的行为选择却是十分有限的。

文化甚至塑造了人的思想和感知。我们所看到的以及我们如何对之加以解释的都是由文化决定的。例如，关于什么使人美丽，什么食物好吃，以及什么衣服适合穿着，每一种文化都有不同的信念。一种文化可能认为穿短裙的男性是怪异或可笑的，而另一种文化对此则完全能够接受。

关于这类可能由文化决定的心理封闭的一个例子，请看以下关于一对父子在高速公路上开车的"谜题"。"发生了一场可怕的事故，父亲在事故中死亡，儿子受了重伤，被紧急送往医院。到医院后，外科医生走近病人，突然喊道：'我的上帝，那是我的儿子！'"受伤严重的男孩既是事故中男子的儿子，又是外科医生的儿子，这怎么可能呢？最终的谜底是：外科医生是男孩的母亲。一些北美人，无论男女，都习惯性地认为外科医生是一种"男性"职业（同样，护士是一种"女性"职业）。如果让俄罗斯人来解答这个谜题，那就根本不是什么问题了，因为大约 3/4 的俄罗斯医生是女性。因此，文化不仅限制了人的行动，也限制了人的思维。

文化保持界限

文化不仅限制了人可以接受的行为和态度的范围，而且向其追随者灌输了一种关于特定社会（或其他社会组织）所独具的选择的自然感。因此，人们普遍存在一种倾向，那就是贬低其他社会中的人的（生活）方式，认为他们是错误的、过时的、低效的或不道德的，而认为所属群体的（生活）方式是优越的（作为唯一正确的方式）。这种现象我们称为**种族中心主义**。这个词结合了希腊语中的"ethnikos"，意思是"民族"或"人民"，以及英语中的 center（中心）。种族中心主义者认为自己的种族、宗教信仰或社会是一切的中心，因此优于一切。

种族中心主义表现在诸如"我的兄弟会是最好的""我们是上帝的选民"或"一夫多妻制是不道德的"等言论当中。将美国联盟和国家联盟之间的季后赛称为"世界大赛"，意味着美国（和加拿大）以外的棒球是低级的。宗教传教士也提供了一个典型的例子，他们坚信自己的信仰是唯一正确的。种族中心主义在许多制度中普遍存在。关于制度性种族中心主义的例子，请参阅深入观察专栏"美国校园中的种族中心主义"。

深入观察

美国校园中的种族中心主义

1994 年，莱克县（佛罗里达州）学校董事会为该地区的 22 000 名儿童颁布了一项新的学校政策：教师将被要求向学生传授美国的政治制度、价值观和文化通常在各方面都优于其他文化。具体而言，这项政策指出，如果课程包括有关其他文化的教学内容，也必须包括对美国文化遗产的重视和赞赏。

这项学校政策显然带有种族中心主义色彩。董事会决定的反对者认为，明目张胆地教导"我们是第一"会掩盖我们的缺陷、错误和不道德行为。相信自己的优越性也就是相信别人的劣等性。这会阻碍国家之间的合作，并助长排他性的政策。

另一个学校种族中心主义的例子来自亚利桑那州。2010年5月，亚利桑那州州长简·布鲁尔签署了一项法律，禁止亚利桑那州的学校开设提倡民族团结、促进推翻美国政府或为特定种族设计的各类课程。实际上，虽然西班牙裔学生占据了亚利桑那州公立学校近一半的席位，这项法律却取消了该州的墨西哥裔研究课程（Calefati，2010）。

通过推行一个禁止探索边缘文化而支持主导文化的课程，其中还有另一个过程在起作用，我们可以称之为种族规范性（ethnonormativity）。这将带来一种文化的教义——殖民者的教义，并使之作为历史的标准版本，同时禁止其他说法，将当权者的叙述变成"正常"的，并进一步诋毁边缘化的观点（Amster，2010：1）。

在佛罗里达州和亚利桑那州的例子中，当权者利用自己的影响力来执行种族中心主义的政策，影响了成千上万的学生（当时佛罗里达州有22 000名学生、亚利桑那州有55 000名学生）。在亚利桑那州，该禁令意味着学生不仅失去了墨西哥裔美国人研究的机会，而且失去了非洲裔美国人和美国原住民研究的机会。2017年，一名联邦法官裁定，该州因执行这项禁令而侵犯了墨西哥裔美国学生的宪法权利。法官认为，这项法律是出于种族动机，剥夺了许多学生探索自己的民族文化遗产或了解自身以外的族群历史的机会。

将其他文化中的食物选择视为奇怪的或古怪的，也是种族中心主义的表现。例如，互联网上的各种网站列出了世界各地最"恶心"的食物，如菲律宾的毛鸭蛋、意大利的蛆虫奶酪。旅游频道甚至有一档名为《古怪食物》的节目，由主持人品尝其他国家的"古怪"菜肴，如图3-2所示。

图3-2　虽然在美国不常吃，但在一些国家，昆虫是一种经常被食用的高蛋白零食

资料来源：Kevin Foy/Alamy Stock Photo

美国历史上民族中心主义的例子还有**天命观**①、排外移民法，如排斥东方人法案，以及吉姆·克劳种族隔离法。伊拉克战争是种族中心主义的更新的例证，美国试图输出所谓的美国生活方式，因为它相信民主和自由市场的资本主义是美好生活的必需品，这对所有人而言都是最好的。

种族中心主义所隐含的优越感导致社会内部各子群体之间以及各社会之间的分裂与冲突，它们都自我感觉良好。种族中心主义思想是真实的，因为它们为人们所相信，并影响着人们的认知与行为。美国社会的分析家（无论他们是不是美国人）必须认识到自己的种族中心主义态度，以及这些态度影响其客观性的方式。

人类学家帮助我们理解，在特定社会的文化背景下，一个看似怪异的做法可能相当有意义。例如，人类学家马文·哈里斯（Marvin Harris，1974）在其关于文化相对主义的经典著作中解释了为什么在印度允许圣牛在农村游荡，而人民可能正在挨饿。外来者认为对牛的崇拜是印度饥饿和贫困的主要原因：人不吃牛肉，但牛却吃了本来可以留给人类的农作物。然而，哈里斯认为，决不能为了食物而杀死牛，因为它们是最有效的燃料和食物生产者。实际上，杀死它们会导致经济崩溃。哈里斯指出，一个社会的习俗不应该用我们的标准来评价，而应该根据这个社会的文化及其功能来评价。这就是所谓的**文化相对性**。当然，文化相对性的问题的本质是种族中心主义，每个社会的成员都倾向于认为自己的习俗和做法是正确的，而其他社会的习俗和做法是错误的、不道德的或不合理的。

总而言之，文化是从社会互动中生成的。矛盾之处在于尽管文化是人类创造的，但它却产生着巨大而复杂的力量，限制着人类的行动和思想。任何社会的分析家都必须认识到文化的这两种性质，因为这两种性质结合在一起，使一个社会具有了独特的性质。文化解释了社会变迁与社会稳定；文化也解释了现有的社会安排（包括许多社会问题）；文化同时还解释了大量的个人行为，因为它被个体的社会成员所内化，所以对他们的行动和人格产生影响（实质性的，但并非全部）。

共享知识的类型

文化的概念涉及一个社会组织的成员所共享的知识。将文化看作六种类型的共享知识，即符号和语言、技术、意识形态、社会规范、价值观、身份和角色，对于分析任何社会组织和社会都是有帮助的。

符号和语言

根据定义，语言指的是在不同人心中唤起相似意义的符号。只有当人们对声音、手势或物体等外来刺激赋予相同的意义时，交流才有可能发生。那么，语言可以是书面的、口头的或不言而喻的。耸肩、拍背、用手指做手势（哪根手指可能非常重要）、眨眼和点头

---

① 译者注：Manifest Destiny，又译为昭昭天命、天命论、天命昭彰、天定命运论、美国天命论等。

都是非口头语言的例子，其含义在不同的社会中有所不同，如图 3-3 所示。一个关于前总统的例子可以说明文化象征的重要性。20 世纪 90 年代，美国前总统老布什在访问澳大利亚时无意中使用了错误的象征性手势。他在乘坐豪华轿车时，用手掌朝里打出了一个"V"的手势。这个手势在澳大利亚并不意味着胜利，而相当于在美国竖中指。

图 3-3　非口头语言在所有社会中并不意味着相同的意义
资料来源: Serger Nivens/Alamy Stock Photo

　　语言尤其影响社会成员感知现实的方式。语言形塑思想的观点被称为**语言相对性**，这一观点往往与爱德华·萨皮尔（Edward Sapir）和本杰明·沃夫（Benjamin Whorf）这两位语言学家的经典著作相关。萨皮尔和沃夫通过霍皮人和盎格鲁人谈论时间的不同方式来证明语言的相对性。霍皮语没有动词时态，也没有代表时间、日期或年份的名词，因此霍皮人认为时间是连续而没有中断的。与此形成鲜明对比的是，英语将时间划分为秒、分、小时、日、周、月、年、十年和世纪。在英语中对动词时态的使用清楚地告诉了大家一个事件是发生在过去、现在还是未来。显然，时间的精确性对讲英语的人来说很重要，而对霍皮人来说则不那么重要。

　　其他例子：

- 有一个非洲部落没有关于灰色的词汇。这意味着他们看不到灰色，尽管我们知道有这样一种颜色，并且很容易在天空中和头发的颜色中看到它。纳瓦霍人不区分蓝色和绿色，但他们用两个词来表示不同种类的黑色。

- 巴西东部的亚蒙部落没有"二"这个词。亚马孙流域的扬科斯部落的人在计数时不能超过"poettarrarorin-coaroac"，在他们的语言中，这个词代表着三。西马来西亚的特米亚人也止步于三。你能想象这种缺乏超过二或三的数字是如何影响他们对现实的感知的吗？

- 结合种族中心主义和社会建构，西方世界将阿拉伯国家称为"中东"。他们认为只有从西方视角看世界时，才是"真实的"，而这也是两百多年以来的常态。

　　对现实的社会解释并不限于语言。例如，有些人相信有圣水这种东西。水和圣水在化学成分上没有区别，但这些人认为，它们在性能和潜力上存在巨大的差异。同样，思考一下唾液和口水的区别（Brouillette and Turner，1992）。它们之间没有化学差异；唯一的区别是，一种是在口腔内，另一种是在口腔外。我们不停地吞咽唾液而不去想它，但一个人不会把自己的唾液收集起来喝掉。唾液的定义和标签是正面的，口水则是负面的，而唯一的区别是共同的社会定义和用以描述它们的语言。

技术

技术是指人们用来满足其不同需求和欲望的信息、技巧和工具。出于分析的目的，技术可以区分为两种类型——物质技术和社会技术。**物质技术**是指关于如何制造和使用物品的知识。值得注意的是，生产的东西并不是文化的一部分。它们代表了人们共享的知识，这些知识使打造和使用物品成为可能。知识是文化，而不是一种物品。例如，关于如何制造和使用一张桌子的知识（而不是桌子本身）是物质技术的一部分。

社会技术是关于如何建立、维护和运作社会组织的技术方面的知识，比如，一所大学、一个市政当局或一家公司的运作程序，或公民要在社会中发挥作用所必须获得的专业知识（了解法律知识、如何填写所得税表、如何在选举中投票、如何使用信用卡和存钱）。

意识形态

意识形态是关于物质世界、社会世界和形而上学的世界的共同信念。例如，意识形态可能是关于超自然生物的存在、完美政体或种族和民族自豪感的表述。

意识形态帮助个人解释事件，它们也为特定形式的行动提供理由。它们可以证明现状的合理性，也可以要求进行革命。美国社会中存在许多相互斗争的意识形态，如原教旨主义和无神论、资本主义和社会主义、共和党和民主党。显然，意识形态既能团结，也能分裂，因此是社会中一种强大的人类构建的文化力量。

社会规范

规范是社会对一个人在特定情况下（如足球赛、聚会、音乐会、餐厅、教堂、公园或教室）如何行事的规定。我们还会学习如何与异性、长辈、社会地位低者及同等地位者相处。因此，行为是有模式的。我们知道应该如何行事，我们也能预测他人的行为。这种知识使互动得以顺利进行。

常人方法学[①] 是社会学的一个分支学科，是对日常生活中常见活动的科学研究。它的目标是发现和理解关系的基础（隐性引导社会行为的共享意义）。其假设是，社会生活的大部分都是有脚本的，也就是说，参与者根据社会的规则／规范（脚本）行事。社会脚本决定了在一个家庭内部、在百货公司里的顾客和销售员之间、医生和病人之间、老板和雇员之间、教练和球员之间以及老师和学生之间的行为模式。

当人们不按照共识（脚本）行事时会发生什么？以下是可能会破坏规范的例子：①你在接听电话时保持沉默；②在观众席上选择座位时，你无视空位，而选择坐在一个陌生人

---

① 译者注：Ethnomethodology，又译为常人方法论、民族方法学。

旁边（侵犯了这个人的隐私和空间）；③在电梯里，你不面对门，而是面对电梯里的另一个人；④你与店员就你想购买的每件食品讨价还价。这些行为违反了社会中的互动规则。当这些规则被违反时，处于这种情况下的其他人将不知道应该如何应对。通常情况下，他们会表现得困惑、焦虑和愤怒。违反规范的行为常常是电视节目中的幽默主题。当隐藏的摄像机捕捉到一个故意违反规范的行为和不知情的对象的反应时，观众的反应是哈哈大笑。这些行为支持了这样一个概念：大多数时候，社会生活是井然有序的。我们按规定的方式行事，而且预想其他人也会这样做。

除了是社会行为的必要条件外，社会规范的重要性也不尽相同。如果违反不太重要的规范（**民俗**），则不会受到严厉的惩罚。以下是美国社会的民俗的例子：人们不应该戴着卷发器去看歌剧；人们不应该穿着商务套装搭配人字拖；人们不应该在别人讲话时说话。

违背社会**道德准则**的行为会被认为是很严重的，应该受到严厉惩罚。这种类型的规范中涉及了道德。以下是一些关于道德准则的例子：一个人在同一时间只能有一个配偶；不可杀人（除非是为了保卫自己的国家）；美国人必须忠于自己的国家。正如我们在第2章所简要讨论的，这种爱国主义及对美国的忠诚在围绕职业运动员的争议中表现得淋漓尽致，他们选择在体育比赛前奏国歌时以下跪的方式和平抗议种族歧视。他们这样做，打破了站立的规范（没有法律规定他们必须站立），如图3-4所示。公众对这场抗议的反应表明，在奏国歌时保持站立的规范已经达到了一种更具权威性的状态，一些人认为，打破这一规范无异于道德沦丧。因此，一些教练威胁要解雇运动员，不让他们参赛，或者不与他们续签合同。

图 3-4　2017 年 9 月 24 日，华盛顿红人队的几名球员在奏国歌时下跪
资料来源：John Middlebrook/Alamy Stock Photo

对许多美国人来说，在决定某些规范的重要程度及惩罚的严厉程度方面存在一个问题。有些行为对社会的生存或其制度的维护并不重要，但它们却受到严厉的惩罚（至少相对于犯罪而言）。例如，2007 年，路易斯安那州德尔坎伯市市长签署了一项法令，该项法令规定，穿松垮裤子，并露出内衣或身体某些部位的人，将面临最长 6 个月的监禁和 500 美元的罚款（Associated Press，2007）。而在 2010 年，少女康斯坦斯·麦克米伦被禁止参加学校舞会，因为她身着燕尾服，并带着一个女伴（Goldwert，2010）。2015 年，路易斯安那州的另一名女生最初也被告知不能穿燕尾服参加舞会，但是遭到强烈反对之后，她所在高中的校长改变了主意，允许了这种做法。

用于划分规范类型的两个标准——重要程度和惩罚的严重程度，都是由当权者决定的。因此，被当权者视为破坏了有利于某些人而不利于其他人的权力结构或制度安排的活动，会被视为不合法的并受到严厉的惩罚。例如，如果 10 000 名年轻人通过游行、演讲和非暴力反抗的行动来抗议政治制度，他们通常会被视为一种威胁，并被警察和国民警卫队监禁、殴打、施放催泪瓦斯和侵扰。将这些年轻人遭受的待遇与另外 10 000 名学生的待遇进行比较，后者每年都会在得克萨斯州帕德雷岛的海滩上度春假，这些学生经常酗酒、私生活混乱，还会破坏公共财产。但一般而言，警察认为这些行为对社会制度不存在威胁，因此对他们的处理相对较轻。

规范也是具有情境性的。在一个社会环境中所期望的行为，对另一个社会环境而言可能是不合适的。用几个例子就可以清楚地说明这一点。一个人可以和店员换零钱，但他不会把钱放在教堂的募捐箱里后再取出零钱。显然，球迷在足球比赛中被认为可以接受的行为（大喊大叫，对球员发出嘘声，甚至破坏财产）放到教室里就不可原谅了。在酒吧里可以接受的行为，在银行里可能会被人指指点点。

最后，由于规范是群体的属性，所以它们因社会而异，也因社会中的群体而异。因此，在一个社会群体中适宜的行为在另一个社会群体中可能是绝对不适宜的。以下是这方面的例子。

- 人类学研究发现，某些社会中存在一种被称为"产翁制"的习俗，指的是妇女分娩的这段时间。虽然这一现象伴随着不同的行为，但大概的意思都是丈夫不停地呻吟着、被伺候着，仿佛他处于比妻子更大的痛苦之中。妻子在生完孩子后，会下床给丈夫准备吃食，并安慰丈夫。在某些社会，丈夫会卧床长达 40 天，他会被这种经历弄得失去正常生活和工作的能力。虽然大多数发达国家不再实行仪式性拟娩，但拟娩综合征（也称为交感妊娠）这个术语现在被用于描述有怀孕伴侣的男性所经历的体重增加、头痛和恶心等症状。

- 在巴基斯坦，人们从不用左手去拿食物。这样做会让旁观者感到身体不适，因为左手是用来在如厕后清洁自己的。因此，右手是唯一配得上拿食物的手。

- 苏丹未婚的丁卡族男子在 3 个多月中每天狂饮多达 5 加仑的牛奶。在此期间，他们尽可能少活动，以避免消耗热量，从而最大限度地增加体重。他们认为这么做可以让自己对女性更具吸引力，因为这表明他们家的牛群规模很大，牛奶都有富余。

- 每个社会都有关于美丽和外表的规范。2015年，在美国进行了1 500多万次整形手术和美容，自2000年以来增加了115%。总体而言，排名前三的手术是隆胸、吸脂和鼻子整形（American Society of Plastic Surgeons，2016）。

价值观

社会结构的另一个方面是社会的价值观，这是规范的基础。**价值观**是用来评价物品、行为、感觉或事件的相对可取性、优点或正确性的标准。价值观极为重要，因为它决定了个人和群体行为的方向，价值观会鼓励一些活动，也会阻碍一些活动。例如，在美国，让人们节约能源及其他资源的努力与长期坚持的增长、进步和个人自由的价值观相悖。因此，社会中的主流价值观阻碍了历任总统及其他人围绕未来需求仔细规划，限制资源利用及现有增长速度的努力。关于价值观，我们将在本章的后面做更详细的讨论。

身份和角色

我们每个人都属于一些组织，在每个组织中，我们都占有一席之地或拥有一个**身份**。如果有人问你："你是谁？"你很可能会在回答中列出你的各种身份。一个人可能同时具备多重身份，如学生、女儿、姐妹、朋友、女性、教师、民主党人、销售员和美国公民。因此，个体的社会身份是其占据的特定身份矩阵的产物。身份的另一个特点对社会身份有重要影响，那就是在各个组织中的不同的位置往往会得到不同的奖励和尊重。这种身份的**等级制度**（按重要程度对人进行排序）因素强化了个人对自身的积极或消极印象，这取决于其在各种组织中的位置。有些人一直保持着有声望的地位，而有些人可能只拥有不受尊敬的或混合的身份。

群体成员资格是我们对自己身份概念的重要来源。同样地，当得知我们在各种组织中的地位时，其他人会赋予我们一个社会身份。当我们确定了一个人的年龄、种族、宗教和职业后，就倾向于对这个人形成刻板印象，也就是说，我们假设这个人是某种类型。刻板印象具有赋予某人社会身份的作用，提高了对某些行为的期望，而这些期望往往会导致自我实现的预言。当涉及一个人的**主导地位**时，这种现象就更加突出了，这是一种对社会身份具有特殊意义的地位。当别人评价一种情况或一个人时，主导地位高于所有其他地位。对大多数人来说，职业往往是一种主导地位，因为它让别人知道我们的受教育程度、技能和收入。但主导地位也可能是非裔美国人、运动员或父母的身份。拥有两种相关身份的人，如黑人医生，又或者女性飞行员，最能说明社会角色的力量。虽然这类人都是合格的专业人士，但毫无疑问他们都会遇到很多这样的情况，其他人会希望他们的行为符合人们对其**先赋地位**（种族、性别、年龄或其他个人无法控制的地位）而非**自致地位**（即职业）

的传统的角色期望。

对在一个群体中占据某种地位的人的预期行为就是这个人的**角色**（社会组织中某个地位相关的行为预期和要求）。无论人们的个性如何，社会组织的规范限制了身处其位的人以规定好的因而也是可以预测的方式行事。社会坚持要求我们正确地扮演自己的角色，否则就有可能被其他人看成是不正常的、疯狂的、无能的或不成熟的人。

菲利普·津巴多（Philip Zimbardo）开展的一项经典实验为角色对行为的影响提供了一个生动的例子。这项实验研究了监狱生活对看守和囚犯的影响。津巴多（1972 年）将学生志愿者随机分配为两组，一组充当看守，另一组充当囚犯。通过利用与监狱并无关联的实验对象，研究者实际上可以研究社会角色对行为的影响，而不受人格特征等混淆变量的干扰。为了开展这项实验，津巴多在斯坦福大学心理系大楼的地下室建造了一个模拟监狱。被选为囚犯的学生在没有得到告知的情况下被逮捕，他们穿上囚服，被锁在牢房里。看守则被要求维持秩序。津巴多发现，被分配为看守或囚犯角色的大学生在短短几天之内就变成了看守和囚犯。看守显露出了粗暴，而囚犯则变得十分顺从。这表明角色有效地塑造了行为，因为它们有能力塑造意识（思考、感觉和感知）。有趣的是，身为心理学家的津巴多得出的结论是，在决定行为方面，社会因素比个体的人格特质更重要。津巴多的实验被改编为电影《斯坦福监狱实验》（2015）。

总之，一个社会的居民共享符号和语言、技术、意识形态、社会规范、价值观、身份和角色等方面的知识，这些知识构成了一种独特的文化。而这种文化反过来又限制和约束着个体的行为和选择。

联结的纽带：美国的文化价值观

虽然对于理解人类行为的制约因素而言，文化的所有组成部分都是必不可少的，但是理解一个社会的最快捷的方法也许是关注其主导价值观。这些是社会成员用以评价物品、想法、行为、感觉或事件的相对可取性、优点或正确性的标准。

决定一个社会的价值观

要如何发现一个社会的基本价值观？首先，人们可能会问：人们最常将其活动指向何处？例如，是沉思和冥想，还是身体健康或获得物质财富？换句话说，是什么赋予了个体在他人眼中的崇高地位？

其次，可能有助于描述价值观的一个技巧是查明人们一贯的选择。例如，个人是如何处置剩余财富的？他们是为了乐在当下而消费，还是储蓄起来以备后用，抑或是把钱花在他人身上？

最后，通常为社会学家所用的一个方法是通过访谈或书面问卷调查来了解人们口中的好坏、道德与不道德、好恶。由于价值观和实际行动之间有时并不相符，这就使价值观研究存在一个问题。即使被调查者在问卷上填写的或在访谈中表达的与其实际行动存在差异，人们也可能会表达或填写那些他们认为合适的答案，而这种答案本身就是关乎社会价值观为何的一个有效指标。

人们还可以观察社会的奖惩制度。什么行为会得到奖章、奖金或者公众赞誉？又或者什么行为会招致谴责、嘲笑、公开指责或监禁？获得的奖励越多或惩罚越重，涉及重要社会价值观的可能性就越大。例如，看看美国对故意破坏或偷盗他人私有财产的人（如小偷、抢劫犯或纵火犯）的特别惩罚。与奖惩制度密切相关的是使人感到内疚或羞耻的行为（失去工作、靠救济过日子和宣布破产）或实现自我提升的行为（找到一份薪水更高的工作、获得一个教育学位和拥有一个企业）。个体感到内疚或羞耻是因为他们将社会的规范和价值观内化了。当价值观和行为不一致时，负罪感是一种典型的反应。

另一个技巧是研究那些被认为是所谓的美国生活方式的一部分的原则。这些原则在《宪法》《独立宣言》等历史文献中均有阐述。民选官员在演讲中不断提醒我们这些原则；提醒我们的还有大众媒体和宗教讲坛的社论。美国曾为捍卫民主、平等、自由和自由企业制度等原则而参战。因此，价值观的分析者应该提出的一个问题是，人们会为什么原则而战，甚至不惜付出自己的生命？

价值观是社会整合和社会问题的根源

虽然美国社会与其他先进的工业社会在某些方面相似，但也存在本质区别。鉴于地理、历史和宗教的综合因素，在美国发展出独特的文化价值观也就不足为奇了。从地理位置上讲，美国在其历史上的大部分时间里都相对孤立于其他社会。美国还得天独厚，物产丰饶（土地、矿产和水）。直到现在，许多美国居民都并不关心保护和节约资源的问题（其他许多国家的居民为了生存必须如此），因为没有必要。国家提供的巨大的资源库如此富饶，以至于资源往往被浪费了。

从历史上看，美国是在反对暴政和贵族制度的革命中建立起来的。因此，美国人在口头上支持自由、资本主义、民主、平等和客观公正等原则。另一个导致美国文化特殊性的历史因素是，这个社会主要由移民建立。这一方面导致了许多文化特征的融合，如语言、服饰和习俗；另一方面也导致了抵制同化的种族飞地的存在。

影响美国文化的最后一股力量源于其宗教传统。首先是贯穿美国历史的犹太教－基督教伦理。对人道主义、所有人的内在价值以及基于摩西十诫的道德观的重点强调对美国人如何评价彼此产生了深远的影响。宗教传统的另一个方面，即**新教伦理**，一直被认为是大多数美国人的典型价值观的重要决定因素（详见韦伯的经典作品《新教伦理与资本主义精神》）。新教伦理是一种宗教信仰，强调努力工作和不断奋斗，用以证明自己得到了拯救，在上帝眼中是被赞许的。

因此，地理、历史和宗教传统相结合，为美国人提供了一套独特的价值观。然而，在描述这些主要的价值观之前，有几点需要注意。第一，美国社会的多样性阻止了任何普遍价值观的存在。美国始终存在拒绝主导价值观的人和团体。此外，不同地区、社会阶层、年龄、种族（民族）和宗教对主导价值观的重视程度也存在差异。第二，美国的价值观体系并不总是与行为一致的。第三，价值观本身也并不总是一致的。人们应该如何协调个人主义与一致性或竞争与合作，从而使之得以共存？

为了尽量减少前后矛盾，本节只考察美国最主要的价值观。

（1）**成功（个人成就）**。在美国社会中，靠自己奋斗而获得成功的人会受到高度重视，这类人在一个高度竞争的体系中通过个人努力获得金钱和地位。我们的文化英雄是像亚伯拉罕·林肯、约翰·D.洛克菲勒、山姆·沃尔顿、比尔·盖茨和奥普拉·温弗瑞这样的人，他们每个人都从相对卑微的出身达到了自己的职业巅峰。

显然，成功可以通过超越所有其他人来实现，但要准确了解一个人的成功程度往往是很困难的。因此，经济上的成功（个人的收入、个人财富和财产类型）是最常用的衡量标准。此外，经济上的成功也经常被用来衡量个人价值。必须指出的是，经济上的成功并非总是个人努力或辛勤工作的结果。有些人生来就拥有巨大的财富。同样，我们的社会给予某些职业和活动在金钱上的回报也确实比其他职业和活动更为丰厚。因此，著名演员、音乐家和职业运动员都因其职业而获得很高的报酬，从而为成功树立了一个标准。

有证据表明，现在的父母为了让孩子取得成功，正在给他们施加越来越大的压力，让孩子参加更有组织的活动，以发展其体育、音乐、艺术和认知技能。这些活动涉及钢琴和芭蕾课、家教课程、选美比赛、体育训练和比赛，还有专门的夏令营，如图 3-5 所示。而这些活动花费都不低。请思考以下新泽西州杰斐逊镇的年轻冰球运动员的例子。

> 人们都知道，有前途的冰球运动员必须加入一个有竞争力的球队（一个赛季3 500 美元），每周在 45 分钟车程外的溜冰场参加 4~5 次训练和比赛（每周要花150 美元的汽油费），并参加在波士顿、巴尔的摩和宾夕法尼亚州举行的 55 场比赛。然后是装备：200 美元的冰球棒以及 400 美元的带凯夫拉复合材料刀片的冰鞋都是标准配置（Kadet，2008：1）。

这些家庭正在追寻美国梦。从正面来说，他们的努力是坚持专注和成功取向的，而从反面来说，这些努力既狂热又刻板。但他们和无数的人都是一心想要获得成功。

（2）**竞争**。竞争在美国社会受到高度重视。大多数人认为，正是这种品质使美国变得强大，因为它激励个体和团体不满于现状，不愿屈居第二。出于在竞争中获得胜利的渴望，或者换一种说法，出于对失败的恐惧，美国人绝对不能战败，或丢掉奥运会金牌榜首的位置，也不能成为第二个让其公民登上月球的国家。

图 3-5　奥兰治县青少年橄榄球联盟的一部分球员。许多家长感到压力，要让孩子在很小的时候就报名参
加竞技运动

资料来源： Tom Bushey/The Image Works

　　在美国，竞争和胜利受到高度重视，这一点可以从众多颁奖典礼中看出。乡村音乐
奖、美国音乐奖、音乐录影带奖和格莱美奖是为了庆祝音乐方面的成就，而艾美奖、金
球奖、演员工会奖和奥斯卡金像奖则是为了庆祝电影和电视方面的成就。2010 年，奥斯
卡组委会宣布，他们正在改变颁奖嘉宾的颁奖词。22 年来，颁奖嘉宾一直使用不那么有
竞争性的惯用语，"奥斯卡奖颁给……"。2010 年，颁奖嘉宾改用早期的说法，"获奖者
是……"。为了更深入地了解媒体竞争，请参阅深入观察专栏"真人秀时代的竞争"。

深入观察

真人秀时代的竞争

　　自 2000 年以来，真人秀一直主导着市场。这始于一档竞赛类的真人秀节目《幸存
者》。在这档节目中，一群陌生人被困在荒郊野外，他们被分成"部落"，每周都要进
行挑战。个体之间会结盟以增加生存机会，因为每一集都有人被投票出局（投票的人
通常是那些与他们结盟的人）。最后，只剩下一个人赢得了一百万美元。这档高收视
率、高盈利的节目随后被一系列其他节目复制，如《超级减肥王》《极速前进》《飞黄

腾达》《与星共舞》《全美超模大赛》《单身汉》（见图 3-6）和《美国偶像》。虽然这些节目在选手的淘汰方式上有所不同，被公众投票淘汰、被其他参赛者淘汰或被明星评委淘汰，但它们在竞争和淘汰的结构上是相同的。

图 3-6 一群女性在等待参加真人秀节目《单身汉》的试镜
资料来源： Marmaduke St. John/Alamy Stock Photo

这些竞赛节目教会我们一些道理：①节目中只有一个赢家。即使在这个过程中你可能交到了朋友，但他们终究不是你真正的朋友，必要时你必须打败甚至背叛他们。②没有受过教育也能获得成功、名誉和胜利。③个性比能力更重要。在真人秀的世界里，获得收视率的是那些挑起事端的有争议的人，而未必是最有才华的人。换句话说，不良行为反而会得到奖励。④名气本身就是一种回报。由于在电视上的曝光，真人秀中的失败者常常会参加脱口秀节目，并获得其他工作机会。

竞争几乎充斥着美国社会的所有方面。职场、体育运动、俱乐部和组织以及学校都在竞争中蓬勃发展。在校园中，竞争普遍存在，这一点体现在运动队、啦啦队、辩论队、合唱团、乐队和演员的组成方式上。同学之间的竞争被用作选拔的标准。当然，评分系统也经常以个体之间的竞争为基础。

强调适者生存的一个重要后果是，一些人利用他们的同伴在竞争中获胜。在商界，我们发现有些人利用盗窃、欺诈、互兼董事和价格垄断的方式不正当获利。另一个相关的问题是，人们为了利益而滥用自然，这虽然不属于欺骗，但当一个人以此方式追求经济上的成功时，也就利用了他人。个人、公司和社区认为污染的解决方案过于昂贵，导致了当前的生态危机。因此，当他们为自身利益着想时，就忽视了对社会和生物生活的短期和长期影响。换言之，竞争虽然不断激励着个人和团体取得成功，但也是一些非法活动的根源，因此也是美国的社会问题的根源。

体育界也出现了涉及公平竞争的丑闻。体育运动中最明显的非法活动是高校非法招募运动员的做法。一些教练为了追求成功（即获胜），违反了全美大学生体育协会（NCAA）的规定，他们篡改运动员的成绩单以确保其参赛资格，允许他人代替教育能力低下的运动员参加入学考试，无故向运动员支付报酬，非法将政府的勤工俭学补贴发放给运动员，还用金钱、汽车和衣服来吸引运动员到他们的学校（Eitzen and Sage，2003）。竞争激烈的体育运动的另一个黑暗面是滥用类固醇及其他提高比赛成绩的药物。2007年米切尔提交给美国职业棒球大联盟专员的报告表明，球员们普遍非法使用这类药物（Mitchell，2007）。在全美范围内的研究表明，一些高中生也开始使用类固醇。

体育运动中的极端竞争还有着其他缺点，最突出的是对年轻运动员的身体和情感造成伤害。在年轻时专攻一项运动的压力（并且全年都在进行这项运动）已经导致了青少年过劳性损伤、压力性损伤和情绪倦怠的增加。例如，多年前还没有"棒球肘"（指的是年轻投手的生长板受到压力性损伤）这样的术语，而现在它已经成为一个常见术语。

总而言之，虽然竞争可以起到激励的作用并产生积极的后果，但它也可以滋生不健康的行为和"为了获胜而不惜一切代价"的态度，从而会导致其他社会问题。

（3）工作。从早期的清教徒到当今时代，北美人都以勤奋工作为荣。因此，许多人认为穷人不愿意像中产阶级和上层阶级的人那样努力工作。这也是那些主张削减福利和限制穷人的政治家们所使用的理由。这种解释把责任归咎于受害者，而不是指责那些系统性地阻挠穷人努力的社会制度。穷人们无望是由于他们缺乏教育，或者他们是少数族裔，又或者他们经验不足，但这被认为是他们自己的错，而不是经济体系所导致的。关于贫困原因的看法往往与政党路线一致，如图3-7所示。共和党人更倾向于宣称，人们之所以富有或贫穷是因为其自身的努力，而民主党人更倾向于宣称，这关乎人所处的环境及其所享有的优势（Smith，2017）。

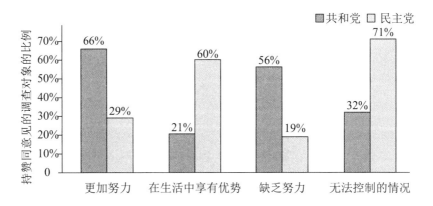

图3-7　各政党对贫困的解释：人为什么会富有？人为什么会贫穷？

资料来源： 皮尤中心，2017，http://www.pewresearch.org/fact-tank/2017/05/02/why-people-are-rich-and-poor-republicans-and-democrats-have-very-different-views/.

（4）**进步**。美国人非常注重进步——更美好的明天、更好的工作、更大的房子、更先进的技术，让孩子接受大学教育以及自我完善。美国人不满足于现状；他们想要发展（例如，新建筑、更快的飞机、更大的机场、运行速度更快的智能手机、更多的商业进入社区、更高的利润和新的世界纪录）。虽然进步的内在信念是"变化是好事"，但有些东西是不能改变的，因为它们具有神圣而不可侵犯的品质（政治制度、经济制度、美国的价值观以及民族国家）。

人们普遍持有的进步的价值观也对当代美国生活产生了负面影响。进步通常被定义为发展或新的技术。每座城市都想要发展。商会希望有更多的产业和更多的人（以及更多的消费者）。没有哪个行业能承受得起将销售额保持在往年的水平。人人都同意国民生产总值（GNP）必须每年都有所增加。如果所有这些都能如人们所愿，那么与这种发展相伴随的必然是人口的增加、更多的产品问世（使用自然资源）、更多的电力、更多的高速公路以及更多的废弃物。持续的增长将不可避免地使原本紧张的生态系统失去平衡，因为空气、水和倾倒废弃物的场所供应有限。这些资源不仅是有限的，而且随着人口的增加而减少。

进步也意味着对技术力量的确信。通常情况下，美国人相信科学知识能解决问题。科学的突破和新技术已经解决了一些问题，并且确实有助于节约劳动力。但是，新技术往往会产生一些未曾预料到的问题（**隐性功能**）。

举个例子，尽管汽车对人类有很大的帮助，但它污染了空气，同时也是大多数家庭的第二大开支，而且在美国每年都有数百万起车祸发生（见图 3-8）。我们很难想象没有电的生活，但电力的产生污染了空气，还造成了河流的热污染。杀虫剂和化肥在农业上创造了奇迹，但它们也污染了食物和江河。

图 3-8　虽然汽车是社会的一个重要组成部分，但它也污染了空气，导致数百万人死亡，
而且是大多数家庭的第二大支出
资料来源：Elwynn/Shutterstock

（5）**个人自由**。美国人注重个人主义。他们认为人们的生活和事业一般不应受到政府的干预，并应能自由地做出自己的选择。这种价值观隐含着每个人对个人发展的责任。对个人主义的关注使个人对其行为负责，而不是由社会或其机构来负责。少数族裔青年的攻击性行为被归咎于他们自身，而不是限制其社会流动的社会制度。在高中毕业前辍学会被归咎于学生个人，而不是未能满足他们需求的教育系统。这种态度有助于解释当权者为何不愿意提供充分的福利、医疗和补偿方案来帮助弱势群体。人们把注意力放在越轨者身上（指责受害者），而不是放在产生越轨者的系统上的普遍倾向，同样存在于美国社会学家的身上，他们在分析社会问题时也是如此。

当然，个人自由与资本主义和私有财产有关。经济被认为应该是竞争性的。个人通过自己的努力、商业头脑和运气可以（如果成功的话）拥有财产并创造利润。这种认为私有财产和资本主义不应受到限制的信念导致了一些社会问题：①不公平竞争（垄断、限价）；②许多企业家持有的"买者自慎"信条，即以利润为目的，完全不考虑消费者的福利；③当前的生态危机，这在很大程度上是由于美国许多人和大多数公司的标准政策是做任何有利可图之事，从而忽视了对自然资源的保护。由于对私有财产的信念，传统上人们对土地（以及土地上的水域或流经土地的水流和土地之上的空气）的使用是由他们自己决定的。这种私有财产的信念实际上意味着，个人有权把牧场铺设成停车场；拆掉果园，用于住房开发；铺设人造草皮，建造足球场；污染空气和水源。

文化矛盾

关于价值观的讨论始于这样一种观点：地理、历史和宗教因素导致美国有一套共同的价值观。然而，这是对美国价值观现状的过度简化。让我们来看几个矛盾之处。

（1）**平等与不公正**。美国人一直高度重视人人平等。这种价值观与一些人和团体持有的种族主义、性别歧视、恐同症和优越论无法调和。2017 年，当一群白人民族主义者在弗吉尼亚州夏洛茨维尔举行"团结右翼"集会时，这种文化矛盾闯入了公众的视野。大约 250 名年轻的白人男性举着标语，高呼"白人的命也是命""犹太人不能取代我们"的口号，在弗吉尼亚大学的校园内游行。当一群反抗议的大学生与白人民族主义者发生肢体冲突时，事态迅速升级了。第二天，由于抗议者和反抗议者继续打斗，一名白人民族主义者故意开车冲撞人群，造成一名女性死亡，该市宣布进入紧急状态。夏洛茨维尔这次令人震惊的文化冲突表明，所有社会成员并不能一致地持有平等的价值观。此外，正如本书所讨论的，工作场所、学校和法院的正式和非正式惯例往往不能促进所有人的平等。

（2）**公民自由与政府控制**。与所宣称的平等信念相关的是开国元勋们所阐述的其他基本信念：《权利法案》和《独立宣言》中所保证的自由权利。具有讽刺意味的是，尽管美国是由一场革命建立起来的，但持不同政见的团体的相同行为（《独立宣言》所呼吁的）现在却被压制了。正如第 5 章所阐述的，2001 年 9 月 11 日美国遭受恐怖袭击之后，出于安全的需要，个人权利和自由越来越受到限制了。

（3）**个人主义与集体主义**。大多数人的利益，在这种情况下是社会的利益，是否应高于个人利益？美国人倾向于颂扬个人主义和自力更生。回到社会的主流价值观（成功、竞争、工作、进步和个人自由），这些有什么共同点？它们大多与个人主义有关，而不是集体性的群体。然而，自 2016 年总统选举以来，我们看到越来越多的抗议活动以及群体围绕集体问题而走到一起，例如，2017 年 1 月的华盛顿妇女大游行、2017 年 4 月的全球科学游行，以及美国各地对特朗普总统移民政策的抗议。集体行为的增加表明与社会上许多人所表现出的独立主义的主流价值观不一致。

文化多样性

美国是由许多在重要的社会层面上有所不同（涉及年龄、性别、种族、地区、社会阶层、民族、宗教、地理等）的人群组成的。这些变量表明，由于某些突出的社会特征意味着不同的经验和期望，不同的群体和类别在价值观和行为上会有所不同。

以年龄为例，一个**年龄群组**是由相同年龄的人组成的一个类别。人们的生活经历通常根据其出生时间而有所不同。换句话说，同龄人在行为和态度上往往很相似，因为他们受到相同的重大事件的影响，如经济大萧条、第二次世界大战或 20 世纪 60 年代的反战抗议活动。类似地，**婴儿潮**（1946—1964 年出生）、**后婴儿潮**（**X 一代**，1965—1976 年出生）和**千禧一代**（也称**记录一代**，1977—1995 年出生，比婴儿潮规模更大的一代）等年龄群组的成员由于不同的机会、不断变化的经济现实及其父母的情况不同而各不相同。X 一代通常被认为是个人主义的，他们抗拒权威，对政治持怀疑态度。他们是第一代的"挂钥匙"儿童，他们的母亲更有可能在外工作。千禧一代通常被描述为富足的、受保护的、受过良好教育且精通技术的人。他们也被称为"看我的"或记录一代，有了真人秀、电影和社交媒体，如 YouTube、Instagram、Twitter、Snapchat、Vine 和 Facebook，这些人被社交媒体所记录下来的程度是前所未有的。研究人员刚刚开始研究这种记录形式可能对这一代人及其关系、行为和价值观产生的后果。由于各年龄组之间的生活经历存在的差异如此之大，民意调查所显示出的年龄是决定一个人对政治、堕胎及其他社会问题的价值观和态度的关键因素，也就不足为奇了。

除了年龄、种族、民族和性别之外，价值观也是由群体成员决定的。**亚文化**通常被定义为在形式和内容上不同于主流文化的相对具有凝聚力的文化系统。民族团体、犯罪团伙和宗教教派都属于亚文化群体。1961 年，米尔顿·英格提议对亚文化的概念进行更精确的定义，他提议将其用于一种类型的群体，并将反文化这个概念用于另一种先前被称为亚文化的群体。

对英格来说，亚文化的概念应限于相对具有凝聚力的文化系统，它们在语言、价值观、宗教和生活方式等方面与主流文化有所不同。通常情况下，亚文化群体与比之更大的群体不同，是因为它们是从另一个社会移民而来的，由于物理隔离或社会隔离，尚未完全同化。因此，文化差异通常是以种族为基础的。传统使这一群体的文化在一定程度上不同于主流文化。在美国，这种亚文化的例子有阿米什人、一些正统的犹太教派、许多美国土著部落，以及美国历史上某个时期的波兰、克罗地亚、匈牙利、意大利、希腊和爱尔兰群体。新移民常常为了互惠互利而聚集在一起，这也保持了他们的传统。

　　按照英格的定义，**反文化**是一个在文化上同质的群体，这类群体反对主流社会，从而发展出不同于主流社会的价值观及行为规范。这类群体与主流文化存在冲突。特定的价值观和规范只能通过参照主流群体来理解（关于反文化的例子，请参阅多样性专栏"宗教生活"）。美国国内众多的亚文化和反文化的存在，在很大程度上解释了美国价值观缺乏一致性的原因。

多样性

宗教生活

　　2008年4月，发生了一件举世震惊的事：在得克萨斯州埃尔多拉多附近的一个占地1 700英亩的名为"渴望天国"的农场中，400多名儿童被移交政府监护。该农场由耶稣基督后期圣徒宗教激进主义教会（FLDS）经营，这个教会是摩门教的一个激进分支（摩门教声称与FLDS没有关系，不认可他们是摩门教的信仰团体）。从媒体拍摄的照片中可以看到，这些儿童及其母亲的穿着与主流文化不同。这些妇女穿着长长的高领素色连衣裙，没有化妆，梳着长辫子。有关部门是在接到一名16岁女孩的匿名电话后将孩子们带走的，这名女孩声称自己遭到了丈夫的性虐待和身体虐待。该教派将未成年女性嫁给年长男子的做法以及关于性虐待和身体虐待的报道令人担忧，因此，州政府带走了所有的儿童。媒体采访了信仰FLDS的母亲，她们在采访中恳求归还她们的孩子，拒绝回答任何有关她们的丈夫或年轻女孩嫁给老男人的问题，也否认了虐待的指控。在孩子们被保护性监护了近一个月后，得克萨斯州最高法院裁定，必须将孩子们送回"渴望天国"农场。

　　关于反文化的社会化力量，FLDS教派就是一个很好的例子。孩子们生来被教导女孩是男人（女孩的父亲、丈夫和先知）的奴仆。他们被教导要接受先知的统治，后者决定了人们的结婚对象是谁以及在什么年龄结婚。虽然有少数女性反叛，但大多数女性被完全灌输了这种文化，并认为她们的最高使命是尽可能多地生孩子。卡罗琳·杰索普，一名FLSD的前成员，带着她的8个孩子逃离了该教派。她在《逃亡》一书中描述了自己作为一个50岁男人的第4任妻子的生活，她嫁给这个男人时才18岁。她还描述了儿童在教派中是如何被视为财产的，在那里，身体暴力/虐待不仅是可以容忍的，而且是社会化过程的一部分。

　　该教派还因其关于一夫多妻制的信仰而广为人知。根据杰索普的说法，一个男人的妻子越多，他在社会上的地位和权力就越大。此外，为了达到天堂的最高境界，一个男人必须至少有三个妻子。女孩们从小就相信，一夫多妻制是一种自然的、优越的生活方式，而先知是决定谁将在"神婚"中结合以及何时结合的人。一旦结婚，女性通常会领取福利金或从事工作，并将所有收入交给丈夫。女孩可以拒绝婚姻，但杰索普称，按先知的要求行事的压力太大了，以至于没有人会拒绝。这样一来，年轻女孩就被嫁给了更为年长的男人。事实上，在杰索普的书中，一些年轻女孩嫁给了比她们年长 60 多岁的男人。根据杰索普的说法，妻子们之间相互竞争，以成为最受宠的妻子，因为这将决定她的丈夫、其他妻子及其继子女如何对待她，如图 3-9 所示。

　　卡罗琳·杰索普在 2003 年逃离了 FLDS。离开该教派后，她的孩子们第一次体验了圣诞节和生日聚会，并且可以像其他美国孩子一样去上学和生活。站在教派之外的角度来看，很难想象她的孩子们会因新获得的自由而不满意。但现实情况是，她最大的孩子最初因她离开 FLDS 而非常生气。她的女儿贝蒂很难适应教派之外的生活，并在 18 岁之后又回到了 FLDS。"一代又一代的信徒已经习惯了把服从等同于救赎的概念。从未接受过教育或未被允许独立思考的人不会突然改变。改变太可怕了。"（Jessop，2007：410）

图 3-9　服从丈夫是一名女性在 FLDS 中取得成功的关键。根据他们的信仰体系，男人有权决定一名女性在来世成为他的伴侣还是奴隶，所以女人必须取悦自己的丈夫，从而取悦上帝

　　　　　　资料来源：Eric Gay/AP Images

秩序与冲突视角下的价值观

　　价值观是社会整合与社会问题的来源。秩序论者认为，共享价值观解决了社会整合的最根本问题。价值观是现有社会的符号性表征，可以促进美国人民达成团结和共识。因

此，它们必须得到保护。

　　相反，冲突论者将大众接受的价值观视为一种文化专制，它促进了政治保守主义，抑制创造力，并让人们接受自己的命运，因为他们相信这个系统，而不是与其他人一起试图改变它。因此，冲突论者认为，对社会价值观的盲目崇拜抑制了必要的社会变革。此外，冲突论者认为，美国价值观是许多社会问题的根源，如犯罪、炫耀性消费、计划性淘汰、能源危机、污染和人为地创造赢家和输家等。

　　无论人们对美国价值观的后果持有哪种看法，大多数人都会同意个人自由、资本主义、竞争和进步等传统价值观使美国变得相对富足。然而，未来可能会与过去大不相同。经济大萧条对社会产生了巨大影响，并且自 2016 年总统选举以来的政治变革导致社会在主流价值观和政策方面产生了巨大分歧。个人主义的价值观仍然是最重要的吗？抑或集体需求将成为首要任务？

第 4 章
社会化

北爱尔兰历来被分为亲英国的新教徒和亲爱尔兰的天主教徒。从 20 世纪 60 年代末到 1998 年，死于两派之间暴力冲突（这段时期被称为"北爱问题"）的超过 3 500 人。1998 年，双方签署了和平协议；然而，这两个群体之间的分歧和厌恶仍在继续。北爱尔兰的小学生大多在宗教隔离学校接受教育；2012 年，北爱尔兰有一半的孩子在那些有 95% 及以上的学生信奉同一宗教的校园里上课（Torney，2012）。虽然综合学校日益普遍，新教和天主教青少年有更多的机会互动，但宗教偏见仍然存在。

在和平协议达成之后，阿尔斯特大学针对北爱尔兰各地 44 所小学和托儿所的儿童进行了调查研究（Pogatchnik，2002 年报道）。研究者向孩子们展示了一些图片和物品，如爱尔兰和英国国旗、新教和天主教游行，以及不同足球队的队服。研究发现，来自北爱尔兰社会的英国新教和爱尔兰天主教阵营的孩子们在 5 岁时就被他们社区的偏见所同化了。他们更喜欢代表他们那一方的象征物。他们还评论说："我喜欢我们的人，我不喜欢那些人，因为他们是奥兰治党员 [新教徒]。他们是坏人。""天主教徒和蒙面人一样，他们砸窗户。"

孩子们并不是生来就带有偏见的，这些是他们从家庭和社区中习得的。本章我们将研究这个学习过程。孩子们如何学习他们所在社会的主流信仰？他们是如何了解人们对自己的期望的？这种学习文化价值观、规范和期望的过程被称为**社会化**。

作为社会产物的人格

我们何以成为人类？是我们的 DNA、我们的基因潜力，还是其他因素？本节我们将强调人格是一种社会产物，而不是生物学的产物。

先天与后天

长久以来，科学家们一直在争论人类在多大程度上是先天的产物，又在多大程度上是后天的产物。布鲁斯·佩里（Bruce Perry，2002）写道：

> 我们是天生邪恶的——天生杀手，还是所有动物中最具创造力、最富有同情心的？抑或二者兼有？我们最好和最坏的一面是来自基因，还是来自学习？天性如此或后天培育？……我们现在比以往任何时候都了解我们的基因以及经验在形塑生物系统方面的影响。关于先天和后天的争论，这些进展告诉了我们什么？简

而言之，它们告诉我们，这是一场愚蠢的争论。因为人类是先天和后天的产物。基因和经验是相互依存的。

虽然我们显然都是先天和后天相结合的产物，但社会学家强调第二个过程，即人类是社会的产物。作为一种社会产物的人格出现，我们对此所展开的研究尤为如此。我们在与他人互动的过程中形成了一种自我意识（我们的人格）。新生儿没有自我意识，他们无法将自己和周围的环境区分开来。一旦感到不适，他们就会不由自主地哭泣。他们最终会意识到哭泣是可以控制的，而且可以引起其他人的回应。经过一段时间，特别是随着语言的使用，孩子们开始区分"我"和"你"、"我的"和"你的"，这些是自我意识的标志。但这只是人格形成过程的开始。

社会化是一个从婴儿期到死亡的终身过程，在生命周期的每个阶段，个体不断地社会化以适应不同的制度和形成预期的行为。例如，当一个人步入婚姻时，他必须学习作为一位已婚人士在该文化中的预期行为。这包括关于性别角色的规范，以及关于税收规范和法律的遵守。尽管社会化是一个终身的过程，但本章的重点是社会化最关键的时期——童年。

社会交往

图 4-1　虚构的泰山是野孩子最著名的例子。泰山在丛林中被类人猿养大，没有与人类接触过
资料来源： Atlaspix/Alamy Stock Photo

孩子生来便有由其独特的基因成分所构成的局限和潜力。尽管从生物学的角度来说，孩子是人类，但他们并不具备使自身成为人类的本能或先天动力。他们通过社会互动来获得人的特性。他们关于自我、人格、爱、自由、正义、是非以及现实的概念都是社会互动的产物。换言之，人在本质上是由社会创造的。

通过对在没有太多人类接触的情况下长大的孩子的特征和行为展开研究，能够发现这一论断的证据。历史上大约有 100 例**野孩子**的案例记录在案——据称，这些孩子是由动物抚养或在与世隔绝的环境中长大的。当这些孩子被发现时，可能看起来像人类，但行为举止却与他们接触过的动物十分相似。据称，其中有一名像泰山一样的孩子，他是在非洲中部的丛林中被猴子养大的，如图 4-1 所示。1974 年，这名男孩被发现，他当时 6 岁，与一群灰色猴子在一起生活。两年后，经过使之恢复正常生活的艰苦努力，这个孩子仍更像是猴子，而不是人类。"他只能用'猴子'的咕哝声和唧唧叫进行交谈和沟通。他只吃水果和蔬菜，当兴奋或害怕时会上蹿下跳，然后发出具有威胁性的猴子叫声。"（Associated Press，1976）如果一个孩子的性格在很大程度上是由生物遗传所决定的，那么这个孩子就会更像人类，而非猿猴。但在所有的案例中都有一个共同的发现，即野孩子并不"正常"。他们不会说话，而且在学习人类的语言模式方面存在很大的困难。他们不像人类那样走路或吃饭。他们表达愤怒的方式也不同。从本质上说，在没有与人类交往的情况下所出现的行为，并非我们将之与人类联系起来的表现。

在最近的一个例子中，2012 年，一名英国家庭主妇（玛丽娜·查普曼）在媒体上声称，哥伦比亚的卷尾猴把她从 5 岁抚养到 10 岁。她说自己曾经遭到绑架，随后被遗弃在丛林中自生自灭，这期间猴子们照顾她，直到 5 年后猎人找到了她（Sieczkowski，2012）。

人们应该以相当怀疑的态度看待野孩子的案例，而那些生活在人类环境中，却几乎与世隔绝的孩子的案例，则揭示了人类互动在一个人成为人类的过程中所发挥的重要作用。最著名的一个案例是一名叫安娜的女孩，她从小就极少与人接触（Davis，1940；1948）。安娜是个私生女，她的外祖父拒绝承认她的存在。为了逃避外祖父的愤怒，安娜的母亲把她关到了一间阁楼里，除了喂点饭菜，对她不理不睬。安娜在 6 岁时被一名社会工作者发现，并被安置到了一所特殊学校。在被发现时，安娜不能坐起来、不能走路，也不会说话，人们认为她是聋人。她一动不动，对周围的人漠不关心。她不会大笑、不会发怒，也不会微笑。工作人员与安娜在一起相处（曾有一名工作人员在一年内就因为被安娜咬伤而不得不就医十多次）。最终，安娜学会了照顾自己，并且能够与其他孩子一起散步、交谈和玩耍。

2005 年，佛罗里达州政府发现了一个名叫丹尼尔的野孩子。她当时 7 岁了，但体重只有约 21 千克。由于严重受到忽视，她无法交流，不得不穿尿布，吮吸着拳头，表现得像个婴儿（DeGregory，2008）。在被收养后，与治疗师合作的过程中，她有了很大的进步，但仍然无法说话，如图 4-2 所示。

观察员从安娜、丹尼尔和其他与社会隔离的孩子的案例中得出的结论是，一个人在成长时期被剥夺了与社会互动的机会，就如同被剥夺了人性。由于现代科学和对大脑的研究，我

图 4-2　丹尼尔是一个野孩子，在生命的头 7 年里，她一直被关在房间里。她已经有了进步，但仍然无法说话

资料来源：Melissa Lyttle/ZUMA press/ Newscom

们现在了解孩子在极端被忽视的情况下，大脑比未被忽视的儿童小，有明显的萎缩。换言之，由于缺乏人际交往，他们的大脑结构发生了改变。

语言

　　除社会交往外，社会化的第二个基本要求是语言。语言是社会化发生的媒介。在安娜的例子中，她 6 岁以前仅有的人际交往是身体上的互动，而非沟通性互动。正如金斯利·戴维斯所指出的，安娜的案例表明了沟通是社会化的一个核心要素。海伦·凯勒的经历也说明了这一点。这位杰出的人物在其婴儿时期因病失聪并失明，她被锁在了自己的世界中，直到她的老师安妮·沙利文能与她交流，并告诉她自己在海伦手中画的符号代表水。这是海伦·凯勒使用语言的开始，也是她理解自己是谁，以及探索她身处其中的世界和社会的意义的开始（Keller，1954）。

　　一个社会的语言对个体如何思考和感知世界有着深远的影响。在学习文化语言的过程中，我们发现了符号的意义，不仅是对于文字的，而且是对于物体的，如旗帜、交通灯等。语言象征着社会的价值观和规范，从而让使用者能够标记和评估物体、行为、个体和群体。语言是一个非常强大的标签工具，可以清楚地描述谁上场、谁出局。例如，内斯代尔（Nesdale，2007）在其关于儿童种族偏见的研究中指出了社会分类和标签化的重要性。他写道：

　　　　综上所述，根据目前的分析，种族自我认同和偏好迟早会在所有儿童中产生。这反映了孩子们越来越了解社区中的社会结构、不同群体的地位及其相互关系，以及用来描述其他群体成员的语言。

　　语言被用来将积极的特点和特征归因于儿童的内群体，而将消极的特点和特征归因于外群体，从而导致大多数儿童的种族偏好，甚至在某些情况下造成了种族偏见。

　　除了通过语言了解种族和民族认同以外，儿童们还学习性别认同。大多数社会都有着与男子气概和女性气质相关的特定特征和行为（更多关于性别角色的信息，请参见第 10 章）。在美国，围绕男子气概和女性气质的刻板印象和语言往往指相反的特征，如主动 /被动、独立 / 依赖、强 / 弱、客观 / 主观、供养人 / 养育者、理性 / 感性等。

　　总之，除了社会交往外，语言也是一种强大的社会化媒介，通过语言，儿童们吸收了有关社会期望的微妙信息。问题在于儿童如何将社会信息内化。在下一节，我们将围绕一些经典理论展开讨论，涉及儿童是如何发展人格的，以及他们是如何了解社区和社会对他们的期望的。

社会化理论

　　从社会学及心理学等其他学科的诞生开始，著名的理论家们试图解释人类是如何社会化的。在此，我们针对四种理论展开研究。

查尔斯·库利（1864—1929）：镜中我理论

查尔斯·库利（Charles Cooley，1922）认为，孩子们对自我的概念是通过与他人的互动而产生的。他用**镜中我**的比喻来表达一种观点，即所有人都是通过他人对待自己的方式来理解自身的。他们根据自己所认为的他人对自己的看法来评判自身。库利认为，我们每个人都在想象我们如何看待他人，以及他人对我们的判断是什么。罗伯特·比尔斯泰特（Robert Bierstedt，1974）总结了这个过程："我不是我想象的我，也不是你想象的我。我是我想象中的你想象的我。"

因此，库利的人格发展理论的关键过程是个体从他人那里得到的反馈。另一些人则对个体有着特定的行为方式。个体积极或消极地对这些行为作出解释。当他人的行为被认为是始终如一时，个体就会接受这种自我的定义，反过来对其行为产生影响。

总之，有一个自我实现的预言，即个体是由他人所定义的。举个例子，假设每当你进入一个房间，走近一群互相交谈的人时，他们马上就用蹩脚的借口走开了。这种经历重复数次之后，就会影响你对自己的感受。或者，如果无论你出现在哪里，在你周围都会迅速聚拢一群人与你攀谈，这样的关注难道不会给你带来自信吗？

如果库利仍在人世，他肯定会对社交媒体和自我概念的形成有很多话要说。社交媒体是一个持续的反馈循环，人们把自己展示给他人，然后收到积极或消极的反馈，这些反馈以评论、点赞和转发等形式出现。加州大学洛杉矶分校的研究人员发现，这种反馈会对大脑产生真正的影响。他们在青少年使用社交媒体时扫描了后者的大脑，发现当青少年发布的照片获得大量的"赞"时，他们大脑的反应中枢或愉悦中枢（吃巧克力或赚钱能激活的大脑的同一个部分）就被激活了（Wolpert，2016）。心理学家已经指出了社交媒体对自尊心的潜在危险，如果个体在社交媒体上向世界呈现出一个他们理想的自我，并收到负面的反馈，或者他们以消极的方式与他人进行比较，则可能导致焦虑和抑郁（Perez，2015）。青少年对社交媒体的高使用率令人担忧，如图 4-3 所示。

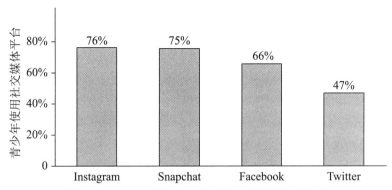

图 4-3　13～17 岁青少年使用社交媒体平台的比例

资料来源：科学日报，"最新调查：Snapchat 和 Instagram 是最受美国青少年欢迎的社交媒体平台"，2017 年 4 月 21 日。数据来自 https://www.sciencedaily.com/releases/2017/04/170421113306.htm.

库利认为，我们的自我概念是他人对我们的反应的产物，这对理解行为很重要。为什么有些人更有可能是辍学者、越轨者或罪犯，而另一些人则发展得很好？正如我们将在第 6 章中看到的，越轨是成功应用社会标签的结果，是一个类似镜中我的过程。想了解关于媒体和镜中我的更多影响，请参阅"媒体与社会"专栏的"镜中我与身体意向"。

媒体与社会

镜中我与身体意向

根据库利（Cooley，1922）的研究，镜中我包含三个要素：他人对自己的外表或行为的感知，他们对这种外表或行为的评价的感知，以及由此而产生的自豪感或羞愧感。这种感知从何而来？就外貌方面来说，关于我们如何想象他人看待或评判我们这一问题，媒体所提出的理想美是否可能会对其产生深远的影响？如果确实如此，我们从媒体中学到了什么？

"真人秀"电视节目常常会将普通民众置于聚光灯下，一般会让他们争夺某种奖金，不幸的是，这些编排包括将这些人转变为一种非常态自我的人。例如，MTV 的《整形手术台》《全美超模大赛》《改头换面》和《减肥达人》等节目都强调美丽和外貌。像《超级减肥王》这样的节目提倡一个人从头到脚的全面转变。与之类似的是，2010 年 E！娱乐电视台推出了《整容新娘》节目，12 名女性相互竞争，以赢得一场梦想中的婚礼及其选择的整形手术。

真人秀是最近的现象，而知名演员则总是为理想美设定标准。媒体分析人士认为，随着时间的推移，美国小姐、时装模特、芭比娃娃和知名女演员变得越来越瘦，而年轻男孩则受到肌肉发达、越来越健硕的男性理想形象的冲击。研究表明，男性越来越被其在媒体上看到的肌肉发达的图像所影响，对自己的身材越来越不满，这导致类固醇滥用、饮食失调、举重强迫症和身体痴迷（Heid，2017）。

虽然在媒体和行为之间进行直接的因果争论是不可能的，但许多美国人很关心自己的外表。根据美国整形外科医生协会（2016 年）的数据，2015 年整形手术和美容超过 1 500 万例。媒体是罪魁祸首吗？回想一下库利的镜中我理论："我不是我想象的我，也不是你想象的我。我是我想象中的你想象的我。"（Bierstedt，1974：197）

乔治·米德（1863—1931）：角色扮演

乔治·米德（George Mead，1934）从理论上探讨了自我与社会的关系。从本质上讲，他认为孩子们在了解社会和社会期望时，会发现自己是谁。这发生在几个重要阶段。第一个阶段是模仿阶段。婴儿从父母的行为中学会了区分自己和他人。到了两岁左右，孩子们开始有了自我意识。米德的意思是，孩子们能够对自己做出反应，就像其他人会对他们做出反应一样。例如，他们会对自己说"不，不"，就像父母多次告诉他们不要碰热炉子那样。这一阶段的重要性在于，孩子们已经将他人的感受内化于心。他人的期望已经成为他们的一部分。通过整合他人关注自己的方式，他们意识到了自己。

第二个阶段是游戏阶段，4～7岁的孩子每天都要在一个游戏的世界里玩好几个小时，他们大部分时间都花在扮演母亲、教师、医生、警察和其他角色上。米德将这种游戏形式称为"角色扮演"。当孩子们扮演各种社会角色时，他们会表现出与这些社会地位相关的行为，从而对成人的角色及其为何如此行事有了初步的理解。他们还会观察这些角色是如何与儿童互动的。因此，孩子们学会了像他人看待他们一样看待自己。游戏阶段完成了两件事，它为孩子们提供了关于他们是谁的进一步线索，并让他们为之后的生活做好准备。此外，这一阶段对性别角色的发展至关重要。如果孩子以某种方式观察到"妈妈"或"爸爸"的成人角色，或者在扮演成人的角色中认为职业是男性的或女性的，她了解性别的方式可能就会受到影响，如图4-4所示。

图 4-4　根据乔治·米德的理论，在游戏阶段，孩子们的大部分空闲时间都在扮演着母亲、父亲、教师、警察和其他类型的成人角色。这是他们理解社会地位和行为的一个重要阶段

资料来源： Lisa Eastman/ Shutterstock

在米德的方案中，第三个阶段是博弈阶段，发生在孩子8岁左右，这一阶段是人格发展的最后阶段。在游戏阶段，孩子们的活动是易变的和自发的。相比之下，博弈阶段则涉及结构化的活动，且有一些可以定义、限制和约束参与者的规则。米德用棒球对博弈阶段加以说明。在棒球运动中，孩子们必须理解和遵守规则，他们还必须了解整个比赛——也就是说，当打二垒时，如果有一个球员在一垒，一个出局，击球手在第一条底线击球，他们和其他球员必须做什么。换言之，游戏中的不同个体必须知道所有玩家的角色，并调整自己的行为以适应他人的行为。对整个情况的评估就是米德所说的发现"普遍化的他者"。在游戏阶段，孩子们了解重要他人（父母、亲属和老师）对自己的期望。博弈阶段则为孩子们提供了来自许多其他他人的限制，其中包括他们不认识的人。通过这种方式，孩子们吸收并理解了社会的压力，米德称之为**"概化他人"**。通过这些阶段，孩子们终于活成了父母、朋友和社会期望中的样子。米德的重要见解是，自我作为社会经验的结果出现。因此，自我在出生时并不存在，而是一种社会创造。

阿尔伯特·班杜拉（1925—2021^①）：社会认知理论

根据社会认知理论家阿尔伯特·班杜拉（Albert Bandura，1977，1986）的观点，人类行为是认知、行为和环境影响之间持续相互作用的结果。以这种方式，人们既创造环境，又被环境所创造。在最简单的形式中，孩子们观察他人的行为以及此类行为所带来的反馈（积极的或消极的）。然后，当他们模仿他人时，这些就可以成为其行为的指导。班杜拉认为，孩子将使用他们的认知技能来预测其行为的结果，从而对自身的思想和行为进行控制。如果会产生他们重视的结果，他们将会采取行动。

实际上，这些观点是广告业的基础，广告商展示产品以及使用这些产品的积极效果，希望消费者会购买它们。例如，希望获得快乐的消费者会选择某种品牌的汽水而不是另一种。

在社会化方面，孩子们通过观察和模仿社会中的他人来学习适当和不适当的行为。举个例子，如果一个小男孩从未看到其他男孩玩芭比娃娃，并因玩芭比娃娃而从成年人和同龄人那里得到负面反馈，他就不太可能再玩娃娃了。相反，如果他因为玩卡车和军模玩具而获得积极的反馈，他将更有可能继续如此，以获得期望的结果。通过这种方式，他了解了社会对他的性别期望。

班杜拉的理论也适用于社交媒体对社会化过程的影响。人们观察到他人因不同行为而得到的积极或消极的反馈，这使他们懂得社会的期望。在此前提到的加州大学洛杉矶分校的大脑研究中，研究人员发现，青少年受到同辈群体的影响很大。他们向青少年展示了许多照片，一些是中性的照片，还有一些青少年有酗酒等危险行为的照片。在决定是否喜欢一张照片时，如果照片已经受到了很多人的喜欢，青少年自身也越有可能喜欢它（他们称之为从众效应）。无论照片呈现出的是中性行为还是危险行为，这种情况都会发生。喜欢照片的人越少，青少年自身就越不可能喜欢它（Wolpart，2016）。综上所述，社交媒体的反馈循环是社会化过程的重要部分。

西格蒙德·弗洛伊德（1856—1939）：精神分析学观点

虽然近年来，西格蒙德·弗洛伊德已经失去了许多学者的青睐，但我们不可能忽视他在心理学领域的重大贡献。弗洛伊德（Freud，1946）强调了人格发展中的生物维度与社会因素。对弗洛伊德来说，婴儿在头几年完全是以自我为中心的，他们所有的能量都指向快乐，这是一种对原始生物力量的表达——**本我**控制着婴儿。它虽然是贯穿人们一生的力量，但逐渐被社会所压制。父母作为社会的媒介，通过强制推行饮食时间表、执行规则及对某些行为进行惩罚，来阻碍孩子们寻求快乐。

在弗洛伊德看来，社会化的过程是社会控制本我的过程。在这个过程中，孩子发展出了自我意识。**自我**是人格中理性的部分，控制着本我的基本冲动，为满足这些生物需求找到现实的方法。个体还会发展出一种**超我**（良心），它同时调节本我和自我。超我是孩

---

① 译者注：班杜拉，2021 年 7 月 28 日去世。原著出版时班杜拉先生尚在人世。

子将父母的道德内化的结果。一个强大的超我压抑本我，并且以社会认可的方式对行为加以引导。弗洛伊德认为，个体被生物的自然冲动和社会的约束这两种相互矛盾的力量所牵引，导致了人类的缺陷和不满。

社会化主体

尽管社会化的主体有很多，在此我们简要介绍形塑个体并教导他们社会规则的主要力量：家庭、学校、同辈群体和大众传媒。

家庭

家庭除了具备为孩子提供食物、衣服和住所这些基本需求的显在功能之外，也是重要的社会化主体。家庭会以社会的方式向孩子灌输思想。父母为孩子提供成为一个正常社会成员所必需的信息、礼仪、规范和价值观，他们以明确而微妙的方式告诉孩子们什么是重要的、适当的、道德的、美丽的、正确的、错误的，以及什么是与之相对的。

社会化过程的关键在于社会价值观和规范的**内化**，如此一来，即使没人关注，孩子们也会按照父母的期望行事。这是每个孩子都要经历的走向成熟和与父母分离过程中的重要一步。人类学家雪莉·特克尔（Sherry Turkle，2011）认为，这一过程正在发生根本性变化，因为通过手机等技术，孩子们越来越被他们的父母"拴住了"。要了解技术是如何改变一些父母监控孩子的方式的，请参见深入观察专栏"直升机式育儿与 GPS 装置"。

深入观察

直升机式育儿与 GPS 装置

"直升机式育儿"一词也被称为"过度育儿"（over-parenting）或"过分教育"（hyper-parenting），"直升机式家长"代表了在孩子成长的每个阶段都围绕在他们身旁的父母。这些父母过度保护并参与孩子生活的每个部分，随时准备在孩子遇到问题或冲突时参与进去，为他们铺平道路。为保护孩子免受校园中的安全隐患和失败的影响，直升机式家长将其孩子从一项活动运送到另一项活动，如果感到不满，他们就会向老师和教练抱怨，并持续监控孩子的活动（Brown，2015）。

科技已经将直升机式育儿带到了一个新的水平。随着手机的流行，悬停已经变得很简单，有时也被称为"世界上最长的脐带"（Schulder，2016）。手机可以让父母与孩子保持几乎不间断的交流。如果这还不够，直升机式家长可以购买带有全球定位系统（GPS）的手表或手机，这样他们总能知道孩子在哪里，还可以把 GPS 远程跟踪设备装到青少年的汽车或放到孩子的背包里。这些远程设备可以告诉父母汽车行驶的距离、所达到的速度、停车的地址以及停了多长时间，如图 4-5 所示。

图 4-5　2009 年，电视名人琼·伦登和她的丈夫发明了 KinderKord，一种可以让孩子与父母保持在 1 米距离以内的皮带。随着孩子们年龄的增长，手机已经成为让他们与父母及他人保持联系的皮带

　　资料来源：Marmaduke St. John/Alamy Stock Photov

　　并不是所有人都认为这是件好事。对直升机式育儿的最大批评者之一是莱诺丽·斯克纳齐（Lenore Skenazy）。2008 年，《纽约太阳报》的专栏作家斯克纳齐让她 9 岁的儿子在纽约市的布卢明代尔下车，并让他独自乘地铁回家（没带手机）。她在报纸上写了一篇关于此事的文章（参见 Skenazy，2008），随后很快就发现自己不得不在许多电视节目和广播节目中为自己的行为辩护。这促使她写了几本书，并开通了一个名为"放养孩子"的博客。斯克纳齐相信安全带和自行车头盔等安全措施，但也认为孩子们必须拥有探索的自由，并且在没有父母监督的情况下变得独立。

　　斯坦福大学前院长朱莉·利斯科特·海姆斯与斯克纳齐意见一致。在斯坦福大学工作了近十年后，这位前院长指出，虽然斯坦福大学的学生无疑很聪明，但他们之中似乎越来越多的人没有能力照顾好自己（Brown，2015）。随着时间的推移，她看到家长对学生生活的参与越来越多，从向教授抱怨孩子的成绩，到学生在没有父母的指导下无法作出决定。因此，她写了一本关于直升机式育儿的危害的书，她认为这种养育方式不能让年轻人为成年做好准备（Lythcott-Haims，2015）。

学校

　　家庭可能在态度、兴趣和关注点上有所不同，对比而言，学校以文化规定的方式对年轻人进行更为统一的灌输。正规的课程为孩子们提供了成人角色所需的教育，如阅读、科学、数学等。除了正规的课程，年轻人还接触到**隐性课程**——对合适技能、性格特征和态度（如爱国主义）的期望，这些都能得到回报。在美国，宝贵的性格特征是竞争性、野心和一致性。

　　正如我们将在第 14 章中看到的，正规的教育制度是保守的，它传递了态度、价值观，并开展维持社会所必需的训练。因此，学校专注于秩序和控制。这种对于秩序的强调教会年轻人社会规范，并让他们为组织化的生活做好准备，那时他们被期望作为成年人去实践。而在家庭中孩子们是爱情关系的一部分，与家庭不同，学校是不受个人感情影响的，必须遵守规则。活动是受到严格规划的，而不是自发的。因此，孩子通过学习社会的正式规定，认识到人必须和睦相处，以领会如何在更大的社会中发挥作用。

同辈群体

尽管家庭是重要的社会化主体，孩子的同辈群体作为社会规范和价值观的传递者，也变得越来越重要。

通过系统观察，以及持续从同辈群体获得反馈，孩子们了解到关于内群体和外群体、文化规范和适合不同性别的行为的看法。研究表明，儿童通过同性游戏，发展出了性别所特有的相互联系的方式。此外，那些偏离文化规定的性别期望的孩子发现，他们的同辈群体扮演着将其拉回来的"性别警察"的角色。这就是丹尼尔·法尔的经历，他描述了在他对不够男子气概的活动感兴趣时，比如他把一件钩针编织品带去学校时，他的同辈群体是如何对待他的。

> 我为这件小作品到骄傲，所以把它带到学校进行展示和讲述。这导致了我的同学们不停地欺负我。从人生这一灰暗的时刻中，我吸取了性别社会化中最严厉的教训。我开始领悟到，有些爱好和活动我可能会感兴趣，也有天赋，但永远无法与同学们分享（Farr，2007：140）。

莱德（Ladd，2007）的研究表明，与同辈群体之间的负面经历会导致许多心理问题，如青年时期的焦虑、抑郁及行为问题。而与同辈群体之间的积极经历可以培养孩子的自尊心，并产生各种积极的结果。如前所述，通过在照片墙（Instagram）、推特、脸书等社交网站上的匿名交流以及通过手机短信，此类消极和积极的同伴互动越来越普遍。2015 年，皮尤研究中心的一份报告显示，青少年通过短信不断进行交流。13 ～ 17 岁的青少年平均每月发送和接收 2 077 条短信（Lenhart，2015）。显然，同辈群体在社会化过程中起着非常重要的作用。

大众传媒

由报纸、期刊、电影、广播、互联网和电视所组成的大众传媒在社会化过程中也发挥着至关重要的作用。

> 鉴于年轻人从婴儿期到青春期用于媒体消费的大量时间，父母对媒体接触缺乏意识和控制，以及一些孩子花在其他社交活动上的时间减少等因素，人们必须关注大众传媒在儿童社会化中的作用。单独地或与同辈群体一起接触大众传媒，

提供了促进儿童社会化的学习机会，儿童通过大众媒体的世界之窗观察到的东西改变了他们的信仰、态度和行为（Dubow et al.，2007：408）。

批评家们指出，电影、电视和音乐中的性与暴力的本质是社会问题的根源。孩子们在电影、电视和电子游戏中，频繁受到暴力信息（其中大部分被认为是适当的）的轰炸。随着有线电视的发展，枪支和其他武器的使用频率增加，对于血腥和杀戮的描述也更多，电视上的暴力画面越来越生动。分析电影的发展，动作片中暴力明显增加，不仅是枪支或武器的尺寸变大，而且男性动作英雄的身体也变得高大得多，最终他们自身都被视为武器，如图4-6所示。

图 4-6（a）
资料来源：Moviestore Collection Ltd./Alamy Stock Photo

图 4-6（b）
资料来源：Moviestore Collection Ltd./Alamy Stock Photo

图 4-6（c）
资料来源：Pictorial Press Ltd./Alamy Stock Photo

图 4-6（d）
资料来源：AF archive/Alamy Stock Photo

图 4-6　随着时间的推移，男/女动作英雄的形象发生了明显的变化

媒体对年轻人有什么影响？美国心理协会（2013年）在对电视暴力影响研究的回顾中提出，儿童和青少年可能会有如下变化：①变得对他人的痛苦不那么敏感；②更害怕；

③更有可能表现出攻击性或有害的行为；④对现实世界中的暴力麻木。

总之，考虑到人们每天在不同类型的媒体上所花费的时间，显然，媒体正在与家庭进行竞争，成为最重要的社会化主体。

社会群体的力量

上一节指出了主要的社会化主体，从个人层面的父母和朋友到机构层面的学校和大众传媒。社会学家根据成员之间的亲密程度和参与程度将群体划分为两种类型：初级群体和次级群体。

初级群体与次级群体

初级群体指成员之间关系最密切的群体。这些群体的规模很小，而且成员之间面对面地互动。他们是非正式群体，而且关系持久。成员对其所属群体及其他成员有很强的认同感、忠诚度和情感依恋，如核心家庭、儿童游戏小组和好朋友。对个体而言，初级群体至关重要，因为它们为成员提供了归属感、身份感、目的感和安全感。因此，它们对成员的态度和价值观的社会化影响最强。

次级群体，与初级群体相比，其规模要大得多，也更加非人情化。它们是被正式组织起来的，以任务为导向，而且相对灵活。相对而言，个体成员不那么重要。成员们在信仰、态度和价值观上可能存在很大的差异。学校、党派和工作场所等次级群体对美国人的影响很大。

如我们所见，初级群体和次级群体对社会化的过程来说都是至关重要的。但是群体成员的身份对个体行为的影响有多大？

社会群体的力量

（1）**群体影响认知**。群体可能会影响我们的认知。显然，我们想要随大流的愿望是如此强烈，以至于我们经常屈服于群体的压力。在一项经典的、经常被引用的研究中，社会心理学家所罗门·阿什（Solomon Asch）要求实验中的受试者比较卡片上的线条长度，并验证了这个命题（Asch, 1958）。这些受试者被要求每次一个人，口头说出最长的一条线。除了一位受试者以外，其他人都是实验者的"同谋"，他们根据指令给出同样错误的答案，这让唯一的真正的受试者处于尴尬的境地，因其感官证据遭到了其他受试者的一致反驳。每个实验包括 18 次试验，"同谋们"给出 12 次错误答案、6 次正确答案。在 50 位测试对象中，有 13 位是独立的，他们能够给出与其认知相符的正确答案，但是有 37 位（74%）至少有一次屈服于集体压力（12 位达到 8 次及以上）。在其他实验中，"同谋们"的回答并不一致，受试者从压倒性的群体压力中解脱出来，通常对自己的认知有足够的信心以给出正确的答案。

穆扎弗·谢里夫（Muzafer Sherif，1958）也进行了一系列实验，以确定个体的从众程度。一名受试者被安置到一个黑暗的房间里，观察一个精确的光点。受试者被要求描述光点移动了多少厘米（尽管光点是静止的，但因为所谓的"游动效应"，它看起来是移动的）。在重复的实验中，每名受试者都倾向于对光点移动了多远这个问题保持前后一致的看法。然而，当某个人被放入一个群体中时，他会修改自己的观察结果，使之与房间里其他人的观察结果更一致。在反复曝光后，这组受试者达成了一个集体判断。这个实验的重点是，与阿什实验中的小组不同，这个小组完全由天真的受试者组成。因此，关于群体压力的结论反映了自然的群体从众过程。

（2）**群体影响信念**。**群体思维**是指一种心理现象，人们会抛开自己的个人信念或采纳群体中其他人的观点（Cherry，2014）。例如，一个有群体支持的教派成员，尽管有相反的证据，仍会坚持自己的信念。莱昂·费斯廷格及其同事里肯和沙克特（Riecken and Schachter，1956）仔细研究了一个群体，他们认为在 1956 年 12 月 21 日一场大洪水将淹没从西雅图到智利的西海岸。在预言的大灾难前夕，领导者收到消息，消息说，她们这个团体应该做好准备在午夜时分乘坐一艘被派来拯救她们的飞碟离开。这群人在午夜满怀期待地等着飞碟来，但是它没有出现，最后在凌晨 4 时 45 分，领导者宣布她又收到了一则信息，这则信息显示，由于在这一小群信徒中发现了善的力量，世界幸免于这场灾难。费斯廷格特别感兴趣的是，这个群体将如何处理此次预言的失准，但是这个群体，像历史上其他的千禧年群体一样回应这种失准，即通过重申他们的信仰和加倍的努力来赢得皈依者。

（3）**群体影响健康与生活**。一个群体的成员身份可能会对一个人的健康，甚至对生活本身产生影响。巴基斯坦农村地区保持着传统的种姓制度，在这种制度中，儿童注定要在他们出生的社会阶层中生活。毫无疑问，他们会子承父业。最低级的种姓之一是乞丐。由于乞丐的孩子将成为乞丐，而最成功的乞丐都是有身体残疾的，孩子就会被他的家人（通常是叔叔）弄成残废。虽然所有的父母都希望自己的孩子成功，乞丐家庭同样如此，但是受严格的社会制度的限制，不得不使他们的孩子残疾。

在过去 20 年左右的时间里，由于孩子的父母归属于不相信医疗干预的宗教教派，导致美国各地有数百名儿童死亡。其中 8 起死亡事件发生在科罗拉多州的一个教派，即长子教会①。一名儿童死于脑膜炎；其他儿童死于肺炎或其他通过传统医疗干预就可能被治愈的疾病。例如，一个死于白喉的 3 岁男孩的母亲就属于这个教派，这名男孩从未接种过此类疾病的疫苗，而且在确诊后，他的母亲也拒绝为其治疗。他的母亲知道拒绝治疗的后果，因为她的侄子就是死于白喉，但她及其他成员的信仰阻止她挽救自己儿子的生命。这是群体力量抑制我们误称为母性本能的重要证据。

另一个例子是在阿巴拉契亚的一些宗教教派中发现的，该群体要求其成员做出危险行为，鼓励成员将触摸毒蛇（响尾蛇、水蛇和铜斑蛇）作为礼拜的一部分。成员们捡起一把

---

① 英文原文"Church of the First Born"。

毒蛇，扔在地上，再捡起来，塞到衬衫里面，甚至用蛇群遮住头部。由此，该群体的意念鼓励成员让其信仰接受终极考验——死亡。这种意念尤其有趣，因为它既能证明被蛇咬死是合理的，又能证明不被咬或者被咬后恢复健康是合理的。如果拿着蛇的人死了，就表明了违背上帝的旨意有多危险；如果拿着毒蛇的人在被蛇咬伤后得以幸存，就证明了上帝的能力。2014 年 2 月，肯塔基州触摸蛇的牧师杰米·库茨死于毒蛇咬伤，他的儿子后来成为他们教堂的牧师，也多次被蛇咬伤，都是靠着祈祷治疗，如图 4-7 所示。

图 4-7　群体意识形态的力量会使其成员进行冒险或危险活动
资料来源： Anthony Behar/SIPA USA/AP Images

（4）**群体影响行为**。群体可以改变成员的行为，甚至包括那些涉及人类基本动力的行为。从生物学角度来说，人类天生就会吃、喝、睡；但是人类群体在很大程度上形塑了满足这些生物驱力的方式。我们如何吃、何时吃、吃什么都极大地受到社会群体的影响。一些群体有着严格的规定，要求禁食一段时间，另有一些群体会过消耗大量食物和饮料的节日。性行为也会受到控制。虽然性冲动是普遍存在的，但性行为在成年人中并不是一种普遍存在的活动。有些人因其成员身份，宣誓保持贞洁。有些社会群体痴迷于性，而另一些则不是。后者的一个例子是新几内亚的达尼部落，性关系会推迟到婚礼结束整整 2 年后。在孩子出生后，还会有一段 5 年的禁欲期。

这些关于群体凌驾于个人之上力量的生动例证，不应该阻碍我们认识日常和持续的行为约束。我们的日常活动、认知和理解，以及态度，都是我们的群体成员身份的产物。然而，这些限制在很大程度上是微妙而不为人所知的。简而言之，我们所认为的自主行为往往根本就不是自主的。

秩序论者和冲突论者都承认这种社会化过程的力量，以及社会群体的力量。然而，他们对这一普遍过程的解释却不尽相同。秩序论者认为，这一过程是促进稳定和塑造守法公民的必要条件。儿童必须被社会化，符合社会或群体的价值观、道德和期望，以保持平衡与和谐。冲突论者则认为，这一过程是为了引导人们不加批判地接受社会或群体的习俗、法律和价值观，因此愿意参与一个可能需要改变的社会或群体。换句话说，社会成员被教导要接受事物的现状，尽管社会秩序对一些人有利，而对另一些人不利。这一过程是如此强大，以至于我们社会中大多数无能为力和弱势群体的人不会反抗，因为他们实际上相信系统性地压制他们的制度。对秩序论者和冲突论者来说，不可否认的是，社会化过程是不可避免的、强大的且必要的。

第 5 章
社会控制

    2013 年，一部名为《人类清除计划》（*The Purge*）的电影上映，这部影片描述的是 2022 年的美国。在该片中，社会被描绘成秩序井然、控制有序、犯罪率较低，由于一年一度的"清除"计划，每年公民都可以在其中一天的 12 个小时里为所欲为，而且所有的犯罪都是合法的。在 12 小时的清除后，所有人再恢复他们正常有序的生活方式。

    虽然电影中的想法是虚构的，但历史上有很多关于社会失控的例子。例如，1992 年臭名昭著的洛杉矶暴动持续了 5 天，导致 50 多人死亡、2 000 多人受伤、1 000 多座建筑受损或被毁（CNN，2014）。

    我们在第 2 章中指出，一个现实的社会模式承认其在冲突和秩序方面的二重性。虽然洛杉矶暴动是冲突显露出来的一个很好的例子，但在大多数情况下，人们的行为还是可预测的且有序的，这在很大程度上是由于**社会控制**。

    所有的社会群体都有确保服从的机制。正如我们在第 4 章所看到的，社会化过程是个体内化群体规范和价值观的一种方式。人们被教导什么行为是适当的、道德的和合理的。这一过程通常如此强大，以至于个人不是因为害怕惩罚才顺应社会，而是因为他们想要如此。换句话说，外界的群体需求变成了我们内在的需求。但是社会化从来都不是完美的，我们都不是机器人。正如我们将在第 6 章中看到的，人们有时会偏离群体的期望。为了应对这种情况，社会群体会对其成员施加外部控制，意识形态控制和直接控制这两种类型的控制是本章的主题。

意识形态社会控制的主体

    本章的重点是社会层面的社会控制。例如，小型的同质社会受习俗和传统的支配，而大型的现代社会受传统力量的影响则较小。传统社会在社会价值观方面往往能达成压倒性的共识，因此，关于哪些行为是恰当的，哪些行为则不然，家庭、宗教和社区向每个成员都传达了一致性的信息。虽然在传统社会中，确实有对违反规范者的正式惩罚，但非正式控制通常是相当有效的，且更具典型性。

    在像美国这样复杂的社会中，社会控制更难以实现，因为在这类社会中存在不同的群体，而它们的价值观往往是相互对立的。因此，与传统社会相比，复杂社会的社会控制往往更为正式，看起来也更具压制性（因为它更公开）。它以多种形式出现，并且乔装打扮。社会控制在家庭、学校及其他各种机构中得以完成。它通过行政机构、心理治疗师，甚至基因工程师的公开的和秘密的活动得以实现。它努力通过各种说服技巧来操纵群众，也会遏制越轨行为。

意识形态社会控制（信仰体系）是试图操纵公民的意识，使他们接受统治阶级的意识形态，拒绝被对立的意识形态所动摇。这类控制形式的其他目标是说服社会成员自愿遵守法律，并毫无疑问地接受现有的社会权力和报酬分配。这些目标至少通过三种方式实现。首先，意识形态社会控制是通过青年的社会化来实现的。例如，青少年在家庭、学校、青年团组织、体育运动和媒体中被灌输个人主义、竞争、爱国主义和尊重权威的价值观。社会化过程可以被称为文化控制，因为个体被给予了一系列权威性的定义，涉及应该做什么、不应该做什么，似乎除了它们，便别无选择。其次，意识形态整合出现于政治家、宗教领袖、教师及其他权威人士对对立的意识形态的正面反击之中。最后，社会中存在各种由执政当局发起的宣传运动，这是为了让公众相信哪些行为是道德的，谁是敌人，以及为什么需要政府采取某些行动。

意识形态社会控制比公开的社会控制措施更有效，因为个体会自我控制。这一过程得以实现的程度是个体的服从并非被迫的，而是自愿的。通过描述在实现意识形态整合的目标方面尤为重要的各个社会控制的主体，我们将展开对这一过程的研究。

家庭

作为社会化的主要的主体，父母教导自己的孩子那些被社会认为是适当的态度、价值观和行为。从专制的、严厉的父母到更为宽容的父母，虽然有很多不同的教育方式，但无论如何，他们都传递着社会对于行为的期望。

教育

正式的教育体系是实现一致性的重要的社会层面的主体。学校坚持在言谈、衣着和举止方面保持校区的行为规范。不仅如此，学校还向学生灌输正确的工作态度、尊重权威和爱国主义。例如，学校使用的教科书通常不是对历史的准确描述，而是偏向于执政当局希望延续的方向。根据大卫·萨德克（David Sadker，2014）的研究，尽管教科书在过去 40 年里有所改善，但在许多 K-12[①] 教科书以及大学教材和媒体中，仍然可以找到各种形式的偏见。例如，教科书可能涉及：①不可见性（完全或相对地将一个群体排除在课本之外）；②对某些群体的刻板印象；③不平衡性（只呈现历史的一面）；④非现实性（尽量减少历史上令人不快的事实和事件，如种族主义和性别歧视）；⑤对某些群体的语言偏见。

宗教

宗教团体通常设有指导成员行为的准则，对不服从的行为进行惩罚。多样性专栏"阿米什人与社会控制"给出了一个极端的例子。

---

① 译者注："K-12"是指从幼儿园到 12 年级的教育，因此也被国际上用作对基础教育阶段的通称。

美国的国教倾向于强化现状。很少有神职人员和他们的教民积极致力于改变政治和经济制度。相反，他们在布道中颂扬"美国人的生活方式"和"恺撒的归恺撒"的种种好处。纵观美国历史，宗教团体一直有一种强烈的倾向，即直接或间接地接受现有政府的政策，无论这些政策是奴隶制、战争，还是征服美洲原住民。

宗教团体还通过另一种方式来维持现状，即教导人们接受一个不完美的社会（贫穷、种族主义和战争），因为他们生来就是罪人。正如马克思所说的，宗教是"大众鸦片"，因为它说服人们接受不公正的制度，而不是努力去改变它。受欺压的人得到的建议是接受他们的命运，因为他们将在来世得到回报，见图 5-1。

图 5-1　马克思认为，宗教是"大众鸦片"，因为它控制人们的行为，并鼓励他们接受自己在社会中所处的地位

资料来源：David Grossman/Alamy Stock Photo

多样性

阿米什人 ① 与社会控制

阿米什人是一个有着近 25 万名信众的宗教派别，他们生活在关系密切的社区中，遍布美国各地，但主要集中在宾夕法尼亚州、印第安纳州和俄亥俄州。他们是抵制现代技术的农民，拒绝使用摩托车、汽车和电力。他们身着 19 世纪的朴素的服装，相信融入群体的重要性，而非突出个体。最重要的是，阿米什人坚持在他们的社区中保持一致性。

---

① 阿米什人，又称"亚米胥派"，是美国和加拿大安大略省的一群基督新教再洗礼派门诺会信徒，通常被认为拒绝使用现代科技。

大多数阿米什人选择在 18～22 岁接受洗礼并加入教会。阿米什人年满 16 岁时，会经历一段被称为"伦斯普林加"（Rumspringa，意思是"四处乱跑"）的时期。在此期间，他们并不是严格意义上的教会成员，有一些空间去突破预期行为的界限。正如 TLC 电视节目《迷茫的阿米什人》①所描述的那样，一些年轻人甚至会离开他们的社区去体验非阿米什人或"英语"的世界；他们可能会尝试现代服装、发型及其他非阿米什人的活动，只不过此类行为很少见。伦斯普林加是阿米什青年寻找婚姻伴侣的时期，更重要的是，这也是他们决定是否接受洗礼成为阿米什教会成员的时期。大多数阿米什青年最终作出了终生承诺（Amish America，2017）。一旦他们成为教会成员并结婚，伦斯普林加时期就结束了，他们将终生受到严格的行为准则的约束。

当罪行被认为是严重的时候，阿米什教派对其成员的社会控制是通过非正式机制（如流言蜚语）和更正式的方法来实现的。如果罪行轻微，执事和牧师可以对这个人进行言语教育。如果罪行严重且更为公开，则可能要求越轨者在会众面前忏悔。终极的正式的社会控制法是在一段时间内禁止或回避某个人（称为"回避"，Meidung②）。回避的形式可能是将个体排除在任何团体活动之外，不与其交谈，或不与其合作。如果回避还是不能纠正这个人的越轨行为，那么他将会被驱逐出社区。

阿米什人认为，回避是对群体最有利的，因为这是让个体认识到自己的错误并忏悔的最好方法。回避通常是最后的手段，而且阿米什人总是考虑到回心转意、悔改和恢复关系的可能性（Amish America，2017）。

体育

学校体育和职业体育致力于以多种方式强化民众的一致态度和行为（Sage and Eitzen，2015）。首先，体育运动与民族主义之间有着很强的联系。在国际体育赛事中获胜，往往会激起该国公民的自豪感。奥运会及其他国际赛事往往会在运动员、教练、政治家、媒体和球迷中营造一种"我们对战他们"的感觉。因此，可以说，奥运会是一场政治上的较量，是一场象征意义的世界大战，事关各国输赢。因为人们普遍接受这种说法，所以相关国家的公民团结在他们的国旗和运动员的周围。

体育与民族主义的相互关系易见于围绕体育竞赛而公然展开的军国主义仪式中。奏国歌、授军旗仪式、喷气式飞机低空飞行、组成美国国旗的乐队，这些都是支持现有政治制度的政治行为。

体育可以通过几种方式控制和影响公民的意识形态。几乎所有的家庭都有电视机，这使得几乎每个人都可以间接地参与地方和国家的运动队，并且对之产生认同感。由此，观众的注意力和精力都被转移到失业、贫困以及不符合工人和中产阶级的最佳利益的政府立

---

① 原文为"Breaking Amish"。

② 译者注：德语，译为"回避、避免"。

法等社会问题之外。也正因如此，社会现状得以维持。

体育还使人们相信，出身工人阶级的年轻人可以通过在体育运动中取得成功来实现阶级晋升。显然，这是一个神话：每一个从贫困中走出来的大联盟球员背后都有成千上万的并未成为职业运动员的穷人。然而，问题的关键在于，许多美国人认为体育运动是一个移动式自动扶梯，而它也只是整个社会的机会结构的一种反映。同样，贫穷的年轻人本可以把精力投入改变体制上，但却将其投入完善跳投上。因此，他们革命的潜力就因为体育运动受到了阻碍。

体育在意识形态上控制和影响人们的另一种方式是在参与者中强化美国价值观。体育是一种媒介，传播着竞争中的成败、勤奋、毅力、纪律和秩序等价值观。这就是美国学校有少年棒球联盟①项目，并且极为重视体育的原因。

学校不仅坚持要求运动员在训练和比赛中有特定的行为方式，而且严格监督运动员在其他场合的行为。参赛运动员必须在着装、言谈举止、成绩等方面符合学校的规定，方可继续参赛。通过这种方式，学校管理者把运动员当作礼仪的模范。如果学校和社区的其他人都钦佩运动员，那么后者就有助于维护社区和学校的规范。

媒体

电影、电视、报纸和期刊也起到了强化这一体系的作用。不管媒体的来源是什么，它们都倾向于提供类似的信息。这是因为控制媒体的公司越来越少。让我们思考如下几点。

- 1983 年，50 家公司控制着美国的主流媒体。如今，少数几家媒体巨头拥有着几乎所有的媒体，控制着对大众的信息传播。这些大玩家包括康卡斯特、NBC 环球、迪士尼、时代华纳（将与 AT&T 合并）、新闻集团、亚马逊、谷歌和哥伦比亚广播公司（Selyuki，2016）。
- 20 世纪 80 年代以前，一家公司合法拥有的 AM 和 FM 电台均不得超过 7 家。如今，iHeartMedia（前身为美国清晰频道通信公司）拥有 840 个广播电台，iHeartRadio 则拥有超过 5 000 万的注册用户。批评者认为，该公司利用其相当大的权力来推广那些与自己的保守政治立场一致的艺术家，而打击那些与自己立场不一致的艺术家（例如，乡村歌手组合"南方小鸡"批评了当时的总统乔治·沃克·布什后，其音乐作品便遭到了封杀）。

媒体日益集中在少数人手中，这产生了非常严重的后果。首先，它导致了意识形态的垄断；也就是说，报纸、期刊、电视和广播提供的观点和政策几乎没什么两样，都毫无疑问地接受了社会的基础。律师兼记者戴夫·索尔达娜（Dave Saldana）写道：

> 当一家公司仅受利润驱使，就可以选择报道什么新闻以及如何报道时，你可能就得不到完整的新闻。当它可以排除对立的想法或观点时，无论是出于政治

---

① 译者注：原文"Little League baseball"，又称世界少棒联盟，是美国的一个非营利运动组织，除了管理美国的儿童棒球、垒球运动外，还将这些运动推广到世界各国。

原因或经济原因，你可能在这些问题上无法做到兼听则明。这对民主是不利的（2011：1）。

正如在第 2 章中提到的，当人们只阅读或观看强化其信仰体系的片面新闻时，就会导致群体极化与冲突。

媒体整合的另一个后果是，由于媒体集团是追求利润的组织，它们强调娱乐而不是新闻。这往往导致不分轻重的广播传播，因此安吉丽娜·朱莉和布拉德·皮特的日常生活成为黄金时段的娱乐。正如一位观察家所言，其结果是，媒体卡特尔①"让我们能够尽情娱乐，却永远一知半解"（Miller，2002：18）。因此，公司利润的最大化优先于一切。

公众从媒体接收到的信息是一致的：我们被物质主义和消费主义、成功学、性、暴力以及法律和秩序的价值观等信息轰炸。简而言之，少数几家大公司掌握的媒体具有巨大的意识形态影响力。

社交媒体

社交媒体是意识形态社会控制的媒介，原因有很多：首先，越来越多的人在脸书和推特等社交媒体网站上浏览新闻。2016 年皮尤研究中心的一项民意调查显示，62% 的美国人通过社交媒体获取新闻，而 2012 年这一比例为 49%（Gottfried and Shearer，2016）。

其次，社交媒体为社会群体提供了传播信息和招募成员的机会或媒介。让我们回想一下意识形态社会控制的定义：试图操纵公民的意识，使他们接受统治的意识形态，拒绝被对立的意识形态所左右。政党利用社交媒体平台来推动自己的议程，并以金钱和选票的形式筹集支持。他们还利用社交媒体诋毁其他政党或候选人。

同样地，社会运动积极分子利用社交媒体传播他们的信息并增加成员（例如，"黑人的命也是命"运动）。2017 年特朗普总统就职典礼后，女权游行的组织者利用脸书、推特和照片墙宣传在华盛顿举行示威游行的消息。结果，1 月 21 日世界各地数百万人游行以支持妇女权利。

最后，社交媒体充当了社会控制的媒介，因为从他人那里收到的反馈实际上可以改变和引导行为。八卦、谣言、公开羞辱甚至网络欺凌都会强化一致性。

政府

政府官员在意识形态社会控制上进行了大量投入。美国政府的一项努力是让公众相信资本主义是好的，社会主义是坏的。著名神学家哈维·考克斯（Harvey Cox）的有力论点表明，政府（和学校）是成功的。考克斯认为，在美国，市场被认为具有与上帝相同的特征——无所不能（全能）、无所不知（全知）和无所不在的（全在）（Cox，1999）。

政府的意识形态控制出现在政治演讲、书籍和立法中。有时，州立法机关试图通过要

---

① 译者注：cartel，卡特尔，又称垄断利益集团、垄断联盟、企业联合、同业联盟，是垄断组织形式之一。

求某些特定的课程内容（爱国主义、创世论、亲资本主义、反共产主义）来控制学校的意识形态内容。另一个意识形态控制的例子可见于国防部、农业部、商务部和教育部等政府机构中。各个部门都有主动的公共计划，它们会花费数百万美元来说服公众接受自己的观点。

当公众相信敌人会威胁自己的安全时，也会受到操纵。在 2001 年 9 月 11 日遭受恐怖袭击后，乔治·W. 布什（George W. Bush）总统及其内阁成员努力说服公众就是这类操纵的最好的例子，他们强调我们必须团结起来反对恐怖主义威胁，我们必须花更多的钱来增强我们的安全，我们还要明确敌人是谁（奥萨马·本·拉登及其基地组织、伊拉克的萨达姆·侯赛因，并且更隐晦地提到了伊朗和朝鲜等国家对美国的威胁）。

唐纳德·特朗普在担任总统初期曾提议限制某些国家（主要是伊斯兰国家）的公民进入美国。2017 年 9 月，特朗普政府强制实施了新的旅行限制，将乍得、委内瑞拉和朝鲜列入了限制名单。在白宫的一份声明中，他们称新限制措施是"在一个危险的恐怖主义和跨国犯罪的时代，向建立一个保护美国人安全的移民体系迈出的关键一步"（Jarrett and Tatum，2017）。

或许政府官员试图影响公众舆论的最明显的方式是演讲，尤其是电视演讲，如图 5-2 所示。总统可以免费在黄金时段通过电视向公众发表演讲。这些努力通常旨在团结人民共同抗敌（通货膨胀、国家债务、能源危机、全球变暖、基地组织）。如前所述，越来越多的政府官员使用社交媒体平台与选民直接沟通。

图 5-2　政府官员通过电视演讲影响公众舆论
资料来源：White House Photo/Alamy Stock Photo

我们已经描述了意识形态社会控制的各种媒介是如何运作的。也许它们成功的最好证据是，美国社会的受压迫者对政治和经济体制的合法性提出质疑的寥寥无几。卡尔·马克思认为，资本主义社会中一无所有的人（穷人、少数群体成员和工人）最终会感受到共同性压迫，并联合起来推翻资本所有者。这种情况之所以没有在美国大规模发生，主要是由于各种意识形态社会控制媒介取得了成功。

直接社会控制的主体

直接社会控制是指试图惩罚或压制（使其无力）偏离社会规范的组织或个人。在此，越轨目标主要有四类人：穷人、精神病患者、罪犯和持不同政见者。本节专门讨论社会控制的三个媒介，即社会福利、科学和医学以及政府，它们主要针对上述目标下功夫。

社会福利

皮文（Piven）和克劳沃德（Cloward）（1993）在其关于公共福利的经典研究中指出，在大规模失业时期，公共援助计划通过平息社会动荡来发挥社会控制的功能。当大批人突然被禁止从事其传统职业时，这个制度本身的合法性可能会受到质疑。犯罪、骚乱、抢劫及致力于改变现有社会和经济安排的社会运动变得越来越普遍。在这种威胁下，政府发起或扩大了救援计划。皮文和克劳沃德以大萧条时期为例说明，政府是如何在政治混乱出现之前对失业者的需求置之不理的。因此，社会福利的功能是通过政府的直接干预来平息社会动荡。皮文和克劳沃德的论点的补充证据是，当政局恢复稳定时，公共援助计划就会收缩甚至废除。

经济大萧条及其后的形势为皮文和克劳沃德的理论提供了一个有趣的检验。目前的趋势表明，中产阶级日趋萎缩，而贫富差距正在扩大。事实上，研究表明，1963—2016 年，收入最低的 10% 的家庭的收入中值增长不到 10%，而收入最高的 10% 的美国人的收入增长了 90%（Urban Institute，2017）。此外，联邦和州一级的财政危机导致针对穷人和新近失业者的社会援助项目在减少。如果皮文和克劳沃德的观点是正确的，那么只要这些不断增加的贫困人口表现得顺从，减轻其痛苦的政府计划将会十分贫乏；但是如果被压迫者的愤怒表现在城市暴乱（例如，1992 年洛杉矶暴动运动）、心怀不满者的恐怖主义行为或者旨在政治变革的社会运动中，政府援助穷人的福利计划将变得更慷慨，见图 5-3。

图 5-3　在经济困难时期，工人们要求增加就业机会，延长失业救济金领取时间

资料来源：Jim West/Alamy Stock Photo

皮文和克劳沃德提到的福利的第二个功能更加微妙（更适合作为意识形态社会控制的媒介）。即使在经济繁荣时期，也有一些人靠福利生活。通过让一类生活在恶劣的条件下，并且不断被贬低的人享受福利，工作就合法化了。因此，靠福利生活的穷人就成了一个反面教材，这使那些即使收入很低的工人也对自己的地位相对满意。

科学与医学

科学与医学领域的从业者和理论家们设计了一系列方法来形塑和控制不安现状者的行为。更具体地说，心理学家和心理治疗师显然是社会控制的媒介。他们的目标是帮助那些不遵循社会期望的人。换句话说，他们试图治疗那些被认为"不正常"的人，以使之"正常"。通过关注个人及其适应情况，心理医生确认、执行并强化社会的既定方式。其中隐含的假设是，个体存在过错，这就需要改变他们的行为，而方法通常是使用药物。

将医学模型应用于表现出某些行为的个体，使问题个体化了，并将人们的注意力从行为的社会根源转移开了。精神外科是另一种对社会控制有重要影响的方法。正如药物治疗或心理治疗一样，精神外科也会对那些不正常的人进行治疗来纠正问题，但它是通过脑部手术。外科医生可以借助现代技术对控制特定行为（如性、攻击性、食欲或恐惧）的大脑局部进行手术。

优生学是一种社会控制的终极形式，通过控制遗传因素改善人类种族。也就是说，如果社会决定某些类型的人应该绝育，那么这类人将在一代人的时间里不复存在。这种做法在纳粹德国被试行过，在那里犹太人、吉卜赛人和所谓的低能者被强制绝育（见图 5-4）。这种情况在美国也发生过。例如，1907 年至 20 世纪 70 年代中期，30 个州的 70 000 多名因酗酒、犯罪、性变态和弱智等而被视为不正常的人被合法绝育，1924 年最高法院裁定这种做法是符合宪法的（Sinderbrand，2005）。

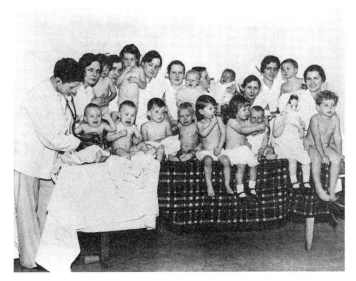

图 5-4　这些婴儿是 1931 年"更优质的婴儿竞赛"的部分参赛者。这类竞赛普及了优生学，这是一种社会运动，它促进那些所谓"优等"人群而不是那些不值得为人类基因库做贡献的人的繁衍

资料来源：Everett Collection Historical/Alamy Stock Photo

通过生物技术，优生学的潜力将在不久的将来得到显著的发展。科学家现在有能力控制、重组、重构活组织，使其成为新的形式和模式（称为**人类基因工程**）。来源于不同物种的细胞已经融合在一起。基因已经被分离和绘制出来，也就是说，负责各种生理性状的基因已经被定位在特定染色体的特定位置上。此外，科学家已经能够改变细胞的遗传性。这些突破具有积极的影响。例如，准父母可以检查他们未出生的胎儿的基因是否存在异常。如果发现遗传性疾病，如血友病或镰刀型细胞性贫血，则可以流产或在胎儿出生前改变其基因组成（称为**基因疗法**）。

尽管这项新技术有很多有益的应用，但它也引发了一些严重的问题。父母、医生和科学家是只会纠正遗传缺陷，还是会进行遗传基因改良？皮肤颜色应该改变吗？攻击性是否应该从未来人的行为特征中删除？是否应该允许基因改造来提高运动员的成绩（体型、速度和肌肉）（称为**基因兴奋剂**）？从消除后代遗传性疾病的意义来说，虽然基因工程的逻辑是积极的，但其基本假设却令人恐惧，即问题不是来自社会的缺陷，而是来自社会中个体的基因。

政府

1949 年，乔治·奥威尔写了一部小说，讲述了他对 1984 年的生活的设想。他预言的核心是，政府将利用尖端的电子设备，监控公民的每一句话、每一个想法和每一个面部表情。有了这项新技术，就有可能实现奥威尔的预言。各个城市都安装了监控摄像头，以监控高犯罪率的闹市。摄像头是执法部门的一个重要工具，因为它能准确地记录可疑行为，而且在财政紧缩时期，它们比雇用警察更便宜。

摄像头及其他技术以各种方式侵犯了公民的隐私。例如，超级碗（Super Bowl）比赛观众的面孔会被秘密扫描，并与潜在闹事者的数据库进行比对。当旅客通过扫描检测器时，空气射流会将皮肤和衣服上的微小颗粒排出去。这些微粒可以被用来分析爆炸物、化学物质或毒品的痕迹。机场安检不仅搜查乘客的行李，还会检查他们的身体。在连接华盛顿特区和郊区的 100 英里（约 161 公里）长的州际公路上，大约每英里（约 1.6 公里）就有一个遥控摄像头，可以读取车牌或窥视车内情况（芝加哥、西雅图和洛杉矶也有类似的系统）。这是对隐私的侵犯，还是保护美国公民安全的必要手段？

政府的首要目标是为公民提供福利，这包括保护他们的生命和财产，进一步说，还要求维持社会秩序。因此，政府有一项明确的任务，就是逮捕和惩罚罪犯。2015 年年底，各级政府在监狱、拘留所、少管所共监禁了约 220 万名服刑人员。无论是被监禁的、缓刑的，还是假释的，大约有 700 万美国人处于司法系统的管辖之下。美国监狱囚犯的人数约占全世界囚犯总数的 23%。美国监禁人口比其他任何国家都多（Pelaez，2014）。关于一个被政府严格控制的社会的例子，请参阅深入观察专栏"新加坡：秩序之国的铁腕政策"。

深入观察

新加坡：秩序之国的铁腕政策

新加坡是一个拥有 570 万人口的小国（其面积大约是华盛顿特区的 3.5 倍）。这里的人口具有文化多样性（大约 74% 是华人，13% 是马来西亚人，9% 是印度人，还有 3% 是其他人种）。这是一个以效率和清洁著称的繁荣国家。新加坡拥有非常严格的安全体系，拥有亚洲人均最大的军队，相对庞大的警察部队，以及国内安全部门。政府对其公民有很多规定，公民如果违反了这些规定，就会受到严厉的惩罚（Avakian，2015）。例如：

- 在新加坡，当众鞭刑是对故意破坏公物行为的惩罚。
- 在新加坡，进口或出售口香糖是非法的。出售口香糖的处罚可能是高达 10 万美元的罚款或最高两年的监禁。
- 连接其他用户的 Wi-Fi 可能会被处以高达 1 万美元的罚款，最高可能会被判入狱 3 年。
- 同性恋行为可能导致 2 年监禁。
- 在公共厕所如厕后不冲水罚款 150 美元。
- 任何乱抛垃圾的人必须缴纳 1 000 美元的罚款。
- 喂鸽子将被罚款 500 美元。
- 对一些毒品犯罪，有强制性死刑，或者可能会被判 10 年监禁。
- 传播淫秽物品可能会被判处最高 3 个月的监禁并处罚款。

然而，让人不解的是，一个民主国家的政府为了维护秩序而压制不同意见的合法性。《独立宣言》对美国的传统做了最为透彻的总结，为持不同政见者提供了一个明确的理由：

> 人类在他们之间建立政府，而政府之正当权力，是经被治理者的同意而产生的。当任何形式的政府对这些目标具有破坏性时，人民便有权力改变或废除它，以建立一个新的政府；其赖以奠基的原则，其组织权力的方式，务使人民认为唯有这样才最可能获得他们的安全和幸福。

因此，美国政府面临一个进退两难的局面。美国的传统和价值观肯定持有不同政见者是可以存在的。然而，政治生活中有两个事实与这一原则背道而驰。首先，为了维持社会秩序，社会需要确保现有的权力关系能够长期维持（否则，将导致无政府状态）。其次，社会上的富人受益于现有的权力安排，因此他们会利用自己的影响力（正如第 12 章中将指出的那样，这种影响力是相当大的）来支持镇压那些对政府发起的挑战。有充分的证据表明，美国政府选择了镇压不同政见者，让我们来看看这份证据。

（1）**法律与执法**。首先，我们必须仔细研究法律的制定和执法的过程。这两个过程都与政治权威直接相关。某些级别的政府机构决定了法律的内容（即哪些行为是允许的，哪些行为是禁止的）。其次，执政当局的执行者逮捕并惩罚违法者。显然，法律是用来控制那些可能危及公众福利的行为（如谋杀、强奸和盗窃等犯罪）。但是法律也以牺牲其他人的利益为代价来推广某些观点（例如，少数服从多数，或维持现状而不是改变现状）。出于这种考虑，让我们转向关于法律功能的两种观点——秩序观和冲突观。

美国社会的主流价值观是以自由民主理论为基础的，这与秩序模式是一致的。国家的存在是为了维持秩序和稳定。法律是人民代表为了人民的利益而制定的一系列规则。因此，国家和法律本质上是中立的，毫无偏见地实施奖惩。这种观点的一个基本假设是，政治制度是多元化的，即由若干个或多或少权力相当的利益集团组成。因此，法律反映了这些不同利益集团之间的妥协和共识。这样，所有人的利益都得到了保护。

主流观点认为，法律是以各方为共同利益所达成的共识为基础的，激进犯罪学家的观点则与之相反，后者以冲突论为基础。该模型的假设是：①国家为统治阶级（大型公司和金融机构的所有者）服务；②法律和法律制度反映和服务于统治阶级的需要；③在国内的秩序占据上风，改变经济和政治制度的挑战被成功挫败的情况下，法律为统治阶级的利益服务。换句话说，法律不是为整个社会服务，而是为统治阶级的利益服务。

从冲突论的角度看，社会的某些部分强迫其他部分维系社会的团结。各个利益集团权力不平等，而它们之间的冲突导致了强权以自己的方式决定公共政策。某些利益集团成功地使对其有利的法律得到通过：美国南北战争后，南方白人对黑人实行的种族隔离法，对以改造社会为目标的持不同政见者的镇压，以及以牺牲工薪阶层为代价而使富人受益的所得税法的通过，都为上述立场提供了证据。

此外，正如我们将在第 6 章中看到的，执法者（即警察和司法系统）并不总是平等地对待每个人。相对于无权无势的人，司法系统经常区别对待拥有更多金钱、权势和影响力的人。

（2）2001 年 9 月 11 日之前的**政府监视**。长久以来，美国政府都会监视人民。这一节奏在 20 世纪 30 年代加快，并在 20 世纪 50 年代随着共产主义的威胁而进一步加剧。例如，联邦调查局（FBI）对国内安全的关注可以追溯到 1936 年，当时富兰克林·罗斯福总统指示埃德加·胡佛调查美国国内的共产主义和法西斯组织。1939 年，第二次世界大战在欧洲爆发，罗斯福总统发布公告称，联邦调查局将负责调查颠覆活动、间谍活动和破坏活动，并指示所有执法部门向联邦调查局提供任何可疑活动的相关信息。在随后几届政府执政期间，联邦调查局也遵循了这些指令所开启的模式。

在 20 世纪 60 年代末 70 年代初反战和民权抗议的高潮时期，监控达到了顶峰。美国联邦调查局及其他政府机构，如中央情报局（CIA）、国家安全局（NSA）和国税局（IRS）大范围滥用权力。在此，我们重点关注的是始于 1956 年的联邦调查局国内监视项目（反间谍计划）。根据联邦调查局局长埃德加·胡佛的说法，这个项目的任务是"消除民权、新左派、反战组织和黑人解放组织的成效"（引自 Rosen，2000：18）。因此，在国家安全的名义下，联邦调查局"使用伪造文件、非法入侵、虚假指控、拦截邮件、电话窃听、卧底奸细和告密者"来干扰和颠覆政治异议（Michael Parenti，2002：141）。让我们来看几个 FBI 针对美国公民采取行动的例子。

- 多年来，美国联邦调查局（FBI）对外国大使馆、使团、黑帮聚集地，以及三 K 党和美国共产党等组织的总部进行了约 1 500 次非法闯入。

- 从 1957 年开始，美国联邦调查局监视着民权领袖马丁·路德·金的活动，包括跟踪和照片监视，并在他的住处安装电子监听设备。实际上，联邦调查局利用收集到的信息极力威逼金博士，以致他险些自杀。

- 联邦调查局一直在监视着数百名美国作家的活动，包括尼尔森·阿尔格伦、赛珍珠·S. 巴克、杜鲁门·卡波特、威廉·福克纳、欧内斯特·海明威、辛克莱·刘易斯、阿奇博尔德·麦克利什、卡尔·桑德伯格、约翰·斯坦贝克、桑顿·怀尔德、田纳西·威廉姆斯、詹姆斯·鲍德温和托马斯·沃尔夫（Robins，1992）。问题在于，联邦调查局何故如此？究竟是因为美国最受欢迎的作家是某个阴谋的一部分，还是因为他们是犯罪分子，抑或像娜塔莉·罗宾斯（Natalie Robins）所说的那样，"联邦调查局无意中用一种等同于恐吓的寒蝉效应①来控制作家？"（Robins，1987：367）。

- 从 1981 年年末开始，联邦调查局对 1 330 个反对里根总统拉丁美洲政策的组织和个人进行了大规模调查，主要目标是萨尔瓦多人民团结委员会（GISPES）。联邦调查局彻底盘问了该组织的每一个人及其家属、朋友和雇主，拍下他们的照片，查看他们的垃圾、个人财务和电话记录。尽管没有发现与恐怖分子有关，但联邦调查局仍潜入了他们生活的方方面面。

- 一个进步主义的律师组织——国家律师协会（National Lawyers Guild）——被联邦调查局监视了长达 50 年，但从未被发现从事非法活动（Michael Parenti，1995：153）。

- 20 世纪 70 年代，联邦调查局花钱雇线人潜入女权运动组织中。局长埃德加·胡佛告诉手下特工，女权主义者"应该被视为一部分敌人，他们是对美国价值观的挑战"（转引自 Rosen，2000：20）。

- 20 世纪六七十年代，因为胡佛想镇压学生抗议运动，联邦调查局调查了 6 000 名加州大学伯克利分校的教职工、高级管理人员和学生（Associated Press，2002）。

这些只是有关联邦调查局的例子。实际上，政府对其公民的监控程度远远超过这些例子所显示出来的。例如，美国国税局 1969—1973 年监视了 99 个政治组织和 11 539 个人的活动，中央情报局 1953—1973 年在美国打开并拍摄了近 25 万封一级信函。

---

① 译者注：chilling effect，寒蝉效应，指人民因恐惧于遭受国家刑罚，或是无力承受所必将面对的预期耗损，就必将放弃行使其正当权利，进而打击公共事务、社会道德和个人信心。

政府机构的监视技术逐渐变得更加精密。例如，梯队计划是由美国国家安全局实施的。该计划利用间谍卫星和监听站的组合，窃听几乎所有跨越国界的电子通信——电话、传真、电子邮件、无线电信号，以及国内长途电话和本地手机电话。超级计算机会对这些通信进行筛选，找出与可能的恐怖阴谋、毒品走私和政治动荡有关的关键词。一旦找到目标词汇，拦截信息就会转交给专人进行分析。美国科学家联盟的军事分析师约翰·E. 派克说："美国人应该知道，每次他们拨打国际电话，国家安全局都在监听。习惯'老大哥正在监听'这个事实吧……监视技术正变得如此强大，以至于监视系统可能很快就会超过乔治·奥威尔最疯狂的想象。"（转引自 Port，1999：110-111）

特别是自 20 世纪 50 年代以来，政府一直致力于镇压政治抗议，这与托马斯·杰弗逊的信念背道而驰，他认为抗议是民主的标志。政府对持不同政见者的控制意味着政府是不容置疑的，而持不同政见者才是问题之所在。这个问题在 2001 年 9 月 11 日之后变得尤为尖锐，当时任何对政府官员在反恐战争中行动的质疑，都会被贴上不顾国家大义的标签。

（3）**2001 年 9 月 11 日之后的政府监视**。由于联邦调查局及其他政府机构在 20 世纪六七十年代的过火行为，福特总统发布了一项行政命令，以加强对这些机构的控制。例如，要求美国联邦调查局在从事国内间谍活动之前出示犯罪证据。在 2001 年 9 月 11 日的恐怖主义袭击之后，这些有限的约束被取消了。在安全和宪法保障之间作出选择时，政府官员选择了加强安全。布什总统签署了行政命令，国会通过了 **2001 年美国爱国者法案**，该法案允许联邦调查局及其他机构监视公民和非公民的言论、行为和思想。（《爱国者法案》分别于 2006 年和 2011 年两次修订。）

该法案规定（由艾特森等总结，Eitzen，2011，第十八章）：

- 增强执法人员的能力，涉及秘密搜查，获取范围广泛的个人、财务、医疗、心理健康和学生记录，以及进行电话和互联网监控。允许政府监控联邦拘留犯与其律师之间的交流。该法案减少了对这些调查行动的司法监督。
- 扩大对恐怖主义的法律定义，使普通政治和宗教组织置于监视、窃听和刑事行动之下。根据该法案，联邦调查局新的指导方针允许其在没有任何违法行为证据的情况下，对宗教、政治组织以及任何个人进行监视。
- 如果是为了"情报目的"，联邦调查局特工可以在没有合理犯罪根据的情况下调查任何美国公民，因此一些美国公民，大部分是阿拉伯和南亚裔，被秘密关押了数周或数月，其中许多人并未受到任何指控，也未能见到律师。
- 即使没有证据，也允许因怀疑而监禁非公民。犯罪嫌疑人可以在不经司法审查的情况下被无限期拘留，如图 5-5 所示。"9·11"事件后非公民的移民听证会是秘密进行的。2008 年，最高法院推翻了这一条款。

美国联邦调查局、国防部、国土安全部和国家安全局参与了各种国内监控项目，以开展"反恐战争"（所有这些都被认为是总统"战时"权力所固有的）。"9·11"事件后国内监视活动的一些例子如下。

图 5-5　恐怖分子嫌疑人在没有司法审查的情况下被无限期关押
资料来源：Petty Officer 1st class Shane T. McCoy/U. S. Navy/Getty Images

- 联邦调查局和地方警察对国内激进组织的监视。
- 司法部、国务院和国土安全部购买追踪美国公民财务状况、电话号码和个人信息的商业数据库。
- 联邦调查局可以使用"国家安全信函"，要求互联网供应商、银行或电话公司提供公民的通话记录、电子邮件记录、工作地点、飞行地点、度假地点等，而无须法官批准该项要求。而且，被监视的人并不知道发生了什么，因为这是机密。
- 国土安全部招募了公用事业和电话工人、有线电视安装工人、邮政工人、送货司机及其他经常进入私人住宅的人，使之成为联邦线人，举报他们所观察到的可疑人员、活动和物品（Conason，2007：194）。
- 2013 年，美国公众发现了由国家安全局实施的"棱镜"（PRISM）监控计划（始于 2007 年），如图 5-6 所示。棱镜计划从 9 家互联网公司（包括谷歌、雅虎、脸书、YouTube 和苹果）收集用户的电子邮件和存储数据（即所谓的**无证窃听**，因为收集信息不需要搜查令）。目前，特朗普政府正在推动重新授权 2008 年的监控法，正是该项法案批准了棱镜计划以及另一个名为"上游"（UPSTREAM）的项目，后者可以扫描互联网网站，复制与外国目标的通信。虽然这两个项目都是针对外国人的，但也收集了大量美国人的通信信息（Emmons，2017）。

电子前哨基金会根据《信息自由法案》对政府提起诉讼，要求获取联邦调查局提交给总统情报委员会的约 2 500 份文件。基于此生成的报告提供了一长串联邦调查局滥用情报清单，其中包括（Electronic Frontier Foundation，2011）：

- 2001—2008 年，约有 800 起违反情报调查相关法律、行政命令或其他法规的案件。
- 2001—2008 年，联邦调查局至少调查了 7 000 起潜在违反了情报调查相关法律、行政命令或其他法规的案件。

图 5-6　2013 年，美国中央情报局前雇员爱德华·斯诺登泄露了美国国家安全局的机密信息，揭露了大量
的全球监控项目，其中很多都是由国家安全局运作的
资料来源：Sunshinepress GDA Photo Service/Newscom

- 根据向情报监督委员会报告的违规案件的规模及联邦调查局对违规案件数量的声明，"9·11"之后的 9 年内，可能违规案件的实际数量接近 40 000 起，涉及违反情报调查相关法律、行政命令或其他有关规定。
- 联邦调查局公然的违规行为包括：①向法院提交虚假的或不准确的声明；②使用不当证据来获取联邦大陪审团传票；③在没有搜查令的情况下获取受密码保护的文件。
- 在"9·11"恐怖袭击后，对个人权利最严厉的限制发生于乔治·沃克·布什（George W. Bush）总统执政期间。但其中许多限制在奥巴马总统的任职期间仍然存在。例如，奥巴马政府的司法部声称，联邦调查局可以在没有任何正式法律程序或法庭监督的情况下，获得美国国际电话的记录（Taylor，2011）。

这类社会控制活动的支持者认为，威胁是极为严重的，因此需要通过此类易识别、预防和惩罚恐怖分子的活动来确保国家安全。

批评者则认为，这些措施过分扩展了政府干预公民生活的能力，从而削弱了个人权利。美国宪法保障公民不被政府查看邮件、窃听电话及一般监视的侵害。简而言之，美国公民拥有隐私权，并且有免受无理搜查和扣押的自由。此外，侵犯隐私很有可能不是随机发生的，而更有可能是针对非公民、穆斯林及任何其他看起来像"中东人"的人。"9·11"以来进行的各项民意调查显示，人们对政府监控的态度各不相同，如图 5-7 所示。例如，2015 年在巴黎发生的协同恐怖袭击，导致更多人支持政府监控。在其他时候，许多公民认为政府侵犯了公民自由。

是否存在为了社会利益而应当限制隐私权的情况？受人尊敬的社会学家阿米塔伊·埃茨昂尼认为，在某些领域，过度保护隐私会损害公共安全和健康（例如，父母了解其邻居中是否有人是恋童癖的权利与邻居的个人隐私权相比）。当然，恐怖主义行为的威胁要求政府监视其公民和非公民。

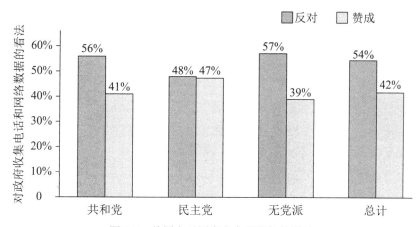

图 5-7　美国人对国家安全局监控的看法

资料来源：George Gao，"美国人如何看待国家安全局的监视、国家安全和隐私"，《皮尤研究中心志（2015）》，详情参见：http://www.pewresearch.org/fact-tank/2015/05/29/What-Americans-think-about-NSA-surveillance-national-security-and-privacy.

雇主及大公司

　　雇主及大公司也是直接社会控制的媒介。员工的隐私经常受到侵犯。大多数大公司都要求对员工进行某种形式的药物检测。一些雇主要求将要聘用的员工参加心理测试，涉及性行为、宗教信仰及政治态度等方面。许多大公司在作出雇佣决定之前，都会定期检查健康信息。使用电话和电脑的员工可能会发现，主管人员事无巨细地监视、测量和分析着他们的工作。通常情况下，公司会采取以下一种或多种措施：使用视频监控来监视员工，查看员工的电子邮件，监听员工的电话，或者打开员工的电脑文件（参见深入观察专栏"互联网的私家侦探"）这种由计算机储存的信息，特别是来自集中的、日益相互关联的数据库（征信机构、银行、营销公司、股票经纪公司、医疗保险公司及其他保险公司、政府）的信息，对隐私构成了威胁。除了隐私不保之外，还存在一种风险，即雇主、银行和政府机构在我们不知情的情况下利用数据库决定我们的生活。最重要的是，如果政府能够访问这些数据，它就可以利用现代技术密切监视那些对其产生威胁的人的活动。而且，正如我们在本章中看到的，政府乐此不疲。

　　我们在本章的开头指出，大多数时候人们的行为是可以预测的且有序的，这在很大程度上是由于两种机制，即意识形态社会控制和直接社会控制。对于秩序论者来说，社会的平稳运行是在社会规范、法律和价值观方面达成共识，以及理解政府控制是社会秩序和公共利益所必需的直接结果。冲突论者则反对规范性共识这一假设，他们认为社会秩序是政府强迫或武力威胁的结果，是在经济上占有优势地位的人利用法律、媒体或其他机构压迫相对无权者的结果。这方面的证据可以见于法律和惩罚之中，这些法律和惩罚有利于社会中的某些群体，而使其他群体处于不利地位。正如我们将在下一章看到的，尽管有这些强大的社会控制主体，人类的行为也并不总是可以预测的。

深入观察

互联网的私家侦探

互联网是一场全球范围的数字革命，它将全世界的电脑、商业和人们瞬间联系在一起。这种线上的交流正在以许多重要的方式改变着社会，影响着商业、知识爆炸，甚至人际关系等。一方面，通过互联网技术实现的转变是了不起的，它重要、有用、方便、快速又迷人，而且几乎无处不在；另一方面，互联网也有一个重要的缺点，它可以被用作监视工具，是一种重要且新型的侵犯个人隐私的方式。因此，它是一种社会控制形式。

在工作场所，一些雇主使用软件来跟踪员工在工作中使用互联网的情况。他们假设员工可能会在工作时间浏览社交媒体、跟踪股票行情、培养恋情、查询体育赛事比分、浏览色情网站，以致降低工作效率。以一个用于监视员工的 Spectorsoft 的软件工具为例，该公司在 2005 年 6 月的《微电脑世界》期刊上刊登了一则广告，标题是"记录员工在互联网上所做的一切"。在一家公司网络上安装该软件（Spector CNE），只需按一下按钮，就能立即准确地记录下每一位员工的如下信息：

- 电子邮件的发送和接收。
- 发送及接收的聊天记录 / 即时信息。
- 按键输入。
- 访问网站。
- 文件下载。
- 程序运行。

而且，与许多过滤和拦截工具不同，Spector CNE 准确而详细地记录着员工在互联网上所做的每一件事，为每一项活动提供确凿的证据。

当脸书、谷歌等互联网站追踪用户的活动并将这些信息出售给公司，以便后者能够根据用户的在线行为将广告投放给消费者时，用户的隐私就受到了侵犯。这种监控是一桩大买卖，2016 年在线广告投入就有 725 亿美元（Interactive Advertising Bureau, 2017）。

最后提醒：很久以前发送的电子邮件永远不会丢失，它们总能被找回来。如果雇主想要解雇某个员工，可以从他收发的所有电子邮件中找出解雇的理由。在法庭案件中，电子邮件信息可以作为证据传唤。

因此，实际上，当我们单独在公司的小隔间或在家庭办公室里使用互联网时，我们是在被"监视"着的。

第 6 章
越轨

前面三章分析了人类作为社会成员被迫遵守（规矩）的方式。我们已经看到社会不仅置身我们之外，强迫我们服从，而且根植我们的内心，使我们想要按照文化规定的方式行事。但是尽管有这些强大的力量，人们还是会偏离常规。这些行为和行动者就是本章的主题。本章分为三节：第一节解释了越轨行为的特征；第二节研究了一些关于越轨行为成因的传统理论，这些理论将个体视为越轨行为的根源；第三节介绍了将社会视为越轨行为根源的理论。

越轨的特征

在美国社会中，谁是越轨者？有相当多的证据表明，我们中有许多人都曾经犯过法。例如：

- 2014 年的一项纳税人态度调查显示，12% 的人认为在所得税上作弊是可以接受的（Ellis，2014）。据美国国税局（IRS）估计，每年有数十亿美元的小费没有上报。

- 除此之外，即使有些行为是违法的，但守法公民仍经常会抄袭电脑软件、视频、照片、音乐及其他受版权保护的资料。

- 据美国商会（The U. S. Chamber of Commerce）估计，75% 的员工会从工作场所偷东西。员工的时间盗窃行为（如装病、休息时间过长和午餐时间过长）每年给美国企业造成高达 2 000 亿美元的损失。

- 旅客的盗窃行为每年给美国宾馆和汽车旅馆造成数百万美元的损失。

- 2014 年的一项研究发现，在 39 个州的标准化考试中，作弊现象普遍存在。然而，这些作弊者不是学生，而是管理者和老师，他们用 60 多种方法来操纵或篡改学生的成绩。例如，在俄亥俄州，学校的领导被发现舞弊，他宣称那些可能得分较低的孩子没有参加考试（Hines，2014）。

- 2016 年，大约有 2 850 万美国人是非法吸毒者，而这一数字仍在增加（SAMHSA，2016）。

- 互联网为性变态的内容提供了一个广泛传播的场所。统计数据显示，每月有 7 200 万成年人访问色情网站。色情搜索引擎请求每天大约有 6 800 万次，每月下载色情内容 15 亿次。此外，有超过 10 万个网站提供非法的儿童色情制品。

这些事例表明，许多人犯有欺骗、偷窃和其他明显被认为是错误的行为。实施这些非法的或不道德的行为的个体是越轨者吗？

越轨行为是不符合社会期望的行为。它违反了一个群体的规则（习俗、法律或道德准则）。以下探讨了有助于我们理解社会越轨的五个重要原则：

（1）越轨是社会构建的。

（2）越轨是相对的，而不是绝对的。

（3）大多数人决定了谁是越轨者，什么是越轨行为。

（4）越轨是所有社会不可或缺的一部分。

（5）违反重要社会规范的人往往会被污名化。

越轨是社会建构的且相对的

由于越轨行为违反了群体的规范，越轨是社会建构的。社会组织通过制定规范来创造对错之分，违反这些规范就构成了越轨。这意味着一个特定的行为并非天生就是越轨的。一种行为是否越轨取决于他人对这种行为的反应。这也意味着，越轨是一个相对的概念，而不是绝对的概念。这方面的证据有两个：不同的社会之间关于什么是越轨行为的看法不一致；在一个社会中，在将行为贴上越轨标签方面存在不一致。

大量的人类学证据表明，对与错因社会而异。让我们探讨以下几个例子。

- 非洲的伊拉人鼓励青少年性乱交。10 岁以后，女孩们在收获季节可以拥有自己的住所，在那里，她们可以假扮自己选择的男孩的妻子。相比之下，墨西哥的特波兹特兰印第安人在女孩第一次月经后，便不允许她与男孩说话或怂恿男孩了。

- 埃及皇室被要求与他们的兄弟姐妹结婚，而欧洲皇室则认为这是乱伦且有罪的行为，应予禁止。

- 据专家估计，全世界母乳喂养的儿童的平均断奶年龄约为 3 岁，在一些发展中国家，母乳喂养直到 5 岁或更大的情况并不罕见。相比之下，在美国，大约一半的母亲母乳喂养时间不超过 6 个月，而那些母乳喂养时间超过一年的母亲往往会被污名化。2012 年，《时代》周刊某一期的封面人物是 26 岁的杰米·林恩·格鲁梅特，她是两个孩子的母亲，当时正在给 3 岁的儿子喂奶。这个封面及相应的文章引起了激烈的争论。

在一个社会中，对类似行为的差别对待进一步证明了越轨并非行为本身的一个属性，而是取决于特定受众的反应。以下几个例子说明，情境而非行为本身决定了他人是否将行为解释为越轨行为。

- 成年人之间两相情愿的性行为不属于越轨行为，除非一方为另一方的服务付费。同样，如果一个人未达到法定年龄（各州的年龄各不相同）就发生性行为，那么性行为也会被认为是越轨和非法的。

- 谋杀是一种越轨行为，但在战争期间杀死敌人则会得到表扬和勋章。

- 婚姻是值得称赞和鼓励的……尽管这是合法的，当两个同性成年人自愿结婚时，也会被一些人认为是越轨的。

- 使用大麻被联邦政府定义为非法的，然而 29 个州和哥伦比亚特区有相关法律以某种形式将大麻的使用合法化了，如图 6-1 所示。

在一个异质性的社会中，对于规则是什么，以及什么构成越轨行为，人们往往广泛存在分歧。例如，人们在很多问题上都持有不同意见，如成年人之间自愿的性行为（不论性别或婚姻状况），吸食大麻和饮酒，公开场合裸体和色情作品，在奏国歌时保持坐姿或下跪，以及拒绝服兵役等。

大多数人决定了谁是越轨者

这一点引出了关于越轨行为的第三种见解：大多数人决定了谁是越轨者。如果大多数人认为伊拉克人是敌人，那么轰炸他们的村庄就是合理的，而拒绝这样做就是越轨的。如果大多数人相信存在一个可以与之交谈的上帝，那么这样的信仰就不是越轨的（事实上，拒绝相信上帝可能是越轨的）。但是，如果大多数

图 6-1　娱乐性使用大麻在一些州是合法的，在另一些州是非法的，而且被联邦政府定义为非法的，这表明越轨行为是社会构建的
资料来源：David Grossman/Alamy Stock Photo

人是无神论者，那么那些信仰上帝的少数人就会被视为越轨者，他们会遭受嘲笑、歧视，并且需要接受心理治疗。

权力也是决定谁是越轨者或什么是越轨行为的关键因素。某些社会群体比其他社会群体拥有更大的权力和资源以使其对越轨行为的定义占上风。例如，美国的主要宗教团体对同性恋持强硬的立场，这种反对立场影响了法律和社会规范。或者我们在本章后面会提到的另一个例子，是对街头犯罪者和白领犯罪者的量刑存在差异。二者都对社会有害，但对富人所犯罪行的处理方式与对无权无势者所犯罪行的处理方式不同。

越轨行为是所有健康社会不可或缺的一部分

越轨行为的第四个特征是由秩序理论家提出的。经典社会学理论家涂尔干（Emile Durkheim）认为越轨行为是所有健康社会不可或缺的一部分（Durkheim，1958，1960）。根据涂尔干的说法，越轨行为实际上对社会有积极的影响，因为它给了非越轨者一种团结感，见图 6-2。通过惩罚越轨者，社会表达了集体愤慨，并重申了对规则的承诺。如果你想进一步了解公愤（public temper）的现代表现，请参阅媒体与社会专栏"羞耻网站"。

图 6-2　涂尔干指出，通过公开惩罚越轨者，社会表达了集体愤慨，并重申了对社会规则的承诺
资料来源： Jim West/Alamy Stock Photo

媒体与社会

羞耻网站

秩序论者认为，越轨行为对社会有积极的作用；最重要的是，越轨行为有助于强化人们对社会规范和规则的信念。谈到规范，丹尼尔·沙勒夫（Daniel Solove）在其著作《隐私不保的年代：网络上的八卦、谣言与隐私》[①]中写道：

> 规范把社会凝聚在一起，约束日常行为，促进文明。规范是减少人际交往摩擦的润滑剂。我们需要举止有礼，这样才能与人和睦相处。试想一下，如果我们没有"先到先得"这类规范，争斗就会紧随而来。简而言之，规范是一个社会进行社会控制的核心机制（2007：6）。

因此，人们努力执行社会规范也就不足为奇了。公众对那些违反规范者的反应就是涂尔干所说的"公愤"（Durkheim，1960：102）。公愤把社会团结起来，反对越轨者，进而强化我们的社会规范。

自涂尔干的著作发表以来，世异时移，公愤以互联网的形式变得更加公开化。记录各种越轨行为的网站（有时被称为"羞耻网站"）非常普遍。"网站越来越多地列出那些违反社会规范而被抓到的人的姓名，或者至少发布描述、照片和车牌号码"（Bloom，2008：A1）。

[①]　译者注：此书中译本可参见［美］丹尼尔·沙勒夫．隐私不保的年代：如何在网络的流言蜚语、人肉搜索和私密窥探中生存？［M］．林铮颢，译．南京：江苏人民出版社，2011.

沙勒夫在其著作中谈到了互联网是如何加大越轨行为和公众羞耻感的赌注的，他写道：

> 自古以来，人们便不断谈论八卦，散布谣言，羞辱他人。这些社会习惯正在转移到互联网上，并在那里呈现出了新的规模。它们从地方小团体里的易被遗忘的窃窃私语，转变为广泛而永久的人类生活的编年史。整整一代人正在一个完全不同的世界里成长，在这个世界里，人们会从童年开始积累详细的记录，无论走到哪里，这些记录都会伴随他们一生。在纳撒尼尔·霍桑的小说《红字》中，女主角海丝特·白兰被新英格兰殖民地村民强迫佩戴红字 A 以显示其犯了通奸罪。互联网正在以数字化的形式，将红字带回来，这是人们过去的罪行不可磨灭的记录。

事实上，互联网上到处都是"羞耻网站"，举几个例子。

- 你可以举报糟糕司机的网站，如 www.platewire.com。
- "I Saw Your Nanny"和 nannysightings.com 是你可以举报保姆或临时保姆的行为的网站。
- Cheaternews.com 是众多针对不忠行为的网站之一。这些网站旨在通过揭露欺骗者、说谎者和虐待者来为约会提供帮助。
- Thebitterwaiter.com 是一个服务员可以抱怨餐厅顾客的行为的网站。

像这样的网站能阻止人们打破社会规范吗？或者，正如涂尔干所认为的那样，这些网站真的仅仅用于使我们对社会规则的信念合法化并得到加强吗？有一件事是肯定的，随着智能手机的普及，任何行为都可能会被记录下来，放在互联网上，被数百万人评判。

涂尔干认为，惩罚的真正作用不是预防未来的犯罪，相反，惩罚的基本功能在于重申被违反的规则的重要性。这并不是说一个杀人犯被逮捕并被送上电椅，以此来控制潜在的谋杀犯。这个观点假设人们比实际更理性。对一个杀人犯的极端惩罚提醒我们每个人，谋杀是错误的。换言之，对罪行的惩罚有助于强化我们作为个人和作为集体成员对社会规范合法性的信念。我们团结起来反对越轨者，从而加强了社会团结。

从这个角度看，犯罪具有积极的社会功能。除了重申社会的合法性之外，将某些行为界定为犯罪还为社会上可接受的行为划清了界限。

违反重要社会规范的人往往会被污名化

越轨行为的最后一个特征是，违反重要社会规范的人往往会被污名化。也就是说，越轨者不仅会被认为有别于大多数人，而且会因为社会贬损而被区别对待。越轨者污名化的程度取决于违反规范的类型以及其他社会成员如何定义它。例如，截至 2017 年，美国登记在案的性犯罪者超过 805 781 人。由于各州已经公布了性犯罪者的登记信息，任何人都可以在网上找到住在附近的性犯罪者的姓名、地址，还可以看到他们的照片。性犯罪者包括那些通过手机向其他青少年发送自己的裸照的青少年，以及强奸犯和恋童癖者。所有登记在案的性犯罪者，无论其犯罪类型如何，都会受到公众的污名和歧视。

鉴于社会对一致性的大力推动，是什么导致了越轨行为？现在让我们来看看那些尝试对个体偏离社会规范的原因作出解释的理论。

关于越轨行为成因的传统理论：个体

生物学、心理学，甚至一些社会学理论都认为，越轨的根本原因是某些人身上的致命缺陷。从这个角度来看，罪犯、辍学者和瘾君子都有一些"问题"。这些理论是决定论的，它们认为个人最终别无选择，只能与众不同。

生物学理论

对于越轨行为的经典生物学解释主要集中在面相学（通过面部特征来判断性格）、骨相学（通过颅骨的形态来判断心智能力与性格特征）、人体学（通过体格来判断性格）、遗传异常（如男性的 XYY 染色体）和脑功能障碍。这些理论中的大多数已经被证明是不可信的。例如，备受质疑的恺撒·龙布罗梭（Caesare Lombroso，1835—1909）的理论认为，罪犯在身体上是异常的——扁平的额头、耳朵突出、手臂长、体毛多。（这些明显的特征表明，罪犯倒退至人类发展的早期阶段，他们比正常人更接近猿类阶段。）虽然一些其他的生物学理论已经表明了某些身体特征与越轨行为之间的统计学联系，但当这种关系被发现时，很可能也与社会因素有关。例如，被称为诵读困难的学习障碍与学业失败、情绪障碍和青少年犯罪有关。这是一种视觉信号被打乱的大脑功能障碍。如果患有这种疾病而未得到诊断，人们就很难获得正常的阅读、拼写和算术能力。老师和家长往往不知道孩子有阅读障碍，反而认为孩子不够用功。实际上，这个孩子可能非常聪明——托马斯·爱迪生和伍德罗·威尔逊都患有诵读困难症——但在学校里却感到沮丧。因此，相对于那些未受到此病症影响的孩子而言，这样的孩子更可能会成为一个麻烦制造者，他们会被疏远，或者被赶出学校，或者辍学，从而永远无法充分发挥他们在智力上的潜力。

同样，XYY 综合征（男性天生就有一个多余的 Y 染色体）是另一种被不公平地与犯罪联系在一起的生物学特征。20 世纪六七十年代发表的论文表明，XYY 男性的监禁率略高，并且假设额外的 Y 染色体在某种程度上导致了攻击性行为。然而，后来的研究指出低智商和低社会经济地位使 XYY 男性在犯罪时被抓住的风险更高（Nuffield Council on Bioethics，2005）。

心理学理论

心理学理论也认为，越轨的根源在于个体内部，但与生物学理论不同，它们假定越轨者的心理或人格状态是有缺陷的。根据特定的心理学理论，越轨者是精神病患者（不合群，好斗而冲动），这是由他们在童年时期缺乏爱、恋母情结冲突、心理创伤或者其他创伤性的早期生活经历造成的。根据弗洛伊德的假设，越轨者是指没有发展出足够的自我来控制越轨的冲动（本我）的人。另一种可能是，越轨行为可能源于支配性的超我。有这种情况的人对自己的感情（如性幻想或对父母和兄弟姐妹的矛盾心理）非常反感，以至于他们可能会为了得到应有的惩罚而做出越轨行为。因此，弗洛伊德学派强调亲子关系。在这种观点看来，父母对待孩子可能过于严厉、过于宽容，或者前后矛盾，每一种情况都会导致儿童社会化不足，以及青少年和成年人不成熟而幼稚的行为，如图 6-3 所示。

图 6-3　犯罪心理学理论在电影中很流行，正如《13 号星期五》中杰森的角色

资料来源： Paramount Pictures/Courtesy: Everett Collection

由于有关越轨行为的生物学和心理学理论的基本假设是错误在于个体，所以解决方案的目的是改变个体。从人群中筛查可能存在缺陷的个体被认为是最好的预防办法。在学校进行的心理测试可以发现哪些学生异常好斗、充满负罪感或具有幻想倾向。尽管筛查潜在的问题人群可能有一定的意义（如检测阅读障碍），但这种解决方案仍存在一些问题。首先，筛查设备可能并不完美，从而会给一些人贴上错误的标签。其次，筛查是建立在一种假设的基础之上的，即某些特征与越轨行为之间存在直接的联系。如果一个人被这些方法认定为潜在越轨者，他会对自我重新定义，那么接下来的治疗很可能会导向自我实现预言，以及对筛选程序的错误验证，从而增加其实用性和可接受性。

对于那些被认定为潜在越轨者或实际越轨者的人，"不同类型的人"（kinds-of-people）理论家提倡旨在改变个体的解决方案：药物治疗、脑电刺激、电子监控、手术、操作性条件反射、心理咨询、心理治疗、在精神科社会工作者指导下的缓刑，或者监禁。显然，这种假设认为，越轨者是有问题的和病态的人，他们必须改变自身以符合社会规范。

社会学方法

许多社会学理论对越轨行为也采用"不同类型的人"的解释。这些理论关注客观的社会和经济条件的差异，而不是用个体特征来区分越轨者和非越轨者。这些理论都是基于实证观察所得出的结论，犯罪和精神疾病（举两种形式的越轨行为）的发病率因社会位置，即社会阶层、民族、种族、居住地和性别而异。

让我们来看看其中一些理论，它们强调某些社会条件有助于那些促进越轨行为的价值观的内化。

（1）**文化传播**。埃德温·苏哲南（Edwin Sutherland）经典的差别接触理论试图解释为什么有些人是罪犯而有些人不是，尽管二者可能具有某些共同的社会特征，如社会阶级地位（Sutherland and Cressey，1966：81-82）。苏哲南认为，人是通过社会交往才学会成为罪犯的。如果我们的亲密伙伴都是越轨者，那么我们很有可能会学到使犯罪行为成为可能的技巧和越轨的价值观。换言之，一个人学习越轨行为是社会化过程的一部分，而不是通过任何特定的生物学特征或出于对父母的依恋。

（2）**社会目标和差异化机会**。针对为什么下层阶级犯罪比例过高，罗伯特·默顿（Robert Merton，1957）提供了一种解释。在默顿看来，社会价值观既决定了合适的目标（通过获得财富来获得成功），也决定了达成这些目标的合法手段。然而，问题在于有些人被剥夺了实现这些目标的合法途径。穷人（特别是来自某些种族和族群的穷人）面临由负面的刻板印象所造成的障碍，他们往往接受次等的教育，或由于经济困难而早早辍学。这实际上将他们排除在高薪和有声望的职业之外。由于无法取得通往成功的合法途径，为获得成功，他们常常诉诸某些形式的越轨行为。从这个角度来看，越轨行为是社会结构的产物，而非个体反常的结果。

尽管默顿的分析提供了许多重要的见解，但显然它并不能解释所有不同类型的越轨行为。一个人是否会因为没有达到社会所认为适当的目标而使用非法药物？上层阶级的越轨行为又做何解释？默顿的分析仅限于关注某些社会阶层的越轨行为。

（3）**不同社会阶层的亚文化差异**。我们将在第 7 章探讨贫困文化的假说。（**贫困文化**认为，穷人的价值观和生活方式与社会其他阶层存在本质差异，而这些文化差异能够对其贫穷做出解释。）因为它对于解释不同的犯罪率具有特殊的意义，所以我们在此简要地强调一下。这种观点认为，由于社会阶级地位的不同，人们在资源、权力和威望上存在差异，因此有着不同的经历与生活方式。下层阶级的文化有自己的价值观，其中许多与中上层阶级的价值观背道而驰。

例如，爱德华·班菲尔德（Edward Banfield，1974）认为，下层阶级的人有犯罪倾向。他断言，下层阶级的人没有强烈的道德感，因此不受法律规则的约束。根据班菲尔德的说法，这些人自我意识薄弱，当下导向（即他们活在当下而不是未来），有冒险的倾向，并且愿意造成伤害。许多学者接受了班菲尔德关于"下层阶级文化"的论断，但有强有力的证据表明这是错误的（参见第 7 章）。即使班菲尔德关于下层阶级的犯罪倾向的描述是正确的，关键问题是这些差异是否持久。因为个人拥有双重价值体系，一种是对其贫困状况的反应，另一种是中产阶级的价值体系，金钱地位或同辈群体的变化是否会产生影响？这是一个关键的研究问题，因为这个问题的答案决定了是在个人层面还是在社会层面解决问题。

此外，这一方法关注的是假定的社会底层人群过多的越轨行为。这忽视了有关犯罪的事实。举几个例子，想想那些在丑闻中暴露出来的安然、百时美施贵宝和世通等大公司内部的个人犯罪行为。在这些案件中，高管和他们的会计师们"做假账"，让公司的利润看起来比实际利润要高得多，他们的股票价值也因此增长了。当然，这是经济精英所犯下的罪行，因此不能用"下层阶级文化"来解释。

尽管前文所述社会学理论关注的是促使个体做出越轨行为的外部力量，但它们与生物学和心理学理论一样，都是找出个体内部缺陷的"不同类型的人"理论。个体越轨者具有一种后天习得的特征，即有利于越轨行为的价值观和信念的内化，这种内化导致了他们的越轨行为。因此，解决办法在于修正"有问题"的人。

对"指责受害者"的批评

人们看待越轨行为有两种方式：指责受害者或怪罪社会。这两种态度的根本区别在于，问题是源于个体的病理，还是源于越轨者所处的环境。答案无疑是介于这两个极端之间的，但是因为个体的责难者占了上风，让我们仔细看看对这种方法的批评。

我们首先看看一些受害者。其中一类受害者是市中心学校的失败儿童。他们为什么会失败？指责受害者的人将原因指向了孩子们的文化。他们在学校表现不好，是因为他们的家人说着不同的方言，他们的父母没有受过教育，也因为他们没有接触到中产阶级子女的所有教育经历（例如，参观动物园、长途旅行、参加文化活动、阅读书籍、学习正确的英语用法）。换句话说，缺陷在于孩子和他们的家庭。然而，指责系统的人则会从别处寻找失败的根源。他们会问："那些让贫困儿童更易失败的学校是怎么回事？"答案就在于无关紧要的课程、有阶级偏见的智商测试、跟踪系统、过于拥挤的教室、学区内资源的差别分配以及教师对贫困儿童的低期望等，这些都构成了一个不断实现的预言。

另一类受害者是罪犯。为什么犯罪分子的**累犯**率（重新参与犯罪）这么高？在 2005 年针对刑满释放人员的一项全国性研究中，49.3% 的囚犯在 8 年内再次被捕（Zoukis，2017）。指责个体的人会指出罪犯的缺点：他们贪婪，具有侵略性，薄弱的冲动控制和缺乏良知（超我）。对于这个问题，指责系统的人则指向一个非常不同的原因。他们会关注刑罚制度、有前科的罪犯的就业环境和学校。例如，一些研究表明，大约 60% 的联邦监狱囚犯是功能性文盲[①]。这意味着他们无法满足美国社会对阅读和写作的最低要求，如填写工作申请表。然而，人们期望他们离开监狱，找到工作，远离麻烦。由于他们是文盲，而且有前科，他们面临失业的风险，或者顶多能从事最卑微的工作（这些工作工资低，没有社会保险，也没

---

① 译者注：功能性文盲，在美国泛指不具备阅读实用文章（如报纸、菜单、商品介绍、征聘广告等）能力的成年人。

有福利）。指责系统的人则认为，罪犯是文盲不应该归咎于其自身，而应该先责怪学校，然后要责怪刑罚机构，它们未能满足使罪犯成为社会中生产性成员的最低要求。此外，缺乏就业机会，以及潜在的雇主不愿培训功能性文盲，迫使许多人为了生存而再次犯罪。

非裔美国人（及其他少数族裔）构成了美国社会的另一类受害者。为什么黑人男性比白人男性更有可能入狱（如图 6-4 所示）？从个人主义角度考虑的人会把责任归咎于黑人自身。他们被剥夺了文化权利，非婚生率和贫困率都很高，而且相对较高比例的黑人家庭具有母系结构。这种角度忽略了种族主义在美国所产生的普遍影响，它限制了非裔美国人的机会，给他们提供的是次等教育，使他们无力通过正规渠道改变体制。

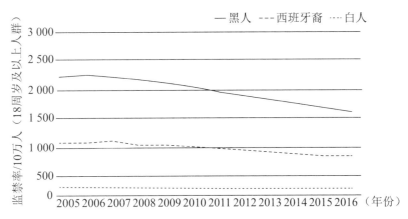

图 6-4　2005—2016 年按种族和民族划分的监禁率

数据来源： E. Ann Carson，司法统计局 "2016 年因犯"。2018 年 8 月 7 日修订。详情访问 https://www.bjs.gov/content/pub/pdf/p16.pdf.

为什么人们倾向于把越轨的责任归咎于个人而不是社会制度？答案在于人们倾向于定义越轨行为的方式。回想一下，越轨行为是指偏离社会规范和标准的行为。因为人们通常不会质疑社会的规范和做事方式，所以他们倾向于质疑例外情况。这种制度不仅被认为是理所当然的，而且对大多数人来说，由于其背后的传统和习俗，它还有着一种神圣的光环。那么，按照这种逻辑，越轨者就是问题的根源。因为大多数人都遵守社会规范，任何越轨行为必然是某种不寻常情况所造成的，可能是人格缺陷、性格缺陷或适应不良。这种态度的关键在于，缺陷存在于越轨者自身，而不是社会安排的作用。

指责受害者的后果

在这场争论中所采取的立场具有重要的影响。让我们简要地考察一下仅在指责个人的框架内解释社会问题的影响。这种对社会问题的解释使政府、经济、分层制度、司法制度和教育制度免受任何指责。既定的秩序受到保护而免受批评，因此在试图改变占主导地位的经济、社会和政治制度时遇到的困难越来越多。社会科学家研究贫穷起源的策略就是一个很好的例子。因为指责个体的人研究的是穷人而不是非穷人，这种不平等体系（受到税法、福利规则和雇用惯例的支持）就不会存在争议。这种指责个人的方法的一个相关后果是，社会中相对有利的阶层仍然保持优势。

　　指责个人的方法的另一个社会控制功能是，以公众可以接受的方式控制制造麻烦的个人和群体。政府项目的重中之重是增加更多的警察、法院和监狱，而不是改变导致犯罪产生的社会条件。从司法统计局 2017 年的数据中可以看出这一点。

- 国家用于惩戒的支出从 1985 年的 67 亿美元增加到 2015 年的 569 亿美元。
- 服刑人数从 1980 年的 319 598 人增至 2015 年的 1 476 847 人。现今大约有 700 万美国人在监狱、看守所里，在假释期或在缓刑期。
- 美国是世界上监禁人数最多的国家，在过去的 40 年里，美国的监禁人口增加了 500%。

　　除了通过监禁进行社会控制外，指责个人的方法需要一种改造个人的治疗方案。例如，如果犯罪的原因被认定为个人病理的结果，那么解决方案显然就在于咨询、行为矫正、心理治疗、药物或其他旨在改变个体越轨者的技术。这种对社会问题的解释方式为实施改造个人而非改变制度的治疗方案提供了权利，并使之合法化。

　　指责个人这类解释的最终结果是，它们强化了一种社会神话，关乎我们对自己命运的掌控程度。这种解释为**社会达尔文主义**的一种形式提供了理由，即一个人在分层系统中的位置受其能力和努力的影响。按照此种逻辑，穷人之所以贫穷，是因为他们不够努力。因此，几乎没人支持政府为穷人增加福利的计划。

　　然而，我们应该认识到，与之相反的观点，即指责系统的取向，也有其危害。第一个危害是，这只是事实的一部分。社会问题和越轨行为是一种高度复杂的现象，它既有个人的根源，也有系统的根源。显然，个人可能出于纯粹的心理原因而怀有恶意和具有攻击性。也许只有心理学家才能解释为什么某个家长是虐待儿童者，或者为什么一个狙击手会在乡村音乐节上向人群开枪。毫无疑问，社会需要被保护以不受某些人的侵害。此外，某些人如果要参与社会，就需要接受特殊形式的救治、矫正协助或以个人为基础的特别项目。但是很多被贴上越轨标签的东西都是社会环境的最终产物。

　　以教条主义方式指责系统的取向的第二个危害是它对社会问题作出了一个严格的确定性解释。这种观点过分地将个人视为完全受社会环境控制的机器人。对于人，我们需要持一种平衡的看法，因为人类在大部分时间里都享有自主权，他们可以在备选的行动方案中作出选择。这就提出了一个相关的问题，即人们应该在多大程度上对自己的行为负责。一种极端的指责系统的方法可以免除个人对其行为所负有的责任。采取这种立场的人认为，社会绝不应该限制越轨者。这种极端的观点会导致无政府状态。

　　除了上述问题，本章还重点介绍了指责系统的方法。这样做的一个理由是，与之相反的观点（指责个人）是美国社会的主流观点。由于普通公民、警察、立法者、法官和社会学家往往从个人主义的角度解释社会问题，因此需要一种全面的观点。此外，正如本节前面所指出的，持严格的指责个人的视角有许多负面影响，公民必须认识到其意识形态的影响。

　　运用指责社会的视角的另一个理由是，社会学的主题不是作为心理学特殊领域的个人，而是社会。如果社会学家不强调行为的社会决定因素，如果他们不对社会结构进行批判性分析，那么谁会如此呢？如第 1 章所述，社会学视角的一个重要组成部分是发展出一种对社会安排的批判立场。社会学家的工作就是透过表象来判断社会安排的积极后果和消极后果。一直存在的问题是，谁在这些安排下受益，谁没有？这就是社会学方法与指责社会的视角之间如此紧密契合的原因。只可惜情况并非总是如此。

越轨行为成因的传统理论：社会

我们知道，对越轨行为的传统解释，无论是生物学的、心理学的，还是社会学的，都将越轨行为的根源归结于个体越轨者、他们的家庭或者直接的社会环境。这些理论的基本假设是，由于越轨者不能与社会相适应，他们有点问题。本节通过聚焦两种将越轨归咎于社会的作用的理论，即标签理论和冲突理论，来解决这些理论中隐含的医学类比。

标签理论

到目前为止，对于越轨行为的所有解释都假设越轨者在行为、态度和动机上与非越轨者不同。这一假设得到了一个普遍的信念的支持，即越轨行为是少数人的行为，他们要么是罪犯，要么是精神病患者，或者二者兼具。正如本章开头所讨论的，在现实生活中大多数人都会时不时地打破社会规则。从偷酒店毛巾这样的轻微违规行为到非法吸食毒品这样的重大违规行为，越轨行为跨越了社会阶层和种族界限。

大多数因街头犯罪而被刑事司法系统处理的人是受教育程度低的人和穷人。甚至有关精神疾病的数据也表明，下层阶级比中产阶级更容易患有严重的精神疾病。不同之处在于，大多数人都会时不时地打破规则，甚至会因为严重违反规则而被送进监狱（如盗窃、强奸、破坏公物、违反有关毒品或酒精的法律、欺诈、违反国税局规定），但只有一部分人会被贴上越轨者的标签。正如一个成年人在分析他那喜怒无常却也正常的青春时所说的：

> 回忆起我在高中和大学的日子，参与破坏公物，夜间潜入上锁的大楼里，在未成年的时候喝酒——甚至在我取得最好的成绩和获得体育比赛的荣誉的时候。这在那时很正常，和我一起做这些事情的兄弟们现在是牧师、教授和商人。一些来自贫困家庭的校友不知何故往往会被抓，而我们没有。他们成绩不及格，我们都觉得他们太笨了，不知道什么时候该玩，什么时候该跑。他们中的一些人曾经在监狱和教养院里服刑。他们是"少年犯"，而我们不是（Janzen，1974：390）。

本章首先论述了社会通过创造规则来制造越轨行为，违反这些规则就构成了越轨。但是违反规则本身并不意味着越轨。成功地运用越轨这个标签至关重要。这就是**标签理论**的本质。这种关于越轨行为的观点强调社会在界定什么是非法行为以及赋予特定的个体以越轨身份方面的重要性，这类界定反过来支配着个体的个性和行为。

谁被贴上越轨者的标签不仅是运气或随机选择的问题，而是对弱势群体系统性的社会偏见的结果。让我们想想典型的入狱途径：一个人违反法律，被逮捕，接受审判，被判有罪，然后被判刑。在这个过程的每个阶段，下层阶级的人都处于不利地位。

因为各项研究是在控制犯罪类型、先前被捕次数、律师类型等因素的基础上，对被告的社会经济地位或种族进行比较，偏见的存在是毋庸置疑的（请参阅多样性专栏"刑事司法制度：不合理的种族拦截与搜查"）。简而言之，研究表明，非穷人更有可能避免被贴上罪犯的标签。如果他们被判有罪，他们不太可能被判处监禁，而那些被监禁的非穷人比下层阶级和少数族裔囚犯更享有优势。

多样性

刑事司法制度：不合理的种族拦截与搜查

备受尊敬的普林斯顿大学非裔美国哲学家和神学家康奈尔·韦斯特（Cornel West，1992）曾指出几起警察因其种族而拦截他的事件：

> 几年前，我在从纽约开车去威廉姆斯学院教书的路上，被诬告贩运可卡因而被拦截了。当我告诉警察我是一名宗教学教授时，他回答说："是吗，我还是修女飞飞[1]呢！走吧，黑鬼！"在普林斯顿的头十天里，我因为在住宅区的街道上开车太慢，时速在 25 英里，被拦下了三次……不用说，这些事件与殴打罗德尼·金[2]或联邦调查局在 20 世纪六七十年代的反间谍计划中虐待黑人相比，都显得微不足道。然而，这些回忆却像一把无情的刀，刺进了我的灵魂（x-xi）。

与之相似的，非裔美国牙医埃尔莫·伦道夫（Elmo Randolph）自 1991 年以来，在新泽西高速公路上被州警拦下超过 50 次，但从未被开过罚单。每次都有人问他："你车里有毒品或武器吗？"（Hosenball，1999）。对康奈尔·韦斯特和埃尔莫·伦道夫的骚扰就是**种族形象定性**的结果，警察因日常的交通违规而拦截黑人和拉丁裔司机，然后搜查他们从事犯罪活动的证据（如毒品或枪支）。这种被称为拦截"DWB"（黑人 / 棕色人种驾驶）的做法非常普遍。虽然种族形象定性通常与黑人和拉美裔联系在一起，但它也包括警察拦截亚裔和印第安人，尤其是在"9·11"之后，拦截阿拉伯裔、穆斯林和南亚裔（ACLU，2017）。思考以下种族形象定性的例子。

---

① 译者注：一部美国情景喜剧中的角色，见习修女贝特里尔（Bertrille）戴着有魔力的头饰，可以在空中飞翔。此处意指警察对韦斯特的调侃。

② 译者注：罗德尼·金（Rodney King）是非裔美国人，1991 年某天因超速被洛杉矶警察追捕，被截停后拒捕袭警，遭到警方的暴力制服。一位旁观者把这个场面录了下来，并将其交给了电视台。节目播出后公众很气愤，要求惩罚涉事警察。但法院判决逮捕罗德尼·金的 4 名白人警察无罪，从而引发了 1992 年洛杉矶暴动。法院只好重新审理此案，结果两名警察入狱，其他两名无罪释放。

- 美国公民自由联盟针对罗德岛的交通拦截情况的一项研究发现，少数族裔司机被拦截的可能性是白人司机的两倍（ACLU，2007）。具有讽刺意味的是，被拦截的白人司机实际上更有可能被发现携带违禁品。
- 根据纽约警察局发布的一份"拦截搜身"报告，纽约警察局在 2007 年拦截了 468 932 名纽约人。虽然他们占了纽约市人口的 1/4，但是其中一半是黑人，而被拦截的黑人中有 87% 的人未从事任何不法行为（ACLU，2008a）。
- 2007—2015 年，密尔沃基警察局推出"拦截搜身"计划后，将交通和行人拦截次数增至 3 倍。该部门因种族形象定性以及侵犯黑人和拉美裔美国人的权利而被起诉。
- 在密苏里州的弗格森市，2013—2015 年，85% 的交通拦截、90% 的罚单、93% 的逮捕都是针对黑人的。司法部在一份声明中称，弗格森警局经常侵犯黑人公民的权利（Apuzzo，2015）。
- 司法部 2012 年的一份报告发现，北卡罗来纳州阿拉曼斯县的治安官办公室在交通拦截中针对拉美裔司机，它拦截拉美裔司机的次数是非拉美裔司机的 4 ～ 10 倍（Department of Justice，2012）。

这种针对少数群体的不成比例的做法反映了警察的一种刻板印象。这导致了一个自我实现预言：当警察盯上少数族裔时，少数族裔就会被逮捕。

全国成千上万名无辜的司机、行人和购物者都是种族形象定性的受害者。近年来，在"毒品战争"和"反恐战争"的推动下，这种歧视性的警察拦截和搜查已然泛滥，二者为警方锁定他们认为符合"毒品贩子""黑帮成员"或"恐怖分子"特征的人提供了借口。事实上，种族形象定性是漫长道路上的第一步，这条道路导致因毒品犯罪而入狱的有色人种（尤其是青年男子）的比例非常高，因涉嫌恐怖主义而受监禁的阿拉伯裔、穆斯林和南亚裔的比例也很高。

正如我们所看到的，黑人的监禁率比其他任何群体都高。事实上，生于 2001 年的黑人男性被终身监禁的可能性是 1/3，相较之下，白人男性是 1/17、西班牙裔男性是 1/6（The Sentencing Project，2017）。在监狱人口中出现这种情况的一个重要后果是，它强化了已经存在于大多数人口中的负面的刻板印象。在监狱中大量的黑人和穷人"证明"了他们确有犯罪倾向。

通过调查什么样的人会被判处死刑，更具体地说，哪些人会被国家处决，就可以看到有关系统偏见的最明显的例子。关于死刑的数据一致表明，来自弱势群体的人（少数族裔、穷人、文盲）被判处死刑的比例以及被国家处决的比例都很高。当一名白人因杀害一名黑人而被判有罪时，与当一名黑人是行凶者而一名白人是受害者时，判刑会有所不同，这便是一个很好的例子。他们的行为是一样的，一个人因杀害另一个人而犯杀人罪，然而陪审团和法官（的决定）却有所不同——黑人受到的判决更严厉，惩罚也更重。截至目前，在处决死刑犯的案件中，76% 的谋杀案的受害者是白人，相比之下，黑人所占比例是 15%、西班牙裔所占比例是 7%。在全美范围内，通常只有 50% 的谋杀案受害者是白人（Death Penalty Information Center，2017）。此外，1976 年以来，有 287 名黑人被告因谋杀白人受害者而被处决，相比之下，只有 20 名白人被告因谋杀黑人受害者而被处决。关于死刑犯和种族的更多数据请参见图 6-5。

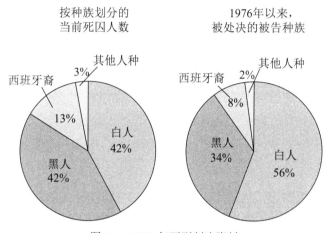

1976年以来，执行死刑的总数为1 479；
1976年以来，被处决的妇女的人数为16；
2017年，黑人约占总判决人口的12.3%。

图 6-5　2017 年死刑判决资料

资料来源： 死刑信息中心，2017 年。详见 https://deathpenaltyinfo.org/documents/FactSheet.pdf.

谁能获得假释是另一个表明在系统中存在偏见的标志。假释是一种有条件的监外假释，允许囚犯在服满最高刑期之前，在假释官的监督下返回他们的社区。一般来说，惩教所或州政府设立假释委员会，并由它来负责批准假释。假释委员会的成员通常是未经过培训的政府任命人员。假释委员会审查囚犯的社会历史、犯罪记录及其在监狱中的表现，并据此作出是否批准假释的决定。该决定很少受到审查，而且可以武断地作出。

在整个司法系统中，对少数族裔和穷人不利的偏见仍然存在，假释委员会成员、狱警及其他人所作出的判断往往反映了这种刻板印象。什么类型的囚犯代表的风险更高，拉美裔还是白人？未受过教育的人还是受过教育的人？安然（Enron）公司的高管，还是长期失业、没有技能的工人？对此，证据确凿且前后一致——假释制度像司法系统的其他部门一样，对有色人种和社会经济地位低下的人群存在偏见。

（1）**标签化的后果**。我们刚刚看到标签化的过程是一个有偏见的过程，但当一个人被贴上越轨的标签时，会发生什么呢？莱默特（Lemert，1951）解释了**初级越轨**和**次级越轨**的区别。由父母、同龄人和老师所附加的非正式标签和由司法系统所附加的正式标签很有可能会导致一个人转向符合他人预言的行为。换言之，被贴上越轨标签的人往往会陷入一种越轨行为模式（越轨生涯）。

犯罪学家杰弗里·雷曼（Jeffrey Reiman）写道："监狱产生的罪犯比它改造好的罪犯更多。"（2007：32）至少有四个与监狱经历有关的因素能实现穷人和少数民族可能犯罪的预言。首先，在弱势群体看来，整个司法系统是不公正的。因犯们越来越相信，由于体制对他们有偏见，所有的因犯实际上都是政治犯。这种意识觉醒增加了他们的痛苦与愤怒。

其次，监狱生活是一种残酷的、有辱人格的、完全没有人性的经历。在美国的看守所和监狱里，被狱警虐待、被狱友性侵、过度拥挤和卫生条件不佳都是司空见惯的。因犯无法摆脱羞辱、愤怒和沮丧。

再次，监狱为因犯提供了犯罪艺术方面的学习经验。通过因犯之间的互动，个人学习了犯罪手法，并建立联系，以备后用。

最后，有犯罪前科的人（后文简称"前科犯"）面临找工作和重新被社会接受的问题。长期服刑的因犯面临的问题是如何适应没有严格管制的生活。更重要的是，由于高薪工作对任何人来说都很难找到，在经济衰退时期尤为如此，人们自然而然地认为这些前科犯不值得信任，因此他们要么面临失业，要么被迫从事其他人不愿做的工作。甚至法律也禁止有前科的人从事某些工作，这对他们不利。社会学教授德瓦·帕格（Devah Pager）的一项研究发现，有犯罪记录的白人求职者中有17%的人接到了潜在雇主的回电，而有犯罪记录的黑人求职者中只有5%的人接到了回电（Pager，2003）。令人震惊的是，在没有犯罪记录的黑人中只有14%的人接到了回电，这一比例低于有犯罪记录的白人接到回电的比例（17%）。2014年，这项研究再次开展，结果类似（Decker，2014）。

不被社会接受的结果往往是重归犯罪。一般而言，有前科的罪犯在出狱后6周内就会因犯罪而被捕。当然，这也证实了警察、法官、假释委员会及其他官方机构的观点，即某些人应该受到惩罚，而另一些人则不应该。

精神病康复者和前科犯一样，也因为这一标签的污名而很难找到工作，且难以建立亲密关系。当然，这种困难会导致沮丧、愤怒、自卑及其他精神疾病的症状。此外，来自其他人的关于一个人生病了的一致信息（回想一下第4章提到的库利的镜中我理论），很可能导致这个人的行为符合他人的期望。甚至当患者住在精神病院时，工作人员的行为实际上也可能培养出符合这一定义的有关越轨行为的自我概念。对自己的疾病表现出洞察力的患者证实了医学和社会诊断，并且得到精神病医生及其他人员的嘉奖。相反的情况也会发生，经典小说《飞越疯人院》（Kesey，1962）中麦克墨菲（R. P. McMurphy）这个角色就生动地诠释了这一点。虽然虚构的麦克墨菲反对这一趋势，即实现有权势的他者的期望，但迫使其顺从的压力是巨大的。当医生认为他患有精神疾病时，他开始表现得像他们所预期的那样。

标签理论特别有助于理解司法系统的偏见。总而言之，它表明，当社会上的弱势群体被不成比例地列为犯罪分子时，他们随后面临的污名化和隔离问题会导致进一步越轨的倾向，从而"证明"社会最初对他们的消极反应是正当的。

（2）从标签化的角度看越轨行为的"解决方案"。标签理论家对越轨行为的态度导向了非常规的解决方案。他们假设，除了被官方（法官与法院，精神病医生与精神病院）处理过（并给他们贴上标签），越轨者在本质上没有什么不同。因此，政策的主要目标既不应该是个人，也不应该是当地的社区环境，而应该是一些人被挑出来贴上负面标签的过程。通过这种方法，组织产生了越轨者。1973 年，埃德温·舒尔（Edwin Schur）出版了一本名为《彻底不干预：反思未成年人犯罪问题》（*Radical Non-Intervention：Rethinking the Delinquency Problem*）的著作。他在书中主张采取**彻底不干预**——尽可能对少年犯采取不干预的策略，而不是给他们贴上负面标签。兰德尔·谢尔登（Randall Shelden，2004）认为舒尔的思想在当今社会极其重要，因为我们所做的与舒尔的提议完全相反。谢尔登认为，我们只需要看看学校系统中目前的"零容忍"心态，就能知道轻微犯罪是如何在司法系统中得到正式处理的。

> 这方面的例子不胜枚举，比如：①得克萨斯州一名 17 岁的高中篮球运动员因在一场篮球比赛中"肘击"对方球员头部而被判 5 年监禁；②两名 6 岁的儿童因用手指玩"警察和强盗"游戏（假装他们的手指是枪，向其他孩子"砰，砰"）而被停课 3 天；③一个女孩给朋友买了磺胺二甲恶唑①而因"贩毒"被停学；④一些高中棒球运动员因在校园里持有"危险武器"而被停学——一名怀疑他们携带毒品的老师没有发现任何毒品，但却在他们的车里发现了一些棒球棍；⑤一名 14 岁的男孩被校警指控犯有重罪，因为他扔了一枚致命的导弹（他不过是在万圣节的"不给糖就捣蛋"活动中扔了一个鸡蛋）。他被戴上手铐带走，关进了少年拘留所……（Shelden，2004：1）

谢尔登认为，司法系统对青少年做得太过分了，我们需要重新评估彻底不干预背后的理念。他问道：

> 为什么有些行为被贴上"犯罪"或"违法"的标签，而有些则没有？这种态度提出的另一个相关问题是，基于种族和阶级而在逮捕、移交法院、拘留、判决和承诺的比率上有所不同，我们做何解释？这些不仅是学术问题，因为人们的现实生活最近正受到"强硬"政策的影响。我们仍将正常的青少年行为或者青少年应该以正式的司法系统所规定的那样的处理方式但却以非正式的方式处理的行为定为犯罪（Shelden，2004：11-12）。

实现"尽可能不干预越轨者"这一理念的方法之一，是把更少的行为当作犯罪或越轨行为。对于成年人来说，这可以通过将赌博、持有毒品和卖淫等无受害人的犯罪行为合法化来实现。如果青少年的年龄足够大，那么他就不应该因为合法的行为而被当作罪犯对

---

① 译者注：Nuprin，磺胺类抗菌药。

待。逃学、离家出走、违反宵禁、买酒等违法行为，都是法定年龄以下的人会被贴上的违法行为的标签，但对成年人来说，这些行为并不是犯罪。

危害社会的行为确实会发生，必须通过法律机制予以处理。但是，当需要采取法律手段时，必须公平公正。目前，犯罪标签更多地被用于来自特定社会阶层和有种族背景的个人。

必须打破这种不公平的循环。标签理论的优势在于：①专注于社会反映在越轨行为产生中的作用；②意识到标签更多地被贴到无权无势者身上；③解释越轨生涯是如何建立并延续的。然而，这个理论也存在一些问题。首先，它回避了因果关系（初级越轨）的问题。根据定义，标签发生在事实之后，所以它并未清楚地解释最初是什么导致了越轨行为。

标签理论的另一个问题涉及一种假设，即越轨者实际上是正常的，因为我们都是规则破坏者。因此，它忽略了这样一种可能性：有些人无法应对他们面对的压力，有些人是危险的。其结果可能是初级越轨在数量和质量上的差异。

这种观点也使那些个体越轨者免受责难，弱势群体被视为有权势的贴标签者的牺牲品。进而言之，陷入标签化过程的人受到社会力量的限制而无法作出选择。

然而，也许标签理论最严重的缺陷在于，它只关注某些类型的越轨行为，但忽略了其他类型的越轨行为。人们的注意力都集中在社会的弱势群体上，这是件好事。但是，源于社会结构或权势阶层的越轨行为并不被认为是一种非常严重的疏漏。标签理论关注那些被成功地标记为越轨者的人，越轨的亚文化群，以及那些使他们的越轨模式永久化的自我实现预言。虽然这是适当的和必要的，但它集中于无权无势的人。这给人的印象是，越轨行为是贫民区的穷人、少数族裔和街头帮派所独有的。但是，社会上有权势的人所实施的越轨行为又如何呢？另一种解释越轨行为的理论，即冲突理论，通过关注社会结构和权力，拓展了标签理论的研究。

冲突理论

为什么某些行为会被定义为越轨？根据冲突理论家的观点，这是因为强大的经济利益集团能够使维护其利益的法案得以通过和执行。那么，他们就从法律开始。

在公正制度的所有要求中，最基本的要求是非歧视性法律的基础。许多刑法都是公众对于哪些行为是一种威胁，并且应该受到惩罚（如谋杀、强奸和盗窃）达成共识的结果。旨在使这些行为成为非法行为而制定的法律，以及对违法者的惩罚程度是非歧视性的（尽管正如我们所见，这些法律的实施是歧视性的），因为它们没有单独针对某一特定社会类别。

然而，有些法律确实存在歧视，因为它们是特殊利益集团利用权力将其利益转化为公共政策的结果。这些法律可能具有歧视性，因为社会的某些阶层（如穷人、少数族裔、青少年）很少有机会参与立法过程，因此经常发现这些法律对他们并不公平。要了解某些个体是如何对抗歧视性法律的，请参阅深入观察专栏"非暴力反抗"。

深入观察

非暴力反抗 [①]

　　1849 年，亨利·戴维·梭罗（Henry David Thoreau）写了一篇题为《反抗公民政府》的文章，作为他因拒绝缴纳政府人头税而入狱的回应。梭罗之所以拒绝缴纳这项税款，是为了抗议奴隶制。"非暴力反抗"一词就这样诞生了。**非暴力反抗**可能被视为一种公开的、非暴力的违法行为，旨在引起人们对不公平法律或惯例的关注（Brownlee，2010）。纵观历史，非暴力反抗一直是社会变迁的重要工具。让我们看一看以下几个例子。

- 波士顿倾茶事件：来自马萨诸塞州的殖民地人民偷偷潜入了一艘英国船只，把船上的货物（茶叶）倾入波士顿湾，以抗议英国的《茶税法》。
- 反战抗议：越南战争期间，学生在大学校园举行静坐和集会，以抗议战争。有些人拒绝入伍。
- 妇女选举权：女性上街游行，绝食抗议，以反对有关女性投票的禁令。
- 罗莎·帕克斯与公民权利：1955 年，罗莎·帕克斯（Rosa Parks）违反了法律，拒绝了公交车司机让她将座位让给一名白人乘客的要求。她被逮捕了。这一事件导致了蒙哥马利罢乘运动，人们在全市范围内抗议公共交通中的种族隔离政策。
- 2014 年，手无寸铁的黑人青年迈克尔·布朗（Michael Brown）在密苏里州弗格森市被警察枪杀。这次枪击事件引发了弗格森市民一系列暴力的和非暴力的抗议活动。公民们要求伸张正义并对该事件进行全面调查，他们认为这是出于种族动机。
- 2016 年，成千上万的人（其中大部分来自美国土著部落）聚集起来抗议在立岩苏族 [②] 保留地附近修建输油管道。这条管道每天将从北达科他州输送 47 万桶石油到伊利诺伊州。抗议者认为，这条管道穿越了他们祖先的土地，对这个地域的环境的影响将是毁灭性的，尤其是对他们的供水系统。抗议者自称为"水资源保护者"，占领了奥西蒂·萨科温（Oceti Sakowin）营地，但却被告知，他们将被陆军工兵部队驱逐出营地。全国各地的人们游行示威以示支持，如图 6-6 所示。

[①] 译者注：Civil Disobedience，又译"消极抵抗""公民的不服从权利"等。

[②] 译者注：Standing Rock Sioux，立岩苏族，又译为"斯坦丁洛克苏族"。

图 6-6　在北达科他州的立岩地区，水保护者占领了一个营地，抗议威胁其供水系统的石油管道的建设
　　　　资料来源: Cronos/Michael Nigro/Alamy Stock Photo

今天，我们看到许多与特殊利益相关的非暴力反抗的例子，如环境、动物权利、外交政策和全球化（Brownlee，2010）。例如，环保人士把自己拴在树上以抗议森林砍伐，动物权益保护者把动物从私人公司的笼子里解救出来。

在这些历史上和当代的例子中，人们通过行动表达了对某些法律或政策的反对，呼吁大家关注这些法律和政策，并推动社会变革。此外，他们愿意承担违反社会规则而带来的惩罚。虽然反对者可能将非暴力反抗视为对民主的威胁，但毫无疑问，非暴力反抗一直是社会变革的关键机制。

不仅法律的形成是政治性的，法律的执行也是带有政治性的。这是事实，因为在处理罪犯的每一个阶段，当局都是基于个人的偏见、权势者施加的压力和现状的约束而作出选择的。有关依法行政的政治性质的一些例子包括：①有权势者强迫他人接受其道德观，因此制定法律禁止色情、吸毒和赌博；②有权势者可能对当局施加压力，打击某些类型的违法者，特别是破坏秩序的个人和团体（抗议者）；③为了不让公众看到某些罪行（挪用公款、股票欺诈、用会计手段使亏损变成获利），可能会施加政治压力；④可能会有保护执政党、民选官员、警察、中央情报局和联邦调查局的压力；⑤任何保护和维持现状的努力都是政治行为。

冲突理论对秩序论者有关"不同类型的人"的解释和标签论者的关注焦点提出了批判，因为二者的解释都集中在个体越轨者及其罪行之上。秩序论者和标签论者倾向于强调街头犯罪，而忽视有钱有势者的犯罪，如法人犯罪（这种犯罪基本上不受监管）和政府犯罪（除非是敌国政府犯下的罪行，否则这些罪行甚至不被视为犯罪）。相比之下，冲突论者强调法人犯罪和政治犯罪，认为它们对人们造成的经济损失和对民众的伤害是街头犯罪的数倍。**法人犯罪**是指企业高管为其组织的利益而故意做出的决策所导致的非法的和 / 或有害于社会的行为。这一定义关注的是作为犯罪者的法人，而非个体，它超越了刑法，包括"社会危害行为"。

对冲突论者而言，这两个因素都是至关重要的。首先，作为社会学所关注的传统焦点，越轨行为并不局限于有问题的个体，组织也可能越轨。

其次，对法人犯罪的界定强调"社会危害行为"，无论是否犯罪。这意味着冲突论者会提出这样的问题："如果在美国境内销售已被证实是危险的产品（如杀虫剂、毒品或食品）是非法行为，那么在海外销售这些产品是否合法？推广一款设计不够安全的汽车，如福特平托（Ford Pinto）如何呢？或者在为工人创造一个安全的工作环境方面过于迟缓又如何呢？"分析人士认为，法人犯罪对社会造成的损害远远超过所有街头犯罪的总和。让我们思考以下几个法人犯罪的例子。

- 20 世纪八九十年代，被前司法部长迪克·索恩伯勒（Dick Thornburgh）称为"史上最大的白领诈骗案"的储蓄和贷款诈骗，给美国造成了 3 000 亿～5 000 亿美元的损失。请注意，据联邦调查局估计，每年街头盗窃和抢劫犯罪给社会造成的损失约为 38 亿美元（Mokhiber, 2007: 1）。
- 1996 年，皇家加勒比邮轮公司被认定在墨西哥湾非法倾倒石油废物。该公司多年来一直在非法倾倒垃圾，并伪造日志以掩盖其行为（Wald, 1996）。
- 每年有 56 000 名美国人死于工作或因黑肺病、石棉肺这类职业病而死亡。还有数千人成为危险消费品、受污染食品、医疗事故和污染的受害者。
- 2015 年，消费者金融保护局因信用卡附加产品欺骗了消费者对花旗银行处以罚款。花旗银行为此支付了 7 亿美元罚款。
- 2006 年 8 月，一名联邦法官判定烟草巨头公司犯有民事欺诈和诈骗罪。多年来，大烟草公司声称自己不知道尼古丁会上瘾。法官裁定，这些公司为了获得经济利益，在吸烟的危害性方面欺骗了公众。
- 2015 年，一项调查发现，全食超市（Whole Foods）通过错误标注定量包装商品的重量来抬高价格（Mattera, 2015）。

政治犯罪的定义将秩序论与冲突论区分开来。因为秩序论者认为法律和国家是中立的，政治犯罪是针对政府的活动，比如异议和暴力行为，其目的是挑战和改变现有的政治秩序。与此形成鲜明对比的是，冲突论者认为，法律和国家常常是权势者用以维持其权力的工具。因此，政治秩序本身可能是罪恶的，因为它可能是不公正的。此外，政府就像公司一样，可能会执行一些违背民主原则的政策，而这些政策会造成损害。从这个角度看，政治犯罪的例子有：中央情报局干涉其他国家的内政、俄罗斯干涉 2016 年美国总统大选、水门事件、伊朗门事件、战争罪、奴隶制、帝国主义（如强行夺取美洲原住民的土地）、警察暴行以及在公民不知情和未经其同意的情况下，利用公民进行试验。

1932 年，美国公共卫生署发起了一项研究，这是一个将人类作为实验对象的极端例子。研究对象是亚拉巴马州梅肯县的 400 名非裔美国男性梅毒患者。病人不知道自己患有梅毒，也从未被告知这一事实。因为这项研究的目的是评估这种疾病未得到治疗的后果，所以这些男人和他们的妻子都没有得到治疗。当他们的孩子患有先天性梅毒时，他们也没有得到治疗。直到 1972 年，这个实验持续了 40 年。

总之，冲突视角的焦点在于社会中的政治和经济环境。某些利益集团的权力决定了什么被定义为越轨行为（谁又是越轨者），以及如何解决这个"问题"。因为有权势者从现状中获得了利益，所以他们大力阻挠社会改革。然而，从冲突论者的角度来看，解决这一问题不仅需要社会改良，还需要彻底的社会变革。社会结构是问题之所在。

这种观点存在一些问题。首先，人们倾向于认为这是富人的阴谋。由于经验证据压倒性地表明穷人、未受过教育的人和少数群体的成员被选出而贴上了越轨的标签，所以一些人过于轻率地归责于动机。其次，从冲突的角度来看，解决方案包括彻底改变社会的权力结构，这比着眼于改变个体行为的解决方案要困难得多。

关于越轨行为的冲突观点的优势在于：①它强调政治秩序和不一致性之间的关系；②对于最强大的群体利用政治秩序来维护自身利益的理解；③它强调司法制度是如何不公正的，以及社会报酬的分配是如何不公平的；④它认识到社会的制度框架是诸多社会问题的根源（如种族主义、性别歧视、污染、医疗保健分配不均、贫困和经济周期）。

总结：秩序和冲突视角下的越轨行为

作为社会学中两种截然不同的理论视角，秩序论和冲突论限制了它们的拥护者以相反的视角观察越轨行为的原因、后果及解决措施。秩序论关注的是越轨者本身。这种方法（一直是研究社会问题的传统方法）提出的问题是，谁是越轨者？他们的社会和心理背景是什么？他们与谁交往？越轨者在某种程度上不符合主流群体的标准；他们被认为与传统行为不一致。这种情况通常被认为是社会化程度不足。换言之，越轨者没有内化社会的规范和价值观，因为他们要么是在一个价值体系相互冲突的环境中长大的（移民的子女或中产阶级学校的穷人），要么是受到越轨亚文化的影响，如帮派。因为秩序论者使用主流标准来定义和标记越轨者，现有的做法和社会结构被隐含地接受了。解决办法就是改造越轨者，使之符合社会规范。

冲突论者对社会问题采取了不同的态度。这种观点的拥护者批评秩序论者对于受害者的指责；关注个体的越轨行为就是找出病症，而不是疾病本身；个体越轨者是社会未能满足个人需要的表现；犯罪、贫穷、吸毒成瘾和种族主义的根源在于法律、习俗、生活质量、财富和权力的分配以及学校、政府机关和公司的惯例。这种观点认为，现有的制度并非神圣不可侵犯。因为它是社会问题的主要根源，所以必须对它进行重构，而不是针对个体越轨者。

因为这是一本社会学的书，我们强调冲突论的观点。在本书的其他章节，我们将进一步阐明这种观点，我们在第 7 章至第 10 章中研究社会不平等的结构和后果，接下来的章节将描述制度积极的和消极的影响。

第 7 章
社会分层

在前 6 章中，我们介绍了社会学的观点，并表明个人既影响自己所处的社会，也被社会所影响。本章我们将聚焦个人是如何被不平等的社会制度影响的。所有已知的社会都有一些根据等级、种姓或阶级（**社会分层**）来划分个人和群体的制度。在美国，人们根据家庭出身、种族、性别和经济地位来划分和排列等级。这些结构化的不平等制度对于理解人类群体来说至关重要，因为它们是人类行为的重要决定因素，并且对社会及其成员具有重大影响。

本章分为三节。第一节将介绍重要的概念，并简要描述阶级、种族和性别这三个主要的等级制度。第二节和第三节描述和批判了用于解释分层系统的普遍性的理论，以及主导群体和从属群体的等级制度是如何确立并维持的理论。

分层的主要概念

人们的年龄、身体素质以及谋生方式各不相同。按年龄、身高、职业或其他个人属性对人进行分类的过程被称为**社会分化**。当人们按照垂直排列（等级制度）的方式来区分他们处于高级或低级层次时，就有了社会分层。分化与分层的关键区别在于，只有分层会存在排名或评价的过程。排名的内容和方式取决于社会的价值观。

社会分层本质上指的是结构化的社会不平等。"结构化"这个术语是指被社会模式化的分层。这意味着不平等并非由性别或种族之类的生物差异造成的。生物特征只有通过融入社会中人们的信仰、态度和价值观而在社会上得到认可和重视后，才会与社会等级的高低相关。例如，在美国，人们倾向于认为性别和种族特征（对等级）会有影响，而它们确实如此。

分层的社会模式也存在于任一社区或社会的报酬分配中，因为这种分配受到社会规范的制约。在美国，极少有人真正质疑医生和护士、大学教授和小学教师之间的收入差距，因为社会的规范和价值观决定了这种不平等是合理的。此外，在全球范围内也存在分层制度和报酬分配制度，因为各个社会之间也是存在分层的。详情请参阅全球专栏"国家之间的不平等"。

全球

国家之间的不平等

世界范围内存在巨大的不平等差距。以下是一些具有代表性的事实。

- 世界上超过 70% 的成年人所拥有的财富不足 1 万美元（这些人的财富总和占全球总财富的 3%）。相比之下，拥有 10 万美元以上资产的成年人却拥有全球总财富的 85.6%（Inequality.org，2017）。
- 世界银行（2017）估计，世界上有 10.7% 的人生活在极端贫困之中，每天的收入不足 1.9 美元。
- 全球十大亿万富翁共拥有 5 050 亿美元的财富（Forbes，2017a）。
- 全球的贫困人口集中在农村地区，他们最有可能以务农为生。在发展中国家，1/3 的穷人是 0 ～ 12 岁的儿童。在低收入国家，50% 的儿童生活在贫困之中（Olinto et al.，2013）。

造成世界贫困的原因有很多。第一，最贫困的国家曾经是较富裕国家的殖民地，这种剥削遗留下来的问题使它们落后（在领导地位和基于单一农作物或其他商品的经济方面）。第二，脱离殖民统治而独立的政府通常是腐败的，无法控制无法无天的犯罪分子或军阀。第三，许多贫困国家地处极端气候区，干旱、洪水、地震或其他自然灾害时有发生。第四，许多贫困国家经济崩溃时，其政府会向世界银行和国际货币基金组织等贷款机构大举借债。通常情况下，借贷的条件之一就是要求贫困国家减少政府在公共服务方面的开支。第五，在实行自由贸易政策的全球经济体系下，农作物 / 商品数量有限的国家难以应对经济衰退、供给过剩和价格剧烈波动导致的全球市场暴跌，以及进而引发的经济混乱、大范围失业、工资削减和政府更替。第六，许多跨国公司延续了剥削的传统，利用贫困国家的廉价劳动力和廉价资源谋利。

为了详细说明第六点，当跨国公司设在贫困国家时，理论上当地经济和工人应该通过提高生活水平和获得现代技术而受益。但出于某些原因，他们却未能如此。原因之一是，在贫困国家所产生的利润流回了跨国公司的母国，而并未流向当地的经济。此外，这些跨国公司的装配厂倾向于雇用年轻女性（因为她们的工资比男性低，而且她们在工作场所更易驾驭），几年后再用其他年轻女性取代她们。这种模式打乱了原有的家庭安排，相对来说较高的工资所带来的好处是短暂的。

因此，全球经济体系导致了严重的财富分配不均，随之而来的是人们生活机会的缺失。总之，世界上 50% 的人生活在苦难之中，而富裕的国家以及富裕国家的富人却生活幸福。

模式化行为也是在社会化的过程中形成的。每一代人都被教导社会及其所属社会阶层的规范和价值观。工人阶级的孩子和富裕阶层的孩子都被教导与他们所在社会阶层相符的行为。

此外，分层制度总是与社会的其他方面相联系。现有的分层安排不仅受到政治、婚姻、经济、教育和宗教等方面的影响，反过来也影响着它们。

分层的等级结构（阶级、种族和性别）将群体、个人和家庭置于更大的社会中，这种所谓的阶层安排所造成的关键后果是社会的报酬和资源（如财富、权力和特权等）的不平等分配，尤为重要的是，对这些社会资源和回报的不同获取方式会造成不同的生活经历和**生活机会**。**生活机会**指的是人一生中感受和体验生活中美好事物的机会，比如安全舒适的家、优质的教育、适当的营养和医疗保健、体面的工作，以及使生活变得轻松的事情。当然，反过来说，处于社会底层的人们将会缺乏足够的医疗保健、住房和饮食。他们的生活质量将会很差，而且很可能很早就会死去。

想想下面这个关于阶层分化和生活机会的极端例子：在印度，所出生的家庭往往决定了一个人在**种姓制度**中的地位，从而决定了一个人的社会地位、工作和婚姻伴侣的选择范围。在这种制度下，最底层的人是贱民，他们的地位非常低以至于都不属于种姓制度的一部分。这些贱民只能做一些脏活：清扫地板或街道、收集垃圾、处理动物尸体、接生以及打扫厕所。传统的上层种姓的印度教徒认为贱民会污染他们接触的一切。但是在贱民中甚至还存在等级制度，其中有一类人总是被歧视，以至于他们不能在白天被人看到。尽管印度政府已经正式宣布种姓歧视为非法，但种姓制度并没有完全消失。详情请参阅全球专栏"命中注定：印度的种姓制度"。

全球

命中注定：印度的种姓制度

1950 年，印度的种姓制度被宣布为非法。然而，在许多传统势力强大的偏远农村和地区，种姓制度仍然存在。

种姓制度是一种基于归属的社会分层制度。在这种制度下，一个人所出生的家庭决定了他一生的命运，包括社会地位、工作类型和婚姻伴侣的选择范围。原则上，种姓制度不存在社会流动，每个次等种姓都有与其地位相符的职业，如牧师、理发师或皮革工人。

按照等级顺序划分，种姓制度有四个主要种姓（也称"瓦尔纳"）（其中大约有3 000 个亚种姓——jatis）。大约 1/6 的印度人处于这个等级顺序的最底层，他们都是贱民（dalits）。从出生的那一刻起，贱民就被打上了不纯洁污染者的标签。他们的"贱民地位"代代相传。

贱民一般承担社会中的"不洁工作"。即使是贱民也会有分层，在数以百计的贱民类别中，最底层的是"班吉"（Bhangi）或拾荒者。他们的工作包括接触血液和死者，如制革、火葬、清理粪便，以及印度法律所规定的其他身体"污秽"。他们靠手工清理厕所和下水道，清除街道上的动物尸体来赚钱，如图 7-1 所示。

图 7-1　印度北方邦的首府勒克瑙的戈默蒂河沿岸贫民窟中的贱民
资料来源：FOUCHET JULIEN/SIPA/Newscom

由于家庭的社会地位会代代相传，所以严格的制度要求婚姻只能发生在社会地位对等的人之间。因此，种姓制度要求实行内婚制（在社会群体之内缔结婚姻）。

印度种姓制度的一个组成部分是对仪式纯洁性的重视。因为人们相信种姓越高，成员就越纯洁，所以有详细的礼法来规定不同种姓之间的社会距离。

例如，贱民的气味、身体触碰甚至只要他们在场就会污染更高的种姓。而只要有更高种姓的人在场，他们就必须躲起来，如果无处躲藏，他们就必须低头鞠躬。高种姓的人不能从贱民那里取得食物或水，因为这会污染他们。贱民只能从自己的井里取水，因为和其他种姓从同一口井里取水会污染其他种姓。如果一个人被污染了，那么就要开展许多净化仪式（生火、沐浴、家庭神社或寺庙）。

种姓制度是由强大的文化信仰所支持的。印度教强调对责任（法则，dharma）的强烈关注。这涉及一个人对家庭、种姓、年龄和性别的责任。实际上，接受自己的命运是一种道德责任。此外，如果一个人不能满足其特定种姓地位的要求，就会产生可怕的后果。通常，如果一个贱民的行为超出了种姓规则（质疑一个"高级"种姓者，在高种姓使用的池塘里钓鱼），暴徒就可能会攻击他（用酸液浇泼违规者是一种常见的惩罚）。印度教的核心是相信轮回转世，即灵魂在死后重生。因此，对于那些不遵守他们特定种姓的道德法则的人来说，他们的灵魂在死后将会重生到一个更低的种姓中。相反，忠诚地履行种姓义务会让他们轮回到一个更高的种姓。婆罗门（最高种姓）因前世的卓越而受到嘉奖，而贱民则受到惩罚。由于"穷人"和"富人"都认为他们的社会地位是应得的，因此这种信仰体系为维持一个严格的分层制度提供了一种非常强大的社会控制机制，并巩固了现状。

要想了解美国社会，我们必须了解阶级、种族、性别和性取向的等级制度。

阶级

当一定数量的人在分层体系中处于相同的相对经济地位时，他们就形成了一个**社会阶级**。人们在社会上所处的阶级地位是建立在收入、职业和受教育程度（单独或结合）的基础上的。在过去，丈夫的职业、收入和受教育程度决定了家庭的阶级地位，但根据更有声望的职业来定位家庭能更好地解释家庭行为，无论这个职业是丈夫的还是妻子的。职业是社会中更大的机会结构的一部分。那些被高度重视并获得高回报的职业分布不均。收入的多少决定了一个家庭能够获得多少生存所需的资源，也许还能获得奢侈品。工作或职业（也就是薪水的来源）以不同的方式将家庭与机会结构联系起来。这个联系为家庭带来各种各样的阶级特权。

种族和民族

种族和民族分层是指一种不平等的制度，在这种制度中，一些固定的群体成员资格，如种族、宗教或民族血统，是衡量社会地位及其差别报酬的主要标准。像阶级制度一样，这种等级制度代表了制度化的权力、特权和威望。种族和民族等级制度产生统治和从属关系，通常称为多数人与少数人之间的关系。少数群体是那些被更有权势的群体所支配、被污名化和受到区别对待的群体。

种族是社会定义的，以一种假定的共同遗传基因而产生不同的身体特征为基础。**民族**是指在文化上而不是身体上所有区别的情况。各民族因共同的祖先和共同的文化背景而联系在一起。

一个具有独特文化或亚文化、共享遗产并形成共同身份的种族群体也是一个民族群体。种族和民族都是不平等制度的传统基础，尽管有色人种、少数族裔和白种人在这个社会中的社会地位存在历史和现代的差异。我们将研究种族分层是如何剥夺有色人种平等地获得社会资源的权利，从而创造出不同于理想化家庭模型的家庭模式。

种族分层最重要的特征是有色人种无法平等地获得宝贵的社会资源。在美国，少数种族和民族的权力、财富和社会地位都不如其他民族。非裔美国人、拉美裔美国人和亚裔美国人构成了美国最大的少数种族。

性别与性取向

性别与种族和阶级一样，是社会的一项基本组织原则。从宏观层面的社会经济到人际关系，性别通过各类社会制度影响着活动、认知、角色和报酬。

性别角色体系是不平等地分配男女角色的分层制度。它由两个相辅相成但又相互排斥的类别组成，所有人都被归入这两个类别。性别角色体系将基于生物的性别角色与社会创造的性别角色相结合。在日常生活中，"生物性别角色"和"社会性别角色"这两个术语可以互换使用。这种用法掩盖了研究女性经历与男性经历中的重要差异和潜在问题。**生物**

性别角色是指由个体生理性别决定的行为。**社会性别角色**是一种社会建构，它包含了自我认知和心理特质，以及以（男女）二分的形式分配给每个性别的家庭角色、职业角色和政治角色。例如，传统的男女性别角色期望包括女性要承担更多的家庭责任，男性要成为主要的经济支柱。

父权制是指男性统治女性的社会组织形式。正如第 10 章所描述的，父权制在美国社会中普遍存在。一般来说，相对于女性而言，男性享有的权利更多，他们的权力也更大。2017 年，当大量女性公开指责政客、好莱坞导演、著名媒体人及其他人性骚扰时，这种权力差异开始凸显。许多女性联合起来，以扭转权力差距，并使之得到重视。总之，性别角色体系不平等地分配着权力、资源、威望和特权。

性取向是人们在社会上划分等级的另一种方式。**异性恋霸权**这一术语用来表达异性恋是"正常的"性取向，而所有其他的性取向都被视为不正常的，因此被污名化。这种异性恋霸权制度导致了基于性取向的区别对待，从同性恋恐惧症、仇恨犯罪到以前禁止同性婚姻的法律都是如此。目前，28 个州未设有禁止基于性取向歧视的相关法律；因此，在这些州，员工可能因为是同性恋而被解雇，如图 7-2 所示。2017 年，特朗普总统和司法部宣布，女同性恋、男同性恋、双性恋和变性人不再受到联邦非歧视法规的保护。

图 7-2　异性恋霸权制度导致了基于性取向的区别对待，并可能导致同性恋恐惧症和仇恨犯罪
资料来源： Robin Rayne Nelson/ZUMA Press/Newscom

阶级、种族、性别和性取向的交集

阶级、种族、性别和性取向的等级制度并不是孤立存在的，而是相互关联的分层系统。作为阶级基础的经济资源不是随机分布的，而是因种族和性别而异。例如，少数种族和少数民族以及妇女的职业选择少于白人男性，这是因为他们接受的往往是孤立的和不平等的教育，从事的工作收入较低，导致生活机会不同。

这些不平等制度形成了社会学家帕特里夏·希尔·柯林斯（Patricia Hill Collins,

1990）所说的我们每个人都存在于其中的**支配矩阵**。这些交叉点的存在有几个重要的含义。第一，人们对种族、阶级、性别和性取向的体验不同，这取决于他们在这些不平等结构中的社会位置。例如，同一种族的人会有不同的种族体验，这取决于他们在阶级结构中的地位，如穷人、工人阶级、专业 / 管理阶层还是失业者；他们在性别结构中的地位是女性还是男性；他们在性系统中的地位是异性恋、同性恋还是双性恋。

第二，阶级、种族、性别和性取向都是社会结构和社会互动的组成部分。因此，个人因为所处的社会地位不同而经历不同形式的特权和从属关系。简而言之，这些相互交织的不平等形式在产生压迫的同时，也会提供机遇。

不平等矩阵的第三个含义与支配和从属的关系性质有关。权力嵌入每个阶层体系中，决定一个人是主导者还是从属者。等级制度的交叉性意味着权力差异以系统的方式联系在一起，这加强了不同等级之间的权力差异。

阶级分层的解释：缺陷理论

在美国，有些人处于系统性的劣势地位，尤其是穷人、少数种族和妇女。这些群体是否存在某些可以解释其劣势地位的缺陷（可能是生物上的或文化上的缺陷）？抑或社会结构阻碍了他们的进步而促进了其他人的进步？为了对这些问题做出回应，我们研究了对贫困的各种解释。第 9 章和第 10 章将详细阐述由种族和性别造成的不平等，并采用了理解贫穷时所使用的解释类别。

贫穷应该归咎于谁或归咎于什么？纵观历史，有一种答案始终对此作出解释，即穷人之所以处于这种状况，是因为其自身存在某些缺陷：要么他们在生物上低人一等，要么是他们的文化提倡那些阻碍他们在社会上取得进步的性格特质，从而使其失败了（回顾图 3-7，共和党人和民主党人通常对贫穷的原因有不同的看法）。而我们强调的是另一种解释，即把责任归咎于社会结构：一些人之所以贫穷，是因为社会未能提供平等的教育机会，制度歧视少数群体，私营企业未能提供足够的就业机会，自动化淘汰一些工作岗位，等等。按照这种观点，社会的运作方式使某些人及其子女陷入贫困状态。

生物劣性

回顾历史，1882 年，英国哲学家、社会学家赫伯特·斯宾塞（Herbert Spencer）到访美国，并提出了一种后来被称为社会达尔文主义的理论。他认为穷人之所以贫穷是因为他们身体状况欠佳。斯宾塞认为，随着社会的发展，强者会兴旺，弱者最终会灭亡。他认为，政府不应该向穷人提供援助，因为这会阻碍自然进化的进展。

尽管社会达尔文主义为许多人的想法提供了理论基础，但它在科学界普遍缺乏支持。在过去的 50 年里，三位科学家在研究中重提这个概念。他们认为，穷人之所以处于这种状况，是因为生物性原因。

　　1969 年，已故的加利福尼亚大学教育心理学名誉教授阿瑟·詹森（Arthur Jensen）写了一篇文章，该文提出，智力是由基因决定的，黑人的智力很可能不如白人。根据他对智商研究的回顾，他声称大约 80% 的智商是遗传的，而其余的 20% 是由环境造成的。虽然差异可以用多种方式来解释，因为黑人与白人在智商测试和学校教育方面的成绩不同，但詹森声称有理由假设这些差异的根源是遗传（这一说法遭到了科学界的极大批评）。

　　已故的哈佛大学心理学家理查德·赫恩斯坦（Richard Herrnstein）赞同詹森的观点，即智力在很大程度上是遗传的。他更进一步假定了基于智力的世袭的等级的形成（Herrnstein，1971）。对于赫恩斯坦来说，由先天差异所导致的社会阶层是因为①智力是遗传的；②成功（工作的声望和收入）取决于智力。因此，**精英领导制度**（根据能力、天赋和努力划分的社会阶层）是通过分类过程发展起来的。这种推论假设智力相近的人更有可能结婚生子，从而根据智力水平来确保社会等级。根据这篇文章，"在未来的时代，随着技术的进步，失业的趋势可能在一个家庭的基因中传播，就像坏掉的牙齿一样"（Herrnstein，1971：63）。这是"聪明的人在上层社会，而渣滓（智力低下的人）在底层"的另一种说法。不平等是合理的，正如多年前社会达尔文主义者（同样，这是一个极具争议的主张）所主张的那样。

　　查尔斯·默里（Charles Murray）和赫恩斯坦合著的《钟曲线：美国生活中的智力和阶级结构》（*The Bell Curve: Intelligence and Class Structure in American Life*）（Herrnstein and Murray，1994）是社会达尔文主义的复兴。他们宣称，经济和社会等级反映了一个单一的维度，即通过智商测试衡量的认知能力，这是对赫恩斯坦早期研究的深入。他们的研究通常被称为"科学种族主义"，因其与事实不符而受到了科学界的抨击。然而，关于生物劣性的作用的争论不断涌现。例如，2005 年，劳伦斯·萨默斯（时任哈佛大学校长）发表了一篇关于女性在科学领域代表性不足的演讲。他在演讲中声称女孩在标准化数学和科学考试中获得最高分的可能性低于男孩，对此可能的解释是性别之间的基因差异（Davidson，2005）。2014 年，尼古拉斯·韦德（Nicholas Wade）出版了一本名为《天生的烦恼：基因、种族与人类历史》（*A Troublesome Inheritance:Genes, Race, and Human History*）的著作①，他在书中提出的观点与赫恩斯坦和默里的观点相似。

　　生物决定论者的观点产生了几个重要的影响。首先，他们是指责受害者的典型例子。例如，他们指责穷人，而不是劣等学校、有文化偏见的智商测试、低薪、公司裁员，或者种族、宗教或国籍的社会藩篱。通过指责受害者，这一观点主张失败与智力不足之间存在一种关系。而这种关系是站不住脚的，因为它忽略了**先赋地位**的利弊（根据年龄、性别、种族、民族和家庭背景而非能力或努力来分配的个人地位）。

　　詹森－赫恩斯坦－默里的观点通过吸引偏执者进一步分裂了美国人民。这为他们所认为的一些种族具有优越性而另一些种族低人一等的观点提供了"科学依据"。它以隐含的

---

① 译者注：此书中译本可参见尼古拉斯·韦德（Nicholas Wade）. 天生的烦恼：基因、种族与人类历史 [M]. 陈华，译 . 北京：电子工业出版社，2015.

方式使所谓低人一等的种族隔离和不平等待遇合法化了。一体化的目标和脆弱的平等主义原则受到了严重的威胁，以至于科学界成员相信或关注这一论点。

这种观点的另一层含义是社会分层是不可避免的。"适者生存"的资本主义意识形态得到了强化，证明了对穷人的歧视以及强势群体继续享有特权的合理性。不平等被合理化了，因此几乎不会采取任何措施来援助受害者。赫恩斯坦和默里认为改善贫困状况的公共政策是在浪费时间和资源。"旨在改变'认知精英'的自然优势地位的方案是无用的，这本书认为，因为低等级的基因注定他们一事无成。"（Muwakkil，1994：22）因此，是否接受这一论点对于解决贫困问题将作出或不作出何种政策决定有着明显的影响。如果他们的观点占上风，那么福利计划将被废除，因为"赢家 VS 输家""适者 VS 不适者""创造者VS 索取者"的言论将主导政治。

这就引出了一个严肃的问题：智力是不可改变的吗？还是有可能促进认知发展？许多研究表明，"学前教育"①类型的项目可以使贫困儿童的分数最多提高 9 分。然而，这些影响在 6 年级的时候就完全消失了。赫克曼（Heckman，2006）认为，批评学前教育计划的人没有看到更远大的前景。在其他关于早期学前干预项目的研究中（类似于"学前教育"项目），参与者还有其他成功的结果，如毕业率提高、住房拥有率升高、成年后福利领取率更低以及非婚生育减少。

文化劣性

已故的著名政治学家、共和党总统顾问爱德华·班菲尔德认为，穷人和非穷人之间的差异是文化上的，前者是当下导向的，而后者是未来导向的。他认为，穷人的当下导向不是因为他们的处境无望，而是因为他们的性格缺陷（这种观念极大地影响了美国的贫困政策）。他的观点被称为"贫困文化"假说。

贫困文化假说认为，穷人在价值观和生活方式上与其他社会阶层存在质的不同，这些文化差异解释了持续贫穷的原因。换句话说，与富裕阶层相比，穷人在适应其所处的贫困状况之时，往往在抚养他们的孩子时更加宽容，不善言语，更听天由命，倾向于即时享乐，而且不太可能对正规教育感兴趣，如图 7-3 所示。最重要的论点是，这种越轨的文化模式代代相

图 7-3　为什么这些孩子是穷人？是因为他们的生理或文化未能赋予他们成功的特质？还是像社会学家强调的，社会经由低等的学校或是其父母拿不到维持生计的工资而辜负了他们？

资料来源：Jake Lyell/Alamy Stock Photo

---

① Head-start 项目，指给予弱势群体的学龄前儿童一定的帮助，让他们能跟上社区的整体水平。

传。因此，这意味着贫穷是由于穷人生活方式的缺陷而长期存在的。如果贫穷被消除了，以前的穷人可能会继续追求即时享乐，这以中产阶级的标准来看是不道德的。从这个角度来看，穷人有一种亚文化，这种亚文化的价值观与其他社会阶层的价值观完全不同，这就是他们贫穷的原因。虽然这不是大多数社会学家所持的立场，但重要的是要认识到贫困文化的假说对政治，特别是福利改革产生了影响。

例如，2010年竞选南卡罗来纳州州长的安德烈·鲍尔副州长的言论中就带有贫困文化的立场。在有州议员和居民参加的市政厅会议上，他把政府援助比作喂养流浪动物。他说：

> 我的祖母并不是一个受过高等教育的女人，但是在我很小的时候，她就告诉我不要再投喂流浪动物了。你知道为什么吗？因为它们会不断繁殖。如果你给一个动物或者一个人足够的食物供应，你就是在加剧问题。他们会繁殖后代，尤其是那些不会想得更远的人，所以你要做的就是减少这种行为，因为他们不知道怎样过得更好。（转引自Cary，2010：1）

贫困文化假说的批评者认为，穷人是美国社会不可分割的一部分；他们并没有放弃社会的主导价值观，而是在适应贫困环境的同时将其保留了下来。

民意调查显示，美国人对贫困的看法存在分歧，这在很大程度上受到种族、政治、宗教和收入的影响，如图7-4所示。

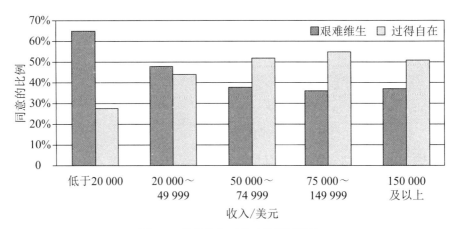

图7-4　各类收入对贫穷的不同看法

资料来源：http://www.pewresearch.org/fact-tank/2014/09/16/public-is-sharply-divided-in-views-of-americans-in-poverty/.

调查：你同意哪种说法："穷人生活艰难，因为政府福利不足以帮助他们过上体面的生活"还是"穷人如今过得很自在，因为他们可以不劳而获地得到政府福利"？

阶级分层的解释：结构理论

与指责穷人的生物性或文化缺陷不同，社会学家强调的一种观点认为，社会的组织方式造成了贫穷，使某些类别的人特别容易陷入贫穷。

制度性歧视

迈克尔·哈林顿（Michael Harrington）的著作《另一个美国：美国的贫穷》（*The Other America: Poverty in the United States*）[①] 在引发联邦政府向贫穷宣战方面起到了作用。他写道："穷人之所以贫困，真正的原因是他们犯了错误，生错了父母，生错了地方，生错了行业，生错了种族或民族。"（1963：21）这种表述是贫困应归咎于社会的结构性条件而非穷人的另一种说法。当习以为常的处事方式、普遍的态度和期望以及公认的结构安排对穷人不利时，这就是所谓的**制度性歧视**。下面举几个例子，让我们看看穷人是如何被这种歧视所困的。

大多数好工作需要大学文凭，但是穷人负担不起孩子上大学的费用。奖学金提供给表现最好的学生，但是由于缺乏家用电脑、玩具和书籍等资源，贫困家庭的孩子往往在学校表现不佳。此外，穷人往往具有较高的流动性，总是从一所学校转到另一所学校。在低收入社区，学校资源匮乏，也很难找到教师，这些问题都导致了较高的辍学率和纪律问题。

穷人陷入困境是因为他们生病的频率比富人高，生病的时间也更长。当然，这是因为他们负担不起预防医疗、合理膳食及生病时所需妥善护理的费用。他们的工作单位也可能不提供医疗保险，而因为疾病失去工作可能会带来灾难性的后果。长期得不到工资意味着穷人用于适当医疗的钱将更少，从而导致疾病的发病率更高。这就形成了贫穷的恶性循环。穷人往往会一直贫穷，他们的后代也会延续贫穷。

在美国，学校和工作场所的传统组织方式限制了少数族裔和妇女的机会。第 9 章和第 10 章详细描述了现行法律、习俗和社会期望如何系统地使这些社会类别处于不利地位。在这种情况下，我只想说：

- 少数族裔被剥夺了平等的教育、工作和收入机会。
- 与男性相比，女性通常从事声望较低的工作，如果从事同等地位的工作，她们的收入和晋升机会都较少。

社会政治经济学

资本主义的基本原则是：谁得到以及得到什么是由私人利益而非集体需求决定的，这是贫穷持续存在的原因。利润最大化这一首要前提在几个方面助长了贫穷。利润最大化导致贫困的第一种方式是，雇主被迫向工人支付尽可能少的工资和福利，劳动者创造的财富只有一部分被分配给他们，其余的归所有者用于投资和获利。因此，雇主必须保持低工资。2016 年有 240 万全职工作的人仍生活在贫困线以下，这就是证据。

利润最大化导致贫困的第二种方式是维持劳动力过剩，因为过剩会压低工资。对于雇主来说，有一批受教育程度低、极度渴望工作的人是十分重要的，他们愿意拿极低的工资。在经济繁荣时期，边缘人群（如少数族裔、女性和无证工人）大量供应，雇主通过压

---

① 译者注：此书中译本可参见迈克尔·哈林顿 . 另一个美国 [M]. 郑飞北，译 . 北京：中国青年出版社，2012.

低所有工人的工资以使有产阶级获利，而在经济衰退时期，他们又成了第一批被解雇的人，如图 7-5 所示。

图 7-5　劳动力过剩会导致工资下降，并产生大量处境绝望的人，他们将从事社会上的肮脏工作，如在肉类加工厂的流水线上工作
资料来源：Pat Simione/Alamy Stock Photo

资本主义利润最大化导致贫困的第三种方式是，雇主在做投资决策时，不会考虑员工（潜在的或实际的）。如果成本可以降低，雇主将购买新技术来取代工人（比如用机器来替代流水线上的工人）。同样，企业主可能会关闭工厂，将业务转移到工资明显较低的国家。

重申一下，资本主义的基本假设是注重个人利益，而不会考虑决策产生的行为可能对他人的影响。因此，资本主义制度不应被视为生产与分配商品和服务的中性框架，它实际是一种使不平等长期存在的经济制度。

一些政治因素与经济的运作相辅相成，使贫穷永久化。例如，用高利率对抗通货膨胀的政治决策损害了多个行业，特别是汽车业和建筑业，进而造成了高失业率。

社会中的权势阶层也会利用他们的政治影响力来使社会不平等。显然，资本主义社会的富人抵制将其财富重新分配给弱势群体。相反，他们的政治努力是以牺牲穷人和无权势者的利益为代价来增加自身利益。这是占领华尔街运动的基本信条，抗议者拥护"我们是99% 的人"的口号，这意味着美国的资本主义制度已经导致一个国家被 1% 的精英集团所控制，该集团拥有巨大的政治和经济权力。

理论综述

本章在开头提出，所有已知的社会都以某种方式对其成员进行分层或划分。根据定义，在每个分层体系中，都会有某一类别的人被认为是低人一等的，并受到不公平的待遇。我们为这一分层体系提供了各种理论及其依据。正如本章所讨论的，这些理论有助于解释穷人贫困的原因，并介绍了第 9 章和第 10 章关于种族和性别不平等的讨论。接下来，我们将简要介绍分层的秩序观和冲突观。

（1）**分层的秩序观**。秩序模型的拥护者首先认为，社会不平等是一种普遍存在的、不可避免的现象。他们的理由是，不平等必须为社会服务。社会的平稳运行需要通过分工来完成各项任务。因此，关于分配存在一个普遍的问题：如何让最有才华的人完成最重要的任务。对于社会存续而言，有些工作比其他工作更重要（通常涉及决策、医学、宗教、教学和军事）。社会问题在于如何让最有才华的人接受长期培训，并充分完成此类重要任务。普遍的答案是差别报酬。社会必须提供适当的报酬（金钱、威望和权力）来吸引有才华的人担任这些职位。人们认为，报酬必须不均衡地分配给不同的职位，因为这些职位并不是同样轻松或同样重要的。因此，差别报酬制度使重要的社会功能得以实现，从而保证了社会的稳定。在这种方式下，通过劳动分工以及让人们接受自己在体系中的地位的社会化，差异化等级实际上有助于使社会团结起来。

（2）**分层的冲突观**。冲突论者与秩序论者看待阶层分化的方式完全不同。冲突观并不认为分层是社会整合的一个来源，而是认为分层反映了社会中的权力分配，因此是不一致和胁迫的主要来源。分层是不一致的根源，这是因为各集团争夺稀缺资源，在某些条件下，无权者会憎恨自己地位低下和缺乏回报。胁迫源于阶层分化，有权势的人（碰巧是男性、白人和富人）会欺凌弱者。从这个观点来看，报酬的不平等分配反映了强者的利益，而不是秩序论者所认为的，反映了社会的基本生存需要。

冲突论者的一个主要论点是，有权势者利用意识形态使其价值体系变得至高无上。卡尔·马克思认为，任何社会中占主导地位的意识形态都是统治阶级的意识形态。统治阶级利用媒体、学校、宗教及其他机构使不平等制度合法化。这种社会化的过程十分强大，以至于即使是受压迫的人民也倾向于自然而然地接受自己低人一等。例如，美国的工人阶级和穷人倾向于接受他们缺乏金钱回报、权力和声望，因为他们相信这个制度是真正的精英主义，他们还相信自己缺乏技能去完成在社会中报酬更高的工作。然而，马克思认为，当被压迫者意识到他们共同遭受的压迫，并且被有权势者操纵为其利益服务时，他们就会产生阶级意识（一种对他们共同被剥削的客观认识），从而在促进其阶级利益的事业中团结起来（这种阶级 / 群体意识的例子包括"反性骚扰"运动或"黑人的命也是命"运动等）。

尽管社会分层确实是社会分歧的一个重要来源，但冲突论者并未回答关于其普遍性和必要性的问题。这两种理论观点都有其必须加以考虑的重要见解。秩序论者认为分层通过提供一种机制（差异报酬）来确保劳动分工中的所有职位都有人承担，从而发挥其有助于维系社会的功能。冲突论者的观点同样站得住脚，即阶层分化是不公正的、分裂的，并且是社会不稳定或变迁的根源。

第 8 章
阶级

在世贸中心和五角大楼遭受恐怖袭击 10 天后，美国国会设立了受害者赔偿基金，以补偿 3 000 名遇难者家属。政府总支出超过 70 亿美元，其中（受害者）个人赔偿金额由 25 万美元至 710 万美元不等（免税），赔偿金额的差别取决于受害人的年龄、预计终身收入及家庭责任。例如，假如受害者的年龄是 45 岁，如果死亡时的收入为 30 000 美元，则其家庭将获得 788 109 美元；如果收入为 50 000 美元，则为 1 023 196 美元；如果收入为 100 000 美元，则为 1 536 662 美元；如果收入为 225 000 美元，则为 2 682 827 美元（U. S. Department of Justice，Savage 报告，2001：A38；另见 Chen，2004）。那么，生命的价值是什么？显然，这取决于一个人的社会阶级。

人人生而平等的民主思想一直是美国的核心价值观。政治家、社论作家和教师经常提醒我们，我们的社会高度重视每个人的平等。然而，这种盛行的意识形态与现实并不相符。想想看关于美国的以下事实。

- 2017 年美国最富有的 400 人的平均净资产为 67 亿美元（Forbes，2017a），有 4 060 万美国人生活在官方贫困线以下。

- 2013 年，山姆·沃尔顿（Sam Walton）在沃尔玛的财富继承人的财富总额为 1 450 亿美元——比美国底层 40% 的人的财富总和还多（Gorman，2016）。沃尔玛的首席执行官（CEO）每小时就能赚取员工的平均年薪（Gomstyn，2010）。

- 2016 年，黑人家庭的年收入中位数不到亚洲家庭收入中位数的一半（前者为 39 490 美元，后者为 81 431 美元）（Semega et al.，2017）。

第 7 章讨论了社会分层的一般原则和理论。本章重点讨论一个分层层次——社会阶层体系，即主要基于经济资源的个人和群体的排名。本章分为五个模块，分别描述：①社会经济不平等的维度；②美国阶级结构的概念；③人们从一个阶级转移到另一个阶级的程度；④富足中的贫困；⑤社会阶级地位的后果。

不平等的维度

人们在社会中的排名方式有很多种。在此，我们关注阶级不平等的四个方面：收入、财富、教育和职业。

收入

一个人的经济状况取决于收入和财富。**收入**是赚到的钱的额度。**财富**是一个人的净资产（资产减去负债）。收入是年度的，而财富是代代相传的（也就是说，它是累积的，并代代相传）。在美国社会，二者的分配极不平等。我们首先讨论收入。

在考虑收入时，货币集中在少数人手中是非常引人注目的。收入排名前 20% 的美国人的收入占据了美国全部个人收入的一半以上（51.5%），而收入排名最低的 20% 的美国人的收入只占全部个人收入的 3.1%，如图 8-1 所示（Semega et al.，2017）。

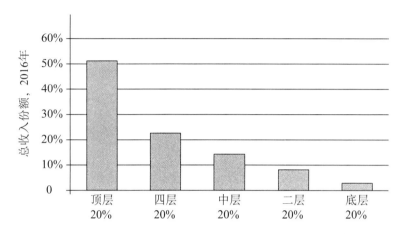

图 8-1 2016 年美国按人口的五分位数划分的总收入份额
资料来源：Jessica L. Semega, Kayla R. Fontenot, and Melissa A. Kollar, 2017.

衡量不平等的最常用的标准之一是基尼系数或基尼指数，它是介于零（完全平等，即每个人的收入相同）和 1（完全不平等，即一个人拥有全部收入而其他人没有收入）之间的数字。2016 年，美国的基尼系数为 0.481（Semega et al.，2017）。相比之下，芬兰通常是基尼系数最低的国家之一，约为 0.215。基尼系数也可以用来衡量一个州或一座城市的收入不平等程度。例如，2012 年，纽约的基尼系数为 0.504，可以与斯威士兰（也是 0.504）相比，洛杉矶的基尼系数为 0.485、多米尼加的基尼系数为 0.484、芝加哥的基尼系数为 0.468、萨尔瓦多的基尼系数为 0.469、底特律的基尼系数为 0.457、菲律宾的基尼系数为 0.458（Florida，2012）。

财富

虽然收入不平等在美国无疑是一个重大问题，但财富不平等甚至更为极端。财富（净值）包括储蓄、退休账户、股票、房地产等所有资产减去信用卡余额和抵押贷款等债务的资产。在美国，少数人手中掌握着令人难以置信的巨额财富，数百万人则处于极度贫困之中。2017 年最富有的是比尔·盖茨（860 亿美元）、沃伦·巴菲特（756 亿美元）、杰夫·贝佐斯（728 亿美元）、马克·扎克伯格（560 亿美元）（Forbes，2017b）。最底层的是 4 060 万生活在政府贫困线以下的美国人。如前所述，最富有的 20% 的美国人的收入占全部个人收入的一半以上。说到财富，最富有的 1% 的美国人拥有 38% 的国家净资产（Frank，2017）。2011 年，"占领华尔街"运动（The Occupy Wall Street

Movement）将贫富差距拉大的问题推上了风口浪尖。这场运动的口号是"我们是 99% 的人"，反映出 99% 的美国人因为最富有的 1% 的人的行为而在经济中受苦受难的信念。想要更深入地了解一些世界上最富有的人正在做些什么来回馈社会，请参阅深入观察专栏"捐赠誓言"。

深入观察

捐赠誓言

　　"捐赠誓言"由比尔·盖茨夫妇和沃伦·巴菲特发起，旨在鼓励亿万富翁通过慈善捐赠回馈社会。活动很简单：如果您的身价至少达到 10 亿美元，您承诺在有生之年或在遗嘱中将一半的财富捐给您选择的慈善机构。比尔·盖茨夫妇承诺捐出他们 95% 的财富（见图 8-2），沃伦·巴菲特承诺捐出他 99% 的财富。截至 2017 年 11 月，全球已有 171 位亿万富翁签署了承诺书，捐款总额超过 5 000 亿美元。

　　资料来源：http://thegivingpledge.org，2017.

图 8-2　比尔·盖茨夫妇承诺捐赠 95% 的财富作为"捐赠誓言"的一部分
资料来源：Kristin Callahan/Everett Collection Inc/Alamy Stock Photo

　　由于个人财富也受到种族和族裔的严重影响，非西班牙裔白人与大多数少数族裔之间的差距很大，而且还在不断扩大，如图 8-3 所示。根据城市研究所（the Urban Institute）的一项研究，2007—2010 年，西班牙裔家庭的财富减少了 40% 以上，黑人家庭的财富减少了 31%，白人家庭的财富减少了 11%（McKernan et al.，2013）。这种不断扩大的种族贫富差距意味着少数族裔家庭在拥有住房、高等教育、退休金和向上流动方面的机会越来越少。

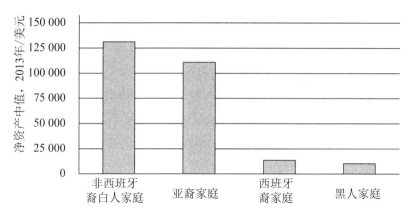

图 8-3　2013 年各个族裔的净资产中值

资料来源: 美国人口普查局。2013 年家庭财富、资产所有权和债务详细表。https://www.census.gov/data/tables/2013/demo/wealth/wealth-asset-ownership.html，表 1。

教育

一个人接受正规教育的程度是其职业、收入和声望的主要决定因素，如图 8-4 所示。教育机会的不平等以许多微妙的或不那么微妙的形式存在于各个教育层次（见第 14 章）。当学校按地区进行比较时，教育质量就会出现不平等的情况。与贫困地区相比，税收基础较好的地区拥有更优越的设施、更积极的教师（因为这些地区可以支付更多的费用）和更先进的技术。无论哪个地区，在每一所学校里的孩子们都要参加带有中产阶级偏见的标准化考试。有了这些数据，教育工作者根据学生们的能力将他们安排在不同的班级。因此，这些班级变得具有歧视性，因为相当多的最差的班级由较低的社会经济阶层组成。

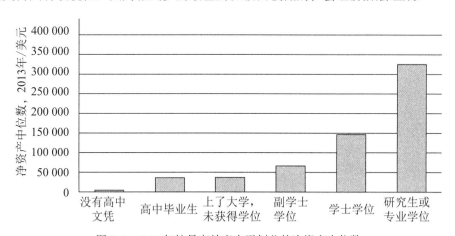

图 8-4　2013 年按最高教育水平划分的净资产中位数

资料来源: 美国人口普查局。2013 年家庭财富、资产所有权和家庭债务明细表。https://www.census.gov/data/tables/2013/demo/wealth/wealth-asset-ownership.html，表 1。

考虑以下与教育有关的事实——教育是通往向上阶层流动的途径。

- 纽约州平均每名学生的花费比全美其他任何州都要高，大约为每名学生 23 370 美元。但实际上，每个学生的花费从最高的 140 511 美元到最低的 14 012 美元不等，这取决于你所在的阶层。

- 不到 1/2 的低收入高中生进入大学学习（Jaschick，2015）。
- 2017—2018 年，住在校园并支付州内公立四年制大学学费的全日制学生的平均年费用为 25 290 美元。州外学生的成本跃升至 40 940 美元，私立非营利机构的成本跃升至 50 900 美元（College Board，2017）。不幸的是，随着大学学费的不断上涨，联邦助学金却下降了，这意味着学生为大学支付的净费用持续上升，负担得起大学费用的学生和不能上大学的学生之间的差距正在扩大。

这些经济差异对美国社会有着重要的影响。佩尔高等教育机会研究所的汤姆·莫滕森（Tom Mortensen）说："我们现在的发展轨迹表明，我们将成为一个更贫穷、更不平等、更不同质的国家。"（转引自 Symonds，2003：66）

职业

人们地位差异的另一个证明是职业在威望方面的系统性差异。职业所具有的威望程度各不相同。最高法院的法官显然比酒保更有威望。这种文化提供了一种现成的、易于理解的、相对统一的等级系统，它基于以下几个相关因素：①所执行任务的重要性（即该任务的后果对社会的重要性）；②工作固有的权力和责任程度；③所需要的先天智力；④知识和技能要求；⑤工作的尊严；⑥职业的经济回报。

但是，社会也给我们呈现了扭曲的职业形象，这导致我们接受了刻板印象。例如，媒体通过广告、电视和电影描绘，唤起中上层阶级的职业的正面形象，而唤起声望较低的职业的负面形象。专家和商业领袖通常被描绘成白人、男性、有教养，且外表具有吸引力。他们果断、聪明而富有权威。在职业带的另一端，体力劳动者常常会被描绘成具有种族特色的、偏执的且无知的。

因此，职业是一个非常重要的变量，它将人们按等级分类。它与收入水平高度相关，但工人的性别差异产生了巨大的影响。无论职业类别如何，女性的平均收入都远低于同一职业类别的男性的平均收入。

美国的社会阶级观

社会阶级是一个复杂的概念，其核心是经济资源的分配。也就是说，当若干个体在分层系统中占据相同的相对经济地位时，他们就形成了一个**社会阶级**。一个重要的问题是，经济排名是否将人们置于一个可识别的阶级，在该阶级中他们认同其他成员，并与之分享共同利益，抑或这种安置是模糊的？主流观点是没有明确的阶级界限，也许除了那些划定最高和最低阶级的界限。考虑到社会阶级内部的多样性，一个社会阶级并不是一个同质的群体，然而，人们在一定程度上认同与之处于相似经济状况的其他人。此外，人们能意识到谁比他们优越，谁和他们相同，以及谁不如他们。这在互动过程中的顺从模式，以及舒适感或不安感的体验中得到了证明。同样，处于相似经济地位的人们在生活方式和品位（如消费模式、育儿模式）方面往往存在共性。但是，即使我们可以对一个社会阶级中的人作出相当准确的概括，但其中的异质性妨碍了对其阶级所包括的每个人的准确预测。

社会学家同意社会阶级的存在，金钱是分类的核心标准，但他们不同意社会阶级对人们的意义。例如，主流观点认为，社会阶级通常与社会的收入分配相关，而且阶级之间的界限本身是模糊的；与之相反，另有一种观点认为，社会被划分为相互冲突的各个阶级，它们之间具有明确界限，而且每个阶级都有共同的利益。这两种社会阶级模型分别代表了秩序论和冲突论的观点。虽然这过分简化了这场辩论，但我们研究了这两种使社会阶级概念化的理论方法。让我们来看看这两种立场，以及每种方法所导致的社会阶级结构。

秩序模型的社会阶级观

秩序论者使用收入、职业和教育这些术语作为社会阶级的基本指标，并以职业为核心。职业安排决定了收入、互动模式、机会和生活方式。生活方式是关键的因变量。每个社会阶级都被视为有其独特的文化。人们相信阶级有着特定的价值观、态度和动机，它们将其成员与其他阶级区分开来。这些取向源于收入水平，尤其是职业经历。

从秩序的角度来看，典型的阶级体系有以下阶级，它们分布在收入和地位的层次结构中。

（1）**上上层阶级**。有时被称为"旧富"（the old rich），这个阶级的成员是富有的，因为他们几代人都拥有这种财富，所以他们具有很强的群体凝聚力。他们参加高级俱乐部，就读于高级的寄宿学校。他们的孩子通婚，成员们一起在世界各地豪华的专属度假胜地度假，如图 8-5 所示。

图 8-5　上上层阶级是指几代人都拥有财富的旧富，就像图中的肯尼迪家族
资料来源：Pictorial Press Ltd/Alamy Stock Photo

（2）**次上层阶级**。其成员的财富来源于相对较近的时期（因此，有了"新富"这个术语）。新富在声望上与旧富不同，但在财富上未必不同。仅凭荣华富贵，并不一定会被精英阶层所接受。由于新富在行为和生活方式上与旧富不同，他们不被接受。新富由白手起家的富人组成。这些家庭通常是通过商业冒险或因为在音乐、体育或其他形式的娱乐方面的特殊才能而积累了财富。此外，一些专业人士（医生、律师）可能会因为他们的业务和 / 或投资而变得富有。最后，一些人可能会通过在公司担任高管职务而变得非常富有，在这些公司中，高薪和丰厚的股票期权是很常见的。

（3）**上层中产阶级**。这一阶级的主要特征是高声望（但不一定是高收入）的工作，这些工作需要相当多的正规教育并具有高度的自主权和责任感。这个阶级主要由专业人士、高管和商人组成。他们白手起家，通过个人奋斗和职业成就取得了较高的地位。

（4）**下层中产阶级**。处于这一阶级的人是白领工人（而不是体力劳动者），他们主要在行政机构从事次要工作，如秘书、文员、销售人员。

（5）**次下层阶级**。这些人从事重复性工作，几乎没有自主权，不需要创造力。他们是蓝领工人，往往没有受过高中以上的教育。他们被严重阻碍向上一阶级流动。（参见多样性专栏"几近贫困：失踪的阶级"）

（6）**下下层阶级**。这一阶级由受教育程度往往低于高中的非技术工人组成，长期失业的人都属于这个阶级。当他们工作时，工资很低，没有额外福利，也没有工作保障。包括非洲裔美国人、波多黎各人、墨西哥裔美国人、美洲原住民在内的少数族裔成员有相当多的人属于这一类别。下下层阶级被认为有一种贫穷的文化，也就是说，假定的懒惰、依赖性、当下取向和不道德的特征将他们锁定在这一阶级地位。

冲突模型的社会阶级观

秩序论者提出的社会阶级概念具有重要的见解。显然，职业、教育和生活方式是社会阶级的重要组成部分。然而，冲突论者认为，秩序论者低估了权力在决定人们在阶级体系中的地位方面的重要性。因此，他们关注的是金钱和权力，而不是生活方式。

> 在资本主义社会，最大的阶级划分是在拥有和经营企业的少数人与其他人之间。这并不是说所有其他人都属于同一个阶级，显然他们并不属于同一个阶级。但那些拥有、控制最大的公司，并从中获利的家族中的人与我们这些人根本不同。从本质上讲，是他们的权力和财富，而不是他们的言语、衣着、教育、休闲活动等，使其区别于社会上的其他人。（Liazos，1985：231）

冲突论者和秩序论者的不同之处还在于，他们如何将职业视为社会阶级的标准。这种观点认为，一个社会阶级不是一组相似的职业，而是一些在经济生产的社会关系中占据相似地位的人（Wright and Rogers，2011）。换句话说，社会阶级的重要之处在于，它们涉及支配和从属关系，这是通过对社会稀缺资源的系统控制而使之成为可能。因此，关键不在于职业本身，而在于一个人对自己的工作、他人的工作、决策和投资的控制。那些拥有、管理、压迫和控制的人必须与被管理、被压迫和被控制的人区分开来。冲突论者通常利用金钱、与生产资料的关系和权力这三个标准，将阶级分为五个等级。

（1）**统治阶级**。这个阶级的人掌握着社会上的大部分财富和权力。最富有的 1% 人口拥有的财富相当于或超过底层 90% 人口的财富。但是统治阶级的人数比最富有的 1% 的人还要少，这些人控制着企业、银行、媒体和政治，他们是非常有钱有势的人。关键是统治阶级中的家庭和个人拥有、控制、支配和统治着社会。他们控制着资本、市场、劳动力和政治。

多样性

几近贫困：失踪的阶级

社会学家凯瑟琳·纽曼（Katherine S. Newman）和维克多·塔恩·陈（Victor Tan Chen）（2007）写了一本描写美国"几近贫困"的书。他们断言，这一阶级"低调神秘"，是一个失踪的阶级。他们之所以"失踪"，是因为华盛顿的政策制定者抛弃了他们。

失踪阶级是那些生活在贫困线以上但财富远低于中产阶级的家庭，一个四口之家的收入介于 2 万美元和 4 万美元之间。大约有 5 700 万名美国人属于这个阶级，其中包括全美 1/5 的儿童。他们没有资格享受医疗补助。他们的大部分工作都不提供医疗保险。他们生活在边缘，失业、离婚、事故、自然灾害或健康危机都将导致他们降到贫困线以下。

此外，几近贫困的人很容易受到掠夺性放贷人、信用卡债务和不公平利率的高额抵押贷款的影响。他们很难筹到孩子的学费，或者请假做一次自费体检。他们的梦想很简单——在像样的学校附近找到自己能负担得起的房子，找到一份稳定的工作，给孩子提供他们自己没有的机会（Newman and Chen，2007：x）。

（2）**专业管理阶级**。这一阶级包括四类人——商业公司的经理、主管和专业人士以及不从事商业活动但其脑力工作有助于商业活动的专业人士。

最有权势的管理者是那些接近组织结构图顶端的人，他们拥有广泛的决策权和责任，他们对处于其下的工人有相当大的权力。

还有较低级别的经理、领班及其他主管。他们接受的培训比组织的经理少，权力有限，并被中高层管理人员广泛控制。这些人持有矛盾的阶级立场。他们对他人有一定的控制权，这使他们属于专业管理阶级，但他们对他人日常工作的有限管理又使他们近乎工人阶级。纳入这一阶级的关键在于，主管的角色将具有管理利益的个体置于工人阶级的对立面，如图 8-6 所示。正如兰德尔·柯林斯（Randall Collins）所说："一个人发出的命令越

多，他就越认同为命令辩护的组织理想，而一个人越认同自己的正式职位，他就越与工人阶级的利益相对立。"（1988：31）

图 8-6　主管的角色（这里是 UPS 的主管）将具有管理利益的个体置于工人阶级（在这里是 UPS 的送货员）的对立面
资料来源：Phelan M. Ebenhack/AP Image

该阶级中的另一个社会类别包括商业公司雇用的专业人员。这些专业人员（医生、律师、工程师、会计师和监事员）通过受教育程度、专业知识和思维能力获得了他们的职位。与统治阶级不同，这些专业人士并不拥有主要的生产资料，而是为统治阶级工作。他们没有管理权，但会影响工人在组织内的组织方式和待遇。专业管理阶层受统治阶级支配，尽管这在某种程度上因他们的专业知识和专长而有所调和。

此外，有些专业人士对工人的生活有很大的控制权，但他们不属于企业。他们的脑力劳动存在于企业之外，但他们的服务控制着工人。这类人包括社会工作者，他们负责确保失业者和穷人不会破坏现状。教育工作者则充当守门人，对人们的工作好坏进行筛选和分类，这赋予了他们对工人及其子女的巨大权力。医生负责维持工人的健康，心理学家为陷入困境的人提供帮助，并试图使（精神）不正常的人恢复健康，让他们能够正常工作。范内曼（Vanneman）和坎农（Cannon）（1987）认为，这些企业以外的专业人士与那些直接为企业工作的专业人士属于同一个社会阶级：

> 如果 [这个阶级] 是由它对他人的控制来定义的，那么它必然包括社会工作者、教师和医生以及一线主管和工厂经理。社会工作者、教师和医生与工程师、会计师和人事专员所共享的是脑力劳动的专业化：他们都在计划、设计和分析，但他们的计划、设计和分析在很大程度上是由他人执行的。

（3）**小企业主**。该阶级的成员是企业家，但他们的企业不属于大型公司。他们可能不雇用工人（因此，不剥削劳动力）或雇用相对较少的工人。这个阶级的成员所拥有的高于他人的收入与权力彼此相差悬殊。

（4）**工人阶级**。这个阶级的成员是工厂、餐馆、办公室和商店的工人，包括白领工人和蓝领工人。白领工人之所以被包括在内，是因为他们像蓝领工人一样，无法控制其他工人，甚至无法控制自己的生活。这个阶级的显著特点是，他们把劳动力出卖给资本家，并通过工资获得收入。他们的经济福利取决于经理和主管在公司会议室作出的决策。他们受到其他人的密切监督并接受命令，这是加入工人阶级的一个重要标准，因为"一个人接受的命令越多，他就越远离组织的理想"（Collins，1988：31）。因此，他们明显地不同于那些成员认同其企业的阶级。

（5）**穷人**。这些人的工资最低或处于失业状态。为了生存，他们不得不做社会上的苦差事。他们处在收入、安全和权威的底层，是社会压迫和统治的最终受害者。

总结：从秩序和冲突的视角来看阶级

关于社会阶级的这两种截然不同的观点都为理解这一复杂现象提供了见解。职业对两种观点都至关重要，但原因却截然不同。对于秩序论者来说，人们对职业的评价各不相同。有些职业的地位明显优于其他职业。因此，人们对职业的看法清楚地表明，他们之间以及认同他们的人之间存在一个声望等级。

首先，冲突论者也关注职业，但没有提及声望。一个人在工作过程中所处的位置决定了他对他人和自己的控制程度。决定阶级地位的关键在于一个人是发号施令还是接受命令。此外，这种地位决定了一个人的基本利益，因为一个人要么处于有利地位（靠他人的劳动为生），要么处于不利地位（受压迫）。从经验上看，这两种观点都与现实相吻合。

其次，秩序论者关注的是在教育、收入和职业方面相似的个人和家庭之间生活方式的共性。这些不同的生活方式是真实的。他们在说话方式、对音乐和艺术的品位、室内装饰、服饰、育儿方式等方面存在差异。冲突论者认为，尽管（生活方式的多样性）是真实的，但对生活方式的强调忽略了重要的一点。对他们来说，生活方式并不是决定社会阶级的核心，发号施令或接受命令才是。这就是秩序论者与冲突论者在诸如文员和秘书等低层白领工人的安置问题上存在分歧的原因。秩序论者把他们归为中产阶级，因为他们的职业声望高于蓝领工人，而且他们的工作是脑力劳动而不是体力劳动。而冲突论者则把他们与服从命令的工人，即蓝领工人，放在一起。

再次，冲突论者也指出了强调生活方式的两个重要含义。第一个含义是，虽然文化是一个因变量（职业、收入和教育的结果），但社会阶级的文化被认为对其成员具有一种力量，这种力量往往将他们及其社会阶级联系在一起（例如，贫困文化被认为使穷人保持贫困，参见第7章）。第二个含义是，这些文化本身就是有等级的，更高阶级的文化更受重视。冲突论者有着相反的偏见，他们认为诋毁社会的失败者是在指责受害者。从这个角度看，阶级越高，其成员压迫和剥削下层劳动者的过错就越大。简而言之，在冲突论者中有一种强烈的倾向，即同情弱者的困境，并且以贬义的方式给强者 [1]（指阶级较高的人）的行为贴上标签。

最后，每一种社会阶级观都有助于理解社会现象。秩序模型对声望和生活方式差异方面的不平等的理解，导致研究发现了社会地位引起的有趣的行为模式，这是社会学的一个重点。同样，秩序模型的研究也引起了人们对流动性的深入研究，这有助于理解人类的动机以及人类行为的限制。冲突模型则从对控制权的差异来考察不平等，包括对社会、社区、市场、劳动力、他人和自身的控制。由此产生的阶级划分有助于理解社会冲突——罢工、停工、政治迫害、社会运动和革命。

社会流动

社会流动是指个体在社会阶级结构中的流动。**纵向流动**是指在社会阶级中，向上或向下的流动。**横向流动**是指在相同声望下从一个位置到另一个位置的变化。从电工到管道工的职业转变就是一个横向流动的例子。社会流动有代际流动和代内流动两种方式：**代际流动**是指比较不同世代的家庭成员的纵向流动（例如，孩子相对于父母的社会位置的流动）；**代内流动**是指个体在其一生中所经历的纵向流动。

不同的社会在个人地位提升的程度上有所不同。也许印度的种姓制度是有史以来最严格的阶级划分制度。简而言之，如第 7 章所述，这个制度：①通过遗传决定地位；②仅允许在同一地位群体内结婚（内婚制）；③子承父业；④限制不同地位社会群体之间的互动。然而，即使是印度的种姓制度，也不是完全严格的，在某些条件下，该制度允许一定程度的流动。

与这种封闭的分层体系相反，美国有一个相对开放的体系。在美国，社会流动不仅是被允许的，而且是其价值体系的一部分，即向上流动是好事，应该是所有美国人的目标。

然而，美国并不是一个完全开放的体系。所有的美国孩子在年轻时的社会地位都与其父母的社会地位相同，反过来，这对孩子是否可以流动（向上或向下）有着巨大的影响。实际上，美国的流动性低于其他富裕国家："在加拿大、英国、德国或法国，出生于贫困家庭的儿童在统计学上比在美国出生于贫困家庭的儿童有更好的机会进入高层社会"（McManus，2011a：para3）。皮尤慈善信托基金会（Pew Charitable Trusts，2013，2015）的最新研究得出了关于美国社会流动的以下几个结论。

- 出生在收入阶梯底部和顶部的美国人，成年后可能仍会继续处于这一位置。在前90%（富裕）家庭中成长的儿童的预期收入比在后 10% 贫困家庭中成长的儿童的预期收入大约高出 2 倍。

- 经典的"白手起家"成功故事与其说是事实，不如说是虚构。43% 的出生在收入最低的 20% 的家庭的人成年后仍然留在那里，只有 4% 的人会升到收入最高的阶级（参见图 8-7）。

---

① 英文原文为 "top dogs"。

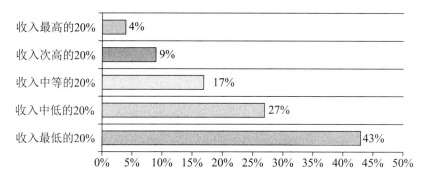

图 8-7 社会流动：出生在收入阶梯底端的美国人在成年后地位保持不变或向上流动的百分比

注：出生在收入最低的 20% 的家庭的人中有 70% 仍然处于中等收入以下。

资料来源：皮尤慈善信托基金会，2012 年，"追求美国梦：跨代经济流动"（Pursuing the American Dream: Economic Mobility Across Generations）。

网址：http://www.pewstates.org/research/reports/pursuing-the-american-dream-85899403228.

- 与白人相比，黑人更不可能超过其父母的家庭收入和财富。
- 与白人相比，黑人更有可能被困在底层的 1/5 人口中，并从中产阶层跌落下去。
- 大学学位很重要：四年制大学学位能促进社会底层向上层流动，防止社会中层向下层流动。

从专家们关于美国社会流动性的描述中可知，在这个社会中，出生在适当的家庭会产生深远的影响，尤其是在大学毕业的可能性方面。社会上有进步的机会，但这些机会集中在已经处于优势地位的人身上。大多数美国人，尤其是那些出生在收入阶梯顶端和底端的人，可能一辈子都会保持这种社会阶级的地位。

如果你出生在收入最低的 20% 的家庭，那么你进入每个 20% 家庭的机会如下。

美国的贫困

本章论证了美国的社会阶级制度是不平等的。在此，我们更细致地研究了那些处于社会阶级体系最底层的人——穷人。

定义与数字

穷人与非贫困人口的区别是什么？在一个连续体中，财富没有绝对的标准。穷人与非贫困人口之间的界限必然是武断的。最初由社会保障局（SSA）于 20 世纪 60 年代制定的**官方贫困线或贫困门槛**是基于维持生计所需的最低金额确定的。为了确定贫困线，社会保障局计算了基本营养充足饮食的成本，并将该数字乘以 3。这个数字是基于 1955 年的一项政府研究得出的，该研究发现，穷人会将收入的 1/3 用于食物。此后，社会保障局每年利用消费物价指数重新调整贫困水平，以将通货膨胀考虑在内。使用这个官方标准（加权平均贫困线为 12 228 美元 / 人，三口之家为 19 105 美元，四口之家为 24 563 美元），2016 年，12.7% 的人口（4 060 万人）被划定为生活贫困（本节中的贫困数据来自 Semega et al.，2017）。1959—2016 年的贫困率趋势如图 8-8 所示。

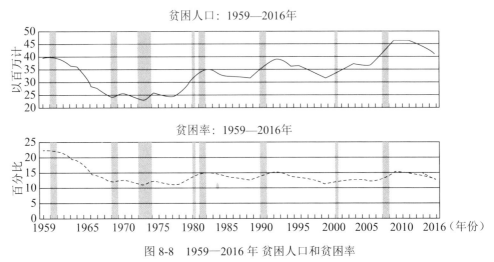

图 8-8　1959—2016 年 贫困人口和贫困率

资料来源: Semega, Jessica L., Kayla R. Fontenot, and Melissa A. Kollar. 2017. "Income and Poverty in the United States: 2016." U. S. Census Bureau, Current Population Reports, pp.60-259.

　　官方贫困线不仅是随意设定的，而且将美国的贫困程度降到了最低。批评者认为，这项措施跟不上通货膨胀的步伐，现在住房比食物占家庭预算的比重要大得多，不同地区的生活费差异很大。贫困线还忽视了每个家庭医疗保健需求的差异。为了解决这个问题，2010年一个跨部门的技术工作组制定了一个**补充贫困标准（SPM）**，该标准考虑了纳税、地点、工作开支、食物、衣服、住所和公用设施等费用。SPM 并不取代官方衡量贫困的指标，但它将补充官方的贫困线标准，并为美国的贫困状况提供一个更完整的画面。在撰写本书时，补充贫困标准的最新数据（2016）显示，美国的贫困率为 14%，即 4 470 万人生活在贫困之中。与之相比，2016 年官方贫困线数据为 12.7%，即 4 060 万人（L. Fox，2017）。

　　根据官方贫困线将所有低于贫困线的人都定为穷人，无论他们是比临界值少几美元，还是远远低于临界值。最贫困的个人和家庭的收入远低于贫困线。例如，2016 年，所有贫困家庭的平均赤字（低于贫困线的金额）为 10 505 美元。据估计，5.8% 的人口（1 850万美国人）是**极度贫困者**（即生活在贫困线 50% 或以下的人口）。通常情况下，极度贫困者必须将其收入的 50% 或更多用于住房。

　　自 1979 年以来，这类极度贫困的人数增加了一倍。这些真正赤贫的人数激增是因为：①他们中的许多人生活在比其他地区繁荣程度低的农村地区；②结婚率下降（离婚率上升）导致单身母亲和单身汉的人数大幅增加；③公共援助津贴持续下滑，特别是在南方。

　　实际上，这两种（测量）方法都能使贫困最小化，因为政府的人口普查员漏掉了许多贫困人口。那些在人口普查中最容易被忽视的人生活在高密度的城市地区，可能几个家庭挤在一间公寓里，或者是农村地区的与世隔绝的家庭。一些工人和他们的家人四处寻找工作，没有固定的住所，就像流浪者和无家可归者一样。这种对穷人的低估会产生重要的影响，因为美国人口普查数据是国会政治代表进行福利分配、制订新的政府计划或废弃旧计划的基础。

尽管存在这些困难以及政府的贫困线对实际贫困程度的低估，但政府的官方数据仍是提供有关贫困人口信息的最佳可用数据。

贫困的人口统计

（1）**种族和民族问题**。2016 年，非西班牙裔白人家庭收入的中位数为 65 041 美元，西班牙裔家庭收入的中位数为 47 675 美元，黑人家庭收入的中位数为 39 490 美元。由此，8.8% 的非西班牙裔白人、19.4% 的西班牙裔和 22% 的黑人被认定为贫困就不足为奇了。

（2）**性别问题**。女人比男人更可能贫困。例如，2016 年，11.3% 的男性和 14% 的女性是贫困人口。贫困中的性别差异也因年龄和家庭状况而变得复杂。在 65 岁及以上人口中，女性的贫困率为 10.6%，而男性的贫困率为 7.6%。2016 年，没有丈夫的女性家庭的官方贫困率为 26.6%，而没有妻子的男性家庭的官方贫困率为 13.1%。这是社会中普遍存在的制度化性别歧视的结果，除了少数例外，社会为女性提供的就业和赚钱的机会较少。这种性别差异，再加上高频率的婚姻破裂以及未婚先孕的女性人数很多，导致女性户主贫穷的可能性很高。

（3）**年龄问题**。2016 年，18 岁以下儿童的贫困率高于其他任何年龄段，有 1 330 万儿童生活在贫困之中，如图 8-9 所示。对于单身母亲家庭的孩子来说，贫困率上升到了惊人的 42.1%（相比之下，已婚夫妇家庭的孩子的贫困率只有 8.4%）。与普遍的看法相反，老年人（65 岁及以上）的贫困率低于总人口。虽然老年人在贫困人口中所占比例不高，但这一比例随着年龄的增长而增加。这可能是因为随着年龄的增长，这类女性所占比例也在增加。性别和族裔结合在一起，使老年非裔美国人和拉美裔妇女的经济状况特别困难（是老年白人妇女的 2 倍以上）。

图 8-9　2016 年，18 岁以下儿童的贫困率是所有年龄段中最高的

资料来源：BrandyTaylor/Getty Images

（4）**地区问题**。贫穷不是随机地分布在地理上的，它往往集中在某些地区。从地区来看，贫困率最高的地区是南方（14.1%）。美国有 395 个县在过去 30 年中，有超过 20% 的人口生活在贫困中，这些县被称为**持续贫困县**（U. S. Department of Agriculture，2017），其中大部分位于南方的乡村地区。2016 年，在大都市地区，中心城市的贫困率（15.9%）高于郊区（10%）。居住在大都市以外的地区贫困率为 15.8%。关于中心城市，重要的是要认识到贫困集中在城市内的小块地区。贫困在空间上的集中意味着穷人有贫穷的邻居，而且该地区用于资助公立学校的税收基础较低，企业数量也在减少，因为这些企业倾向于迁到当地居民可自由支配收入较多的地区。这些因素可能意味着服务业的减少和当地就业机会的消失。

在过去的 30 年或更长的时间里，20% 以上的人口生活在美国的贫困县。

关于贫困的谬见

政府在关注贫困居民方面应该扮演什么样的角色？政治家与公民之间关于这一重要议题的辩论大多是基于错误的假设和误解。

（1）只是"**找份工作**"。对许多人来说，工作并不一定是脱贫的法宝。2016 年 870 万穷人有工作，其中 240 万人是全职工作，但仍然处在贫穷线以下。他们从事着卑微的、没有前途的工作，没有福利，拿着最低的工资，甚至更低。低工资是问题之所在：即使联邦最低工资为每小时 7.25 美元，一个全职工人的年收入也将近 15 080 美元，仍比 2016 年三口之家的贫困线还低 4 025 美元。1968 年，一个三口之家中只有一个最低工资收入者，其生活水平也会比贫困线高出 17%。自 1979 年以来，贫困人口的主要增长是在业穷人。这种增长是因为工资下降、户主为职业女性的人数增加、联邦最低时薪工资偏低以及住房和交通成本增加。根据全美低收入住房联盟（National Low Income Housing Coalition）2017 年的一份报告，全美没有一个州能够在最低工资水平下每周工作 40 小时，还能以公平的市场价格租得起一套两居室公寓，如图 8-10 所示。许多有工作的穷人在某些方面与无工作的穷人相似，在其他方面则更为糟糕。他们为社会做着苦差事，工资低，没有福利，居住条件很差，他们的孩子则在资金不足的学校上学。他们很穷，但不像那些没有工作的穷人，他们没有资格获得政府的许多支持，如社会福利住房、医疗保障和食品券。

（2）**福利依赖**。1996 年，美国国会通过了《个人责任与工作机会协调法案》（Personal Responsibility and Work Opportunity Reconciliation Act），对福利制度进行了改革。这项新法案将"救助有受抚养子女的家庭"（AFDC）的福利项目从联邦政府转移到各州，强制要求福利受益人在两年内找到工作，将福利援助限制在 5 年内，并在 6 年内削减了针对穷人的各种联邦援助项目的 545 亿美元。法律规定对贫困家庭的援助是临时性的，并削减了食品券和儿童营养津贴等补充项目的资金。政策制定者的假设是，福利过于慷慨，会使享受福利比去工作更容易（造成了一个依赖的循环），而且他们认为福利是鼓励未婚女性生育子女。

图 8-10　在业穷人发现住房成本是一个主要障碍。大萧条使许多家庭面临丧失抵押品赎回权的风险
资料来源：rSnapshotPhotos/Shutterstock

我们应该认识到 1996 年福利改革前关于政府福利的一些事实（O'Hare, 1996）。第一，福利占贫困成年人收入的 1/4；贫困成年人近 50% 的收入来自某种形式的工作活动。第二，大约 3/4 的穷人得到了某种非现金形式的福利（医疗补助、食品券或住房援助），但只有大约 40% 的人得到了现金福利。第三，贫困人口会发生变化，即每年都有人陷入或脱离贫困。福利领取者享受福利的时间平均不到两年（Sklar, 1992）。只有 12% 的穷人连续 5 年及以上的时间处于贫困状态（O'Hare, 1996）。第四，尽管改革前的福利制度比现在慷慨得多，但它远远不足以满足穷人的需求。靠救济金生活的三口之家的平均年收入远低于贫困线。第五，一种常见的说法是，享受福利的母亲不断生孩子是为了获得更多的福利，从而逃避工作。与之相反，研究表明，大多数福利领取者会通过各种方式多赚钱，如清扫房间、洗衣服、缝补衣服、照顾孩子，以及出售自己制作的物品。

2017 年，特朗普总统宣布，他正在制定一项全面改革福利制度的计划，并宣称"人们正在利用这一制度"（Lucey, 2017）。就像 1996 年的福利改革一样，这背后的假设是福利鼓励人们不工作。

关于政府福利项目的总体情况，美国公众对于政府福利的主要方向存在根本性的误解。我们倾向于假设政府的资金和服务主要流向穷人（**福利**，从政府获得财政援助和 / 或服务），而事实上，政府最大的援助流向了非贫困人口（**财富**，非贫困人口从政府获得财政援助和 / 或服务）。2016 年，只有 19% 的联邦预算用于为面临经济困难的个人和家庭提供安全网项目（失业救济、食品券等）。由此可见，联邦人力资源支出的大部分用于非贫困人口，如社会保障及退休金和医疗保险支出（41%），以及国防和国际安全援助（21%）。

这种颠倒的福利制度，主要是帮助富裕的人，这是通过两个隐秘的福利体系完成的。第一种是通过税收漏洞（称为**税式支出**）。通过这些合法化机制，政府允许某些个人和公司按较低的税率纳税或根本不纳税。举例来说，最大的税收支出项目之一是房主从不动产税和抵押贷款利息中扣除的钱（抵押贷款利息最高可扣除 100 万美元）。只有不到 25% 的低收入美国人得到了政府的住房补贴，却有超过 75% 的美国人（很多人住在豪宅里）得到了政府的住房补贴。

第二种针对非贫困人口的隐性福利体系是以直接补贴和信贷的形式帮助企业、银行、农业综合企业、国防工业等。这些针对富人和企业利益的补贴计划的金额比针对穷人的福利援助高出数倍。具有讽刺意味的是，美国国会在 1996 年通过全面的福利改革时，并没有将为非贫困人口提供的福利项目考虑在内。

（3）**穷人会得到特殊的好处**。人们普遍认为，穷人可以得到许多其他美国人必须工作才能得到的大量救济，如食品券、医疗补助、住房补贴等。正如我们所看到的，这些补贴与富人所得到的相去甚远，而提议的立法将进一步削减这部分补贴。最重要的是，在许多服务方面，穷人比非贫困人口支付得更多。再加上低工资和大部分收入用于住房，这就解释了为什么有些人难以摆脱贫困。

城市贫民发现自己的钱在市中心并不经花。例如，由于许多杂货店、折扣店、折扣商场和仓储俱乐部避开了中心城区，而许多居住在中心城区的居民没有交通工具去超市和仓储商店，必须从附近的商店购买，这给了店主垄断权，因此食品和日用品的价格更高，穷人支付得更多。让我们考虑以下几点。

- 医院通常向没有医疗保险的病人收取比有医疗保险的病人更高的服务费用。
- 支票兑现中心主要位于贫民区，它们专门赚没有银行账户的人的钱，通常收取支票面值的 10%。
- 一些妇女、婴儿和儿童（WIC）专卖杂货店只接受 WIC 代金券支付，而不接受现金支付。这些 WIC 专卖店的价格要高出市场价 10% ~ 20%。
- "发薪日贷款"（payday loan）行业收取高利率提供预支工资服务，这对于手头拮据的人来说，是一种毁灭性的金融债务。
- 保险业为贫穷的黑人提供丧葬保险的费用通常比白人多出 1/3。2000—2004 年，共有 16 宗重大案件得到解决，涉及 90 家保险公司在 1900—1980 年销售的 1 480 万份保单。和解协议要求这些公司向投保人或其遗属支付超过 5.56 亿美元的赔偿金（Donn，2004）。

结论是显而易见的：按绝对值计算，穷人为商品和服务支付的钱更多，而且在可比较的商品方面，他们支付的部分占其收入的比例要远远高于非贫困人口。同样，当穷人为他们购买的物品缴纳销售税时，相对于非贫困人口，这种税收更多地占用了他们的资源，因此这是一种**累退税**。由此可见，努力把联邦项目转移到各州将使穷人付出更多的代价，因为州和地方税往往是累退的（销售税），而联邦税往往是累进的。

贫困的经济代价

如果人口中很大一部分都是穷人，那么对社会有什么影响？从经济学的角度来看，成本是很高的。据估计，美国每年与儿童贫困相关的费用总计约 5 000 亿美元（Strauss，2013）。这些成本是穷人生产力和经济产出下降、犯罪行为增加以及健康状况不佳的必然后果。如果通过支付生活费及向终身残疾人或老年人提供充足的货币援助来消除贫困，那么整个社会将从购买力的提高和税基的扩大中受益。

社会阶级地位的影响

社会学视角的一个主要信条是，个人是由社会决定的。正如第 1 章所述，我们是谁、我们如何看待自己，以及别人如何对待我们，通常是我们的社会地位的结果。无论理论立场如何，人们对以下主张都没有异议：一个人的财富在许多关键领域都是决定性因素，包括生存机会以及获得被社会高度重视的东西（如财产或教育）的机会。我们已经看到，贫穷对社会的经济影响很大；接下来，我们将研究社会阶级地位对个人和家庭的影响。

身体健康

经济地位对一个人的寿命，或者在一场危机中，谁将是最后一个死去的人影响重大。例如，2005 年 8 月，卡特里娜飓风摧毁了新奥尔良市。在贫困的下九区，32% 的居民没有可以撤离的交通工具（Wagner and Edwards，2007），如图 8-11 所示。从 2017 年波多黎各的飓风事件中也可以看到贫困所产生的类似影响，在该地区，43% 的人口生活在低于贫困线的不合规格的住房中。在另一个例子中，研究表明，较低的社会经济地位与不安全的环境相关，这些环境使穷人容易在火灾中被烧死。这些情况可能包括贫困家庭中没有或只有残次的烟雾探测器、使用小型取暖器、过度拥挤、耐火性较差的住房以及电力或取暖设施隐患。

图 8-11　在卡特里娜飓风期间，贫困的新奥尔良下九区中 32% 的居民没有用于撤离的交通工具

资料来源：Brian Nolan/Shutterstock

富裕阶层的优势不仅包括能在自然灾害中活得更久。一项研究发现，健康在很大程度上受社会阶级的影响。穷人比富人更容易患上某些癌症（肺癌、宫颈癌和食道癌）、高血压、残疾和传染病（尤其是流感和肺结核）。富人的寿命更长，而且当他们身患疾病时，比穷人更有可能生存下来。

人们普遍认为，穷人应对自己的健康缺陷负责；也就是说，他们缺乏教育和知识，这可能导致不良的卫生习惯。例如，研究表明，收入较低的人更有可能吸烟和肥胖。他们也不太可能锻炼身体和进行预防性保健。这一论点的本质是，健康状况差严重困扰着穷人，这是他们不健康的生活方式造成的后果。然而，这种方法忽视了社会阶级的基本事实，也就是说，社会分层体系中的特权以几种主要方式直接或间接地转化为更好的健康状况。

（1）弱势群体更容易承受高犯罪率、经济不安全、婚姻不稳定、长期失业、不健康的工作环境以及暴露在周围的污染和有毒物质中的压力（并由此导致健康状况不佳）。

（2）生活优越的儿童在生命至关重要的前 5 年拥有更健康的环境和更充足的营养。

（3）特权阶层更有机会进入卫生保健系统，也能更好地对其加以利用。一个人的经济资源越少，他接受预防保健和早期治疗的可能性就越低。

（4）研究表明，低收入和少数族裔社区的肥胖率较高，因为这些社区缺乏娱乐设施，缺少提供全方位服务的杂货店，而且有着大量的快餐店。

有证据表明，身体健康状况在很大程度上受到社会阶级地位的影响。

家庭不稳定

关于社会经济地位与家庭不和谐和婚姻破裂之间关系的研究发现了一个负相关关系：社会经济地位越低，离婚或遗弃（配偶）的比例就越高。

> 缺乏足够的资源会给亲密关系带来负担。突如其来的经济困难，如意外失业，也会增加婚姻破裂的可能性。（Baca Zinn et al.，2015：373）

为国而战

在武装部队服役的人中，受过教育的人比没有受过大学教育的人更有可能从事非战斗的供应和行政工作。那些会打字、记账或懂得计算机编程的人通常会被选中去做可以发挥其技能的工作。相反，非技术人员通常会从事最危险的工作。因此，受教育程度较低的人在服役期间被杀的概率要大于受过大学教育的人。

研究表明，军队中较低级别的人员大量来自社会的弱势阶层。这是因为军队为那些在就业市场上很少有或根本没有机会的年轻人提供了一份稳定的工作。当然，缺点是他们要在战斗中冒着受伤甚至死亡的风险。实际上，当美国参战时，穷人和受教育程度较低的人最有可能在战斗中死亡（Kriner and Shen，2010；Bacevich，2010）。

司法

在美国，司法是不平等的。与中上层阶级相比，低收入人群更有可能被逮捕、被判有罪，并因某种违法行为被判处更长的刑期。

大多数公民，包括负责惩罚犯罪的警官、检察官、法官和陪审团成员所持有的阶级偏见影响着司法的执行。这种偏见体现在根据社会经济地位对人们所做的一系列假设中。典型的信念是，如果富人或者富人的孩子犯法的话，他们基本上也都是好人，而他们的越轨行为只是一种失常的、一时的不成熟行为。因此，一个警告就足够了，或者如果罪行严重，一个简短的判决就能造成足够的羞辱，足以使他们恢复正常的生活方式。相反，穷人违法则会被认为是更加棘手的，并会受到严厉的惩罚。

此外，富人可以请得起最好的律师为自己辩护、请得起侦探来搜集证据、请得起精神科医生这样的专家证人。富人有能力向一系列上诉法院提起上诉。而穷人则无力支付保释金，必须在监狱中等待审判，他们必须依靠法庭指派的律师，这些律师通常是社区中经验最少的，而且往往有大量的案件要处理。所有的证据都指向了一个令人遗憾的事实，即被告的财产状况对司法行政有着重大影响。

隔离

与其他先进的工业国家相比，美国生活在贫困线以下的人口比例最高，不同社会阶级之间的联系日渐衰弱，种族鸿沟日益扩大，向两级社会迈进的趋势令人震惊。这种分歧表现在许多方面。极为富有的人生活在高档社区，参加高档俱乐部，在高档度假胜地游玩，送孩子上私立学校。在每一种情况下，他们都会与同阶层的人互动。就连尚算富裕的人也试图将自己与其他社会阶级隔离开来。他们也经常把孩子送到私立学校或在家教育，并且他们经常从中心城区搬到郊区的封闭式社区。与那些围墙林立、大门紧闭的富裕社区相比，穷人，特别是贫穷的少数族裔越来越集中在被隔离的、环境恶化的、学校质量低下的社区。最终的结果是，与富裕地区相比，在贫困地区，穷人的生活质量较差，优质服务更少，公园和绿地更少，学校状况不佳，犯罪率也更高。

第9章
种族不平等

从一开始，美国就是一个按种族划分等级的国家。现今，种族分裂正在发生变化，而且绝对不会消失。美国正在从一个以白人为主的国家转变为一个由不同种族和民族组成的全球性社会。过去明目张胆的种族主义形式已经让位于新型的、更微妙的做法。随着根据种族而界定的少数群体的增长（1/3 的美国居民现在是少数族裔），尽管种族不平等有时会被隐藏起来，但它们仍然持续存在（Higginbotham and Andersen，2016）。

本章的主题是种族不平等具有结构性基础。许多人认为，种族不再像以前那样重要了。对他们而言，第一位混血总统的当选意味着种族不平等已经成为过去式。但是，尽管奥巴马总统的成功当选具有重大意义，种族主义的特征也在不断变化，美国社会仍然是沿着**种族**、民族和肤色的路线来构建的。本章我们将表明，在当今的多种族世界中，种族分歧仍然存在，而少数群体缺乏与他人同样的机会。请记住，这些种族分歧不应该归咎于少数群体。相反，这种分歧在于我们基于种族的社会权利和资源体系。还要记住，我们强调持久的种族统治并不意味着少数群体是**压迫**的被动受害者，恰恰相反，他们的历史充满了人类的能动性。几个世纪以来，美国的少数种族群体一直在以个人和群体的方式反抗压迫。

本章从多个角度审视种族不平等。首先，我们将概述种族以及种族群体和少数民族的重要特征。其次，我们会扼要介绍美国的四个种族和族群，并且强调基于种族和民族的不平等现象持续存在。再次，我们将研究种族不平等的相关解释。最后，我们会研究当前种族和民族关系的趋势。

定义种族和民族

社会学家同意种族是由社会建构的这一观点。这意味着一些群体是按照种族划分的（通常是他们受压迫的基础），即使种族本身并不存在。而种族是截然不同的生物类别的观点确实存在。种族被认为是有着共同祖先，可以通过身体特征区分开来的种群。尽管人们普遍这样认为，但是社会学家现在拒绝接受种族的生物学概念。对人类基因组的科学检验发现，在所谓的种族之间并没有遗传差异。化石和 DNA 证据表明，人们都是从非洲迁出，并在世界各地建立殖民地的少数部落进化而来的，同属于一个种族（Gannon，2016）。虽然不存在所谓的生物种族，但是在社会定义的范畴内，种族是真实存在的。换句话说，种族类别就像真实存在的一样发挥着作用，它是对社会中的人们进行分类的一种机制。

社会对种族定义的变化

长期以来，美国的种族分类一直是基于黑人和白人的二分法，即适用于所有人的两种对立的分类。然而，纵观美国历史，社会对种族的定义已经发生了变化。在过去的不同时期，"种族有着不同的含义。许多被认为是白人且被认为属于多数群体的人实则是移民的后裔，他们曾被认为在种族上与土生土长的美国白人截然不同，他们大多数是新教徒"（Higginbotham and Andersen，2009：41）。种族分类在一国的不同地区及世界各地不尽相同。有的人在美国被归类为"黑人"，在巴西可能被认为是"白人"，在南非则可能被认为是"有色人种"（一个区别于"黑人"和"白人"的类别）。

在美国，区域性的种族划分总是使黑白肤色的种族界限复杂化。拉丁裔和亚裔移民迅速增长、美洲原住民身份认同复苏，已经改变了种族分类的含义与界限。肤色使种族差异更加复杂，因为它是强调浅色皮肤优于深色皮肤这种排序的基础。无论是在种族和民族内部还是跨种族和民族，肤色较浅的人比肤色较深的人更具优势（Burton et al.，2010）。国际事件给种族界限增加了更多的复杂性。自世贸中心和五角大楼遭受恐怖袭击以来，阿拉伯裔美国人、穆斯林和中东后裔（被许多人视为一个单一实体）被定性为与众不同的，甚至是具有危险性的人。

来自亚洲、拉丁美洲和加勒比地区的移民正在改变种族和民族关系的性质。社会学家奥姆（Omi）和怀南特（Winant）（2016）称之为**种族形成**，这意味着社会正在不断地创造和改变种族分类。例如，曾经由种族背景自我定义的群体（如墨西哥裔美国人和日裔美国人）现在被种族化为"西班牙裔"和"亚裔美国人"；来自叙利亚、黎巴嫩、埃及和伊朗等国的中东人通常被归为"阿拉伯人"。在美国，随着时间的推移，政府已经改变了其种族分类。在 2000 年的人口普查中，人们首次可以将种族类别记录为两个或两个以上的种族。2000—2010 年的 10 年间，被认定为混血的人数从 2.4% 上升到 3%（U. S. Bureau of the Census，2010）。我们可以预计，混血或多种族选择将会增加，特别是在年轻人口中。随着人们对跨种族联姻的态度变得更加包容，跨种族通婚的现象越来越多。10% 的已婚夫妇是跨种族的，自 2000 年以来增长了 28%（Jayson，2012）。相对于成年人而言，儿童更有可能认同自己的混血身份。

虽然美国人口普查局已经开始统计美国复杂混合的种族群体，但它对西班牙裔的分类仍很混乱。根据 2000 年美国的指导方针，拉丁裔被认为是一个族群，而不是一个种族。那些认为自己是拉丁裔的人也可以通过选择"其他种族"来表明自己的种族背景。人口普查局承认，种族和民族之间的区别是存在纰漏的。2010 年人口普查改变了西班牙裔的起源问题，通过附加"在此次人口普查中，西班牙裔并非种族"这句话，更明确地区分出西班牙裔不是一个种族（Humes et al.，2011：12）。事实上，西班牙裔在美国已经被种族化了。尽管归类为一个族群，但"西班牙裔"包括一系列的种族群体。与此同时，虽然西班牙裔未被正式定义为一个种族，但他们在社会上是用种族属于来定义。换句话说，主流社会认为他们在种族上低人一等。

针对 2020 年的人口普查，人口普查局正在探索如何更准确地统计西班牙裔的种族和民族。人口普查局发现大多数西班牙裔并不认为自己符合人口普查中所使用的标准种族分类，当问题分别涉及种族和民族时，他们更有可能不回答或对他们的种族给出一个无效的答案。事实上，超过 70% 的人说自己是西班牙裔，但没有选择种族（Cohn，2017）。为了得到更准确的结果，研究人员提议 2020 年的人口普查将种族和民族问题结合在一起进行提问，如图 9-1 所示。

图 9-1　人们现在可以在人口普查和其他联邦表格上表明自己是一个以上种族群体的成员

资料来源：Robert W. Ginn/PhotoEdit

尽管过去和现在都对不同群体进行了种族化，但对种族的普遍认识是存在纰漏的。我们倾向于通过黑人 / 白人的视角来看待种族问题，从而忽视了其他迅速增长的种族群体。与此同时，我们认为占据统治地位的白人群体是无种族的，或者根本就没有种族（McIntosh，1992）。在这种观点看来，白是自然的或正常的状态。它没有种族标记，也不会受到调查。这是对种族的错误描述。事实上，种族秩序形塑了所有人的生活，甚至在体系中处于优势地位的白人也是如此。正如社会阶级存在于相互关系之中，"种族"也是在与其他种族的相互比较中被贴上标签和加以评判的。"黑人"和"西班牙裔"这两个类别只有在与"白人"相区别的情况下才有意义。当人们被称为"非白人"（这个词忽略了有色人种之间的差异）时，这一点尤其明显。种族不仅是相反的两类人的问题，还是主导群体与从属群体之间的一系列权力关系（Weber，2010）。

族群及其差异

种族与民族有何不同？种族是虚构而来的，用于在假定的身体差异的基础上社会性地标记社会群体；民族则是一个社会范畴，允许更广泛的联系。**族群**在民族起源、语言、宗教和文化方面都有其独特之处。

族群在美国由来已久。自殖民时代以来，德国人、意大利人、波兰人、爱尔兰人及其他一些群体带着他们自己的语言、宗教和习俗来到这里。种族和民族都是造成不平等的历史基础，因为它们是在一个从"高等"到"低等"的等级制度中构建起来的。在美国，一些移民被视为低等种族。例如，犹太人曾经被种族化，后来被重新塑造为白人（Brodkin，2009 年）。尽管如此，种族和民族在群体融入社会的方式上还是有所不同的。种族是社会建构的，它将有色人种与欧洲移民群体分离开来。被确定为种族的群体通过工作中的压迫和国家默认的歧视与主流社会接触，这些工作是不自由的，而且几乎没有向上流动的机会。相比之下，欧洲族裔自愿移民到美国，以提高自身地位，或在一个充满机会的土地上施展技能。他们带着希望来到此地，有时还带着资源，这为他们的向上流动奠定了基础。与种族群体不同，如果他们发现这里的条件不令人满意，大多数人可以选择回国。

随着时间的推移，白人族群融入了社会，同时让他们的文化在家庭或文化庆典中得以延续。社会学家称之为"可选择的种族"（optional ethnicity）（Waters，1996），这是一种选择是否认同他们的原始群体以及保留哪些文化特征的能力。对于一些白人群体来说，这种选择是可行的，但是对于那些与主流社会存在差异的有色人种来说则不然，因为种族歧视使他们与其他人区别开来。

全球化和跨国移民正在改变世界各国的面貌。在美国，一些群体已经放弃了自己的民族习俗，而其他群体则保持着自己种族的特点。不断扩大的通信网络以及由移民带来的日益增多的社会互动未能阻止种族冲突。民族和宗教差异导致胡图人在卢旺达屠杀图西族人；巴尔干半岛的全面战争，涉及塞尔维亚人、波斯尼亚人、阿尔巴尼亚人及其他族群；印度尼西亚对华裔的暴力行为；以及中东宗教派别和民族派别之间的暴力冲突。根据2014 年皮尤研究中心的民意调查，中东人认为宗教和种族仇恨是当今世界面临的最大威胁（Welsh，2014）。

总之，随着时间的推移，社会对种族和民族的定义在不断变化。更重要的是，伴随这些社会定义而来的权力差异对所有主导群体和从属群体都有重要的影响。

美国的种族—族群与不平等

在美国，种族和民族都是不同群体的标志。被广大社会贴上种族标签的群体，由于其共同的社会和经济状况而联系在一起。因此，他们发展出了独特的文化或民族特征。今天，我们经常称他们为**种族－族群**（或种族界定的族群）。种族－族群是指在美国社会中处于从属地位，并保持其文化独特性的群体。它包括：①对社会建构的种族群体的系统性歧视；②其独特的文化安排。非裔美国人、拉丁裔美国人、亚裔美国人和印第安人在种族和文化上都不尽相同。每个群体都具有独特的文化、拥有共同的传统，并且在一个它们从属于其中的更大的社会中拥有一个共同的身份。

用于标记的术语也在发生变化，这些变化在群体内部和群体之间存在争议。例如，黑人仍在争论"非裔美国人"这个词的优点，而拉丁裔则不认同"西班牙裔"的标签。我们在本章使用这些可互换的术语，因为它们目前被应用于流行语和学术性的论述中。

种族—族群

接下来我们将介绍美国的四个主要种族—族群，并强调种族群—民族不平等的持续存在。

（1）**非裔美国人**。2016 年，非裔美国人占总人口的 13.3%（U. S. Census Bureau，2017）。1990 年以前，几乎所有非裔美国人都是奴隶的后裔，这些奴隶在 19 世纪奴隶贸易结束之前身不由己地被带到美国。白人把非洲人带到南方各州，为种植园提供免费的劳动力。直到 1890 年，90% 的黑人生活在南方，80% 的黑人居住在农村。在南方，他们在奴隶制下忍受着苛刻、暴力和专制的生活环境，这种制度将在未来几个世纪产生恶果。19世纪，围绕奴隶制的政治风暴几乎摧毁了美国。虽然在 1890 年以后大批黑人离开了南方，但在北方城市，他们也遭遇了歧视和极端的种族隔离，这使他们面临高度集中的贫困及其他社会问题。

在过去的 20 年里，来自非洲和加勒比海地区的移民使黑人人口有所变化。事实上，今天美国有创纪录的 380 万黑人移民（Anderson，2015）。来自非洲和加勒比地区的黑人移民的增加，使人口更加多样化，并对如今的黑人移民提出了挑战。移民的增长也改变了黑人的含义。这引发了一场关于"非裔美国人"标签的新一轮辩论。它忽视了非洲人民在语言、物质和文化上的多样性。"黑人"一词也有问题，因为它有可能将作为奴隶被带到这里的非洲人后裔与最近来自非洲和加勒比地区的移民混为一谈。事实上，现代移民的经历与那些奴隶后裔的经历明显不同。

（2）**拉丁裔美国人**。现今，美国拉丁裔的人口规模已经超过了非裔美国人，成为美国最大的少数族群。在许多方面，拉丁裔人口是美国种族和民族转型的驱动力。2016 年，西班牙裔或拉丁裔人口占美国总人口的 17.8%（U. S. Census Bureau，2017）。尽管拉丁裔美国人是最大的少数族裔，但他们是各种族群的集合。他们包括来自拉丁美洲、加勒比地区和西班牙等讲西班牙语国家的形形色色的人。几乎 2/3（63.2%）的拉丁裔美国人是奇卡诺人或墨西哥裔美国人、9.5% 是波多黎各人、3.8% 是古巴人，23.5% 是"其他西班牙裔"（U. S. Census Bureau，2017）。

西班牙裔这个类别是由联邦政府创建的，用于提供在美国的墨西哥人、古巴人、波多黎各人及其他西班牙裔的数据。这一术语被当作一个标签，适用于来自拉丁美洲的西班牙语国家以及来自西班牙的所有人。由于西班牙裔的人口如此多样化，以至于关于群体成员尚无精确定义。甚至拉丁裔这个词也是一个新发明。虽然拉丁裔通常被视为移民，但他们中的大多数（62%）都出生在美国。

拉丁裔美国人的民族起源各不相同，他们抵达美国的时间也各不相同。因此，墨西哥人、波多黎各人、古巴人及其他拉丁裔群体有着不同的历史，这使他们彼此区别开来。古巴人主要是在 1960—1980 年来到美国的。1848 年，由于《瓜达卢佩－伊达尔戈条约》，墨西哥西南部的大部分地区被美国强行吞并，而墨西哥人也成为美国的一部分。其他墨西哥人从 1890 年开始持续移民到美国。波多黎各人于 1898 年被美国控制，并于 1917 年获得公民身份。在过去的 20 年里，大量萨尔瓦多人和危地马拉人移民到了美国。

由于历史不同，从第五代移民到新移民，从富裕且受过良好教育的人到贫穷且未受过教育的人，西班牙裔在许多法律和社会地位中都有所体现。这种多样性意味着没有像黑人意义上的"西班牙裔"人口。西班牙裔没有共同的历史，他们并未组成一个单一的社区。相反，他们是具有不同民族起源、语言、种族认同和社会经济地位的群体的集合。在美国，如果说某人是"西班牙裔"或"拉丁裔"，那么几乎无法显示其态度、行为、信仰、种族、宗教、阶级或法律状况（Saenz，2010）。

尽管存在这些差异，美国的拉丁裔都长期遭受歧视。当盎格鲁人在 19 世纪进入该地区时，西南部的墨西哥裔美国人失去了财产和政治权利。直到 20 世纪 40 年代，得克萨斯州一些城市的地方条例还禁止墨西哥裔美国人拥有房地产或投票权。此外，在 1950 年之前，墨西哥裔美国人被要求在许多司法管辖区内实行种族隔离的公立学校就读。

（3）**亚裔美国人**。亚裔美国人是美国另一个迅速增长的少数族裔。2016 年，亚裔美国人占美国人口的 5.7%（U. S. Census Bureau，2017）。这个数字代表了自 2000 年以来超过 72% 的增长率，是所有主要种族或族群中增长最快的（Lopez et al.，2017）。

与拉丁裔人口一样，美国的亚裔人口也极为多样化，因此出现了泛亚裔一词，这包括来自亚洲和太平洋岛屿国家的移民以及出生于美国本土的这类族裔群体的后代。直到最近，从亚洲国家来到美国的移民也并不认为自己是"亚洲人"，甚至不认为自己是中国人、日本人、韩国人等，而是认为自己是来自中国广东省的台山、和平或其他地区，或者来自广岛、山口或其他地方的人。直到 20 世纪 60 年代末，随着亚裔美国人运动的出现，一种"泛亚意识"才得以形成（Espiritu，1996：51）。

亚洲人的特征因其民族起源和进入美国的时间而有很大差异，他们大多数是近期的移民家庭，但许多亚裔美国人在美国的家族史超过了 150 年。反亚裔的法律和歧视在这一时期的大部分时间里都是显著的。1879 年的加州宪法禁止雇用中国工人，1882 年的联邦排华法案禁止大多数中国移民入境，这一法案直至 1943 年才被废除。"二战"期间，根据罗斯福总统签署的行政命令，日裔美国人被关押在集中营里。直到 1952 年，日本移民才被赋予加入美国国籍的权利（Pollard and O'Hare，1999：6-7）。

"二战"前的亚洲移民大多是农民，近期的移民因受教育程度和社会阶层的不同而存在很大差异。许多人是受过良好教育的中产阶级专业人士，他们拥有被高度重视的技能，并且具备一些英语知识；而其他人，如印度支那人，抵达美国时是没有受过教育、贫穷的难民。这些差异反映在各民族收入和贫困水平的差异上。总的来说，亚裔美国人的平均收入比美国其他群体要高。尽管其中一大部分人经济状况良好，但是还有很多人是贫穷的。亚裔美国人被视为"模范少数族裔"，是一个受过良好教育、社会地位上升的群体。但是这种刻板印象是具有误导性的，它不仅被用来把其他少数民族的不平等归咎于其自身，而且忽视了歧视亚洲人的历史以及存在于不同的亚裔群体之间的巨大差异。甚至亚裔美国人这个词也掩盖了巨大的多样性。

（4）**美洲原住民**。一度被认为注定要灭绝的美洲原住民或印第安人的数量比 19 世纪以来的任何时候都多，现在占美国总人口的 1.3%（U. S. Census Bureau，2017）。位于北美洲的部落极其多样化，在身体特征、语言、文化和社会组织方面存在很大的差异。当欧洲人到达北美时，有 700 万原住民生活在这里。欧洲人征服了他们，并使之成为"印第安人"。到 1890 年，由于疾病、战争以及某些情况下的种族灭绝，他们的人口减少到 25 万人以下（相比之下，他们现在的总人口数超过 550 万）。19 世纪上半叶，美国政府迫使美洲原住民离开他们的家园。在安德鲁•杰克逊总统签署了 1830 年的印第安人迁移法案之后，这些强迫性移民活动开始加速。许多部落被迫生活在专门为他们安置的边缘土地上。

美洲原住民目前的政治和经济地位源于他们被迫融入美国社会的过程。我们现在所见的美洲原住民与其他居民之间的差异是由许多因素导致的，包括为了白人定居者的利益而侵占印第安人的土地，印第安人事务局对在本土发现的资源的管理不善，以及联邦政府对美洲原住民教育和医疗保健的投资不足。

1960 年至今，美洲原住民人口的社会和经济福利发生了重要的变化。1970 年人口普查时，美洲原住民是美国最贫穷的群体，收入远低于黑人。到了 1980 年，尽管许多印第安保留地的贫困率高达 60%，但美洲原住民的贫困率已经有所下降。20 世纪末，美洲原住民比 20 世纪初更富裕。在过去的几十年里，美洲原住民在降低贫困率和提高教育水平方面取得了重大进展。然而，即使取得了这些进展，美洲原住民的贫困率仍高达 26.2%，是白人贫困率的两倍之多，在所有种族 - 族群中也是最高的。原住民在美国大多数社会经济指标中都排名垫底，如预期寿命较短、人均收入较少、就业率和受教育水平较低（U. S. Census Bureau，2017）。

种族—民族不平等

我们在本章开头就提到了这一点，尽管没有生物种族这回事，但种族是真实存在的，只是它们是被社会定义的。换句话说，种族类别被用作对社会中的人们进行分类的一种机制。在此，我们会说明在收入、教育、就业和健康方面的种族 - 民族不平等。

（1）**收入**。就平均收入而言，白人家庭和家户高于黑人和西班牙裔的家庭和家户。随着时间的推移，种族收入差异保持不变。2016 年，黑人家庭的收入中位数约为 39 490 美元，白人家庭的收入中位数约为 65 041 美元，西班牙裔家庭的收入中位数约为 47 675 美元（Semega et al.，2017），如图 9-2 所示。

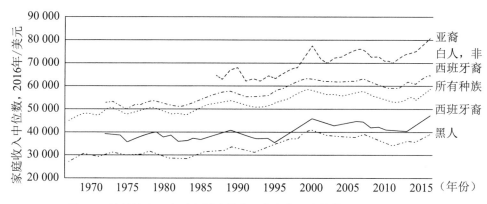

图 9-2　按种族和西班牙裔划分的实际家庭收入中位数：1967—2016 年

资料来源：数据来源于 Semega ,Jessica L.,Kayla R. Fontenot,and Melissa A. Kollar.2017. "Income and Poverty in the United States: 2016." U. S. Census Bureau, Current Population Reports, P60-259,Table A-1 Washington,DC: U. S. Government Printing Office,Washington, DC.

尽管种族收入差距很大，但种族的贫富差距更大。白人家庭通常比黑人或拉丁裔家庭更富裕。正如第 8 章所述，财富是一个家庭所拥有的重要资产的总和，包括房屋所有权、养老基金、储蓄账户和投资。许多这类资源都是代代相传的。白人家庭通常有更多的资源留给自己的孩子。社会学家称之为"成为黑人的代价"（Oliver and Shapiro，1995）。据此来看，非裔美国人的劣势将持续存在，直到贫富差距缩小为止（Shapiro，2004）。

家庭财富的一个重要指标是拥有住房。偿还房屋抵押贷款是大多数人一生积累净资产的方式。但是，因为少数族裔在购买、融资或为房屋投保的过程中遭到歧视，巨大的种族差距仍然存在（Farley and Squires，2009：315）。不到一半的黑人（42%）和拉丁裔美国人（46.1%）以及不到 60%（57.1%）的亚裔美国人拥有自己的房屋，而白人的这项比例高达 72.5%。即便是在联邦公平住房法实施了 40 多年之后，房地产市场上的种族歧视依然很严重。（参阅深入观察专栏"绘制不平等地图"）（Turner et al.，2013）。

深入观察

绘制不平等地图

只有不到一半的黑人和拉丁裔美国人拥有自己的房子。鉴于美国住房歧视的历史，这不足为奇。在一个被称为"**画红线**"（redlining）的过程中，政府在 20 世纪 30 年代发起了一个项目，按"优良区域"和"不良区域"对社区进行排序或用颜色进行分类。业主贷款公司（HOLC）将少数种族和民族高度集中的地区标记为红线社区（即给它们贴上"不良区域"和高风险的标签），然后银行、保险公司及其他组织拒绝或限制向这些地区的人们提供贷款、抵押贷款或保险。

2016 年，来自 4 所大学的一组研究人员对 HOLC 的地图和社区描述进行了数字化处理，并将其放到了网上（Nelson et al.，2017）。这个被称为绘制不平等地图的项目，包括数百份详细描述这种歧视的地图和笔记。例如，HOLC 在描述堪萨斯州威奇托的一个地区时，就将"黑人高度集中"注释为有害的影响，而俄勒冈州波特兰的一个地区则有"颠覆性的种族分子的渗透"的注释（Miller，2016）。

根据分析家的说法，由于缺乏投资，被红色圈定的社区数量下降，HOLC 的地图就成了一个自我实现预言。芝加哥联邦储备银行的研究人员研究了业主贷款公司（HOLC）地图，并将其与当下的住房数据进行了比较。他们发现，在 20 世纪 30 年代被红色圈定的地区，房屋所有权、房屋价值和信用评分长期下降，这种情况一直持续到今天（Aaronson et al.，2017）。

尽管画红线在当今是非法的，但最近的案例表明，歧视少数种族和民族的做法依然存在。例如，2015 年，美国司法部发现哈德逊城市储蓄银行在 2009—2013 年避免向黑人和拉丁裔美国人提供抵押贷款，随后要求该银行给付 3 300 万美元的赔偿金。2015 年，美联银行因拒绝向芝加哥和密尔沃基的黑人和拉丁裔申请人提供抵押贷款而支付了 200 美元的和解费。其他案例表明，银行经常为少数民族和少数族裔预留高息贷款，这是一种掠夺性借贷（Mock，2015）。

拥有住房可以成为积累家庭财富的重要工具。红线的遗留问题以及目前抵押贷款中的歧视问题表明了有多少的少数种族和少数族裔被剥夺了这一重要工具。

（2）**教育**。1954 年，最高法院宣布学校中的种族隔离是非法的。然而，具有里程碑意义的布朗诉托皮卡教育局案的裁决并未使种族隔离终结。事实上，现在学校正在迅速地恢复种族隔离。在最高法院于 20 世纪 90 年代初作出裁决之后，全美各地学校重新实行种族隔离的现象持续增加。黑人和拉丁裔美国人的种族隔离通常是来自白人和中产阶级学生的种族隔离和阶级隔离（Brown，2016）。

从年轻人的受教育程度来看，非裔美国人最低，而白人和亚裔最高。2016 年亚裔美国人的高中毕业率为 90%，白人为 88%，西班牙裔为 78%，非裔为 75%（National Center for Education Statistics，2017）。

如何解释种族 - 民族教育差距？虽然一些教育家指出"压迫文化"导致黑人和拉丁裔学生表现不佳，但最近的研究指向了更大的社会环境。社区隔离、不平等的学校和社会阶层差异共同作用，从而产生了不同的教育机会。

20 世纪 60 年代以来，少数民族参与高等教育的人数有所增加。大学校园比一个世纪前更加多样化。尽管如此，大学的入学率仍然存在种族上的差距。虽然许多大学积极招收有色人种的学生，但是许多因素导致这些学生的留校率较低。即使进入大学，有色人种的学生也经常面临一系列歧视。各项研究一致发现，相对于白人学生而言，他们更有可能被疏远，也更容易辍学。

所有这些差距都转化成了经济上的不平等。然而，单纯的教育并不能解决这一问题。即使有大学学位，非裔和拉丁裔美国人的失业率也比与之相当的白人高。教育回报不平等这一事实使情况更加复杂。无论受教育程度如何，少数族裔与受过同等教育的白人相比，所得的报酬都是很低的。

（3）**就业**。非裔和拉丁裔美国人一直是美国劳动力的重要组成部分。然而，他们的工作前景和所从事的工作与其他人不同，少数群体更有可能从事低端技能职业，而不太可能从事管理或专业职业。社会学研究表明，在工作场所存在种族不平等，涉及招聘、雇用、解雇、工作水平、工资标准、晋升和工作自主程度等方面。

移民通常从事低薪的最底层工作。与本地人相比，他们更有可能成为缝纫机操作员、停车场管理员、管家、服务员、保姆、食品加工工人、农业工人、电梯操作员、看门人、装配工和苦力等。1990—2016 年，在管理和专业领域，西班牙裔的比例从 17% 下降到 16.7%，而黑人的比例从 13% 下降到 11.9%（Bureau of Labor Statistics，2017a）。

全球化和美国的经济变化减少了全美的工作机会，这在少数族裔社区引发了就业危机。大衰退（The Great Recession）对少数族裔社区的影响就像经济萧条一样，威胁到许多黑人社区的生存能力。2009 年，16 ～ 24 岁的黑人男性失业率达到了大萧条时期的 34%，是美国总人口失业率的 3 倍多（Ehrenreich and Muhammad，2009；Haynes，2010）。

由于非裔和拉丁裔美国人在公务员队伍中建立了成功的地位，他们也正面临政府裁员。新经济将越来越多地由有色人种组成。如果他们继续被剥夺平等获得高薪工作的机会，整个社会将面临贫穷及其他与经济不平等有关的问题的风险。

（4）**健康**。在美国，我们强调个人在决定健康方面的责任。但研究发现，健康差距受社会环境的影响。例如，少数种族比其他群体更有可能居住在危险废物处理设施附近。**环境种族主义**是指某些种族群体过多地接触环境中的有毒物质。种族因素是国内危险废物处理设施的最强的预测因素，即使在社会阶级调整了之后也是如此。早在 2005 年卡特里娜飓风袭击之前，新奥尔良就已经在同洪水和有毒垃圾等环境侵害作斗争了。有色人种最容易受到此类侵害。在全美范围内，60% 的有色人种由于土地使用、居住方式和基础设施发展（Bullard，2007：87）而生活在充斥着有毒废弃物之地。

生活在贫困社区对健康的不利影响怎么强调都不为过。那些生活在"高机会"社区（典型的白人社区）的居民预计可以比同一个城市"低机会"社区的居民多活 20 年。研究人员认为，在决定一个人的健康和寿命方面，邮政编码比基因编码更重要（Parks，2016）。在几乎所有的健康指标上，少数种族－民族都处于不利地位。

种族和民族不平等的解释

为什么一些种族和民族群体始终处于不利地位？一些族群，如爱尔兰人和犹太人，虽然受到歧视，但他们最终还是克服了最初的不利处境。但是非裔、拉丁裔、亚裔美国人和美洲原住民还未能摆脱劣势地位。围绕为什么一些群体会被区别对待的问题，缺陷理论、偏见理论和结构性歧视理论给出了解释。

缺陷理论

一些分析人士认为，有些群体处于不利地位，因为他们是低等的。也就是说，与大多数人相比，他们在某些重要方面存在缺陷。**缺陷理论**有两种说法。

（1）**生物缺陷**。这种对种族低劣的经典解释认为，群体劣势是有缺陷的基因特质造成的，因此也是遗传特征的结果。这是阿瑟·詹森、理查德·赫恩斯坦和查尔斯·默里的观点（参见第 7 章）。他们的著作《钟曲线》（*The Bell Curve*）（Herrnstein and Murray，1994）声称黑人在基因上比白人低劣，这就解释了各个种族群体在获得成功方面的差异。尽管媒体对这些理论家及其他理论家的研究给予了关注，但是并没有确切的证据表明种族群体之间在智力方面存在差异这一论点。科学界普遍不接受生物缺陷理论。

（2）**文化缺陷**。许多关于种族歧视的解释都是基于代代相传的群体所特有的文化特征。根据这种解释，少数群体的文化信仰和实践与占主导地位的群体相比是功能失调的。此外，这些群体仍然处于社会底层，因为他们未能利用社会中的机会（Brown and Wellman，2005：188）。从这个角度看，少数群体由于自己的传统和习俗而处于不利地位。文化缺陷是丹尼尔·帕特里·莫伊尼汉于 1967 年所作的著名报告的基础，该报告批评黑人聚居区内的"病态的混乱"植根于黑人家庭的退化（U. S. Department of Labor，1965）。据说，高比率的婚姻解体、女性为户主的家庭、未婚生育和福利依赖是奴隶制和歧视的遗留问题，这是一个世代相传的病态模式的复杂网络。莫伊尼汉的报告作为一个"指责受害者"的经典案例而广受诟病，它在黑人文化而非社会结构中发现问题。

40 多年来，许多社会学家强烈反对文化解释。然而，贫困文化如今再次成为社会学的议题，这一次使用了义化的新定义，并提出文化和社会结构条件共同作用造成了贫困和种族不平等（Small et al.，2010；Wilson，2010）。然而，旧的文化方法仍然主导着大众的思想。今天，许多关于种族和贫困的公众讨论都是建立在对少数群体的错误假设之上的。"家庭破裂"仍然被用来解释非裔美国人的贫穷，而落后的文化据说会产生拉丁裔美国人的问题。少数群体也被当前的执政当局指责为滥用公共福利制度。这些行为或生活方式的争论正被用于改革福利的辩论中，这表明了缺陷理论在政治中仍然存在。

偏见理论

缺陷理论将少数群体的困境归咎于他们自身。另外，**偏见理论**指责主导群体的成员对少数群体持有偏见态度。这一论点将种族主义和不平等简化为美国白人个人的"怀有偏见"的行为（Brown and Wellman，2005：189）。

许多社会学家认为，持偏见态度并非种族主义的本质，而是许多不带偏见的人为传统安排所做的辩解，这些安排对少数群体产生了负面影响。例如，劳伦斯·波波（Lawrence Bobo，2009：81）的研究表明，尽管公开的偏见已经减少，但大多数美国白人仍然不愿意支持解决种族不平等问题的社会实践和政策。例如，不带偏见的人努力地维持现状，他们支持职业中的资历制度，或反对平权运动、配额制度，反对为实现种族平衡而做的努力，以及高等教育的公开招生。

我们生活在一个法律保护公民免受种族歧视的时代。新的传统观点认为种族主义是过去的残余，是白人偏见的结果，目前正在减弱。完全关注偏见是不准确的，因为偏见集中体现在偏执的人身上，它忽视了种族主义的结构性基础。在多数－少数关系中起决定作用的不是偏见，而是特权与不利的差别制度。即使针对少数群体的强烈厌恶停止了，"持续的社会模式可以随着时间的推移而持续下去，影响着我们与谁结婚、在哪里生活、我们相信什么又做什么，等等"（Elliot and Pais，2006：300）。

因此，制度和个人的种族主义为白人创造了特权。歧视使特权阶层在社会、经济和政治领域享有巨大的优势。这种观点认为，种族主义的行为不仅是基于刻板印象、仇恨或预判，而且是对个人为维护其自身利益而争夺稀缺资源的理性回应。

结构性歧视理论

缺陷理论和偏见理论错误地将重点聚焦个人：第一个是关于少数群体的缺陷；第二个是关于多数人态度的缺陷。二者均忽略了压迫少数群体的社会组织。还有一种观点认为，从根本上讲，种族不平等并非人们头脑中的想法的问题，也不是他们个人意图的问题，而是造成种族主义或使其存续的公共机构和惯例的问题（回顾"深入观察"专栏关于画红线和住房歧视的做法）。**结构性歧视理论**从思考"头脑中的种族主义"转向理解"世界上的种族主义"（Lichtenberg，1992：5）。

许多社会学家把种族作为一种渗透到生活的各个方面的结构性力量来研究。使用这一框架的研究者区分了个人种族主义和制度化的种族主义。**个人种族主义**与偏见有关。它包括伤害他人或其财产的个人行为。**制度化的种族主义**是结构性的。它不只是由态度或行为组成的，结构化意味着种族优势的复杂模式嵌入了社会结构之中，这一结构是权力与特权体系，它使某些群体优于其他群体（Higginbotham and Andersen，2016）。由于制度化的种族主义将不平等视为社会结构的一部分，因此个人和群体无论偏执与否，都会存在歧视。这些个人和群体在一个确保种族支配地位的社会环境中行事。社会环境包括使社会中的各项事务得以完成的法律、习俗、宗教信仰，以及稳定安排和惯例。

制度化或结构性的种族主义与信仰无关。这不仅是针对那些被认为是不同种族的人（指那些不被认为是白人的人）的行动。霍华德·维南特称：

> ……制度化的种族主义是……关于事物运作的方式，不管原因是什么，它都是关于结果，而非意图或信仰。因此，例如，如果种族之间巨大的财富不平等依然持续，这不是因为白人目前打算让黑人或棕色人种贫穷，而是因为一些人年复一年地比其他人做得更好。不平等积累了起来；不公正变得正常……理所当然。
> （Winant，2009：58）

虽然各种关于种族不平等的结构化理论不尽相同，但它们都同意以下几点。首先，历史在决定现状和抵制变革方面很重要。从历史观点上说，制度界定并执行规范和角色关系，这是按种族来区分的。美国及其制度建立之时，黑人还是奴隶，未受过教育，并且在文化上不同于占主导地位的白人（Patterson，2007：58）。从一开始，黑人就被认为是低人一等的（例如，在最初的宪法中，一个奴隶相当于 60% 的人）。宗教信仰支持这种黑人低人一等的观念，并为社会中特权和惩罚的差别分配做辩护。

其次，歧视可以在没有意识到偏见的情况下发生。日常实践加剧了种族歧视与剥夺。尽管三 K 党的行为明显带有种族主义色彩，但其他许多行为（选择住在郊区，把孩子送到私立学校，或反对政府干预招聘政策）也保持了种族的优势。不管有无恶意，种族歧视都是这个制度"正常的"结果。即使"头脑中的种族主义"消失了，"世界上的种族主义"也不会消失，因为这是制度的弊端。

最后，由于制度是相互关联的，制度化歧视得以加强。例如，少数群体被排除在高等教育之外，这可能会影响他们在其他机构中的机会（工作类型、报酬水平）。同样，贫穷的孩子可能会接受低等教育，不太可能拥有财产，健康状况不佳，受到司法系统的不公正对待。这些不平等是累积的。

当少数群体及其成员被社会强权通过合法手段而使其显得低人一等或具有负面的刻板印象时，制度上的减损就发生了。媒体（电影、电视、报纸和期刊）对少数群体成员的描绘往往是贬义的。例如，许多作品过多地将黑人男性描述为吸毒者、罪犯、下层阶级和"病态的"。如果我们把对某些少数人群的认识建立在媒体形象的基础上，那么我们的观点就会有相当大的偏差。媒体还向我们提供解释和说明，以帮助我们理解我们的社会，包括社会是由多种族构成的。当今大众媒体中充斥的思想掩盖了无处不在的种族不平等。我们不断地收到对种族关系的描述，这些描述误导人们认为歧视性的种族藩篱已经消除，美国已经成为一个真正的无种族歧视的国家。（Gallagher，2010；Weber，2010）

为什么美国是按照种族划分的？关于种族和阶级在形塑种族分层方面的相对重要性，结构理论家们长期存在争论。那些强调阶级的人主张，经济和阶级制度是造成种族不平等的原因。一些学者认为，现代的种族关系是由世界资本主义造成的。利用非白人的劳动开始成为白人所有者积累利润的手段。这种观点认为，资本主义是一种阶级剥削制度，它塑造了美国乃至世界的种族和种族主义（Bonacich，1992）。

其他结构理论指出，种族本身就是不平等的主要塑造者。例如，种族形成理论认为，美国是按照从上到下的种族界线组织起来的，是一个种族国家，由支持种族分层并为其辩护的制度和政策组成，有利于占主导地位的种族的成员。

秩序和冲突视角下的种族分层

种族和民族关系的秩序论认为，美国是一个充满机遇的国家，所有族群和种族群体最终都会被同化或融入这个国家的社会大熔炉之中，这就是 19 世纪和 20 世纪早期来到美国的欧洲移民的经历。他们到达美国后，经过几代人，就融入了当地的社会。秩序论强调包容、有序整合以及种族群体和族群同化的模式。"同化"一词来源于拉丁语的"assmulare"，意思是"使之相似"（Feagin and Feagin，1993：27）。秩序论关注的是少数群体如何适应核心社会。这些理论认为，黑人及其他少数种族的处境与早期白人移民的处境相似。正如白人族群在这片充满机会的土地上为自己创造了一席之地一样，少数种族也应如此。有了正确的动机和行为，少数群体可以在美国主流社会中提升自己并取得成功。

冲突（或权力冲突）理论批评同化理论忽视了排斥少数种族充分参与美国社会的社会环境。大多数冲突理论都强调美国经济中种族和民族不平等的深层根源。社会制度而非群体文化使少数群体一直处于社会的底层。由于来自数量、技术、武器、财产或经济资源的权力存在差异，同化是不可能发生的。那些在社会中拥有更高权力的多数群体通过支配弱势群体建立了一种不平等的制度，随后这种制度再由权力来维持。**主导群体**和**少数群体**这两个术语描述了权力差异，而不考虑群体的大小。事实上，少数人可能比多数人拥有更多的政治代表权和权力，南非就是这种情况。

冲突理论认为，各个种族－民族从来就没有同化之意。种族分层之所以存在，是因为社会的某些部分从中受益，而且白人与有色人种之间的差异在不同种族之间产生了冲突，而不是共识。

无论是冲突模型，还是秩序模型，都未能抓住当今多种族社会的复杂性。虽然一些少数群体仍然处于社会底层，但从种族上定义的移民正在进入一个不同于吸收欧洲移民的美国社会。不同种族群体的经历及其与全球转型的联系，需要新的理论来阐明。

美国种族与民族关系的当代趋势和问题

到 21 世纪中叶，今天的少数群体将占美国人口的一半以上（至 2060 年的人口预测，如图 9-3 所示）。

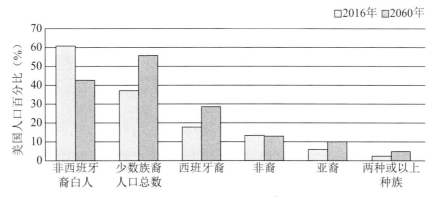

图 9-3 美国种族－民族人口：2016[①] 年与 2060 年

注：少数族裔人口是指除非西班牙裔白人以外的所有人。2016 年，非西班牙裔白人占总人口的 61.3%。如果包括西班牙裔白人，2016 年的白人人口占比为 76.9%。两个种群由于占比太低而无法在图表上显示，它们分别是美国印第安人 / 阿拉斯加原住民：2016 年占比为 1.3%，2060 年占比为 0.6%。夏威夷原住民 / 太平洋岛民：2016 年和 2060 年占比都是 0.2%。

资料来源：美国 2060 年人口普查预测来源为美国人口普查局，2015 年。

① 译者注：原文此处为 2014 年，根据文字描述，修订为 2016 年。

种族多样性呈现出了新的社会环境，反映了群体权利及群体在获得社会资源方面的差异。三大趋势揭示了新旧形式的种族不平等：种族冲突愈演愈烈，少数群体的经济两极分化，以及美国种族政策的全国性转变。这些趋势是在全球范围内发生的，与世界各地的宏观社会力量密切相关。

种族冲突愈演愈烈

正如我们所看到的，美国在种族和民族方面变得更加多样化。虽然许多美国人赞美这种多样性，但对其他人来说，这种多样性加剧了种族冲突。请看以下几个例子。

- 2014 年 8 月 9 日，一名白人警察在密苏里州弗格森（圣路易斯一个以黑人为主的郊区）枪杀了一名手无寸铁的非裔青年。这次枪击事件引发了持续数周的抗议、抢劫、破坏以及以黑人为主的抗议者与以白人为主的警察之间的冲突。分析人士表示，考虑到该地区历史上存在的贫困、异化和种族不平等，此次事件并不令人惊讶（Conason，2014）。

- 在陪审团宣判弗格森案的涉案警察无罪后的一个月，一名纽约白人警察将一名 43 岁黑人男子扼喉致死，而大陪审团也未能就该案提起诉讼。这些案件导致对警察过度使用武力和种族歧视的抗议活动在美国各地愈演愈烈。

- 2015 年，21 岁的白人至上主义者戴伦•鲁夫在南卡罗来纳州一座以黑人为主的教堂开枪射击，造成 9 人死亡（Blain，2017）。

- 2017 年其他威胁暴力的种族主义行为，包括在华盛顿特区的公共场所，如国家美术馆、国家非裔美国人历史和文化博物馆及赫什霍恩博物馆内出现了绞索。

- 2017 年头两个月，4 座清真寺被烧毁，其他清真寺遭到破坏。

- 2017 年 8 月，在乌尔吉尼亚大学举行的白人民族主义者集会（"团结右翼"）爆发了暴力事件。一群白人男子在校园游行，高呼"犹太人不会取代我们"，在暴力事件的第二天，一名反抗议者被杀害。

夏洛茨维尔事件发生后，联合国向美国发出了一则"预警"，要求其处理该国的种族主义问题，如图 9-4 所示。在过去的 10 年中，收到预警的另外几个国家是布隆迪、伊拉克、科特迪瓦、吉尔吉斯斯坦和尼日利亚（Siddique and Laughland，2017）。

目前关于外国人的争论产生了反移民的法律和政策，如亚利桑那州 2010 年的立法要求移民携带合法身份证明，并向怀疑他们可能是非法移民的警察出示身份证明（Martin and Midgley，2010；Navarro，2011）。2010 年，在亚利桑那州的图森市，公立学校废除了墨西哥裔美国人研究项目，因为这些项目被指责将拉丁裔学生"政治化"，鼓励反白人情绪。随着特朗普总统提议在美国和墨西哥之间修建边境墙，以及禁止来自以穆斯林为主的国家的游客入境，人们对移民的担忧进一步加剧。

图 9-4　在弗吉尼亚州的夏洛茨维尔，新纳粹主义的抗议者与反抗议者在一场"团结右翼"的集会上发生了暴力冲突

资料来源：Albin Lohr-Jones/Pacific Press/Alamy Stock Photo

种族冲突往往与不确定的经济状况有关。缺乏工作、住房及其他资源会增加白人的恐惧，并将少数族裔作为替罪羊。在佛罗里达州以及西部和西南部的许多地区，关于古巴人、墨西哥人及其他西班牙裔美国人抢走了欧裔白人的工作的观念引发了种族紧张局势。随着个人可以争夺的工作及其他机会变得越来越少，白人与少数群体之间以及少数群体内部的种族紧张关系经常以暴力的形式爆发。

首位黑人总统的历史性当选并没有让社会"超越种族"，反而把一些种族冲突事件推到了舞台中央。前总统卡特等著名民主党人士公开推测，一些党派从市政厅会议到国会等场所对前总统奥巴马的攻击，以及关于奥巴马出生地的"出生地怀疑运动"的谣言等，背后都隐藏着种族问题（暗指种族主义）。

（1）**更多基于种族的组织和活动**。2017 年，南方贫困法律中心记录了 48 个州和哥伦比亚特区的 917 个仇恨组织。仇恨组织包括白人至上主义组织，这些组织具有不同的元素，如三 K 党、新联盟团体（那些认为南方文化基本上是白人文化的人）、纳粹党派、光头党。许多组织利用社交媒体向年轻人传播他们的思想，因此现在一半以上的仇恨犯罪是由 15 ～ 24 岁的年轻人实施的。除了种族主义网站之外，网络上的极端主义在电子邮件、讨论组和聊天室中也十分猖獗。2017 年 11 月，推特宣布将暂停任何显示与暴力组织有关联的账户，随后还封禁了众所周知的白人至上主义者的账户。

（2）**种族定性与虐待**。近年来，司法系统中的种族歧视问题引起了人们的关注。在过去的 30 年里，我们看到了大量与种族有关的警察过度使用武力和不当行为，以及官方承认的系统性的种族定性。正如我们在第 2 章中讨论的，黑人和深肤色拉丁裔美国人总是成为警察的目标。少数群体居住的下层社区受到警察更高程度的怀疑、拦截、审讯和搜查。自"9·11"以来，阿拉伯裔美国人、穆斯林及其他中东人成为威胁、枪击、燃烧弹及其他形式的暴力行为的目标。对恐怖主义的恐惧引发了一连串的仇恨犯罪，并引发了一场关于官方使用种族定性的全国性争论，亦即将种族和种族特点作为犯罪和潜在恐怖主义的线索。

（3）校园中的种族矛盾。最近关于大学校园种族主义的头条新闻使许多人感到惊讶，因为教育机构在形式上是废止种族隔离的，而校园种族歧视现象依旧普遍存在。在过去几年中，据有色人种学生报告，高等教育机构中的种族歧视、不容忍、仇恨犯罪和文化之间缺少敏感性等行为急剧增加。

根据美国教育部、监督机构与倡导组织的数据，每年有超过 50 万的大学生成为受偏见驱使的诽谤或人身攻击的目标。每天至少有一起仇恨犯罪发生在大学校园里，每一分钟大学生都会在某个地方看到或听到种族主义、性别歧视、恐同或其他带有偏见的词语或图像。这些问题并不是孤立的或不寻常的事件。相反，它们反映了社会中的种族趋势。

美国城市中的社会隔离与经济隔离

现在，美国社区仍然实行种族隔离。虽然居住隔离正在减少，但并没有消失。尽管在 20 世纪的最后几十年里，社区融合取得了一些进展，但是社区隔离仍然是美国社会面貌的一个关键特征。尤其是非裔美国人，他们继续生活在种族隔离的社区，人数众多（Farley and Squires，2012：315）。西班牙裔的种族隔离的程度一直在上升，深肤色的西班牙裔的种族隔离程度高于浅肤色的西班牙裔（Rugh and Massey，2010）。

这种居住隔离的后果在 20 世纪 90 年代卡特里娜飓风之后变得异常明显。全世界连日看着联邦官员行动缓慢地援助那些在新奥尔良和墨西哥湾地区被洪水淹没的房屋及在过于拥挤的避难所中受困和垂死之人（在玛丽亚飓风期间，波多黎各也发生了类似的情况）。在新奥尔良暴露出来的不仅是一个垮塌的堤坝，还有种族和阶级的划分，这让人感到既熟悉又陌生。即使是媒体评论员也提出了一个合理的问题：新奥尔良受灾最严重的大多是低收入黑人居民这一事实是否影响了联邦政府的反应速度？（De Parle，2007：163；Feagin，2006: xv）

卡特里娜飓风揭露了北部墨西哥湾沿岸种族差异与应急准备之间的关系。但是黑人和白人之间的差异并非新奥尔良所独有的。在全美各地的大城市，相对白人而言，非裔美国人更有可能生活在地理上和经济上与人们获得成功所需的经济机会、服务和制度相隔离的社区中。

没有工作、汽车和电话，市中心贫民区的居民很容易受到城市灾害的影响。这种社会陷阱可以从结构上加以解释。社会学家威廉·J. 杰尔逊（William J. Wilson）在其对 20 世纪末非裔美国人贫困状况的经典研究中发现，市中心贫民区的社会问题源自更大的经济转型和贫民区的阶级结构（1987；1996）。市中心贫民区的中产阶级黑人专业人员的流出，使黑人城市人口中最弱势的群体集中了起来。威尔逊的研究揭示了家庭解体和福利是如何与工作从市中心贫民区的结构性迁移相联系的。黑人市中心贫民区并没有因其文化而自我毁灭，正在摧毁它的是经济力量。

拉丁裔美国人贫困率的上升使许多政策制定者和媒体分析家推断，拉丁裔美国人已经加入了市中心贫民区的非裔美国人的行列，共同形成了一个没有希望的"下层阶级"。尽管拉丁裔美国人由于其受教育程度低下及在劳动力市场上的地位而受到美国经济的变化的沉重打击，但结构性失业对全美多样性的拉丁裔贫民区的影响不尽相同。"铁锈地带"城市的失业使许多波多黎各人生活在惨淡的贫民窟经济之中，生活在美国西南部（该地仍保持低薪）的墨西哥裔美国人并未遭受同样程度的经济混乱。尽管拉丁裔社区的贫困程度很高，但它们并不符合传统的下层阶级的形象。

对集中贫困的结构性分析并不否认市中心贫民区被很多社会问题所困扰。随着贫困在市中心贫民区越来越明显，犯罪和暴力激增，穷人可能采用暴力的方式作为生存策略。正如威尔逊解释的那样，"结构性条件提供了一种背景，在这种背景下，对长期经济和种族从属关系的文化反应得以形成"（Wilson，2010：61）。结构分析着眼于社会环境，而非不道德的人。工作岗位的消失和许多形式的失业都与伴随公司全球化而来的工作组织的变化有关。

21 世纪的种族政策

20 世纪 60 年代的民权运动使那些用以结束种族偏见的针对特定种族的补救措施合法化。基于种族的政府政策推翻了种族隔离法，开放了投票站，创造了新的就业机会，并为有色人种带来了种族平等的希望。只要情况看起来有所改善，政府结束种族偏见 [①] 的政策就不会改变。

但是到了 20 世纪 80 年代末，美国已经成为一个完全不同于颁布民权立法时的社会。经济结构的调整给白人和少数族裔都带来了新的混乱。随着少数族裔在美国人口中所占的比例越来越大，种族问题变得日益政治化。许多白人开始对学校和工作场所中的带有种族意识的政策感到不舒服。这种社会环境造成了一种想象中的白人的劣势，据说这是由平权法案多元文化主义政策造成的。虽然没有研究证据表明白人处于不利地位，但一场强大的保守主义运动正在引发关于种族政策公平性的新辩论。一种新的种族主义形式已经出现。**色盲种族主义**相信种族在人们的经历中不再重要（Gallagher，2012）。

色盲种族主义是当前缩减平权法案、废除学校种族隔离和投票权等相关政策的基础。不断增长的种族人口通过各式各样的歧视得到控制，这类歧视包括雇用惯例、社区隔离和学校的种族隔离，以及本章讨论的其他不平等。此外，福利国家的消亡、医疗保健及其他形式的社会责任的退缩，也使少数群体失去了立足之地。

尽管有色盲的说法，但是种族确实很重要。正如希金博瑟姆和安德森所说："种族和民族贯穿日常生活，它们嵌入社会制度和社会关系之中。而且它们具有真实的、反复出现

---

① 译者注：原文此处为"（结束种族平等）end racial justice"，但与前后文逻辑不符，应是"end racial bias"，因此译为"结束种族偏见"。

的社会和历史后果。种族和民族都不会因为否认它们的存在而消失。"（Higginbotham and Andersen，2012:x）

　　虽然种族主义是排斥的工具，但它也是政治动员的基础。美国自建立以来，有色人种一直在为社会变革而斗争。所有以种族界定的群体都有着丰富的抵抗、社区建设和社会抗议的历史。目前，"下跪运动"已经在职业体育运动中传播开来，运动员在国歌奏响时下跪以强调种族不公正，就像"黑人的命也是命"运动在社交媒体上传播开来一样。反对特朗普总统旅行禁令的抗议活动在世界各地都有发生，人们举着标语，上面写着美国欢迎移民和难民。通过社会运动，团体组织起来并采取行动，以实现社会变革。由种族－民族和白人反种族主义活动分子组成的多种族组织，继续在国家和地方各级努力抗争以消除种族主义偏见和制度性的种族主义。

第 10 章
性别不平等

每个社会都会区别对待男女。世界经济论坛每年会对 144 个国家在经济机会、教育、政治参与和健康方面的性别平等进行排名。根据该论坛 2017 年的报告，要消除男女之间的总体不平等差距需要 100 年。仅从职场平等的角度来看，预计需要 217 年的时间才能弥合差距。尽管世界各国发生了巨大的政治变革和经济进步，但妇女仍然是遭受虐待和歧视的受害者（美国反性骚扰运动的广泛性就证明了这一点）。即使是女性在政治和职业方面取得了重大进步的地方，她们的整体进步仍然不平衡。

本章我们将展示性别差异是如何嵌入我们生活于其中的更广阔的社会世界的。从宏观层面的全球经济到社会制度，再到人际关系，性别是分工、角色分配和社会报酬分配的基础。本章分为四个模块：首先，我们介绍了性和性别的概念，以及秩序视角与冲突视角是如何处理性别角色的；其次，我们对学习和扮演性别角色的过程加以解释；本章最后两个小节则侧重社会制度中的性别不平等问题。

性与性别的区别

人们都同意，男女有别。直到最近，这些差异看起来还是天生的。然而，研究表明，性别根本不是天生的。相反，"女人"和"男人"是社会产物。为了强调这一点，社会学家对性和性别进行了区分。**性**是指由染色体、荷尔蒙、外部和内部解剖结构决定的雌雄之间的生物学差异。**性别**指的是附属于女性和男性的社会角色、文化角色、行为和活动（有时被称作"男子气概"或"女性气质"）。为了突出这两个术语之间的区别，**跨性别者**的性别认同与其被指定的生理性别不同。**双性人**生来就有外生殖器、内生殖器和 / 或内分泌系统，这不符合对女性或男性的典型的生物学定义。比如，他们的外生殖器与男性相一致，而内生殖器与女性相一致。因为我们的社会不承认第三种性别，双性人通常被指定一个性别（采用相应的性别角色），并接受医治。

围绕跨性别者权利的问题最近成了新闻热点。在特朗普执政初期，政府发布了一封信件，敦促学校限制跨性别学生使用与其性别认同相符的卫生间，并强迫他们使用与其出生时的生理性别相符的卫生间。一些州紧随其后，出台了所谓的卫生间法案。尽管有两名联邦法官阻止，特朗普政府还是提议禁止跨性别者在军队服役。2017 年 10 月，司法部发布通知，要求取消工作场所对跨性别者的歧视保护。它认为，第 9 条民权法未涉及基于性别认同的歧视（Green，2017）。所有这些关于跨性别者权利的提议都表明了社会对性和性别问题的重视。

性别是生物性的，还是社会性的？

我们知道两性之间存在生理差异。关于性别差异的争论常常落到"先天与后天"的论点上。后天阵营认为，大多数性别差异是社会构建的。先天阵营则提出，男女之间的差异源于进化。2005年，时任哈佛大学校长的拉里·萨默斯（Larry Summers）提出，数学、工程和物理科学领域的领军人物中女性如此之少，可能是因为先天能力。这一观点引起了轩然大波。这种生物学的解释正确吗？男性天生就比女性强吗？为了回答这个问题，让我们首先回顾每个立场的相关证据。

（1）**性别角色的生物基础**。男性和女性从受孕的那一刻起就是不同的。染色体和荷尔蒙的差异使男性和女性在生理上有所不同。性别之间的荷尔蒙差异也很明显。男性荷尔蒙（雄性激素）和女性荷尔蒙（雌性激素）从受孕后大约6周开始，在整个生命过程中主导性别分化的过程。这些激素使雄性更高大、更重，也更强壮。在青春期，它们会触发第二性征的形成。男性性征包括身体和面部的毛发（浓密）、更低沉的声音、更宽阔的肩膀和肌肉发达的身体。女性性征包括青春期开始生长阴毛、来月经、具备分泌乳汁的能力、乳房隆起和臀部发育。事实上，男女都有雌雄两种激素。雄性激素和雌性激素的相对比例赋予一个人阳刚或阴柔的身体特征。

荷尔蒙通常被认为是男性具有攻击性的原因；然而，值得关注的一点是，在青春期之前，女孩和男孩的荷尔蒙水平差异甚小，而研究人员仍发现，这些年轻女孩和男孩在攻击性方面存在差异。2008年，研究人员对148项研究中近74 000名儿童展开了分析，以确定在直接（身体）攻击和间接（社会）攻击方面是否存在性别差异（Card et al.，2008）。研究结果表明，男孩确实比女孩更有可能进行身体攻击，就社会攻击（八卦、谣言或排斥）而言，男孩和女孩的可能性相同，如图10-1所示。鉴于青春期前的女孩和男孩在荷尔蒙方面是相似的，我们对身体攻击上的性别差异又该做何解释？

图10-1　电影《贱女孩》展示了十几岁的女孩参与社会攻击（八卦、谣言或排斥）。有证据表明，男孩和女孩一样有可能使用社会攻击

资料来源：Archives du 7e Art collection/Photo 12/Alamy Stock Photo

男女之间的生理差异只是平均水平。他们经常会受到其他因素的影响。例如，虽然男性的体形通常比女性大，但是体形会受饮食和体育活动的影响，而后者又可能受到文化、阶级和种族的影响。对性别特征进行"全有或全无"的分类是一种误导，因为男女所拥有的性别特征具有很多重叠。虽然大多数男性比大多数女性强壮，但有些男性比女性瘦弱，反之亦然。虽然男性的身体攻击性普遍比女性强，但是男性内部之间的差异可能比男女之间的差异更大。

（2）**性别角色的社会基础**。跨文化的证据表明，男女的行为差异很大。此外，性别也在不断变化。女性气质和男性气质并不是由基因构成所一致形塑的。相反，基于不同的阶级、种族、民族和性取向：①他们因文化的不同而被不同地塑造；②他们在任何一种文化中被塑造的方式会随着时间的推移而有所不同；③在所有男性和女性的生活过程中而被不同地塑造；④在不同的男性和女性群体之间以及群体内部被不同地塑造。我们只需要把18世纪看作性别期望随着时间的推移而变化的例子之一，当时男子气概程度的评判标准包括扑粉假发和丝袜。

尽管男女在活动和角色方面存在普遍的文化差异，但每个已知的社会都将性别作为组织社会生活的一个主要类别。这是性别的社会建构，也是本章余下部分的主要关注点。社会学的视角关注性别的社会差异而非生物差异，用以表明所有社会是如何将生物学上的男女转变为在社会上相互作用的男女的（Andersen，2011）。

秩序与冲突视角下的性别角色

从秩序的角度来看，生物、历史和社会的需求结合在一起，将男女分成不同的性别角色。从生物学上说，男性更强壮，而女性负责生育和哺育孩子。因此，男性在社会中扮演着"工具性"角色，而女性则扮演着"表达性"角色。根据这一观点，角色分工具备功能性，有利于社会发展。

女性需要在家照顾婴儿，不能走得太远，这意味着在人类历史的大部分时间里，她们都在做家务，而男性则可以自由狩猎并长时间离开村庄。因此，一整套支持男性供养家庭、女性养育子女的社会习俗为子孙后代确立了规范。

尽管现代科技使女性不再需要待在家里，但秩序论者认为有所不同而相互独立的角色对社会有益。明确的性别角色有助于建立稳定的结构和有效的制度，女孩和男孩能够在其中经过社会化，进而有效地参与社会生活。

秩序论者塔尔科特·帕森斯在 20 世纪 50 年代提出，随着工业化的发展，家庭以及女性作为养育者和照料者的角色比以往任何时候都更加重要。在竞争社会中打拼的丈夫需要一个充满亲情的地方。当女性承担起在家庭中提供关爱和情感支持的角色时，男性在家庭外扮演着提供经济支持的工具性角色。帕森斯认为，这种分工不仅是实际的，而且是必要的，因为它确保重要的社会任务得以完成（Parsons and Bales，1955：3-9）。此外，男女因其各自不同而又相互支持的角色而彼此需要，从而使社会更加稳定。

关于性别，冲突论提出了不同的观点。冲突论者对秩序模型持批评态度，认为它忽略了性别角色最重要的一点，即性别角色在资源、权力和机会方面是不平等的。根据冲突论的观点，性别角色不是满足社会需求的中立的方式，而是更大的权力与统治体系的一部分。

对于性别不平等，有几种冲突的解释。其中大多数侧重男女之间的劳动分工和权力划分，以及赋予其工作的不同的价值观。这一思想源于弗里德里希·恩格斯和卡尔·马克思的研究。他们提出，工业化以及向资本主义经济的转变扩大了男女在权力和价值上的差距。随着生产转移到家庭之外，性别化的劳动分工使男性拥有更多的经济及其他形式的权力。

大多数冲突理论将性别不平等解释为男女与社会经济结构联系在一起的结果。这些理论认为，女性在社会中的经济角色是其整体地位的主要决定因素（Dunn，1996：60）。家庭活动与公共活动之间的划分赋予男女不同的优势和劣势。二者在职场和家庭中的角色是相互依存的。不管女性是否在外工作，她们仍然承担绝大多数的育儿工作和家务劳动。男性在公共领域的经济权力地位确保了他们对高价值资源的控制，从而产生了男性特权。

秩序模型和冲突模型的区别在于，究竟把个人还是社会作为主要的分析单位。**性别角色**方法强调个体在社会化过程中获得的特征，如独立行为或依赖行为，以及相互关联的方式。**性别结构**方法强调个人外部的因素，如社会结构以及男女待遇不同的社会互动。这些方法在如何看待性别、如何解释性别歧视的原因和影响，以及如何解决性别不平等问题方面有所不同。理解性别歧视既需要个人方法，也需要结构方法。虽然性别角色是由个人习得的，并且在男女的性格、行为和动机上产生差异，但从本质上说，**性别分层**是由社会力量维持的。本章我们主要强调社会结构是造成（性别）不平等的原因。

性别学习与性别实践

社会成员必须学会扮演的最复杂的角色是女性或男性这两个角色。在胎儿出生之前、超声波确定性别之后，或者在胎儿出生之时、经过快速的生物检查之后，一个人的"女性"或"男性"被指定，就开始"扮演"性别角色了。这是一项将伴随一个人一生的任务，并且几乎影响他（或她）所做的一切。

社会学家用**性别社会化**一词来描述我们如何进行性别学习。性别社会化贯穿一生。理解社会化对于解释性别问题以及性别不平等都很重要。从婴儿期到幼儿期及以后的时间，孩子们了解了社会对男孩和女孩的期望，并依此行事。社会学家称之为"性别实践"（West and Zimmerman，1987）。

与传统性别角色相关的特征受到了主流社会的重视。请记住，性别期望在各个阶级和种族中有所不同。性别如何习得取决于各种影响女孩和男孩社会化行为的社会条件。

在家庭中的性别学习

从出生那一刻起，女孩和男孩就被区别对待。他们的衣服、玩具、书籍、玩伴和情感表达严重受到性别限制（Martin，2005：457）。互联网上充斥着"揭晓性别"派对的点子，大多数利用粉色或蓝色向全世界宣布你的孩子的性别。父母和"恭喜"贺卡将新生女儿描述为"甜美"而"柔软"的，男孩则被描述为"强壮"而"坚强"的。送给生女孩的父母的卡片上印着丝带、心和花，而生男孩的父母则会收到印有电子产品、运动器材和汽车的卡片。因此，新生儿贺卡提出了一个介绍两类婴儿的性别方案：一类是装饰性的；另一类是身体活跃性的。

孩子们在很小的时候就知道了在我们的社会里做一个男孩或女孩意味着什么。家庭环境是影响儿童性别角色发展的最主要因素之一，父母以公开或隐秘的方式传递着他们对性别的看法。从孩子出生开始，父母就区别对待儿子和女儿，给他们穿上与性别相对应的颜色的衣服，给他们带有性别差异的玩具，期望男孩或女孩的行为能符合性别身份。研究发现，父母与孩子玩耍的不同方式间接教会了他们对性别期望的认识。

即使在性别角色变得更加灵活或双性化的地方（比过去更加普遍），性别社会化也会发生。"**双性化**"是一个人兼具传统的女性化和男性化特征。女孩比男孩更双性化吗？如果是这样，那么如何解释这种差异？双性化对个人的整体幸福感有什么影响？研究发现，相对于女儿，对性别持最传统态度的父亲会将自己的观念更多地传递给儿子。一般来说，在性别问题上，女孩比男孩享有更多的自由（想想假小子这个词用在女孩身上的含义，再想想娘娘腔用在男孩身上的含义）。研究发现，性别灵活性更强的人比那些坚持严格的性别角色的人更快乐，适应能力也更强（Nelson，2017）。

在游戏中的性别学习

孩子们互相教导，要按照文化期望行事。巴里·索恩（Barrie Thorne，1993）关于多种族的学校环境中的性别游戏的经典研究发现，男孩控制了更多的空间，更经常地干扰女孩的活动，并认为女孩不洁净。索恩认为，这些常见的仪式化互动反映了更大的男性统治结构。事实上，孩子们日常的娱乐和游戏都是权力游戏，这是一个复杂的社会化过程，涉及性别分离和归属。孩子们的权力游戏随着年龄、民族、种族、阶级和社会环境而变化。

随后对操场上的儿童的研究支持了索恩关于校园中性别化互动的结论。博伊尔等（Boyle et al.，2003）发现在校园中性别内部的差异很大，女孩参与许多不同的活动。他们还发现，与女孩试图和一群男孩一起玩的情形相比，男孩更容易被接受与女孩一起玩，而且男孩往往在校园里占用更多的空间，更有可能侵犯女孩的空间，干扰她们的游戏，而不是相反。哈宾（Harbin，2016）针对幼儿园孩子的研究发现，男孩比女孩更可能参与打斗游戏，并且比女孩更具有身体攻击性，如图 10-2 所示。

图 10-2　研究发现，男孩和女孩在操场上玩耍的方式存在性别差异
资料来源：Photo and Co/Getty Images

（1）**儿童读物**。除了同龄人在强化社会性别需求方面起到积极作用之外，学龄前儿童的图画书也传达出了一种更微妙的信息。45 年前，一项针对 18 本获奖儿童书籍所展开的经典的社会学研究发现，这些图画书具有以下特征（Weitzman et al.，1972）：

- 几乎看不到女性。男女照片的比例为 11：1。雄雌动物的比例为 95：1。
- 男孩和女孩的活动差别很大。男孩们积极参加户外活动，而女孩则是被动参加活动的，而且大多数时候是在室内。女孩的活动通常是为男孩服务的。
- 成年男性和女性（榜样）非常不同。男性主导，女性紧随其后。女性被动，男性主动。在这些书中，没有一个女性拥有一份工作或职业，她们总是母亲和妻子。

情况有所改变吗？我们已经看到女性的形象有所改善。女性不再是隐形的，她们和男性一样可能出现在书中，而且除了家庭角色之外，她们还有其他角色。然而，在许多方面，儿童书籍中仍然存在性别化信息（Lowther，2014）。随后的研究发现，尽管有所改善，女性在标题中和作为主要人物的代表性仍然不足（McCabe et al.，2011）。2013 年一项针对 300 本儿童图画书的研究发现，母亲是家庭主妇 / 照料者、父亲是养家糊口的人 / 供养方这样的刻板印象仍然是一个普遍的主题（DeWitt et al.，2013）。

（2）**玩具**。玩具在性别社会化中发挥着重要的作用。玩具使孩子们开心；它们也鼓励男孩和女孩掌握不同的技能。例如，玩具为女孩提供了发展沟通技巧、养育能力和增加吸引力的机会，为男孩提供了发展技术知识、养成竞争性和攻击性的机会。当今大多数在售玩具都与性别挂钩（有人认为，甚至比过去更具性别特定性）。面向男孩销售的典型玩具包括机器人、恐龙、车辆及运动相关的玩具，而面向女孩销售的典型玩具包括公主 / 洋娃娃、动物以及时尚相关的玩具和化妆品（Lowther，2014）。

女孩经常会玩跨性别或中性的玩具。父母经常鼓励女孩拓展视野，偶尔玩一些中性的玩具，而男孩往往不会得到同样的鼓励（England，2010），如图 10-3 所示。我们可能会看到女孩的传统游戏模式和社会化的一些变革，而对于男孩来说，并不会如此。研究还发现，广告传递给孩子们的信息会影响他们玩玩具的方式以及他们认为受欢迎的东西。

图 10-3　女孩经常会玩跨性别或中性的玩具，而很少能看到两个男孩像图中那样玩娃娃
资料来源: Chuck Mason/Alamy Stock Photo

（3）**电子游戏**。众所周知，针对青少年的电子游戏是以男性为主的。女性角色被性别化了。然而，越来越多的女性玩家对游戏中女性的代表性更有意见。事实上，统计数据显示，几乎一半（48%）的玩家是女性（Charleston，2016）。虽然业界对此反应迟缓，但一些设计师开始在游戏中加入强势女性的角色，例如，《使命召唤：黑色行动 3》的主角中就有一名女兵。

通过语言的性别学习

语言通过忽视、轻视和性别化女性来维持男性的统治地位。当人的性别不明确时使用代词"he"，而通用术语"mankind"[①]指人类总体，这些都是英语忽视女性的明显例子。有一些俗语，比如"那是女人的工作"（而不是"那是男人的工作"），关于女司机的笑话以及诸如"妇女和儿童优先"等短语都是例子。与男性相比，女性通常会被带有性意味的词语来指代。用于指代男性的词语（风流男子、玩家）确实含有性意味，它们带有权力和成功的意思，而用于指代女性的词语（荡妇、淫妇、妓女）则有着负面的滥交的意味。研究表明，针对女性有许多贬损或至少是不尊重的一般用语，但对男性却很少。不仅用于指代男性的贬义词较少，而且就是在现有的贬义词中，这些词之所以被视为贬义词也是因为它们提及了女性的形象。一些比较常见的用在男性身上的贬义词，如"娘娘腔"，实际上却是在贬损女性。

---

① 译者注：mankind，意为人类，另有男性之意。

性别实践：人际交往行为

社会学家对男女之间的互动方式进行了大量的研究，其中尤为关注交流的方式。这项研究发现，在男女混合的群体中，男性的话更多，在视觉上表现出更多的主导性，他们也会更多地打断别人，而女性则表现出更多的试探性的和礼节性的言语模式（Ridgeway and Smith-Lovin，1999）。新的研究甚至发现在社交媒体的使用上存在性别差异。

各种形式的非言语沟通也维持着男性的统治地位。男性比女性拥有更多的空间，而且在未经允许的情况下，男性触碰女性比女性触碰男性的情况更多。此外，女性更多地进行眼神交流，她们笑得更多，而且通常表现出与地位低下有关的行为。这些行为表明性别是如何在男女之间的各种社会互动中不断被构建出来的。我们进行"性别实践"是因为如果我们不这样做，就会被认为配不上做男人和做女人。

在 2016 年总统竞选期间，此类非语言互动是显而易见的。媒体批评希拉里·克林顿笑得不好。《大西洋月刊》的编辑在推特上说希拉里在民主党全国代表大会上进行提名演讲时应该多笑笑（后来他道歉了）。在一场总统辩论中，希拉里再次受到批评，这一次是因为她笑得太多，有些人认为她高人一等，傲慢自大（Zarya，2016）。希拉里在竞选过程中面临许多关于她的外表的密切关注，许多公众职位上的女性也会遭遇此类情况。

在第二场总统辩论中，特朗普和希拉里都有意表现出非语言姿态。希拉里说话时，特朗普踱着步子，紧随其后。身体语言专家认为这是特朗普在宣告自己的统治地位。这些专家还称，当特朗普说话时，希拉里坐着显得"虚弱"，而她的微笑似乎也不合时宜（Uhrmacher and Gamio，2016）。从媒体的反应中可以清楚地看出，公众对适当的和不适当的性别化的非语言行为有着很强的预先设定。

指责受害者的社会化

到目前为止的讨论表明了人们如何从父母和同龄人那里了解性别差异，以及个人是如何犯下"性别实践"和使性别不平等持续化的错误的。这并不意味着仅用社会化就能解释女性在社会中的地位。事实上，社会化方法本身就可能被滥用而将性别不平等归咎于女性自身。这是琳达·彼得森（Linda Peterson）和伊莱恩·埃纳森（Elaine Enarson）提出的批评（1974）。40 多年前，他们提出了一个观点，认为社会化分散了人们对结构性不平等的关注："对社会化概念的滥用与指责受害者的意识形态不谋而合；通过关注受害者，'女性问题'的责任不在于社会制度（存在性别结构化的不平等分配），而在于社会化的性别差异和性别角色。"

这项议题提出了一个关键的问题：如果社会化视角是有限的，也许是有偏见的，那么分析性别不平等的更好的方法又是什么呢？作为回应，我们接下来要研究性别不平等是如何在结构层面长期存在的。

媒体和社会

性别与社交媒体

研究表明，女性不仅更多地使用社交媒体网站，而且使用方式也有所不同。

- 女性使用社交媒体网站的频率高于男性，其中品趣志（Pinterest）[①] 用户的性别差异最大，如图 10-4 所示。

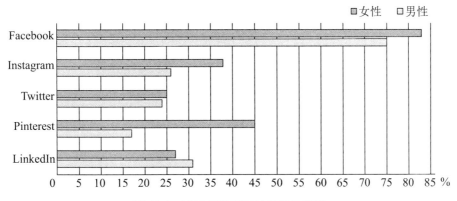

图 10-4　2016 年性别与社交媒体使用

注： 这是所有使用社交媒体网站的成年人的百分比。

资料来源： 作者基于以下绘制：Greenwood, Shannon, Andrew Perrin, and Maeve Duggan. 2016. "Social Media Update 2016." Pew Research Center（November 11）. 在线查询：http://www.pewinternet.org/2016/11/11/social-media-update-2016/.

- 研究表明，女性和男性使用社交媒体的方式不同。女性更倾向于使用社交媒体来维持人际关系，而男性更倾向于使用社交媒体来建立新的关系（Atanasova，2016）。
- 数据显示，女性更倾向于披露自己的信息（人际关系、家庭事务）和上传照片（尤其是自拍），而男性更倾向于讨论体育和政治等抽象话题（Atanasova，2016）。
- 研究表明，在写作风格方面，女性更喜欢使用表情符号，反复的感叹词（！！！），以及 OMG（我的天哪）和 lol（大笑）这样的表达方式。

通过制度强化的性别不平等

性别化制度一词意味着全部制度都是由性别塑造的（Lorber，2005）。纵观全球经济、政治、宗教、教育及家庭生活，男性都比女性拥有更多的权力。但是男性并不是都占主导地位。有些男性掌控着其他男性，而其他男性则感到无力改变自己的处境或角色。尽管如

---

① 译者注：品趣志，一个图片分享类社交应用。

此，社会界定的男女之间的差异使**男性支配地位**合法化了，这指的是重男轻女的观点和做法，以及将男性对社会有价值资源的控制制度化。本节我们将探讨社会中的一些主要制度及其是如何造成性别不平等的。

正规教育

1972 年，国会通过《教育法修正案》第九条，宣布在公立学校中性别歧视是非法的。美国大学妇女协会的研究提供的令人信服的证据表明，在《教育法修正案》第九条通过 40 多年后，女孩和男孩还是没有接受同样的教育。

（1）**课程**。学校有责任让学生学习统称为正规课程的科目（如阅读、写作、数学和历史）。但是学校也教给学生一些特定的社会、政治和经济价值观，这些价值观构成了所谓的隐性课程，与更为正式的课程同步进行。正式课程与非正式课程都是性别的强大的塑造者。

研究表明，在高中科学和数学课上，女生占入学人数的 50%，而且她们在标准化考试中的得分与同龄男生几乎一样。这在很大程度上是国家推动女性参与科学、技术、工程和数学（STEM）的结果（Jones，2017）。然而，这些数字并没有超出高中的范围。在大学的所有 STEM 领域中，女性专业人数偏低。例如，女生只占加利福尼亚州立大学 STEM 专业学生的 37%，但占所有本科生的 55%（Jones，2017）。这种现象也延伸到工作场所，仅有 10% 的电气与计算机工程师是女性。

为什么女性更有可能退出 STEM 领域？研究指出了几个因素，包括她们从同学和教授那里体验到的性别刻板印象，缺乏女性榜样，对自己的数学能力缺乏信心（Snibbe，2016）。诺贝尔生理学或医学奖获得者蒂姆·亨特（英国生物化学家）的一段话表明了攻读科学学位的女性所面临的刻板印象和问题。在韩国首尔举行的世界科学记者大会上，他说道："让我告诉你我和女孩子之间的麻烦……她们在实验室里会发生三件事……你爱上她们，她们爱上你，而当你批评她们的时候，她们又会哭泣"（Ratcliffe，2015）。

总的来说，女孩在高中的平均成绩更好，被停学或惹上麻烦的可能性更小。此外，在所有的阅读能力测试中，女孩的分数始终高于男孩（这一发现不仅适用于美国，也适用于所有国家）（Loveless，2015）。研究人员指出了几种可能的解释，包括学校对男生的阅读水平期望值较低，把阅读定义为女性活动的文化，以及缺乏面向男性的有趣的书籍。

（2）**师生互动**。20 世纪 80 年代以来，为促进学校中的性别平等进行了教育改革。这项改革建议教师鼓励跨性别的合作学习，监控自身（教师）行为，并确保对男女生一视同仁。

尽管许多教师试图不以性别化的方式与自己的学生进行互动，但研究表明，他们实际上就是如此。加拉赫（Garrahy，2001）针对三年级的研究发现，尽管老师声称自己是不分性别的，但他们表达了学生之间存在性别差异的观点，并以性别化的方式与学生互动。

斯宾塞、波什和托尔曼（Spencer，Porche，and Tolman，2003）发现，当男生独立学习和进行小组学习时，老师会花更多的时间在他们身上；也许最令人不安的是，学生们将这些性别差异正常化和自然化。不幸的是，尽管在校园中对性别不平等的意识日益增强，但新教师在性别平等的问题上未受到充分培训（Sadker and Zittleman，2009）。

这些问题并没有消失。2015 年的一项研究发现，教师在学生的数学能力方面仍然存在细微的性别偏见。研究人员发现，在隐藏姓名的数学测试中，女生的得分往往高于男生。同样一场考试，当学生们的名字可见时，老师会给男生更高的分数（Chemaly，2015）。有些老师可能对男生和女生的数学能力持有偏见，而他们对艺术和语言也存在偏见，他们低估了男生在这些领域的兴趣和能力。

（3）**女性榜样**。男女在学校所从事的工作也证明了性别不平等。这种模式在医院、办公楼及整个职场都很常见：女性处于最底层，而男性处于更有权力的位置。女性在全国任课教师中所占的比例很高，但在学区主管中所占的比例则低得多。2016 年，女性占所有小学和中学教师的 78.5%，而她们在所有学区主管中的占比不足 25%（Bureau of Labor Statistics，2017）。

随着教育水平的提高，女教师的比例下降。即使在高等教育领域对性别平等的关注已经超过 40 年，女性仍然没有取得与男性相同的地位。与男性相比，女性获得终身教职的可能性更小，获得终身教授或正教授职位的可能性也更小，而且在所有院校的校长中所占比例不到 1/3（Samsel，2017）。

体育

历史上，美国高中和大学的体育运动几乎完全是男性的专利。1972 年，《教育法修正案》第九条通过，该法案要求接受联邦资金的学校必须为男生和女生提供均等的机会。尽管受到了学校管理人员、体育指导员和学校董事会的强烈反对，但随着这项联邦法案的颁布与实施，还是发生了重大的变化。更多的资金被投入女子体育上，相关设施和器材更加完善，女性也逐渐被接受为运动员。最显著的结果是，女性参与率提高了。自《教育法修正案》第九条通过以来，参加校际体育运动的高中女生增加了 9.9 倍，在大学层面增加了 5.6 倍（Women's Sports Foundation，2014）。到 2014 学年，770 万高中体育运动参与者中有 42.1% 是女性（National Federation of State High School Associations，2014）。各大院校也出现了类似的增长模式。

从积极的一面来看，在校际层面上，女子运动项目的预算已经大幅提高。就大学层面而言，1970 年女子运动项目的预算不到男子运动项目预算的 1%，而且没有体育奖学金，40 年后，这一比例提升至大约 39%，并拿到总体奖学金的 36%（Lee and Dusenbery，2012）。尽管取得了显著的进步，但女子体育运动的资金仍然不足，参与的机会也更少。男运动员比女运动员多获得数百万美元的体育奖学金。不平等的媒体关注程度、赛事安排（以男子运动为主要组成）以及越来越少的女性掌握有权力的职位，加剧了这种不平等。第九条的一个具有讽刺意味的后果是，随着女运动员机会的增加和项目的扩大，女教练和女管理员的数量却减少了。20 世纪 70 年代早期，大多数女子校际运动队的教练都是女性。40 年后，只有不到 50% 的女子足球队由女性担任教练（Lee and Dusenbery，2012）。相对而言，渴望从事教练工作和体育管理的女性的机会更少，而身居此类职位且被其他女孩视为榜样的女性则更少。因此，即使联邦立法规定性别平等，男性仍然占主导地位。

大众传媒

我们所接收到的有关周遭世界的信息大多来自大众媒体——广播、电视、报纸、期刊及互联网。尽管媒体常常被指责为现代社会问题的罪魁祸首，但它们并非铁板一块，也没有只向我们传递一个简单的信息。媒体拥有巨大的力量。它们可以扭曲女性的形象，也可以为此带来改变。

妇女媒体中心（The Women's Media Center，2014）评估了 2013 年 10 月 1 日至 12 月 31 日在全美二十大电视网、报纸、在线新闻网站和新闻通讯社发布的 27 000 条内容，得出以下结论。

- 36.1% 的署名和在镜头前露面的人是女性。
- 女性更可能在健康和生活方式方面的新闻中被报道，而不太可能在犯罪、司法和国际政治的报道中出现。
- 女性在新闻编辑室工作人员中的比例很低，男性在报纸上被引用的次数更多，作为意见专栏作家，男性的数量是女性的 4 倍。
- 在体育新闻方面，编辑中 90% 是男性，90% 是白人。

在电台方面，脱口秀电台主持人的"重磅百人"名单中只有 10 位女性。最后，在 2014—2016 年票房最高的 100 部电影中，男性的出现频率几乎是女性的两倍（Gershgorn，2017）。

近几十年来，电视娱乐节目中的女性形象发生了很大变化。全美职业妇女委员会的一份报告发现，以日益多样的角色刻画职业女性是电视节目中最重要的改进。在许多连续剧中，女性确实扮演了坚强而聪明的角色，但在同样多的剧中，男性仍然是主要角色，而女性则扮演迷人的跟班或阴险的反派角色。

长期以来，电视广告一直用千篇一律的方式来表现性别。女性出现在广告中的频率低于男性，而且更有可能出现在食品、家居和美容/服装产品的广告中。男性做饭、打扫、购物或洗碗的镜头较少出现。当男性在家庭生活中出现时，他们通常会从事典型的与男性有关的活动，如开车或修剪草坪。或者，如果做通常与女性有关的家务，那么他们往往会弄得一团糟。此外，他们一般和男孩在一起，而不是女孩，并且很少与婴儿共处（Andersen，2011：62）。然而，在过去的几十年里，职业女性的潜在购买力使广告业改变了女性的形象。职业女性已成为广告宣传的目标。但是，大多数针对职业女性的广告所传达的信息是，她们应该成为女超人，应该承担妻子、母亲和职业女性的多重角色，同时还要迷人。这种五花八门的期望并不会强加给男人，如图 10-5 所示。

宗教

尽管不同宗教在教义上存在重大差异，但它们对性别却有着共同的看法，这涉及以下信念：①男女有不同的使命和行为准则；②虽然在神的眼中男女平等，但女人从属于男人（Thomas，2007）。让我们把讨论缩小到犹太教和基督教的传统上，研究新旧约中一些关于女性地位的教义。《旧约》以多种方式确立了男性至上的地位。上帝的形象是男性。女性次于男性，因为夏娃是用亚当的肋骨创造出来的。根据《圣经》，只有男人才能与配偶离婚。女人如果在结婚时不是处女，就可以被乱石砸死。人们可以购买女孩用来结婚，雇主被责令只支付男人工资的 60% 给女人。

图 10-5 电视广告总是用千篇一律的方式来表现性别，特别是把女人和家务联系在一起
资料来源：Tomas Rodriguez/Getty Images

《新约》保留了男性统治的传统。耶稣是一位男神的儿子，而不是仍然是处女的玛利亚的儿子。所有的门徒都是男性。早期教会的伟大领袖使徒保罗特别坚决地主张男性高于女性。按照他的说法，"丈夫高于妻子""女人是为男人而生的""女人不应该教导男人，也不应该篡夺男人的权力，而应该保持沉默"。当代的宗教思想反映了这一传统（见图 10-6）。1998 年，美国最大的新教教派——美南浸信会修改了其信仰宣言，增加了一项，即"妇女应优雅地服从丈夫的领导，丈夫应供养、保护并领导自己的家庭"。一些教派限制甚至禁止女性参与任何决策。另一些教派虽然允许女性投票，但限制她们担任领导职务。

然而，有许多迹象表明，情况正在发生转变。在整个西方社会，女性更多地参与教堂和宗教生活。《圣经》的修订标准版使用了"包容性语言"。诸如 *man, mankind, brothers, sons, churchmen 和 laymen*[①] 等词语被包括女性在内的中性词所取代。这虽有所助益，却未能解决一个根本的神学起因——"当上帝被认为是男性的时候，人们就自然而然地期待一个男性的声音来诠释上帝的话语"（Zelizer，2004：1A）。

① 译者注：此类英文词汇中均包含"man/men"等带有男性意义的词，但常用于指代全体，因而具有明显的性别导向。

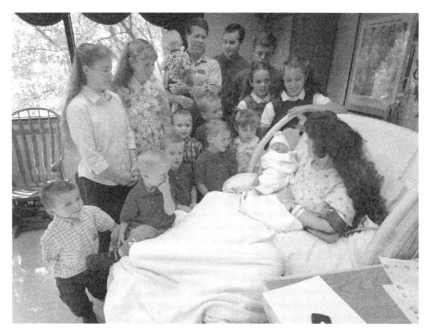

图 10-6　2008—2015 年的真人秀《19 个孩子不嫌多》展示了达加尔一家的生活，这个家庭遵循圣经，他们相信男性权威，以及女性生育孩子作为献给上帝的礼物

资料来源：Spencer Tirey/Discovery Channel/ZUMA Press/Newscom

虽然在过去的几十年里，女性神学院学生的比例呈爆炸式增长，但是在全美的神职人员中，女性仍然只占 17.6%（Bureau of Labor Statistics，2017a）。当今，美国有 50% 的宗教派别任命妇女为牧师。与此同时，正式的规则和惯例却歧视女性。在任命女性和不任命女性为牧师的教派中，女性往往担任同样的工作：领导小教会、指导特定的教会项目、传道和传福音。尽管受到了有组织的反对，许多女性在已建立的教会中取得了进步，并在牧师这一行业中留下了印记，但是在罗马天主教会、美南浸信会和后期圣徒教会及其他主要宗教团体中，仍然不允许任命女性担任牧师。

法律

法律歧视女性是毋庸置疑的。我们只需要回顾一下，在《宪法》第十九修正案通过之前，女性被明确剥夺了投票权。

在过去的 40 年里，法律改革和公共政策变迁都试图使男女处于更加平等的地位。一些法律关注就业问题，如 1963 年《同酬法》、1964 年《民权法案》第七章及 1978 年《怀孕歧视法》。1972 年的《教育修正案》呼吁教育领域的性别平等。其他改革为重要的体制变革提供了框架，例如，在提供信贷方面的性别歧视被裁定为非法，以及法律禁止在职场中歧视孕妇。平权法案纠正了就业中的某些性别歧视，禁止了住房供给方面的性别歧视，废除了航空业传统上实行的性别差异要求。这些法律为男女平等待遇提供了基础。但是，法律的效力取决于其执行情况，以及当存在争议时，法庭是如何对其做出解释的。

许多法律改革受到了近来最高法院某些判决的威胁。例如，堕胎权在 1973 年罗伊诉韦德案（Roe V. Wade）的判决中成为美国的法律。对于女性来说，罗伊诉韦德案是一个重大突破，让她们有机会掌控自己的身体。但是在 1989 年和 1992 年，最高法院允许各州对堕胎施加限制，从而削弱了女性的权利。

罗伊诉韦德案仍在判例中，但特朗普政府誓言要推翻该判例。调查显示，大多数美国人反对推翻罗伊诉韦德案判例，但民众的态度因年龄、受教育程度、政党和宗教而大相径庭，如图 10-7 所示。

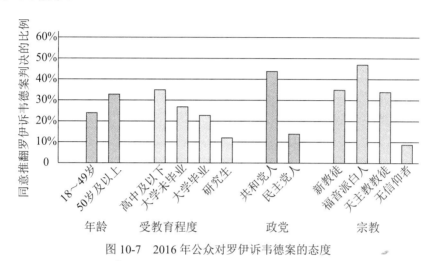

图 10-7　2016 年公众对罗伊诉韦德案的态度

资料来源: Hannah Fingerhut. 2017 "About seven-in-ten Americans oppose overturning Roe v. Wade," Pew Research Center (January 3) , http://www.pewresearch.org/fact-tank/2017/01/03/about-seven-in-tenamericans-oppose-overturning-roe-v-wade/.

政治

女性的政治参与始终与男性不同。1920 年，当《宪法》第十九修正案被批准时，女性获得了投票权。虽然女性在公职人员中所占比例很低，但 1992 年是女性参政的一个转折点。诸如安妮塔·希尔的性骚扰指控、堕胎权利之争以及各级政界代表人数不足等争议，都将女性推向了政治舞台。1992 年，国会有史以来女性（和少数族裔）人数最多。随后的选举增加了美国国家立法机构中的女性人数；但是，"按照目前的进展速度，女性要在政府的代表性上达到绝对的公平将需要近 500 年的时间"（转引自 Hill，2014：1）。在第一位女性当选国会议员 90 多年后，女性在全国席位中的占比仍不足 20%。截至 2017 年，女性在国会 535 个席位中占 105 席（19.6%）、在参议院 100 个席位中占 21 席（21%）、在众议院 435 个席位中占 84 席（19.3%）（Center for American Women and Politics，2017）。

美国首都的性别差距在各个层面上都很大。在华盛顿特区不那么显眼的专业员工队伍中，女性占据了 60% 的工作岗位，但她们在任何地方都无法与男性平等。国会有两类私人雇员：掌握大部分权力的高收入男性与往往被降级为办事员和后勤人员的收入较低的女性。许多女性负责接电话，以及写信给选民，这些不起眼的工作对其老板的连任至关重要，如图 10-8 所示。

图 10-8　这张 2017 年在白宫与国会议员举行的两党会议的照片直观地展示了白人男性是如何主导美国政治的

资料来源：Planetpix/White House Photo/Alamy Stock Photo

　　希拉里 2016 年的总统候选人资格引发了一场关于女性获得政治权力的全国性辩论。希拉里在选举中失利，许多人认为这是因为美国根本没有准备好让一名女性占据最高权力的宝座。在全球范围内，女性在政治领域正在取得重大进展；目前，就 190 个国家的国家立法机构中的女性比例而言，美国排名第 100 位（明显落后于卢旺达、墨西哥、阿富汗和阿拉伯联合酋长国）（Davidson-Schmich，2017）。此外，在加拿大、法国、德国、英国、土耳其、巴基斯坦、智利、韩国和利比里亚等国，妇女都担任过国家元首。在美国 200 多年的历史上，从来没有一位女性总统，如今在美国最高法院，也仅有三位女法官。在一个半数人口为女性的国家，这些数字是难以证明其合理性的。

工作场所中的结构化性别不平等

　　在最后一节中，我们关注当代美国的工作场所，它是工业化世界中职场性别不平等程度最高的地方之一。工作场所将男性和女性分配在不同的环境中，分配给他们不同的职责，给予他们的报酬也不平等。

职业分布

　　近几十年来，女性劳动力参与率的增长速度超过了男性。1970—1990 年，女性劳动力的增长速度是男性的两倍（见图 10-9）。2015 年，16 岁以上的女性中有 56.7% 是平民劳动力，而男性为 69.1%。与过去一样，目前职业女性的比例因种族而异。长期以来，非裔美国女性的劳动力参与率一直很高。2015 年，她们加入劳动力队伍的比率为 59.7%，而白人女性为 56.2%，西班牙裔女性为 55.7%（Bureau of Labor Statistics，2017a）。

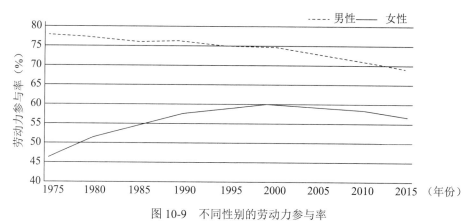

图 10-9　不同性别的劳动力参与率

资料来源：数据来自美国劳工统计局，劳工统计局 2017 年报告，"劳动力中的女性：数据手册"（"Women in the Labor Force: A Databook"），报告 1065. 在线查询：https://www.bls.gov/opub/reports/womens-databook/2016/home.htm.

　　在过去的一个世纪里，美国劳动力市场上女性参与的增加是最重要的社会、经济和文化趋势之一。当今职业女性可以是任何年龄以及任何种族的。她可能是护士、秘书、工人、百货商店店员或公立学校教师，也可能是（尽管这种可能性要小得多）医生、公司总裁或学校负责人。她可能是每天在附近咖啡店柜台后面看到的熟悉面孔，也可能在人们几乎看不见的地方工作，比如半夜在一座空荡荡的办公楼里拖地板。

　　虽然女性劳动力参与率的提高是 20 世纪最重要的社会和文化趋势之一，但她们在工作中并未享受平等。**职业性别隔离**（或**性别隔离**）是一种模式，指在整个劳动力市场中，男女从事不同的工作（Andersen，2011：128）。自 1900 年以来，性别隔离的总体程度没有多大变化，女性和男性仍然分别集中于不同的职业（England，2010）。

　　典型的女性劳动者是一个文书或服务行业的上班族。在管理或专业职业类别中，2015年女性在软件开发人员中的占比为 18%、在首席执行官中的占比为 28%、在律师中的占比为 35%。反过来看，她们却占了注册护士的 89%、小学和中学教师的 81%，以及会计师的 60%（Bureau of Labor Statistics，2017a）。白人和亚裔女性更有可能从事薪酬较高的管理和专业工作，而西班牙裔和黑人女性则更有可能从事报酬较低的服务性工作。

　　经济结构调整改变了劳动力的性别分布。自 1980 年以来，女性占据了经济中新增就业岗位的 80%。在当前经济衰退的背景下，美国工作场所中的性别转变加速了，这对男性和女性产生了不同的影响。在经济大萧条时期，男性失业人数占比较多，因为他们更有可能在制造业和建筑业等行业工作。女性在教育和医疗等经济部门中所占比例过高，而这些部门受经济衰退影响的可能性较小。

　　媒体有关女性在传统的男性工作岗位上有所增加的报道往往具有误导性。例如，在蓝领工作中，20 世纪 70 年代从事蓝领工作的女性人数增加了 80%，乍一看，增长似乎很显著。但是增长如此之快的原因在于之前女性几乎一直被排除在这些职业之外。由于建筑和自动化等技术性蓝领工作的增长十分缓慢，女性从事此类工作的机会受到了限制。2016年，只有 1.7% 的汽车维修技师和机械师以及 3% 的建筑工人是女性（Bureau of Labor

图 10-10　虽然随着时间的推移，女性的劳动力参与率有所增加，但女性和男性仍然集中在不同的职业

资料来源：Charles Stirling（Travel）/Alamy Stock Photo

Statistics，2017a）。1970—1990 年，更多的女性出现在法律、医学、新闻学和高等教育领域。如今，女性占据了 52% 的管理职位（1972 年为 19%）。尽管如此，在有声望的工作中，女性仍然很少。只有 38% 的医生及 14% 的建筑师和工程师是女性（Bureau of Labor Statistics，2017a），如图 10-10 所示。

收入差距

　　虽然女性的劳动力参与率有所上升，但是 30 年来男女收入之间的差距一直保持相对稳定。即使女性和男性从事类似的职业，受教育程度也相同，她们的收入仍无法与男性相比。

　　男女工资差距在缓慢缩小。在整个 20 世纪 90 年代，这个比例徘徊在 70% ～ 74%。如今，男性每赚 1 美元，全年工作和全职工作的女性只能赚 80 美分（Semega et al.，2017）。缩小工资差距的进展缓慢，这种差距每年缩小不到 0.5 美分，如图 10-11 所示。

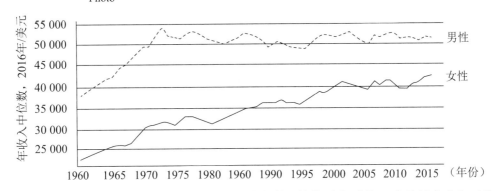

图 10-11　女性和男性的收入比以及全职收入的中位数，按性别分列的 15 岁及以上全年工作人员（1960—2016 年）

资料来源：Semega, Jessica L., Kayla R. Fontenot, and Melissa A. Kollar. 2017. "Income and Poverty in the United States: 2016." U. S. Census Bureau, Current Population Reports, P60-259, Table A-4. Washington, DC: U. S. Government Printing Office.

　　对于有色人种女性来说，收入歧视更甚。在各种族群体中，女性的收入都低于男性。2016 年，在全年和全职工作的人中，白人女性的收入占白人男性收入的 81%，黑人女性的收入占黑人男性收入的 89%，西班牙裔女性的收入占西班牙裔男性收入的 88%（Bureau of Labor Statistics，2017a）。

收入差距持续存在的原因如下。

- 女性集中在低薪职业。
- 与男性相比，女性进入劳动力市场的薪酬水平较低。
- 女性往往比男性加班时间少。
- 由于照顾家庭的义务，女性往往比男性休假时间更多。

这些情况只能部分解释男女之间的收入差距，而不能解释为什么即使女性劳动者与男性劳动者受教育年限相同，工作经历、技能和经验也相同，却挣得比他们少很多。工资差距中无法解释的部分是由劳动力市场上的性别歧视造成的，这阻碍了女性通过雇用或晋升获得薪酬更高的工作。或者说原因仅仅是在任何工作中给女性的报酬都低于男性。大量研究发现，在对同等条件的女性求职者进行比较时，作为母亲的女性被认为能力较差，她们被建议的起薪比不是母亲的女性低（称为"母性惩罚"）。父亲们受到的影响恰恰相反，他们被推荐获得更高的薪水，并被认为比没当父亲的男性更有责任感（Miller，2014）。

工作场所中种族和性别的交集

男女在职业集中度方面存在重要的种族差异。少数种族，不论男女，都集中在劳动力市场中低收入、地位较低的工作岗位上，往往没有什么附加福利，工作条件差，人员流动率高，晋升机会很少。根据美国劳工统计局的数据，西班牙裔或拉丁裔工人所占比例最高的五个职业是石膏板安装工、农业工人、修理（或盖）屋顶的工人、地毯和瓷砖安装工，以及油漆工／建筑工／维修工（J. Fox，2017）。所有这些职业也往往以男性为主。例如，墨西哥裔美国女性集中从事秘书、出纳和清洁工等工作；中美洲女性从事家庭清洁工、校工和纺织机操作工等工作；菲律宾女性则担任护士、护工和收银员（Andersen，2011）。因此，工作场所的不平等既受到性别和种族的影响，也受到社会阶级及其他群体特征的影响。

工作场所中的不平等是如何运作的

为什么女性在工作场所遭受不平等待遇？一些理论用于解释工作隔离和工资不平等，其中一些关注个人、一些关注结构条件，还有一些则采用交互过程来解释女性的劣势。

对性别差异的普遍解释将问题指向女性本身。这些理论认为社会化、教育以及人们从工作中抽出时间生儿育女的"选择"，为女性和男性带来了不同的工作经历。例如，人力资本理论就是建立在工人带给其工作的个人特征之上的。换句话说，个人在教育、培训等方面对人力资本进行投资（或不进行投资）。实际情况远比这个复杂。研究发现，女性的个人特征，或者说她们的人力资本，只能解释就业不平等的一小部分，因为有关性别的观念和实践已经嵌入工作场所的结构之中了。让我们来看看劳动力的组织是如何使女性处于劣势地位而使男性处于优势地位的。

二元劳动力市场理论关注劳动力市场本身。劳动力市场分为两个独立的部分，它们具有不同的特点、角色与报酬。初级劳动力市场具有以下特征：稳定、高薪、有晋升途径、有升迁机会、良好的工作环境及工作保障。次级劳动力市场的特点是低薪、晋升途径少或没有晋升途径、工作条件差及缺乏工作保障。女性的工作往往都属于次级市场。例如，文书工作作为女性最大的单一职业之一，具有许多与次级市场相关的特征。

工作本身的许多特点阻碍了女性的进步。例如，一些结构性条件要求性别隔离，在这种情况下，女性集中在了基于性别的职业类别中。在这一传统下，大量研究解释了为什么即使在女性大量涌入劳动力市场并从事"男性工作"的情况下，工作隔离和工资不平等仍然存在。社会学家芭芭拉·雷斯金（Barbara Reskin）和帕特里夏·鲁斯（Patricia Roos，1990）研究了 11 个曾经由男性主导的领域，在 1979—1988 年开始有女性到这些领域工作：图书编辑、药剂学、公共关系、银行管理、系统分析、保险销售、房地产销售、保险调整审核、调酒、烘焙、排版和作曲。雷斯金和鲁斯发现，只有在这些领域的收入和向上流动性都有所下降之后，女性才能进入这些领域；也就是说，工资下降了、声望降低了，或者工作变得更像是"女人的工作"时，女性才开始在这些领域工作。此外，在这些职业中，女性专门从事地位较低的工作，处于与男性不同且不太理想的工作环境之中，以及低收入行业。瑞斯金和鲁斯称这个过程为"隔离化"（ghettoization）。

许多向女性开放的领域不再具有其曾经的经济或社会地位。它们的结构有两个层次：①薪酬更高、职位更高、权力更大的工作；②薪酬更低、更常规化、权力更小的工作。女性集中在新型的、更常规化的专业就业部门，而相对自主的上层工作仍由男性主导。例如，伴随着组织的变化，女性进入了医学、大学教学和法律这三个重要领域。在医学领域，随着越来越多的女性进入，以医院为基础的工作有所增加。与男医生相比，女医生更有可能从事医院中的基础类工作。相较于传统的办公室工作而言，这种工作拥有的自主权更少。在大学教学领域，许多女性受雇于两年制的大学，在那里教学任务繁重，她们几乎没有时间或精力著书立说，而这是学术职业发展的关键。在法律领域，随着律师事务所的发展，女性晋升到有声望的职位的机会正在减少。在律师事务所中，许多法律工作是常规化的。

许多组织特征阻碍了女性的发展。在白领阶层中，有充分证据表明，女性在其职业和专业领域只能止步，而不能得到进一步发展的现象被称为**"玻璃天花板"**（glass ceiling）。这指的是无形地限制女性的流动性的障碍，尽管她们的动机和能力可以与有权力和威望的职位相匹配（Lorber，1994：227）。相比之下，进入女性主导职业的男性通常会体验到结构性优势——"玻璃滚梯"，这往往会促进他们的职业发展（Williams，1992）。

许多旧有的歧视模式是难以改变的。例如，在专业领域，同事之间的关系网和非正式互动往往限制了女性的流动性。女性被排除在伙伴系统或校友关系网之外。这种非正式的互动持续地再造着性别不平等。互动理论也解释了性别在劳动过程中是如此重要的力量的原因。

对女性职业不平等的个人、结构性和互动性的解释是基于社会过程的，而不是公然的歧视。但是，重要的是要认识到，在工作场所可以发现公然的歧视。例如，性骚扰影响所有类型的职场女性。性骚扰可以包括不怀好意的窥视、评头论足、性暗示或带有性意味的身体接触，以及带有性倾向的不当要求。研究发现，性骚扰在以男性为主的工作场所且女性是新雇员的情况下尤其普遍，因为这是男性劳动者支配和控制女性的一种方式，而这些女性本应与他们平等。2017 年，性骚扰的问题爆发，各行各业的女性公开指责那些在工作场所进行性骚扰和 / 或性侵犯的知名人士。这些指控从好莱坞电影大亨哈维·温斯坦、新闻主播马特·劳尔、参议员艾尔·弗兰肯、名厨马雷欧·巴塔利、喜剧演员路易·C.K. 等一直到特朗普总统。超过 1 200 万的脸书帖子使用了"me too"这个标签，这表明了女性在工作场所经历的系统性的性骚扰。

全球经济中的性别问题

美国乃至全世界的性别关系与全球经济息息相关。私营企业作出的投资决定影响了全世界人民的生活。为了谋求利润，跨国公司转向发展中国家，那里的妇女和儿童可以作为廉价劳动力。对廉价劳动力的需求产生了一个带有强烈的性别因素的全球生产体系。国际劳动分工对男女都有影响。随着制造业工作转向低薪经济，男性往往会被取代。全球流水线使用女性劳动力，她们中的许多人年轻、单身且来自贫穷的农村地区。来自低收入国家的特定阶级 / 种姓和种族的女工为制造那些在较富裕工业国家分销的商品提供了廉价劳动力，如图 10-12 所示。

图 10-12　在墨西哥的一家工厂里，女工们正在生产汽车脚垫
资料来源：Ivan Pierre Aguirre/AP Images

全球经济将女性纳入公共领域，这正在改变世界各地的性别关系。虽然这为女性提供了新的机会，但是通过右翼民兵运动、宗教复兴运动及其他形式的男性化的原教旨主义，男性支配地位的瓦解也可能导致对当地性别等级的重申。此外，新的控制形式正在取代那些剥削和虐待女性的旧有形式。例如，女性在性产业的工作现在是全球经济的重要组成部

分。性俱乐部产业在世界范围内的扩张与集团犯罪以及跨国贩卖妇女（和女孩）的活动密切相关。

结论

显然，无论是在美国还是在世界范围内，性别不平等都渗透到了社会生活的各个方面。跨国公司从支付给女性低于男性的工资中获得额外利润。在世界范围内，工作场所存在性别隔离。女性被隔离在低薪工作中，为某些经济部门（大多数工人是女性的部门）创造了更高的利润。作为唯一经济支柱的女性和临时工作的女性一直是易受剥削的劳动力来源。

性别不平等有利于社会的某些阶层。然而，整个社会和男女个人为不平等付出了高昂的代价。性别歧视降低了所有人的生活质量。当女性被剥夺了充分而平等地参与社会生活的权利时，我们的社会就被剥夺了 50% 的资源。如果女性被系统性地排斥在需要领导力、创造力和生产力的工作之外，经济就会遭受损失。占人口 50% 的人才储备将继续得不到充分利用。

性别歧视还剥夺了男性充分发展的潜力，因为性别隔离剥夺了一些男性的就业机会，他们希望进入护理、小学教学或秘书工作等领域。消除性别歧视将使这些男性受益。这也将有利于所有被迫采取刻板的男性行为的男人。在学习成为男人的过程中，男孩通过坚强、竞争力和侵略性来表现自己的男子气概。通常与女性气质相关的表达，如温柔和善于表现，被认为是男性所不应具备的。严格的性别规范让男性为自己的男子气概付出代价。

社会中的性别不平等导致了女权主义社会运动，这将在第 18 章中详细讨论。20 世纪六七十年代的女性解放运动是美国历史上最具影响力的社会变迁和社会公正的来源之一。最近，"me too"运动和 2017 年妇女大游行的历史性投票率（全世界有 200 多万人参加）表明，争取性别平等的斗争没有消亡，而是比以往任何时候都更加激烈。

第11章
经济

在过去 5 年里，沃尔玛一直是《财富》评选的美国 500 强企业中的第一名。沃尔玛的首要地位凸显了经济转型，因为沃尔玛与之前的龙头企业（如通用汽车或埃克森美孚）不同，它不制造任何东西。沃尔玛 2017 年的营业收入为 4 860 亿美元，这体现了新经济的黑暗面：低技能、无工会的工作；大商店迫使小商店倒闭，这意味着消费者的选择更少；依赖低薪经济体供应商品；大型商店和停车场无止境地扩张。

本书接下来的 6 章将描述社会的基本制度，这些制度在社会生活的重要领域以规定的方式对行为加以引导。社会制度，即经济、政治、家庭、教育、宗教和医疗是相互关联的。尽管制度之间相互影响，但经济和政治是核心制度。社会生产、分配商品和服务的组织方式以及权力的组织方式是其他制度组织方式的关键决定因素。

本章重点介绍了三个方面：大型企业的主导地位和财富分配不均、工作的社会组织和经济危机。

企业主导的美国经济

工业化社会根据资本主义或社会主义两种基本形式来组织其经济活动。尽管几乎没有一个社会拥有纯粹的资本主义或社会主义经济，但理想类型提供了两个相反的极端，这有助于我们更准确地衡量美国经济。我们先简要讨论每一种类型。

资本主义

纯粹**资本主义**的存在必须具备三个条件：生产资料私有制、个人利益和竞争。这些必要条件构成了纯粹资本主义制度的基本原则。第一个基本原则是生产资料的私有制，个人不仅拥有私人财产，更重要的是，还拥有生产、分配商品和服务所必需的资本。在纯粹的资本主义社会中，任何潜在的营利活动都不属于公有制。

第二个基本原则是追求利润最大化，这意味着个人可以自由地最大化其个人收益。这意味着资本主义的支持者认为，个人追求利润对社会有积极的影响（如创造就业机会，经济增长）。因此，通过个人利益来寻求私人好处被认为在道德上是可接受的，在社会上也是可取的。

第三个基本原则是竞争，它是一种决定产品和价格的机制。市场的供需关系确保资本家会生产公众所需要的产品和服务，并尽可能地追求物美价廉。此外，竞争是制约个人追求利益的机制。由于竞争对手的存在，如欺诈、劣质产品和抬高物价等潜在的胡作非为被消除了，否则，竞争对手很快就会从那些违反良好商业判断原则的人手中夺走生意。因此，市场力量导致无能者失败、高效者成功，经济的低效率随之降至最低。

要想让真正的资本主义发挥作用，除了私有制、个人利益和竞争外，还需要第四个条件：政府实行**自由放任政策**，使市场不受阻碍地运行。资本家认为，政府对市场的任何干预都会对激励机制和个人选择自由产生负面影响，从而扭曲经济。如果不受政府的干预，利润动机、私有制和竞争将以个人自我实现和社会普遍物质进步的形式为最大多数人实现最大的利益。

批评者认为，资本主义加剧了不平等，并产生了一系列社会问题，因为其目的在于获利，而不是改善人类境况，如图 11-1 所示。正如已故政治观察家埃文斯（Ivins，2000：22）所言：“资本主义……是一个创造财富的上等制度，但它对社会公正毫无助益。没有理由期待它这么做，因为那并非其职责。”

图 11-1　批评者认为，资本主义加剧了不平等并导致了一系列社会问题，因为其主要目标是利润高于社会平等
资料来源：Peter Marshall/Alamy Stock Photo

美国的经济不是纯粹的资本主义经济。政府对个人和企业征税是为了筹集资金用于公共事业，如联邦州际高速公路系统、空中交通管制系统、机场补贴、防洪工程、国防建设、邮政系统和赈灾救助。在许多方面，政府会对市场进行干预，包括监测食品和药品的安全、禁止某些产品的销售、颁发许可证、保护女性和少数族裔的公民权利、税收、补贴商业活动、监管银行业和保险业，以及提高或降低利率等。

此外，尽管美国的社会项目不如社会福利国家丰富，但对自然灾害的受害者、低收入儿童的学前培训、掠夺性低息学生贷款的受害者以及失业者也提供了一些帮助。

社会主义 [①]

本书作者认为，**社会主义**是一种人民为了集体利益而拥有生产资料的经济制度。社会主义的五项原则是民主化、平等主义、共同休、生产资料公有制以及为共同日的进行规

---

① 谨代表作者本人观点，仅用于学术讨论。

划。真正的社会主义必须是民主的，这也是社会主义的第一项原则。社会主义国家的代表必须对他们所服务的公众的愿望负责并作出回应。只有人民当家作主，以及人民的利益得到满足的社会主义才是真正的社会主义。在社会主义社会，人民拥有选举权和被选择权，民主关系是贯穿整个社会结构中的，包括政府、工作场所、学校和社区。

社会主义的第二项原则是**平等主义**：人人实现自我的机会平等，平等地参与决策而不是按照等级制度，平等地分享社会利益。平等意味着对不平等加以限制，在生活水平上存在一些可以接受的差距。社会主义的这一更现实的目标需要一个基本的承诺，即通过消除收入、财产和机会方面的极端不平等来实现大致的平等。关键是优势的均衡，以便所有公民都能得到必需品（食物、衣服、住所、医疗、最低生活工资、病假工资和退休金）。

社会主义的第三项原则是共同体，即"社会关系应该以合作和集体归属感为特征，而不是冲突和竞争"（Miller，1991：406）。这种集体意识体现在为共同利益提供的相对较高的税率上，如全民医保、带薪产假、儿童保健补贴、普及学前教育计划和退休计划。

社会主义的第四项原则是生产资料公有制。人民群众拥有基础工业、金融机构、公用事业、交通运输和通信公司。这些机构的目标是为公众服务，而不是盈利。

社会主义的第五项原则是为共同目的进行规划。社会必须引导社会活动以实现共同的目标。一个纯粹的社会主义经济需要社会计划，以尽可能少的个人和集体成本提供满足其公民物质需求的最佳条件。计划还旨在实现诸如保护环境、防治污染、节约自然资源和开发新技术等社会目标。公共政策是通过对社会需求的理性评估，以及如何最好地组织经济以实现这些需求来制定的。在这种情况下，经济必须由人民的代理人（政府）来调控。政府设定价格和工资，而在必要的情况下，重要的行业会亏损经营。中央计划将过剩、短缺或失业等混乱情况降到最低程度，其目标是为了社会的利益而运行经济。

民主社会主义的批评者认为，这种制度将个人自由和选择最小化了。由于中央集权的科层制作出了"一刀切"的决定，政府垄断的效率低下。为了支付昂贵的社会项目，税收很高。同时，这种观点认为，为个人和家庭制定的"从摇篮到坟墓"的社会计划降低了人们取得成功的动力，使人持有一种会限制创造力、经济生产力、增长和追求卓越等诸多方面的态度。

企业主导的美国经济

美国经济一直以资本主义原则为基础；然而，目前的经济与自由企业制度相去甚远。理想制度与现实制度之间的主要差异在于美国经济不再建立在基本平等的私人资本家之间的竞争上。与古典经济理论相反，大型企业支配和控制需求，而不是对市场的需求做出反应。无论经济制度曾经运转得多么良好，企业不断扩大的规模和实力都会对其造成破坏。这种发展对一个现代的后工业社会适当的经济形式提出了质疑。

　　130 多年前，当规模巨大的企业还是例外之时，卡尔·马克思就曾预言，资本主义因其若干的内在矛盾而注定灭亡，这些矛盾将产生一个决心摧毁资本主义的阶级群体（关于马克思的预言请参阅深入观察专栏）。就我们的目的而言，这些矛盾中最重要的是垄断的必然性。马克思假设，自由企业会导致一些企业变得越来越大，因为它们会消除对手或吸收较小的竞争企业。这一过程的最终结果是在经济的各个部门中存在垄断。当然，垄断与自由企业制度是对立的，因为决定产品价格和质量的不是供给和需求，而是垄断。

　　在很大程度上，美国社会正在验证马克思的预言。几家企业主宰着经济的大多数领域。典型的情况是，少数几个组织而非一个企业控制着一个行业。当四家及以下的企业供应一个特定市场的 50% 或以上的份额时，就会产生**瓜分式垄断**或**寡头垄断**，其表现与垄断或企业联盟相似。大多数经济学家认为，在这个集中度水平之上（四家公司的比例达到或超过 50%），瓜分式垄断的经济代价就会显现出来（例如，价格提高 25%）。政府数据显示，一些行业高度集中（特别是媒体和新闻行业）。

深入观察

卡尔·马克思的预言

　　马克思预言，资本主义播下了自我毁灭的种子。除了导致垄断之外，资本主义：①助长危机（通货膨胀、衰退、过剩、萧条），由于缺乏中央计划，意味着某些商品生产过剩，而其他商品生产不足；②鼓励为了扩张和利润进行的大规模生产，但是这样就形成了一个以公平分配为目标的社会阶级，即无产阶级（工人阶级）；③要求引进节省劳动力的机器，这会导致劳动力失业和一个更敌对的无产阶级；④控制国家，结果是有利于富人的法律得以通过，从而进一步引起无产阶级的愤怒。资本主义的这些矛盾增加了无产阶级构建阶级意识的可能性，这是阶级冲突和新经济制度出现之前的必要条件（Marx，1967）。

　　由于企业合并和**连锁董事**这两种活动，美国最大的商业公司越来越集中的趋势加速了。

　　（1）**大规模的企业合并**。随着巨头企业变得越来越大，每年都有成千上万起合并事件发生。近年来发生了一些美国历史上规模最大的合并（例如，2017 年 CVS 健康公司收购了安泰保险公司，威瑞森公司收购了雅虎）。也有一些美国公司和外国公司的大型合并（例如，戴姆勒和克莱斯勒，英国石油和阿莫科，德意志银行和信孚银行）。联邦政府以高效的公司不应受阻碍为由，放松了对反垄断法的执行，从而鼓励了此类合并。

　　这种大型合并的趋势至少存在六个方面的负面影响：①它增加了资本的集中程度，从而减少了竞争，提高了消费者的价格；②它增加了大型企业对工人、工会和政府的权力；③减少了对当地社区的好处；④减少了工作岗位（例如，当花旗公司和旅行者公司合并成花旗集团时，裁员 10 400 人）；⑤增加了公司债务；⑥它是非生产性的。最后一点需要阐述的是，合并和收购不会创造新的工厂、产品或工作岗位，相反，它们为律师、会计师、股票经纪人、银行家和大投资者创造了利润。

（2）**连锁董事**。另一种使大型企业的规模和权力日益集中的机制是连锁董事。当一个人供职于两家公司的董事会（**直接连锁**）或当两家公司各有一名董事在第三家公司的董事会任职（**间接连锁**）时，公司之间便会产生联系。这种安排具有巨大的潜力，它可以通过共享信息和协调政策来减少竞争，从而使相互连锁的公司受益，如图 11-2 所示。花旗集团（商业银行）就是一个例子。2013 年，针对花旗集团的一项分析显示，13 个人与其他 25 家企业创建了连锁（Domhoff，2013）。

图 11-2　当一个人在一家以上的公司担任董事时，这些连锁董事增加了大公司的权力

资料来源：ESB Professional/Shutterstock

1914 年通过的《克莱顿法案》规定，一个人同时在两家存在直接竞争关系的企业担任董事是非法的，然而，金融机构和间接连锁不受此限制。此外，政府难以确定什么是"直接竞争"。结果，尽管有此禁令，但超过 90% 的美国大公司都有一些与其他公司连锁的董事。

连锁董事在美国企业中激增。当董事之间有直接或间接的联系时，就有可能产生凝聚力、共同行动和统一力量。显然，当这种现象发生时，资本主义的原则就被打破了。

（3）**跨国公司**。正如我们所见，有一种企业规模扩大的趋势，最终导致大型企业与其他大公司联合，从而形成有效的垄断。这种经济集中的过程为最大的公司提供了巨大的经济和政治权力。例如，如果我们将政府预算与公司总收入进行比较，2017 年，美国前五家公司的销售总额超过了印度尼西亚（世界第四人口大国）的国内生产总值。

另一个趋势是美国最大公司的全球化，这使其力量更加强大。国际经济生活这一事实对国内外的社会问题都有非常重要的影响。

许多美国公司都在海外拥有大量资产。2017 年，全球前十大跨国公司中有四家是美国公司（Forbes，2017b）。为了增加利润，美国公司正在把越来越多的总资产转移到国外。在其他许多国家，制造和生产所需的资源往往更廉价。最重要的是，美国公司通过将生产设施从高薪地区转移到低薪的没有工会的国家以增加利润。此外，由于国外的劳工安全法和环境保护法比美国宽松得多，它们的生产成本更低。

将生产从美国转移到国外的后果严重。最重要的是，美国许多半技术型和非技术型工作岗位减少，甚至枯竭。失业率上升的影响是双重的：福利成本增加；工人阶级中不满情绪高涨。

企业集中化和国际化的双重进程的另一个结果是，巨型跨国公司掌握了巨大的权力。本质上，最大的企业控制着世界经济。它们决定建不建工厂，把工厂迁到哪里，生产新产品还是废弃旧产品，这些决定对其经营所在国、投资所在国及其撤资的美国公司中的普通公民的生活产生了巨大的影响。为了鼓励企业在美国落户并开展业务，2017 年 12 月，参议院通过了一项重大税收改革，其中包括将公司税从 35% 削减到 20%。

最后，跨国公司为了保护自己的投资和实现利润最大化，往往会干涉他国内政，包括试图推翻被认为不利于企业利益的政府，以及用数百万美元向各国的反动政府及保守派领导人行贿和提供政治献金。

资本主义与不平等

如前所述，资本主义的支持者认为，利润动机、私有制和竞争将以个人自我实现和社会普遍物质进步的形式为最大多数人实现最大的利益。然而，权力和财富集中在大公司，这使小企业主很难竞争和生存。此外，虽然有一些家庭非常富有（美国最富有的 400 个家庭拥有的财富相当于美国底层 50% 人口的财富），但仍有数百万美国工人生活在贫困线以下。

美国的工作问题

工作是人生阅历的核心。社会被组织起来进行工作分配，以生产社会及其成员所需的商品和服务，包括食物、衣服、住所、防御设施，甚至奢侈品。工作为个人提供了社会身份、经济资源和社会地位。工作支配了他们的时间，是生活意义的主要来源，因为它构成了人们对他人的贡献。

然而，职场也有黑暗的一面。工作结构是社会问题的主要根源。很多人排斥工作。工作组织有时剥削、伤害工人，而且经常使他们丧失人性。工作的分配及其报酬是社会不平等的根源。本节主要讨论工作的社会组织所产生的社会问题。

对工人的控制

随着工业革命的展开，越来越多的家庭离开了农业生活，来到城市，在工厂工作。这些工作有时是困难的，而且通常是单调乏味的。在这种不利的条件下，生产力降低和工人罢工的威胁始终存在。工厂主及其管理者使用了一些策略来应对这些潜在的问题，特别是保持高生产率，即科学管理、分级控制、技术控制和勒索。

1900 年前后，**科学管理**（以其创始人弗雷德里克·泰勒的名字命名，称为泰勒化）开始在美国工业界崭露头角。这种管理方式的重点在于将工作分解成非常专业的任务，工具和程序的标准化，以及加快重复性工作。这些提高工人效率从而增加利润的努力意味着工人们发展的技能范围非常有限。他们不但没有掌握制造汽车或家具的广泛知识，其知识反而受到了严重限制。这种专业化使工人极易受到自动化的影响，并且很容易被更为廉价的工人所取代。科学管理方法也产生了矛盾的效果。它试图通过让员工做更多分门别类的任务来提高效率，而这增加了工作的重复性、无聊感和无意义感，因此工人会产生被疏远和焦躁不安的强烈倾向。

与科学管理密切相关的是利用科层制来控制工人。工作环境，无论是工厂、办公室还是公司，都被组织成一个个科层化的等级制度。在这个权力等级（指挥链）中，每个职位都向下级下达命令，对他们的行为负责，并服从上级的命令。这种等级制度通过提供晋升的可能性来控制工人。随着职位的晋升，员工将获得更有声望的职称、更高的工资和更多的福利。那些希望在组织中获得晋升的人必须成为服从规则的追随者，而且不能质疑权威。

工人也被管理层用来监视和监督他们的技术所控制。心理测试和药物测试被用来筛选求职者。雇主也会通过社交网站来筛选应聘者。电话窃听器已被用来确定员工是否将公司电话用于私人用途。管理层使用闭路电视、双面镜及其他设备来确定员工是否有效地利用时间。雇主还可以监控员工所访问的网站来确定员工是否在"摸鱼"。计算机可以计算击键次数、为电话通话计时、监测出错频率、评估员工的整体表现，并在员工没有达到理想状态时发出警告。

异化

异化是指人与他人、与自己、与其所创造的产品之间的分离。马克思认为在资本主义中，工人异化是因为他们对自己的劳动没有任何控制权，被管理者所操纵，倾向于在大型的、非人格化的环境中工作，以及他们从事的是专门的工作。

在这种情况下，工人只能发挥自己的一小部分才能，对自己的创造力和最终的成品缺乏自豪感。因此，可以看到，工人的异化与未实现的个人满足感有关。

异化并不局限于体力劳动者。售货员、行政助理、银行出纳员等白领工作大多是例行公事、重复、枯燥且没有挑战性的。这些员工就像流水线上的工人一样，服从命令，只做有限的任务，几乎没有成就感，如图 11-3 所示。

图 11-3 很多工作都是异化的，因为它们例行公事、重复、枯燥且没有挑战性
资料来源: Sergio Azenha/Alamy Stock Photo

危险的工作环境

在资本主义经济中，工人代表着逐利公司的成本。管理层所维持的人工成本越低，其利润就越高。从历史上看，低劳动力成本意味着工人的工资较低，医疗保健等福利较差或根本不存在，而且工作环境不健康。矿山和工厂往往极其不安全。由于工人所遭受的虐待，20 世纪初的劳工运动如火如荼。

经过长期的、有时是激烈的斗争，工会成功地提高了工人的工资、增加了附加福利，并使工作环境变得更安全。但是雇主们迟迟没有做出改变，工人安全始终是最困难的领域之一。大概由于成本太高，许多工厂、矿山和工厂的老板仍然把工人的安全放在次要位置。

大约 47 年前，联邦政府成立了职业安全与健康管理局（OSHA）以确保工作场所更安全。尽管受到商界的抵制及政府执行不力，工作场所的死亡人数也下降了 62%。即使工人死亡人数大幅下降，工人的安全问题依然存在。目前有 2 100 名安检员负责 1.3 亿工人的安全（大约每 5.9 万名工人仅有一名安检员）（U. S. Department of Labor，2017）。

2016 年，5 190 名工人在工作中死亡（U. S. Department of Labor，2017b）。少数群体，特别是拉丁裔美国人，不成比例地成为与工作有关的死亡的受害者。拉丁裔人口占比较高的一个原因是拉丁裔移民的涌入，他们从事建筑业、肉类加工和农场劳工等危险且难以填补的工作。无证劳工经常受到剥削，因为他们如果抱怨，就会被驱逐出境。他们通常不加入协助保护工人的工会，而且在工作环境危险的情况下，他们也会逆来顺受，如图 11-4 所示。

图 11-4　许多工人，特别是少数族裔工人，每天都面临重大的职业危险

资料来源：Frameangle / 123RF GB

重大的职业危险持续困扰着工人，特别是从事某些工作的人，如伐木工、建筑工人、

垃圾收集工、修理（或盖）屋顶的工人、电线安装和修理工、矿工和农民等。除了坠落、火灾、爆炸、塌方、恶劣天气和设备故障之外，还有一些无形污染物的危害，如核辐射、化合物、煤焦油、灰尘及石棉纤维。由于合成化学品的生产急剧增加，这些来自无形污染物的危险正在增加。以下例子说明了在某些工业中持续接触危险化学品的具体风险。

- 染料行业的工人（与芳香烃打交道）死于膀胱癌的风险大约是普通人群的 30 倍。
- 大约 10% 的煤矿工人患有黑肺病，这是多年在通风不佳的场所吸入煤尘所致的。
- 身为移民的农场工的预期寿命比全美平均水平低 30 岁。这种情况是生活贫困或接近贫困的结果，最重要的是，他们在工作的田间接触了喷洒的除草剂和杀虫剂。
- 半导体行业的工人面临暴露在芯片制造中使用的酸、气体和溶剂的特殊危险。
- 视频显示终端的怀有身孕的操作员流产率高或其婴儿伴有出生缺陷的概率极高，这显然是由于接触非电离辐射。

工业记录往往是忽视科学数据的记录之一，通过法庭诉讼拖延，或声称由于清理工厂或作坊的成本问题将导致工作岗位的流失，使消费者承担更高的价格。最严重的是，一些公司没有告知员工这些危险。

"血汗工厂"

"血汗工厂"是一种不合格的工作环境，即工人的工资低于最低工资，没有加班费，而且违反了其他劳动法。2013 年，孟加拉国的一家服装厂倒塌，导致 1 100 多名年轻女工和童工死亡，"血汗工厂"因此受到关注。"血汗工厂"不仅设在第三世界国家；服装业的"血汗工厂"在纽约、旧金山、洛杉矶、埃尔帕索和西雅图很常见。这些地方的工人为李维斯（Levi Strauss）和盖璞（Gap）等品牌以及杰西潘尼（JC Penney）、西尔斯（Sears）和沃尔玛（Walmart）等商家生产服装。这些工人大多是拉丁裔和亚裔移民妇女，她们的工资远远低于最低工资，没有任何福利，在拥挤、不安全、令人窒息的环境中工作。

美国公司还销售由其他国家"血汗工厂"工人生产的产品。足球是由巴基斯坦的童工缝制的。迪士尼的许多产品都是在斯里兰卡和海地生产的，这两个国家因缺乏劳动力和人权而臭名昭著。耐克、锐步和其他鞋类制造商在许多亚洲国家剥削工人。请参阅全球专栏"美国的现代版奴隶制"。

全球

美国的现代版奴隶制

1865 年，美国宣布奴隶制非法。根据历史和政治学教科书，美国是一个自由的国家。然而，研究表明，在美国大约有 25 种类型的人口买卖（现代奴隶制）（Polaris，2017）。普莱瑞斯分析了 2007 年 12 月至 2016 年 12 月的 32 000 多起人口买卖案件，并确定了他们所谓的"现代版奴隶制的类型"，如图 11-5 所示。

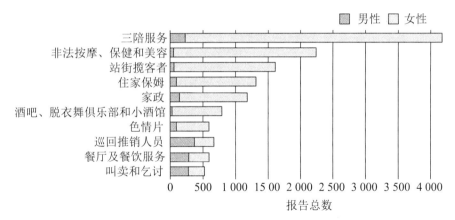

图 11-5　现代版奴隶制的类型

注： 由于报告的原因，男性和女性的人数之和可能不等于报告案例总数。

资料来源： 数据来自 https://polarisproject.org/sites/default/files/Polaris-Typology-of-Modern_Slavery.pdf.

他们的研究指出，每种类型的人口买卖都有独特的招募和控制受害者的策略。这些受害者通常是来自东亚、东欧、墨西哥和中美洲的移民。有些人是身不由己地来到美国的，有些人是自愿的合法或非法的移民，但他们却被迫遭受奴役。在后一种情况中，这些移民来到美国工作，却发现自己欠了那些帮助他们来到这里的人的钱，欠他们住宿和食物的费用，甚至欠他们就业工具的钱。

在这种情况下，工人的雇主往往与帮助他们移民的人勾结，或者他们可能会把工人居住的肮脏住所出租出去，或者对诸如支票兑现之类的小服务收取高昂的费用。当发现自己负债累累后，工人们会被迫留在岗位上，如果他们离开，将面临暴力报复的风险，在还清债务前，他们不能要工资。

工人被困在抵债劳动中，这就是现代版的奴隶制。这种类型的奴隶制不同于过去的奴隶制，因为合法的所有权已经被统治和权力所取代。行凶者不依靠锁链或枪支。"他们所需要的只是某种胁迫手段：威胁殴打、驱逐出境、死亡，或者最有效的是，如果受害人胆敢说出来，就伤害其在国内的家人。"（Bowe，2007：xvii）

关于如何处理这个问题，来自加利福尼亚大学、伯克利人权中心和华盛顿特区反奴隶制组织"解放奴隶"（Free the Slaves）的研究人员表示：

为打击这些罪行，新的联邦法律已经通过……但道阻且长，特别是在地方一级。警察，而不是联邦特工，最可能遇到强迫劳动者，但往往将其误认为非法移民，并把受害者视为犯罪企业的一部分。[他们]建议开展一场基础广泛的宣传运动；加强对易受强迫劳动影响的行业的监测；加强美国执法人员之间的培训和协调；加强对强迫劳动幸存者的保护。（Gilmore，2004）

工会及其衰落

从历史上看，工会在改变劳资关系方面起着极其重要的作用。工人们联合起来要求业主提高工资，增加福利，为工人提供安全保障，并提高工作场所的安全性。通过罢工、停工、公共关系和政治游说，工作条件得到改善，工会成员在很大程度上取得了成功。在工资与福利方面，工会工人的收入比非工会工人高 34% 左右。让我们看一下在同类工作中工会工人与无组织工人之间的差异（U. S. Department of Labor，2017a）：

- 就全职工薪工人的收入中位数而言，2016 年，工会工人为每周 1 004 美元，而非工会工人为每周 802 美元。
- 工会女性比非工会女性多挣 30%。
- 非裔工会成员比非裔非工会成员多挣 25%，拉丁裔工会成员比拉丁裔非工会成员多挣 45%。

但自 1980 年前后，工会已经失去了效力，会员比例从 20 世纪 50 年代中期约占工薪阶层的 35% 降至 2016 年的 10.7%。由于工会人数如此之少且不断减少，工会正变得无关紧要。

工会成员数量（和影响力）下降的原因有几个。第一，共和党总统罗纳德·里根、乔治·赫伯特·沃克·布什和乔治·沃克·布什直接抨击了工会。每一届政府都对罢工漠不关心，有时还利用联邦政府的影响力来削弱罢工。同样，他们任命的劳工部长和国家劳工关系委员会（NLRB）偏向企业而不偏向劳工。例如，2006 年，共和党主导的国家劳工关系委员会（NLRB）在被统称为肯塔基河案（Kentucky River cases）的三个案件中投票，通过允许雇主将数百万工人归类为管理者，削弱了长期以来保护工人组建工会自由的联邦劳动法。根据联邦劳动法，管理者不得组建工会。

第二，公众舆论已经转向反对工会，因为他们中的一些人不民主，丑闻缠身，而且对自己的需求过于热心。公众舆论也转而反对劳工组织，因为主导着里根和首任布什政府以及当时大部分国会的供给侧经济时代，亲商业、亲资本主义的偏见有所增加。这种偏见虽然有所减弱，但在克林顿政府期间仍继续存在，在乔治·沃克·布什政府和特朗普政府初期再度抬头。

第三，企业尽其所能地阻挠工会。通常情况下，如果有 30% 的工人签署请愿书，公司就必须进行工会投票。当这样的选举真的发生时，50% 以上的时间，公司是赢家，而在 20 世纪 50 年代早期这一比例只有 28%。工人们的反工会投票通常是公司全面出击的结果，发布成立工会可能导致裁员甚至关闭工厂的信息，提供免费烧烤或比萨的"工人感恩日"，选择性解雇工会积极分子（一种非法活动，但根据克林顿总统建立的委员会的一项研究，大约在 25% 的工会运动中都会发生此类情况），以及其他形式的恐吓。

工会力量下降的另一个主要原因是经济的转型。历史上支持工会的制造业的就业岗位正在减少，而服务和技术行业的就业岗位正在增加，但通常这些行业都是未设工会组织的。面对来自低薪经济体的激烈竞争，许多企业坚持降低工资或减少工人福利，或表示他们将面临破产，或将迁往海外。随着工厂自动化程度的提高（机器人取代了流水线上的工人），微芯片技术的日益普及威胁着工作岗位，无人驾驶汽车将取代交通运输行业的工人，而无人机有可能抢走快递行业的工作岗位。同样地，计算机也增加了居家办公的人数，比如临时工和兼职人员。这些工人是最不可能加入工会的。

　　这些力量非常有利于管理，这是一种具有消极影响的趋势。面对工厂关闭或迁往未设工会的地区或低工资国家的威胁，工会通常会选择返还他们在 20 世纪六七十年代取得的许多收益。这样一来，工人们失去了实际工资和福利。

职场歧视

　　女性和少数族裔长期以来一直是美国工业界歧视的对象。2016 年，美国平等就业机会委员会收到了 32 309 项种族歧视指控和 26 934 项性别歧视指控。现在和过去的指控主要集中在招聘政策、工龄权利、限制就业、有限的晋升机会和同工不同酬。许多法庭诉讼（以及庭外和解）表明，在美国电话电报公司、通用汽车公司和西北航空公司等大公司以及银行业和钢铁业等行业，歧视性政策普遍存在。关于当前一个明显的薪酬歧视的例子，请参阅多样性专栏"同工同酬"。

多样性

同工同酬

　　2014 年 8 月 26 日（妇女平等日），纽约市当地卡车司机协会 237 工会为了数千名学校安全员赢得了历史性的性别平等的和解。三名女性原告为了抗议女子学校安全员每年比男性同行少挣 7 000 美元的事实，发起了这场为期 4 年的斗争。在纽约市，70%的学校安全员是女性，主要是非裔和拉丁裔，而且她们大多是单身母亲。这一具有历史意义的和解（3 500 万美元）是美国最大的一次薪酬歧视的集体诉讼，将在未来 4 年内为这些安全员加薪 33%。许多参与其中的妇女认为这是强大的当地卡车司机工会的功劳。正如当地 237 的工会主席所说，许多妇女没有一个工会为她们而战，"不应该通过巨额诉讼来为女性赢得同工同酬"。（引用自 Teamster，2014：1）

失业

　　美国劳工统计局会提供官方的失业统计数据。2009 年，在大衰退期间，官方失业率高达 10%（2018 年 3 月为 4.1%）。然而，这一比例具有误导性，因为它严重低估了实际的失业人数。这项数据不包括约 6 000 万因为上学、残疾或退休、不找工作而不属于劳动力的人，以及家庭主妇。

　　由于失业人数在两方面被低估，因而数据是不准确的。首先，那些在接受访谈前四周内没有积极找工作的人不被计入失业人群。在这些丧失信心的工人中，女性和少数族裔的比例极高。劳工统计局将他们排除在外的理由是，统计数据的功能是绘制活跃劳动力状况的波动图，而不是详尽地描述失业人员。

不管理由是什么，政府的官方数据由于低估了失业人数，降低了人们对失业严重程度的认知，因此也降低了人们对解决这个问题的热情。如果把那些在统计前一周只拿一小时薪水的人视为有工作的，那么公众将失业视为一个问题的程度就进一步降低了。有将近500万兼职人员想要做全职工作。因此，以零工、临时工作或最低限度的兼职工作为生的人被政府算为充分就业。如果把那些丧失信心的工人以及想要全职工作的兼职工人都算为失业者，那么失业率将远远高于"官方"数据（见图 11-6）。

图 11-6　美国随时间变化的失业率

资料来源：《现代人口普查》劳动力数据

人们通常认为，失业是通过减少通货膨胀压力对社会起作用的（即有积极的影响）。从资本主义的角度来看，高失业率往往会压低工资，从而增加利润。当失业的人有工作意愿时，工人们就不会过分地要求更高的工资，因为他们担心自己会被更廉价的劳动力所取代。因此，当失业率较高的时候，即使是有工会的工人也会变得相对温顺。

失业对某些群体的影响比其他群体大。这支失业后备军不成比例地由有色人种（拉丁裔、非裔美国人和印第安人）、移民、青少年以及生活在衰落的城市和地区的居民组成。通常情况下，官方公布的非裔和拉丁裔美国人的失业率大约是白人的两倍。例如，2017年，在官方公布的失业率中，白人为 3.8%，黑人为 7.5%［Bureau of Labor Statistics，2017（2）］。无论总体失业率是高是低，经济是繁荣还是萧条，这些按种族划分的失业率趋于相对稳定。因此，劳动力市场不仅不成比例地将低薪工作分配给有色人种，还将最不稳定的工作分配给他们。

主要由少数族裔组成的失业后备军的一个重要后果是，它激起了那些工作不稳定的人对失业者的种族仇视情绪。这些从业人员认为，他们的敌人是那些地位比他们低、愿意为更低的工资而工作的人，而不是那些阻挠充分就业及为所有人提供合理工资的资本家。

总之，在美国社会中，与工作相关的问题在根源上是结构性的，其根源并不在于缺乏动力或不愿工作的工人。要理解我们社会的工作环境，我们必须理解资本主义的本质，即影响管理决策的是利润，而不是它们带来的后果。在考虑失业问题时，我们必须认识到，经济未能给工人创造足够的工作岗位，提供相应的工资和福利，以使之维持中产阶级的生活方式。在审视劳动力市场时，我们必须认识到，经济正在发生深刻的转型。接下来的几代人将被困在一个阶段与另一个阶段之间的关系中，许多人将因这种混乱而受苦。

危机中的资本主义：经济衰退

我们在本书的开头曾说过，虽然生活看似是一系列的选择，但个人经常会受到他们无法控制的更大事件的影响。经济的转型以及全球化的影响在过去几十年里造成了相当大的经济浩劫。此外，像 2007—2010 年的大衰退这样的经济危机表明，更大的社会制度是如何影响个人生活的。

经济危机的前奏

随着经济从制造业向服务业和信息 / 知识产业转移，一些经济部门（夕阳产业）的重要性逐渐减弱，甚至消亡。数以千万计的工作岗位不复存在，其中大部分是工会组织的、待遇优厚的工作岗位。此外，弱小的工会加之来自低薪经济体的竞争，导致许多美国公司减少或取消了工人的福利（医疗保险和退休金）。这对工资产生了负面影响。

因此，至少在短期来看，经济转型使数百万人被边缘化了，失业增加，社会流动性下降，并使数百万人对自己的工作、医疗和退休感到不安。为了解决这些问题，员工每周的工作时间更长，平均一年比欧洲人多工作 350 多小时，更多女性进入劳动力市场（70%，几乎为 1970 年的 2 倍），同时家庭陷入更深的债务之中，包括信用卡贷款、汽车贷款、大学贷款和住房净值贷款等。

家庭购买房屋也是因为房屋价值已经上涨了半个世纪，其中最急剧的是 1997—2006 年，经通货膨胀调整后上涨了 85%。这种价格上涨诱使许多人投机，用最近购买的房子进行"炒房"，以快速获利。另一些人利用宽松的信贷条件，通过二次抵押贷款进行再融资，以改造自己的房屋或购买汽车和船只等"高价"物品。

> 拥有宽松信贷的房主们像玩大富翁游戏一样抢购房产。随着房价的飙升，购房者只有通过高风险的抵押才能负担得起越来越高的房款，而贷款机构乐于批准这些几乎无须提供任何文件或首付的贷款。（Gandel and Lim，2008：90）

抵押贷款市场的放贷方助长了房市的"泡沫"。2005 年，大约 20% 的住房贷款是次级抵押贷款，即兜售给那些几乎没有能力偿还抵押贷款的低收入人群的贷款。这些次级贷款"通常以掠夺性的条款发放，这对毫无防备的借款人尤其不利"（Foster and Magdoff，2010：52）。银行向他们提供看似低利率的无首付贷款。"低"利率只适用于前两年，但当

"可调利率"条款（可在贷款合同的附属细则中找到）生效时，贷款会大幅增加。详情参见深入观察专栏"非裔和拉丁裔美国人的次贷危机"。

深入观察

非裔和拉丁裔美国人的次贷危机

2008 年和 2009 年，房地产业陷入了严重的危机，因为许多房主无法继续偿还贷款，银行取消了赎回权，一些债务人直接放弃偿还债务，导致贷款公司只能持有贬值的房产。在这种情况下，房屋迅速贬值（使许多房产的价值低于抵押贷款），许多社区随着人们搬出和房屋被封住而衰落，危机非常严重。这些都侵蚀了税收基础，从而限制了政府服务。

次级贷款在这场危机中扮演了重要角色。次级贷款主要是向那些被认为对传统贷款来说风险太大的人发放的高息贷款。历史上，少数种族很难获得房屋所有权。这在过去的几十年里虽然有所改变，但由于许多非裔和拉丁裔美国人工资低、缺乏良好的信用，他们需要支付高于传统利率的利息或者被发放"可调利率"贷款。这类贷款的利率起初很低，而在几年后会急剧增加。结果，根据公平经济联盟（United for a Fair Economy）的数据，非裔和拉丁裔美国人在 1999—2007 年因次级贷款损失了 1 630 亿～ 2 780 亿美元。在同一时期，非裔美国人损失了 710 亿～ 1 220 亿美元，拉丁裔美国人损失了 760 亿～ 1 290 亿美元（Rivera，Cotto-Escalera，and Desai，2008）。

一种被称为"掠夺性贷款"的做法使问题加剧，即尽管借款人具备获得常规贷款利率的资格，也会被诱导至次级贷款。无良的抵押贷款经纪人可能会忽视房主偿还贷款的能力，或者不会透露贷款的重要细节，如可调利率抵押贷款的利弊。低收入的有色人种是次级抵押贷款行业的主要目标。例如，56% 的次级贷款发放给了非裔美国人。由于房产是财富的重要组成部分，次贷危机的长期后果就是白人与有色人种之间的贫富差距扩大。

还有一些不计后果、不负责任的华尔街交易使情况更为复杂，这些交易涉及一个错综复杂的系统，包括贷款经纪人、抵押贷款机构、华尔街信托公司、对冲基金、海外避税港及其他掠夺者（Moyers and Winship，2009）。例如，次级贷款被捆绑销售给第三方，"（它们遍布）世界各地，（从而有助于）广泛地分散重大风险"（Foster and Magdoff，2010：52）。这些"衍生品"是买方和卖方之间的金融合约，它们从基础资产（如抵押贷款或股票）中获得价值。这使银行和保险公司可以将其资产杠杆率提高到基础资产价值的 40 倍。在次级抵押贷款案例中，这就是"把低价值的抵押贷款转化为数万亿美元的高价衍生品的金融炼金术"（Karabell，2009：35）。当市场沉溺于不计后果的冒险时，政府袖手旁观，不对其进行干预。联邦级别的 5 家金融机构可以监管这些行为，但是它们并未履行职责，因为它们根据资本主义的基本前提假设，金融参与者会自我监管（Hightower，2007）。

接踵而至的经济危机

这些力量在 2007 年汇聚在一起，形成了一场破坏经济的"完美风暴"。这场风暴始于次级借款人开始拖欠抵押贷款之时。这导致了房价暴跌，在抵押贷款支持证券行业，引发了多米诺骨牌效应（Gandel and Lim，2008）。为了提高杠杆率而借钱的银行和经纪公司不得不迅速筹集资金。一些银行，如美林和贝尔斯登，被迫将其资产低价出售给其他银行。（贝尔斯登以 2.36 亿美元的价格被卖给了摩根大通，远低于其在一年前的 200 亿美元的估值。）雷曼兄弟等其他公司则倒闭了。股票市场暴跌，信贷枯竭。商业放缓导致公司裁员数十万人。美国发生的事情影响了其他地方的市场，造成了全球经济衰退，并使国内外的商业活动进一步放缓。这导致了美国自 20 世纪 30 年代大萧条以来最严重的经济衰退。

住房问题

房屋价值在千禧年迅速增长，在 2006 年达到顶峰。到这个时候，许多房主已经处于破产边缘，因为他们购买了估值过高的房屋，认为它们的价值还会进一步上涨。但是房地产泡沫的破裂导致房价急剧下降，从 2005 年到 2008 年年底损失了 4 万亿美元（*Economist*，2009：47），如图 11-7 所示。刚失业的人发现他们无法偿还每月的贷款。那些购买了次级抵押贷款的人尤其脆弱。到 2009 年，约有 150 万所房屋因次贷而丧失赎回权，其中大部分为非裔美国人所有。2010 年，银行收回了 100 万套房屋，约 500 万借款人至少拖欠了两个月的抵押贷款（Herron，2011）。2010 年第四季度，大约 27% 的房主所欠的贷款超过了他们房子的价值（Konczal，2011）。所有这些都造成了恶性循环，从而进一步降低了房屋价值。

图 11-7　2005—2008 年，美国的房屋价值损失了 4 万亿美元，引发了一场丧失抵押品赎回权的危机
资料来源：Andy Dean Photography/Shutterstock

租房者也未能幸免于美国的住房危机，这可以通过几种方式发生。首先，当公寓的业主被取消赎回权时，租客就会被驱逐，即使他们一直在付房租。根据全美低收入住房联盟的数据，租房者估计占家庭总数的 40%，他们因为丧失抵押品赎回权而面临被驱逐

的命运（Fireside，2009）。那些被驱逐的租房者通常会失去他们的保证金和已经预付的租金。其次，被迫丧失抵押品赎回权的房主往往会成为租客，从而增加了租房需求，加之公寓建设不足，导致了租金上涨（Schmit，2011）。结果是，超过一半（51.5%）的租房者将家庭收入的 30% 以上用于租房，这是政府设定的门槛，用以确定人们是否负担得起租房（Davidson and Hansen，2010）。同样，37% 的抵押贷款房主将税前收入的 30% 或更多用于住房上。

经济大衰退的后果

（1）**金融衰退**。想一想在 2008 年发生的经济损失（Marquardt and Shinkle，2009）：

- 股票市值下跌了 7.3 万亿美元。
- 标准普尔 500 指数下跌了 38.5%，为 1937 年以来的最大跌幅。
- 共同基金平均亏损 38%。
- 家庭财富减少了 11.1 万亿美元（18%）。
- 美国人的 401（k）（退休储蓄）计划损失了超过 1 万亿美元。缴纳 401（k）20 年或更长时间的人，即使算上他们多年来增加的资金，也平均损失了 20% 的价值。
- 在 18 个月的时间里，公共养老金计划的投资——为 2 200 万名警察、消防员、教师及其遗属提供的退休保障，总计损失了 1.3 万亿美元。
- 从大衰退开始到 2009 年 5 月，240 万工人失去了在工作期间获得的医疗保险。

根据美联储的数据，总的来说，超过 2/3 的美国人的资产净值减少了，中位数下降了 18%（Block，2011）。换句话说，调查显示，超过 2 400 万美国人的生活从 2008 年的"欣欣向荣"转向了"苦苦挣扎"（Page，2009）。

经济危机导致失业率上升、房价暴跌、股市暴跌、债务增加等，这些都是导致个人破产（突发疾病、财务问题和离婚）的常见原因。2009 年有 1 402 816 家公司破产。与此同时，消费者的拖欠率（4.2%）创下了历史纪录，这意味着他们离破产不过一步之遥。

破产的一个主要原因是无力支付灾难性的医疗需求。雇主越来越多地削减了对医疗保险的缴款，要么完全放弃保险覆盖范围，要么减少提供医疗保险的义务，包括引入高免赔额的医疗保险。当然，那些丢掉工作的人也会失去他们的医疗保险。由于医疗费用如此昂贵（例如，心脏搭桥手术要花费 20 万美元，一个早产儿要花费近 100 万美元），没有保险的人只要得了重病或发生意外，就会遭受经济困境。

（2）**饥荒**。我们当中最贫穷的人受经济衰退的影响最严重。他们本就处于经济边缘，被经济衰退又推进了一步。福利"安全网"自 1980 年以来一直被削弱，1996 年的福利改革结束了福利是一种应享权利的想法，从而进一步削减了"安全网"。

经济危机期间关于饥荒的一些事实：

- 根据美国农业部的数据，2008 年 7 月至 2009 年 7 月，领取食品券的人数从 2 920 万增加到了 3 590 万。

- 2009 年，每 8 个美国人中就有 1 个人（3 700 万人，包括 1 400 万名儿童）接受了紧急粮食援助。这比 2006 年增加了 46%。
- 2008 年，全国各地食品银行的需求较上一年增长了 30%。
- 截至 2009 年年初，约 1 650 万名儿童获得了免费的学校午餐，比上一年增加了 6.5%。另有 320 万名学生享受了减价午餐。

美国饥饿人数的激增表明了新一代穷人正在努力应对绝望的处境。

（3）**新型的无家可归**。很难获知无家可归的程度，因为那些没有固定住所的人不仅会在收容所，还可能和亲戚住在一起、睡在车里，等等。因此，无家可归者的实际数量被低估了。考虑到这一点，在大萧条之前，官方公布的无家可归人数约为每 400 个美国人中有 1 个人（75 万人），大约有 160 万人在某一年的某个时候无家可归。大约 40% 的无家可归者是单身母亲及其子女。

在经济大衰退期间，数百万名美国人成为无家可归者的风险更大。大约 960 万家庭将其一半以上的收入用于住房。丧失抵押品赎回权的人会面临被驱逐的命运，即使是对租房者来说，当他们的公寓楼被取消抵押品赎回权时也是如此。新失业的人无法支付他们的抵押贷款或房租。昂贵的医疗费用使一些人破产。结果，根据"全美终结无家可归者联盟"的数据，在 2009 年的某个时候，美国有多达 340 万无家可归者——自 2007 年 12 月经济衰退开始以来，增加了 35%（Vestal，2009）。与传统的主要由长期贫困和接近贫困的穷人所组成的无家可归者不同，新型的无家可归者包括"贫苦的劳工阶层，他们是受次级抵押贷款崩溃打击最严重的群体之一。但还有一些是中产阶级家庭，他们几乎没有想到自己负担不起房子"（Armour，2008：2B）。例如，芝加哥无家可归者联盟发现，2008 年，22% 的寻求紧急避难所的家庭是第一次无家可归（Keen，2010）。

经济大衰退的后遗症

虽然从严格意义上说，经济大衰退在 2010 年就结束了，但它却产生了持久的社会影响。

第一，联邦、州和地方政府失去了大量的税收收入，导致它们面临严重的预算短缺。政客们有两种可能的补救办法：增加税收或减少开支。在当前的政治形势下，重点是减少开支。在联邦政府层面，一些项目被削减了，比如学前教育计划，妇女、婴儿和儿童计划，大学生佩尔助学金以及对公共教育的支持。在撰写本书时，特朗普政府提议大幅削减老年人医疗保险和社会保障项目。遭遇财政困难的州政府大幅削减了公共教育（从幼儿园到高中和大学）、失业救济和各项福利。简而言之，大衰退为政客们提供了废除自 20 世纪 30 年代以来就通过的进步立法的借口。

第二，经济危机给了雇主减少或取消工人福利的理由。在经济不稳定时期，企业很少雇用甚至会减少劳动力，更多地依赖临时工或独立承包商。在整个经济中，"良好的、稳定的、高薪的职位（学院的终身教职、工厂的工会职位）正在被临时的低薪工作所取代"

（Deresiewicz，2011：28）。

第三，对越来越多的美国人而言，"美国梦"已经成为梦想而非现实，这导致他们对未来持悲观看法。美国梦是这样一种信念：在这片充满机遇的土地上，任何人只要努力就能获得成功。20 世纪五六十年代，随着平均实际工资（即根据通货膨胀调整后的工资）和家庭收入的增加，以及经济发展创造了新的就业和机会，越来越多的美国人实现了这个梦想。其结果是，许多美国人在二战后跻身不断壮大且充满活力的中产阶级。这一趋势在1973 年达到顶峰，从那以后，家庭的富裕程度要么停滞不前，要么有所下降。在全球化的推动下，经济从制造业向服务业的转型，随着"富人"和"穷人"之间差距扩大，中产阶级的规模缩小了。这种下降趋势随着大衰退而加速，失业率急剧攀升、个人债务增加、房地产泡沫破裂。伴随这一切而来的是医疗、大学教育、消费品和交通的费用持续上涨。其结果是，许多中产阶级家庭的收入和资源骤减，从而在社会阶层中下降。

第四，大萧条影响了家庭和个人行为。现在的夫妇结婚越来越晚，孩子也越来越少。同居伴侣的数量增加了。离婚人数实际上减少了，这并不是因为夫妻关系更融洽，而是因为离婚的成本太高，房子很难卖出去。由于高失业率和房地产泡沫破裂迫使一些人不得不同居一处，家庭规模有所增加，这扭转了半个世纪以来的下滑趋势。值得注意的是，与父母同住的 18 ～ 34 岁年轻人的数量有所增加。130 多年来，年轻人第一次比其他任何情况下更有可能与父母住在一起（32.1%）（Domonoske，2016）。

大衰退的最后一个后遗症是，人们对美国经济体系和政府的信任度下降。显然，经济制度并没有起到维持市场稳定的作用。相反，银行和贷款机构狷獗的投机行为以及政府监管的缺失使情况变得更糟，而这正是企业及其游说者所要寻求的条件。放款人有时会进行欺诈，他们会借助次贷计划来利用弱势群体。显然，自我调节的市场没有发挥作用，这就要求联邦政府救助濒临破产的银行和保险公司。2008 年泡沫破裂后，政府出手干预以免危机加剧。政府接管了美国最大的两家住房信贷企业——房利美和房地美，为它们提供了高达 1 000 亿美元的担保，以确保它们不会破产。政府还出资 850 亿美元救助美国国际集团，拨出 7 000 亿美元用于缓解银行间的信贷危机，购买了 9 家主要银行和金融机构的2 500 亿美元的股票，并向通用汽车和克莱斯勒发放了大量贷款。这些行动表明，人们认识到了市场的自我净化性质已经失效。现在，政府参与了对商界的监管，并持有这些陷入困境的企业的股份。这标志着一种意识形态上的转变，这种转变可以追溯到亚当·斯密时期的自由放任的资本主义哲学，即认为政府不应插手经济事务。尽管经济衰退后出现了复苏的迹象，但大衰退留下的后遗症是人们对美国经济制度的信任度下降，以及对政府解决美国家庭所面临的经济困难的能力的不信任（Teixeira and Halpin，2014）。

第 12 章
权力与政治

在关于制度这部分的开头，我们提到了社会生产及分配商品和服务的组织方式以及权力的组织方式会对所有其他社会制度产生影响。现在，我们来谈谈美国社会的权力问题。谁真正握有实权？是精英掌握着权力，还是权力分配给了人民？权力的所属及其运用是很难确定的，在像美国这样一个庞大而复杂的社会中尤为如此。决策必须由少数人做出，但在民主制度中，这些少数人是民众的代表，因此要受制于民众。但那些帮助制定政策的非代表们呢？那些强势集团会给决策者带来哪些压力？如果施加在决策者身上的压力十分分散，以至于领导们甚至可能都不知道是谁在施加压力，又将如何？也许最重要的是，金钱在权力和政治中扮演着什么角色？

多元主义权力模式

关于权力结构有两种基本观点：**多元主义权力模式**与**精英主义权力模式**。多元主义者认为，权力是分散的而非集中的。权力广泛分布在若干组织、特殊利益集团和选民之中。精英主义权力观则认为存在一个权力金字塔。在金字塔顶端的人控制着金字塔的其他部分。多元主义模式与秩序论者的世界观一致，而精英主义模式与冲突论者感知现实的方式一致，如表 12-1 所示。本章探讨了美国多元主义和精英主义的权力观念。在对每个模式进行研究时，最基本的问题是：一个特定的模式如何与当代社会的事实相吻合？这个模式描绘的是事物本来的样子，还是应该的样子？

表 12-1　关于政治的秩序论模式和冲突论模式的假设

秩序论模式	冲突论模式
1. 当权者占据着合理实现社会目标所必需的科层制角色	1. 当权者在很大程度上是受其私利所驱使的
2. 国家为所有人的利益服务，法律反映了社会习俗，保证了秩序、稳定和正义。简而言之，就是保证了共同利益	2. 国家是为统治阶级的利益而存在的（法律、警察和法院保护富人的利益）
3. 多元主义：①相互竞争的利益集团；②多数决策原则；③权力分散	3. 权力集中（权力精英）

多元主义（一）：代议制民主

许多美国人接受高中教科书所提倡的国家的概念，即国家是一个"民有、民治、民享的政府"。**民主**是一种政府形式，在这种形式中，人民拥有最终权力，多数人的意志占主导地位，法律面前人人平等，做出的决策是为了使公共利益最大化。在一个超过 3.25 亿人的复杂社会中，人民不能决定一切；他们必须选出代表来做出大多数的决定。因此，决策集中在高层，但其受到选民的控制。该模型如图 12-1 所示（参见深入观察专栏"民主的结构性障碍"）。

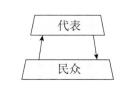

图 12-1　代议制民主

深入观察

民主的结构性障碍

在 2016 年美国总统大选中，只有 60% 的符合资格的投票人行使了选举权。在非总统选举中，这一数字通常接近 37%。为什么那么多美国人不去投票呢？让我们看看阻碍美国民主的系统性根源。

现存的两党制是民主的一个主要的障碍。企业、特殊利益集团和富人分别支持两党。由于小党派的候选人很少获胜，他们不会得到资金支持，这就实现了预言。共和党派和民主党派从联邦政府获得数百万美元来资助他们的提名大会，并根据推测的可行性获得联邦匹配的竞选资金。从表面上看，这种"资金匹配"方法似乎是公平的，但在实际中，它使强大的政党更强、弱小的政党更弱。

第三政党的另一个障碍是它们无法打破两党在各级政府的控制。即使第三政党候选人成功地赢得了总统选举，他在执政方面也会遭遇困难，因为国会两院是由两大政党控制的。此外，由于两大政党控制着国会两院（主持委员会工作，在委员会和国会中获得多数人拥护），无党派人士没有权力。

宪法的制定者设立了选举团制度，这一制度将选举总统的最终权力赋予每个州的精英阶层，并将特别的权力赋予人口最少的州。现在，这些不民主的原则大多被宪法修正案所推翻。但选举团制度仍然存在，它允许总统以低于其对手的选票当选（例如，2000 年乔治·沃克·布什比阿尔·戈尔少 539 893 张选票却当选了总统，2016 年唐纳德·特朗普比希拉里·克林顿少 290 万张选票却赢得了大选）。

选举团制度把一个州的所有选票都给那个州的获胜者。例如，2000 年，在佛罗里达州投下了近 300 万张选票，乔治·沃克·布什以 437 票的差距赢得了争议性的胜利，并获得了佛罗里达州所有的投票，这使布什在选举团中占据主导地位。更有甚者，怀俄明州的选举人票是 167 081 张，而加利福尼亚州的选举人票是 645 172 张，因为选举人票的数量是由该州参议员和众议员的数量决定的，这使人口较少的州反而获得了更多的选票。

一个主要的问题在于赢者通吃的制度。一个拉丁裔人口占 30% 的州可能在国会中没有任何拉丁裔代表，因为在每个国会选区占多数的白人会投票给白人候选人。同样，一个城市可能有一个由多数投票选出的 7 名成员组成的市议会。通常的结果是，没有一个议会成员代表这个城市的贫困地区。一位评论家说道："赢者通吃是非常危险的，它扭曲了国家政策，剥夺了选民的代表性，使党派选民以及种族、民族和宗教少数派为了稀缺的政治代表性而相互对立。"（Hill，2002：xi）

想想 1992 年亚拉巴马州的选举。乔治·沃克·布什以 47.9% 的选票轻松赢得了该州，获得了该州全部 9 张选举人票。但是随后的民意调查显示，亚拉巴马州 91% 的非裔美国选民（约占该州选民总数的 2/9）将票投给了希拉里·克林顿。尽管克林顿获得了压倒性的支持，但她只获得了 30% 的白人选票，在亚拉巴马州连一张选举人票都没有拿到。非裔美国人的选民可能宁愿待在家里（Hoffman，1996：15）。

正如许多选民被赢者通吃的制度剥夺了选举权一样，党派控制下的州立法机构故意塑造国会选区（称为不公正划分选区）以使共和党或民主党占绝对优势，在这个过程中，许多人也被排除在外了。这种操纵制度的做法实际上意味着，公众被剥夺了选择的权利。

美国的政党制度与欧洲民主国家的多党派制度形成了鲜明的对比。在欧洲民主国家的多党派制度中，宗教少数派、种族群体、工人阶级及其他特殊利益集团组成了能独立发展的政党。其结果是，公民可以找到一个议程符合其利益的政党。因此，其他国家的选民投票率要高得多（如图 12-2 所示；Desilver，2017）。

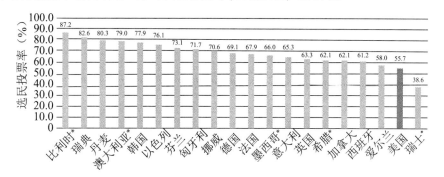

图 12-2　国际投票率
*国家法律规定投票是强制性的。

资料来源：Desilver, 2017. "U. S. Trails Most Developed Countries in Voter Turnout." Pew Research Center（May 15）；http://www.pewresearch.org/fact-tank/2017/05/15/u-s-voter-turnout-trails-most-developed-countries/.

民主模式最重要的组成部分是代表，因为他们是由人民选举出来的，所以要响应人民的意愿。然而，这种模式并不符合现实。在很多重要方面，美国并不民主。虽然人民每隔几年就会投票选举代表，但他们真的无能为力。例如，关于战争与和平、经济政策和外交政策，是谁做出真正重要的决定？当然不是人民。为了隐瞒非法经营、错误和不民主的行为，人民多次受到了欺骗。民主党和共和党的总统都参与了这些非法的、欺骗性的活动。

不仅美国人民有时会被误导，公众所了解的基本的民主原则有时也会遭到挑战。一方面，国会通过秘密会议的方式显示出对选民的蔑视。行政部门也在秘密行动。最近几任总统一连数月都没有召开新闻发布会，利用行政特权阻止总统顾问在国会委员会作证，并拒绝在竞选活动中与对手辩论。许多被任命而不是由人民选举产生的人拥有巨大的权力。例如，技术专家评估极其复杂的问题；由于他们是专家，所以实际上可以向总统和国会下达国防所需的命令，支撑经济，或者赢得海外朋友，如图 12-3 所示。

图 12-3　2017 年，共和党国会议员贾斯汀·阿玛什（Justin Amash）在密歇根州举行市政厅会议，听取选民的意见

资料来源： Jim West/Alamy Stock Photo

　　也许美国政治体系最不民主的特征之一（至少从其后果看）就是竞选资金的来源。政治竞选的费用越来越高，需要支付员工工资、直邮业务、电话银行、民意调查、电脑、顾问及投放媒体广告。2016 年总统大选的候选人筹集了近 15 亿美元，政治行动委员会另筹集了 6.18 亿美元以支持其竞选活动（Center for Responsive Politics，2017）。

　　2002 年，国会通过了两党竞选改革法案（也被称为麦凯恩－法因戈尔德法案）。这项法律限制在联邦选举中使用"软钱"（soft money）。以前，使用"软钱"可以让个人、企业、工会及其他组织无限制地向政治党派或私人组织提供资金，从严格意义上讲，这些组织独立于候选人之外。由于这一策略不受选举法的限制，因此募集的资金是无限的。富人利用这个漏洞为共和党和民主党捐款（并间接地为总统候选人捐款）。

　　麦凯恩－法因戈尔德法案确实废除了联邦选举中的"软钱"（2003 年最高法院的一项起促进作用的裁决支持了这一做法），但它并没有限制为影响选举结果而提供的大笔资金。他们采用了多种方式来应付这个制度，并通过大笔捐款来赢得民主党或共和党选民的支持。这一漏洞被称为 527。527 组织是根据《国内税收法》第 527 条免税的（政治）游说团体，在不直接要求击败特定的候选人而当选的情况下，为政治广告提供资金。

麦凯恩 - 法因戈尔德法案还将捐款上限限制在 2 300 美元。在严格遵守这一限制的同时，集团高管、游说者及其他内部人士可以通过一个复杂的捆绑系统（将大量捐款汇集起来）使自己的政治影响力最大化，这是两党都使用的一种策略。

另一种筹款方法是向候选人的基金会或慈善机构捐款。通过这个漏洞，捐赠者可以无限制地向候选人捐款，且不公开身份。还有一个资金来源是向政治大会或就职典礼的捐款。虽然从严格意义上讲，这些不是政治捐款，但很明显，这是一个公司或利益集团在为一个政党提供财力支持。

如前所述，有很多种方法可以绕过麦凯恩 - 法因戈尔德法案控制开支的努力。然而，随着 2010 年最高法院的一项裁决（公民联合诉联邦选举委员会），这些避开麦凯恩 - 法因戈尔德法案的努力就不再必要了。最高法院以 5 票赞成、4 票反对的结果推翻了 22 个州和联邦政府的法律。最高法院裁定，宪法对言论自由的保障意味着企业、工会及其他组织可以花费无限的资金来帮助选举或击败政治候选人，由此废除了麦凯恩 - 法因戈尔德竞选财务改革法案的部分条款，该条款旨在限制企业的影响力（如表 12-2 所示）。这些组织仍然被禁止向政客提供直接捐款，但它们现在可以合法地为影响选民的广告提供无限量的资金，只要广告是独立制作的，且不与候选人的竞选活动协调一致。正如《纽约时报》（2010）发布的一篇社论："最高法院的保守派多数为企业利用其庞大的资金来压垮选举，并胁迫民选官员听命于它们铺平了道路。"

捐了一大笔钱的人从捐赠中得到了什么？显然，他们能接触甚至影响政治家。很难确切地证明，接受特殊利益集团的竞选捐款能赢得选票，但有一些间接的证据表明，这些捐赠者确实获得了以下好处。

- 利益集团通常会给没有对手的候选人捐款。
- 一些利益集团在选举中为竞选双方提供资金（见表 12-2 中的文艺复兴科技公司）；另一些则在选举后向其之前反对但最终获胜的候选人捐款。
- 绝大多数利益集团支持现任者。通过捐助现任者，利益集团几乎可以保证捐助给获胜者。
- 大部分的资金不成比例地流向了参众两院最具权势的议员（那些担任领导职务的人）。

表 12-2　2016 年总统竞选的主要捐助者

万美元

唐纳德·特朗普（共和党）	希拉里·克林顿（民主党）
1. 文艺复兴科技公司：1 550	1. 帕洛马合伙管理公司：2 160
2. 麦克马洪风险投资公司：600	2. 普利兹克集团：1 660
3. 华特 - 迪士尼公司：500	3. 文艺复兴科技公司：1 650
4. GH 帕默协会：500	4. 萨班资本集团：1 230
5. 蒙泰尔集团：200	5. 新闻网络公司：1 100

资料来源：数据来自 OpenSecrets.org, 2017; https://www.opensecrets.org/pres16/.

金钱是民主的根本障碍，因为只有富人的利益才会得到满足。要成为一个成功的政治家需要钱，而且是一大笔钱。候选人要么很富有，要么愿意接受别人的捐款。无论哪种情况，政治领导人都将成为富人的一部分或受惠于富人。

与竞选资金密切相关的是政治候选人被提名的过程。富有或能够获得财富是胜利的必要条件，因为这个过程花费巨大。这意味着候选人往往只代表有限的选民，即富人。

两党制也将候选人的选择限制在一个相当狭窄的范围内。每个政党都是由特殊利益集团（尤其是商业集团）资助的。富人和大公司通过资助与他们观点一致的人，拒绝支持与他们观点不同的人来影响候选人的选择。因此，各政党不得不选择与金钱利益集团相一致的候选人。

多元主义（二）：否决集团

尽管一些团体和个人比其他团体和个人拥有更大的权力，但美国的权力结构（根据否决集团的模式）被视为利益集团的多元主义。每个利益集团（如军队、劳工、商业、农民、教育、医药、法律、退伍军人、老年人、非裔美国人、拉丁裔美国人和消费者）都注重保护自身利益。主要行使权力的群体因利害攸关的问题而异。换句话说，存在一种权力的平衡，因为每个否决集团都动员起来防止其他否决集团采取威胁自己利益的行动。因此，这些集团倾向于相互制衡。

在利益集团试图对其管辖范围内的问题施加权力时，大众被视为其盟友（而不是像各种精英主义模式那样被控制）。图 12-4 显示了该模式中各个层次之间的关系。这种多元主义模式假设存在多个权力部门，每个部门中最有权势的人通常是很富有的——可能是上层阶级。但多元主义观点认为，上层阶级并不是一个

图 12-4　否决集团模式

统一的群体，其内部由于利益不同而存在相当大的分歧。权力不是集中的，而是根据问题而变化的联盟。多元主义者和精英主义者之间的基本区别在于，来自不同部门的权贵之间（基本上是那些富有到足以跻身上层阶级的人）是否存在基本的统一或分歧的问题。

对这种多元主义模式的若干批评源于这样一种认识，即它与其他的多元主义模式（代议制民主）一样，是一种理想化的权力分配概念，因此它不符合现实，并受到若干理由的质疑。第一，权力结构是否如此无定形，以至于权力不断地从一种权力来源转移到另一种？第二，各利益集团的权力是否平等到相互制衡的程度？这种观点的特殊之处在于，它没有注意到各利益集团之间的权力差异。声称大企业的力量被农民的反制力量所抵消是荒谬的。为了达到目的，企业部门的开支远远超过了劳工组织。此外，现在只有 10.7% 的工人属于工会，虽然工会成员倾向于投票给民主党，但现在有重要的少数派投票给共和党。同样，商业界比环保组织有更多的资源来影响政治进程。还有那些无权无势的人，如移民工人、无家可归者、福利领取者、移民、穷人和几近贫困的人，他们无法与富人和有权势者抗衡。因此，结论是，在这些所谓的否决集团中存在权力等级。

最后一个批评是，每个行业的领导者大概率来自上层经济阶层。如果这一论断是正确的，那么权力精英超越狭隘利益集团的可能性是存在的，因为他们可能互相认识，易于通婚，并拥有相似的经济利益（如本章后面所讨论的）。

多元主义模式并非完全错误。许多可能的权力中心常常为了利益而相互竞争。转变联盟是可能的。也有民选官员对公众舆论做出回应的情况（例如，2002 年禁止向政党提供"软钱"）。然而，在我们看来，大多数证据都支持如下描述的精英主义观点。

精英主义权力模式

精英主义对社会权力的看法通常与卡尔·马克思的观点非常相似。马克思认为，经济是分层制度（即包括权力在内的不平等的报酬分配）的基础。由于掌握对经济的所有权和控制权，经济精英对政府的政策和行动有着巨大的影响，因此他们是统治阶级。精英们通过宗教、民族主义、控制媒体和现有的政府领导人来操纵大众。马克思认为，国家为资产阶级的利益服务。他们在如何实现这一目标上存在分歧。一种观点被称为**工具主义观点**。这种观点认为统治阶级通过金钱和影响力来控制政治官员和制度。例如，研究表明，企业高层和政治决策者之间存在联系（社会背景）。实际上，政府是统治阶级用来实现其目标的一个积极工具。

马克思主义者看待统治阶级的另一种观点是**结构主义观点**。从这个角度看，经济精英和政治精英之间的联系并不重要。从本质上说，政治精英和经济精英是在同一条战线上的，所以无论精英们是否主动地试图操纵制度，国家都将服务于他们的利益。

权力精英（一）：C. 赖特·米尔斯（C. Wright Mills）的观点

米尔斯（Mills，1956）关于美国权力结构的经典观点认为，三个部门（即企业、政府的行政部门和军方）的关键人物联合起来形成了一个权力精英阶层，他们做出所有重要决策。

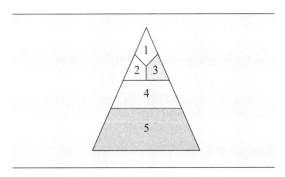

图 12-5 米尔斯的权力金字塔

注：1= 企业富豪；2= 行政部门（长官）；3= 军方领袖；4= 利益集团领袖、立法部门领袖、地方意见领袖；5= 无组织的民众。

在米尔斯的权力金字塔中有三个层次。最上层是权力精英，由三个部门的领导组成。米尔斯暗示，在这三类领导当中，企业富豪可能是最具权势的（列为同侪之首）。中间层由地方意见领袖、政府立法部门和众多利益集团组成。根据米尔斯的说法，这些机构听命于权力精英。最下层是一群无权无组织的人，他们受到上层的控制，在经济上和政治上都受到剥削。这三种权力级别如图 12-5 所示。

米尔斯观点的一个重要内容是，权力精英是一个自觉的且有凝聚力的单位。他们的团结一致是基于三个因素：心理相似性、社会交往和共同利益。

（1）心理相似性。人们终其一生在社会机构中所处的地位决定了他们的价值观。例如，职业军人通过社会化融入军事亚文化而持有某种价值观。艾森豪威尔总统时期的国防部长查尔斯·威尔逊（Charles Wilson）的名言"有益于通用（公司）就是有益于国家"也表明了这种可能性。因此，在米尔斯看来，这些领导者的心理很大程度上是由其在机构角色中形成的价值观所塑造的。此外，精英阶层的心理相似性源于他们相似的社会出身和生活方式。

（2）社会交往。米尔斯认为，统治精英成员之间存在社会交往，他们的孩子就读于同一所学校，他们之间有生意往来。因此，这些属于"上层社会"核心圈子的人对世界的看法往往是一致的。

（3）共同利益。米尔斯假设的第三个团结一致的条件是精英阶层中存在相似的利益。除了其他方面，精英阶层的利益在于维护使其处于顶端的资本主义制度。此外，政府需要足够的防御系统，军方同意这一点，企业也乐意出售以获取利润。这些大企业在国外持有大量股份。因此，他们期望政府做出对这些美国利益有利（盈利）的政策决定。这些相似的利益促进了团结一致，并促使三方做出规划和协调。由于每个部门都会相互影响，所以每个等级中顶层的人必须与其他部门的领导人互动，这样他们的行动才能使所有人受益。米尔斯认为，高层决策因此成为协调一致的决策。

米尔斯认为，权力精英产生于大量的历史和社会力量，这些力量扩大并集中了权力设施，使小群体的决策比其他任何时代都更为重要。

二战是权力精英形成的最重要动力。美国参与了一场世界范围的战争，在这场战争中失败的可能性非常大，这意味着除其他因素外，必须完成对各个部门的重组。国家政府，特别是行政部门，必须被授予独裁的权力，这样战争才能进行。必须迅速而秘密地做出决策，这两点与民主制度是不相容的。国家企业必须动员起来投入战争，它们获得了巨额利润。最后，军队在决策中发挥了重要作用，其专业知识对制定战时战略至关重要。

在米尔斯看来，所有这些因素都确保了政治、经济和军事领域的扩大与集中。在每个领域做出的决策对全体公民都变得越来越重要，对其他关键领域的领导人尤为如此。其结果是每个领域的关键人物之间必须建立联系。合作符合他们的利益。因为每个部门都会影响其他部门，所以每个层级的高层必须与其他部门的领导互动，这样行动和决策才能使所有人受益。因此，他们形成了一个权力三角，一个由三个关键领域的人组成的并且能做出协调一致的决策的连锁董事——权力精英。

关键决策者还拥有影响大众的工具，如电视、公关公司和宣传技术，这些都是人类历史上无人能及的。互联网和社交媒体平台对政治的影响尤其深远，因为它们提供了一个能够接触数百万人的免费的平台。因此，权力精英要想操纵群众接受他们的决定，他们就得拥有说服群众的工具，如图 12-6 所示。

图 12-6　重要的问题在于，民选官员代表的是人民的利益，还是其捐助者的狭隘利益呢？
资料来源：Yin Bogu/Xinhua/Alamy Stock Photo

　　米尔斯的大部分观点似乎符合美国政治的现实。当然，关键部门的高层掌握着巨大的权力。然而，随着时间的推移，米尔斯的某些观点不能完全站得住脚。首先，米尔斯认为构成权力精英的三种亚精英几乎是平等的，企业富豪可能拥有最大的权力。这些群体的平等性并未得到证明。随着苏联的解体，军事精英的力量逐渐减弱，直到 2001 年世贸中心和五角大楼遭受恐怖袭击后又重新崛起。军事领导人的影响力只体现在他们的咨询能力以及说服行政部门和国会的能力上。那些看似是军事权力的部分，实则往往是公司和 / 或行政部门的权力，不过是从军事的角度提出而已。在许多观察者看来 [尤其是多姆霍夫（Domhoff），我们将在下一节中看到]，企业领袖构成了真正的权力精英。尽管存在争议，但事实是，他们的权力超过了军队，而且由于行政部门是由与龙头企业关系密切的人组成的，因此合乎逻辑的结论是，商业利益在该部门也占主导地位。

　　这三个部门之间也会发生冲突。公司和政府之间、军队和行政部门之间、军队和一些商界人士之间经常存在尖锐的分歧。如果正如米尔斯所言，权力精英是一个行动一致的群体，他们计划和协调共同努力以实现商定的目标，那么如何解释这类冲突呢？大量的经验证据表明，这三个主要部门的头脑人物并未构成一个群体。

　　米尔斯将一些强大（或潜在强大）的力量降到中等权力的范畴。那么，代表商业或军事以外利益的压力集团的力量又如何呢？当然，有组织的劳工、农民、专业组织（如美国医学协会）和消费者在某些问题上都发挥着影响力。甚至有时商业利益会受损。这又该如何解释呢？

　　最后，国会只是处于权力结构的中层吗？在米尔斯看来，对商业、行政部门和军队的利益而言，国会是一个履行审批手续而没有实权的部门。国会显然不是由这些利益的傀儡所组成的，尽管法律似乎经常偏袒这些利益。但国会也有独行其是者，其中一些人凭借资历，发挥巨大的力量（无论是阻碍立法还是通过立法）。国会的主要领导人不应该包括在权力精英中吗？问题在于，他们的利益往往与那些被认为是精英的利益不一致。

权力精英（二）：多姆霍夫的"统治阶级"理论

在米尔斯看来，权力集中在相对较小的、有凝聚力的精英群体中；威廉·多姆霍夫的权力模型则更广泛地建立在"统治阶级"的基础上。多姆霍夫（Domhoff, 1998）将统治阶级定义为最上层的社会群体（大约 1% 的人口），他们拥有大量的国家财富，其成员在国家的控制机构和关键的决策群体中占比很高。这个主导群体通过持股、信托基金、联姻、私立学校、社交俱乐部、专属避暑胜地和公司董事会等方式紧密地联系在一起。

在多姆霍夫的分析中，占统治地位的阶级控制着联邦政府的行政部门、大型企业、大众媒体、基金会、大学以及负责国内和外交事务的重要委员会。多姆霍夫认为，既然他们可以控制行政部门，这个统治阶级就可以控制非常重要的监管机构，如联邦司法部门、军队、中央情报局和联邦调查局。

统治阶级对国会、州和地方政府的影响（但不是控制）也比其他任何群体都大。在多姆霍夫的分析中，正式权力结构的这些部分并不直接受统治阶级的控制，但因为他声称这样一个阶级控制着行政和司法部门，国会实际上受到三个政府部门中的两个的阻挠。因此，美国的外交政策和国内政策是由服务上层富商阶级利益的权力精英的成员和组织发起、计划和执行的。这些决策被认为符合美国的利益，即强大的经济、充足的国防和社会稳定。虽然可能对美国的所有人都有利，但为实现这些目标而制定的政策尤其有利于富人。因此，美国的海外公司受到保护，对外贸易协定有利于美国公司，税收结构对公司或非常富有的人有利（通过对石油消耗、资本收益和资本损失、设备折旧及其他业务费用的补贴的方式）。

多姆霍夫列举了一些情况，这些情况显示了精英阶层中的个人和子群体对美国决策结构的影响。

- 通过资助政治竞选来控制总统候选人提名：有证据清楚表明，除非候选人拥有大量的资金储备或富人的支持，否则他们不可能指望在全国范围内获得支持或者有机会参加党内初选。
- 对两大政党的控制：尽管民主党通常被认为是普通民众的政党，但多姆霍夫表明，它和共和党一样，是由贵族控制的。
- 几乎所有由政府任命的重要职位（内阁成员、监管机构成员、法官、外交官和总统顾问）的人员配置：这些被任命的人要么是上层阶级的成员，要么曾在大型企业担任职务，因此是与上层阶级意愿一致的人。

由于这些情况（以及其他情况），所有重要的国内外决策都被认为是由统治阶级做出的。图 12-7 将多姆霍夫对权力结构的看法进行了图形化的重构。

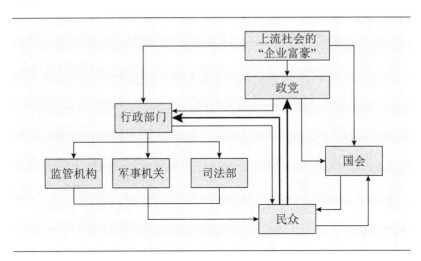

图 12-7 多姆霍夫的权力结构观

注：细线 = 控制；粗线 = 影响。该模型基于我们对多姆霍夫的理解，因此在重点上存在小的误差。

在很多方面，多姆霍夫的美国权力结构模型是对米尔斯早先提出的假设的改进。多姆霍夫的权力结构评估类似于米尔斯，他们：①把权力结构看作一个单一的金字塔；②把企业视为最有权势的利益集团；③在决策过程方面，将国会归为一个相对次要的角色，而把地方行政部门置于重要地位；④认为民众被强大的力量所控制，而不是拥有很多基层权力。

米尔斯和多姆霍夫观点的主要区别在于，多姆霍夫主张上层阶级完全占据权力的顶峰。行政部门由上层阶级的商人、实业家和金融家控制，而不是像米尔斯认为的那样，这两个群体在权力精英中几乎是地位平等的合作伙伴。此外，军队在权力金字塔中的位置也截然不同。米尔斯认为军队是这三个联盟的一部分，而多姆霍夫认为军队的权力要小得多，它是企业富豪通过行政部门控制的。

多姆霍夫的权力观很有说服力，但可能会被批评为过于简化。多姆霍夫的许多证据都是以列举总统顾问、内阁成员、大使、监管机构成员等上层阶级的形式提出的。尽管在这些位置的人大多有上流社会的背景（从他们就读于名校、加入高级社交俱乐部，以及在各种社会登记册上登记过等证据中可见一斑），但没有证据表明这些人实际上促进了企业富豪的利益。这是多姆霍夫的一个假设，看似合理，但过于简化了。有很多例子表明，富人在做决定时会考虑经济以外的因素，如宗教或道德利他主义、公民权或人权。

权力精英（三）：帕伦蒂（Parenti）的"制度偏见"理论

我们通常认为政府机构是促进公共利益的有益力量，是可以为大多数人的利益而组织起来的，但它并不总是中立的。国家规定，政府压制反对意见，制定并执行法律，传送信息，对（国内外）敌人发动战争，制定政策以决定资源如何分配。在所有这些领域，政府通常倾向于有利于富人的政策，商界的政策尤为如此（本部分摘自 Parenti，2002）。

在美国，权力集中在那些控制政府和大型企业的人身上。这一论断基于一种假设，即权力不是个人的属性，而是社会组织的属性。美国社会的精英是由在社会中占有权力角色的人组成的。重大的政治决策是由总统、总统顾问、内阁成员、监管机构成员、联邦储备委员会、国会主要议员和最高法院做出的。

构成这些权力精英的几千人往往有着特权和财富的背景。然而，将个人财富等同于权力是错误的。强大的权力只有通过巨型企业或政府的决策才能体现出来。

由于社会的组织方式，权贵的利益得到了满足。这种倾向有三种表现方式：①通过他们对选举和任命的各级政府官员的影响；②通过系统命令；③通过意识形态控制群众。

正如前一节所讨论的，富人通过实际占据权力位置或通过对那些拥有权力的人施加直接影响而获得优待。此外，经济条件优越的人斥巨资通过游说来影响国会和行政部门，2017 年花费 25 亿美元来影响立法和行政行动（Center for Responsive Politics，2017）。法律、法院裁决和行政裁决都有利于那些有金融影响力的个人、公司和利益集团（更多支持和反对这种做法的观点，请参见深入观察专栏"游说的阴暗面"）。

深入观察

游说的阴暗面

2017 年，特殊利益集团豪掷 25 亿美元游说当选官员和候选人，影响他们以对自己有利的方式进行立法或管理。游说是一种受宪法保护的活动（即《宪法》第一修正案保障言论自由权）。这种常见做法存在以下几个问题。

第一，在那些拥有丰富资源的组织与那些缺乏权力、资源和组织影响力的团体之间存在巨大的不平衡，前者包括公司（埃克森美孚、通用电气）、房地产经纪（全美房地产经纪人协会）、医生（美国医疗协会）、商业（美国商会）、工会（美国汽车工人联合会）和老年人（美国退休人员协会），后者包括农民工、单亲父母、无家可归者和长期失业者。

第二，民选官员与游说者之间的密切联系。这有几种方式，例如，游说者为了参加为他们负责立法的朋友所举行的筹款活动，不惜付出高昂的代价。此外，知名的议员在竞选失败或退休后，往往会被游说公司聘用，以影响他们的前同事。

第三，游说者经常使立法决定偏离有益于公众利益的方向。一些例子如下。

- 国会通过了一项医疗保险法案，明确禁止价格谈判。医疗保险本可以利用其议价能力来降低药品价格，但药企反对这种做法，因为这会损害它们的利益。
- 提供支持游说者利益的信息（有时带有偏见）符合他们的最大利益。例如，埃克森美孚就利用虚假信息引发人们对气候变化的怀疑，试图先发制人，阻止公众对这一问题采取行动的要求（Mooney，2006）。

- 2001—2007 年，烟草行业的领导者菲利浦·莫里斯公司花费了超过 7 500 万美元的游说费用，以保持烟草法规和最低限度地提高烟草税（Beall，2008；New York Times，2007），尽管吸烟有害健康。

　　游说的最后一个问题是，游说过度可能导致腐败丑闻。最近的一个例子是曾经很有权势的游说者杰克·阿布拉莫夫，承认自己犯有欺诈、逃税及合谋贿赂政府官员罪。阿布拉莫夫承认，为支持政治竞选，曾提供豪华旅行、空中包厢筹款、娱乐活动，并为官员亲属提供就业机会，见图 12-8。

图 12-8　抗议者在华盛顿游行，反对华尔街和企业游说者
资料来源：Manuel Balce Ceneta/AP Photo

　　更微妙的是，权力精英完全可以在不被动员的情况下为所欲为。决策者的选择往往受到各种系统要求的限制；也就是说，不管决策者的个性如何，社会制度都是按照既定模式产生预定结果的。换句话说，存在一种偏见，迫使政府去做某些事情，而不去做其他事情。不可避免的是，这种偏见倾向于维持现状，以使有权力的人继续行使权力，不改变比改变要容易得多。

　　除了制度的惯性之外，其他系统性规则也有利于权力精英和富人。对政府来说，其中一项急务是努力提供足够的防御来抵御我们的敌人，从而遏制任何对现状的外部威胁。因此，国会、总统和普通公众倾向于支持巨额的国防拨款，这反过来又为许多公司提供了丰厚的利润。此外，政府保护美国跨国公司在海外的经营，使它们享有健康而盈利的商业环境。

　　最后，有权势者（和富人）的利益是通过对大众的意识形态控制来实现的。权力是一种从别人那里得到自己想要的东西的能力。这可以通过武力的方式来实现，或者让某人按照符合你的利益的方式去思考和相信它。美国的学校、教堂和家庭都拥有这种权力。例如，学校有意识地教导年轻人，资本主义是唯一正确的经济制度。这种对保守价值观的灌输使公民对现状达成了共识。换句话说，我们每个人都开始接受目前的社会安排，因为这似乎是唯一有意义的选择。因此，人们对是非对错形成了共识，富人的统治地位也被合法化了。

集权的后果

谁从美国权力的集中方式中获益？想想总统和国会是如何处理不断增加的政府债务、能源短缺、通货膨胀或通货紧缩等问题的。谁被要求做出牺牲？哪些预算被削减了？是削减了军事开支，还是大幅削减了食品券资金？当国会考虑税制改革时，哪些群体会从新立法或未改变的法律中受益？当一家公司被发现犯有欺诈、违反反垄断法或贿赂罪时，会受到怎样的惩罚？这些惩罚与穷人所犯罪行的刑罚相比如何？当大企业发生石油泄漏或其他生态灾难时，处罚是什么？谁来为环境的清理和恢复买单？这些问题的答案是显而易见的，富人以牺牲不那么富裕的人为代价而从中获益。

记者巴特莱特和斯蒂尔（Barlett and Steele，2012）认为，有两种方式可以获得国会和白宫的优待：慷慨地为正确的人捐款，以及在游说上花大价钱（参见媒体和社会专栏"Facebook 游说华盛顿"）。如果你这么做了，你将会获得一系列优待，如优惠税率、某些法律的豁免、政府补贴，甚至在必要时获得政府救助。

媒体和社会

Facebook 游说华盛顿

科技公司不断增加游说活动，敦促政府给予优惠待遇。微软在 2017 年花费了 630 万美元，拥有 100 名游说人员。谷歌增加了对华盛顿特区内部人士的游说支出，从 2005 年的 26 万美元增加到 2014 年的近 1 680 万美元。

作为世界上最大的社交网站，Facebook 在科技领域的起步相对较晚（成立于 2004 年）。该网站 2017 年的游说支出为 840 万美元，高于 2010 年的 351 390 美元。在议员、国会工作人员和匿名专家考虑对 Facebook 的业务发起全面挑战之际，Facebook 已转向游说他们。Facebook 与华盛顿之间的争论点包括（Williamson et al.，2011）：

- 隐私问题，政府尤为关注加强对网络用户的身份和个人信息、消费习惯以及与第三方和网站共享用户信息的保护。Facebook 担心监督措施可能会阻碍其针对用户的广告收入（Swartz，2011）。

- 互联网自由。Facebook 试图在全球范围内扩大业务，尤其是在中国。这就引发了一个问题，美国国会应该允许 Facebook 按照中国的规则行事吗？

Facebook 在华盛顿培养影响力方面具有独特的优势："基本上华盛顿的每一位政治家（或至少他们的工作人员）每天都使用 Facebook 联系选民和参与竞选活动。"（Gobry，2011：第 4 段）

对大企业的补贴

政府与大企业的关系有一个普遍原则：企业可以在不受政府干扰或鼓励的情况下以对商界更有利的方式处理事务。政府每年为商界提供数千亿美元的补贴。企业获得了各种各样的优惠和税收减免，并将政府的补贴用于支付广告、研究和培训费用，以及鼓励海外生产和销售。以下是一些对企业有利的政府决策的例子。

- 地方政府利用各种补贴来吸引企业，包括税收减免、低息贷款、基础设施改善和相对廉价的土地。例如，2006 年，密西西比州向韩国汽车制造商起亚公司提供了 10 亿美元的建厂奖励（佐治亚州向起亚公司提供了 4 亿美元）。公民税收正义组织认为，当这些补贴出现时，企业可以设法将多达 2/3 的利润免于缴纳国有企业所得税。"结果，本可以花在真正的经济发展机会上的钱却流进了企业高管的口袋，而这笔账却被算到了小型纳税人（当地企业和工人）的头上。"（Singer，2006：6）

- "9·11"恐怖袭击 11 天后，国会向航空业拨款 150 亿美元。救援资金流向了航空公司，而不是被这些公司及相关行业（旅游业）解雇的工人。

- 政府为某些商品提供价格补贴，增加了从事这些行业的人的利润，同时也增加了消费者的成本。例如，2010 年对农业的补贴为 154 亿美元。

- 纳税人为农业企业提供每加仑高达 45 美分的乙醇补贴。乙醇是用玉米制成的燃料。2012 年，政府除了让农田停止粮食生产，提高超市肉类和谷物的价格外，还花费 140 亿美元为农民提供农作物或收入损失保险（Lynch and Bjerga，2013）。

- 联邦政府直接补贴航运业、铁路、航空公司，以及钢铁、纺织品、纸张及其他产品的出口商。

- 政府经常以公费资助新技术的研发，然后将它们交给私人公司以获取利润。这种情况通常发生在核能、合成材料、空间通信、矿物勘探和制药领域。例如，尽管制药业认为必须对药品收取高价才能收回其昂贵的研究费用，但制药商是华盛顿最具影响力的游说团体，1998—2012 年，它们在游说活动上的花费超过了 26 亿美元（Potter，2013）。

- 政府允许跨国公司在海外设立避税港，以便在外国的一个单位到另一个单位之间进行各种公司内部交易，从而合法避税。例如，苹果电脑公司将在美国销售的 iPad 和 MacBook 的部分利润拨给拥有该项专利的海外子公司（Collins，2011）。

- 2008 年，政府向银行和金融公司提供了超过 1 万亿美元的救助，这实际上是对它们不计后果行为的奖励。例如，美国银行（Bank of America）获得了 450 亿美元的政府救助，它是控制着 95% 的商业银行衍生品活动的四家银行之一，而就是这些衍生品导致了房地产泡沫。

有关企业是如何从政府政策中获益的？也许最具说服力的例子就是税法所提供的法律漏洞。据报告，2010 年通用电气、波音、富国银行、埃克森美孚、IBM 和威瑞森等 11 家公司的国内利润为 620 亿美元，但它们却利用税收优惠支付了 –3.6% 的联邦税率（换句话说，它们收到了退款）。举例来说，据报告，美国最大的公司通用电气在 2010 年的全球利润为 142 亿美元，其中 51 亿美元来自其美国业务。尽管公司最高税率为 35%，但通用电气非但没有在美国纳税，实际上还获得了 32 亿美元的退税。通用电气的成功"基于一种激进的策略，它将激烈的游说减税和创新的会计方法结合起来，使其能够将利润集中到海外"（Kocieniewski，2011：第 5 段）。堵住企业纳税漏洞将会为联邦政府增加近 2 000 亿美元的收入（Miller，2011）。

涓滴式解决方案

政府会周期性地面临一个问题，即在经济低迷期找到刺激经济的方法。一个解决方案是将联邦资金投入失业保险、政府工作和住房补贴上。通过这种方式，这些资金就直接流向了那些遭受短缺、失业和住房不足影响最大的人群。这些计划的反对者提倡**涓滴经济学**，即给予富人的利益将间接地惠及所有人的理论。涓滴式解决方案的支持者认为，应该直接将补贴给企业，鼓励企业雇用更多工人、增加库存和建造新工厂，这将有助于经济发展。支持者认为，以这种方式补贴企业对每个人都有好处。实际上，由于政府为企业和投资者提供了直接利益，经济利益也间接地流向所有人。这就是特朗普政府 2017 年提出的税制改革背后的理论。将企业税率从 35% 降低到 20%，并为富人和所有工人减税，就是希望能刺激经济增长，鼓励投资，增加银行贷款，从而增加就业。

涓滴经济学的反对者认为，这种方法对于帮助不太富裕的人是很低效的。

> 理解涓滴经济学的一种方法是使用一个更生动的比喻：马和麻雀经济学——也就是说，如果你喂马喂得好，一些马吃过食料后的碎食就会落在地上给麻雀吃。毫无疑问，麻雀可以用这种方式得到喂养；马吃得越多，地上就会有越多的东西供麻雀啄食。然而对麻雀来说，这可能并不是一种令人愉快的获取食物的方式。如果一个人的主要目标是喂麻雀，那么这是一种非常愚蠢且低效的工作方式……既然钱可以直接花在麻雀身上，为什么还要浪费在马身上呢？（MacEwan，2001：40）

至少有两个原因让掌权的政府官员倾向于选择这种涓滴式的解决方案。第一个原因是，由于政府官员往往来自商界，他们相信保守的意识形态，即对商业有利的就是对美国有利的。第二个原因是，政府官员更有可能听取有权势者的意见。由于弱势群体（从定义上讲）缺乏组织，他们的声音没有被听到，即使被听到了，也没有在决策圈中得到重视。

尽管政府通常选择涓滴式的解决方案，但这类计划在兑现惠及穷人的承诺方面并不十分有效。由税收抵免及其他税收激励措施所带来的更高企业利润，并不一定意味着企业会提高工资或雇用更多的工人。更有可能的是，公司将增加股东的股息，从而进一步扩大了不平等差距。这也不能保证会创造就业机会，因为公司可能用它们新获得的财富购置节省劳力的设备。如此一来，政府项目实际上会扩大贫富差距。

弱势群体承担政府决策的重担

下面的例子表明，在许多情况下，社会中的弱势群体承担着掌权者决策的重担。

（1）**减少安全网**。在2007年年底的大衰退之后，联邦和州政府不得不减少或取消项目。那么，是在哪里进行削减的？一般而言，会对准弱势群体的社会项目而不是企业的补贴或房主的税收进行削减。在2008—2009学年，24个州削减了对（低收入家庭儿童最需要的）儿童早期教育的资助。由于国家预算削减，低收入儿童获得医疗保健的机会也减少了。为低收入家庭提供临时现金援助支持和儿童保育补贴的项目也是如此（Austin，2010）。公立学校教育受到的打击最大。如今，至少有30个州为每个学生提供的资金少于经济衰退之前的水平（Leachman and Mai，2014）。结果，大量教师被解雇，班级规模扩大，音乐、艺术和体育等选修课被取消，暑期学校项目被取消，学年缩短。

（2）**作战**。政府支持那些对美国跨国公司给予帮助的外国政府，不管这些政府有多专制。美国政府还直接干预他国政府的内政，以保护美国企业的利益，防止任何基于资本主义模式之外的政府的崛起（Parenti，2008：85）。例如，自1950年以来，美国已经在拉丁美洲对危地马拉、多米尼加共和国、智利、乌拉圭、尼加拉瓜、格林纳达和巴拿马进行了军事干预。

从历史上看，当受到战争威胁时，政府机构就会征兵。仔细分析征兵行动就会发现，这实际上是在向穷人征税。例如，在越南战争最激烈的时期，尽管40%的达到应征年龄的人都上大学了，但只有10%的大学生被征召入伍。即使是受过教育的年轻人参军了，他们也比没有受过大学教育的人更可能从事非战斗工作。因此，在服役期间，受教育程度较低的人被杀害的概率是受过大学教育的人的3倍。在内战期间更明目张胆的、合法发生的行为是，当时的法律允许被征召的富人雇用别人来代替自己服役。

2003年，伊拉克和阿富汗战争打响，政府决定不征兵，而是依靠志愿者。爱国主义无疑是决定参军的一个因素，而经济激励（如入伍奖金）对那些来自贫困家庭的人来说，也是一个强大的动机。实际上，参与这场战斗的绝大多数都是来自劳动阶级和下层社会的年轻人。

（3）**自然灾害中的援助**。2005年，在路易斯安那州和密西西比州遭受卡特里娜飓风的巨大破坏后，决策者确定了事项的轻重缓急：应该从哪里开始重建，哪些地方应该推迟甚至忽略。在新奥尔良，大部分资金首先被用于商界，以及修复超级穹顶体育馆（新奥尔良圣徒队的主场），剩下的才留给低收入家庭。尽管国会要求联邦拨款的50%用于帮助低收入人群，但在密西西比州，17亿美元的联邦资金中约90%流向了富裕的房主，用于重建赌场和酒店，扩建格尔夫波特港（Eaton，2007）。

（4）**关于医疗的决议**。众议院和参议院都通过的2017年税收改革法案，将在医疗方面对美国人产生重大影响。该项法案包括取消对没有医疗保险的人的处罚（2010年《平价医疗法案》要求的个人强制医保）。根据国会预算办公室的数据，取消这些处罚可能会导致多达 1 300 万美国人没有医疗保险，而那些已经有保险的人的保费会增加（Blumenthal，2017）。遭受打击最大的将是老年人，在一些州，他们每年的保费增长将超过 1 500 美元。

综上所述，从社会学的角度来看，个人在很大程度上受到他们无法控制的社会力量的影响。美国集中的政治和经济力量体现在公共政策上，这些政策并非对所有社会阶层都一视同仁。纵观美国历史，政府及其政策中普遍存在一种倾向。卡尔文·柯立芝总统曾经发表过且被当代总统反复引用的一句格言也许能够最好地体现这种倾向，即"美国的事业就是商业"。

第 13 章
家庭

　　家庭与过去大不相同了。同前几代相比，家庭更加多样化，这涉及更多样化的家庭安排，家庭更易破裂，家庭成员在一起的时间更少，父母对孩子的影响也更小。许多人认为，这些变化具有威胁性。他们渴望一个家庭更加稳定时代，彼时父亲养家糊口、母亲留在家里抚养孩子。

　　在过去几十年中发生的家庭变化使一些社会分析家得出这样一个结论：家庭陷入了严重的困境，我们失去了家庭价值观念，而且"家庭解体"导致社会问题。从两个基本方面来看，这种世界观是有缺陷的。首先，将家庭当作社会的基石，而不是社会环境的产物，颠倒了家庭与社会之间的关系。其次，这种观点忽视了近期家庭变化和世界各地正在发生的深刻变革的结构性原因。即使在不同的社会，由于全球经济变迁，家庭和家户也正经历着类似的变化。

　　本章将家庭作为一种社会制度来研究。美国的家庭是多样化的，它们有地区、社会阶层、宗教、种族和民族的差异，尽管如此，在家庭生活中可以发现不同的模式。本章的主题是，家庭并非不受外部约束的独立单位，家庭外部的社会力量影响着家庭内部的生活。

美国的神话之家

　　关于家庭的神话有很多。这些信念与围绕家庭的典型而正确的怀旧之情以及文化价值观密切相关。除了社会学家和家庭学者之外，以下这些基于民间智慧和共识的神话很少受到挑战。

　　（1）关于过去稳定而和谐的家庭的神话。大多数人认为，过去的家庭比现在的家庭好。他们认为，过去的家庭更稳定，适应性更好，更幸福。然而，家庭历史学家发现，并不存在一个家庭的黄金时代。就像现在一样，许多孩子都是由单亲或继父母抚养长大的。离婚率较低的原因在于，严格的宗教禁令和社区规范反对离婚，但这并不意味着过去的爱情更加炽烈。许多"名存实亡的"婚姻是在缺少爱情和幸福的情况下维持的。

　　历史学家斯蒂芬妮·库茨（Stephanie Coontz）重新审视了我们关于家庭历史最深刻的假设，其著作《我们从未走过的路》[①]（Coontz，1992）打破了近期关于家庭生活"变坏"

---

① 译者注：副标题为"美国家庭与怀旧陷阱"。

的误解。在其最近的著作《婚姻简史》①（Coontz，2005）中，库茨展示了婚姻是如何从一种经济和政治制度转变为一种自愿的爱情关系的。正是这种变化，而不是家庭价值观的丧失，使当今的婚姻更加脆弱。过去的家庭生活与这种刻板印象大相径庭。被配偶离弃、非婚生子以及其他被认为是现代问题的情况在过去同样存在。部分怀有家庭怀旧情结的人认为，有三代人生活在同一个屋檐下或近距离居住的情况。这种三代同堂家庭的印象也是错误的，家庭历史学家很少发现这种经典的、怀旧的家庭形式的例子。

（2）独立世界的神话。作为正面形象，家庭是爱和信任的港湾，是个人逃避外部世界的有效避难所。将家庭视为一个安全的私人的避风港，就使"公共"与"私人"有所区分。在此，家庭关系被认为不同于世界上一般的社会关系。当然，爱和信任是许多家庭的黏合剂，但这种对私人生活的美化往往掩盖了一些家庭的黑暗面。在一些家庭中，情感和身体的攻击很常见，配偶之间和孩子之中的竞争有时会破坏家庭关系。这个神话忽略了经济条件的强效影响（例如，贫困或近乎贫困、失业、**向下流动**或向下流动的威胁）。它忽视了社会不平等（种族主义、性别歧视、年龄歧视和同性恋恐惧症），这些因素妨碍了许多人体验生活中的美好事物。理想化的家庭观点还掩盖了那些在亲密环境中出现的不可避免的问题（在某些情况下的紧张、愤怒，甚至暴力）。

（3）单一家庭形式的神话。我们都知道一个家庭应该是什么样子的，它应该类似于20世纪50年代的形式。我们从牧师和神父、儿童文学和电视中得到了这样的印象，即一个白人的中产阶层，异性恋，男主外、女主内，孩子待在家里，家人们住在一起。然而，这种模式代表了美国家庭中的一小部分——已婚已育且只有丈夫工作的家庭仅占30%（U. S. Bureau of the Census，2017c）。如今，家庭多样性已成为常态。当代家庭类型代表多种家庭形式，包括单亲家庭（由未婚父母或离婚所致）、继父母家庭、几世同堂的大家庭、同性恋和异性恋家庭、丁克家庭，以及许多其他类型家庭（参见媒体与社会专栏"美国电视节目中的家庭演变"）。

（4）统一的家庭经历的神话。我们假设所有的家庭成员都以同样的方式体验家庭生活，这种印象掩盖了家庭内部的多样性。家庭是一种性别化的组织，男女之间对婚姻的感受是不同的，在决策、家庭分工、亲密和性行为方面都存在性别差异。同样，离婚对男女的影响有所不同，再婚模式也因性别而异。由于性别的原因，女孩和男孩的童年经历不同，他们会承载着不同的期望，面对不同的规则和不同的惩罚。

（5）家庭衰微是社会问题的根源的神话。部分原因是对于过去的神话，部分原因是家庭在过去几十年里发生了很大的变化，许多人认为当今的社会弊病是由家庭解体导致的，特别是离婚和未婚母亲以及无父家庭被视为是伤害儿童、破坏家庭的，并且是导致高贫困率、暴力、吸毒和犯罪的原因。

---

① 译者注：副标题为"爱情怎样征服了婚姻"。

媒体与社会

美国电视节目中的家庭演变

电视节目中对家庭的描述显示出"理想"或典型的美国家庭是如何随着时间的推移而发生变化的。20 世纪五六十年代，在诸如《奥兹和哈里特》《父亲最知道》《反斗小宝贝》这样的热门电视剧中，家庭符合男主外、女主内的模式。在这些节目中，妻子们兴高采烈地做饭、打扫卫生（通常戴着珍珠，穿着高跟鞋），而丈夫们则去上班。

随着离婚率的上升，在 20 世纪 60 年代末和 70 年代，家庭形式开始转变，比如《布雷迪家族》（一个混合家庭，尽管电视网不会让节目的创作者突出卡罗尔·布雷迪离婚的情况）、《我的三个儿子》（抚养儿子的单亲父亲），以及《活在当下》（抚养两个女儿的单亲母亲）。20 世纪 70 年代的电视剧从种族和社会阶层的角度描绘了更多的家庭多样性，如《杰斐逊一家》（一个非裔美国家庭）、《韦伯斯特一家》（一个跨种族家庭）、《全家福》（一个工人阶层家庭）。

20 世纪 80 年代的流行节目主要关注功能失调的富裕家庭，如《达拉斯》和《王朝》等，这些节目更像肥皂剧而不是情景喜剧。播出了 8 季的《考斯比秀》是 20 世纪 80 年代最热门的节目之一，讲述了一个富有的非裔美国家庭，剧中丈夫和妻子都是职场精英。

如今的节目通过强调家庭形式的多样性来反映时代的特征。例如，《摩登家庭》展现了三个家庭：一个是传统家庭；一个是收养了一个外国孩子的同性婚姻家庭；还有一个是混合家庭，在这个家庭中，一位年长的男人娶了一位比自己年轻得多的女人。其他的电视节目，如《黑人一家亲》直面了多样性的问题，讲述了一个中上层阶层的黑人家庭在以白人为主的文化中抚养孩子，同时努力保持自己的黑人文化身份的故事。真人秀节目《鸭子王朝》《与卡戴珊姐妹同行》《橘子郡娇妻》等也引入了对家庭生活的新描述。虽然这些真人秀仍夹杂着大量的剧情，但它们让人得以一窥真实家庭中的冲突和麻烦，并显示出对 20 世纪 50 年代的家庭的描绘是多么的遥远。

秩序与冲突视角下的现代家庭

上文所说的许多家庭神话都与社会的秩序模型相吻合。从秩序的视角来看，生物和社会需求共同作用产生了一个非常适合现代社会的核心家庭。这种安排把男人和女人分成不同的角色。从生物学上讲，男性更强壮，而女性则能生育和照顾孩子。

男性一直是家庭的顶梁柱，而女性负责养育孩子和照顾家庭则是"天性使然"。工业化使私人家庭比以往任何时候都更加重要。家庭与外界的分离创造了稳定的家庭和一个有效的角色体系，男孩和女孩在整个青少年时期都接受训练，以便在社会中占据一席之地。这种家庭原型在 20 世纪五六十年代成为主流的社会学框架。它基于 20 世纪 50 年代在统计上比今天更普遍的一种家庭形式，但即使在当时也绝不是唯一的家庭形式。塔尔科特·帕森斯（Talcott Parsons）及其同事（1955）将家庭定义为一组特定人群（已婚夫妇和他们的孩子），承担着两项核心职能（儿童社会化与情感支持），并有着固定的劳动分工（男主外，女主内）。这就是众所周知的标准家庭（或如上文所述的"神话之家"）。根据这一观点，当核心家庭中存在劳动分工时，家庭运转最为有效。女性扮演提供关爱和支持的"表达性"或情感性角色，而男性则扮演通过外出工作来提供经济支持的"工具性"角色。

从秩序的视角来看，家庭提供了一个远离充斥着工作和市场的严酷的外部世界的避风港。在一个以成就为导向的世界里，核心家庭是社会的基石。家庭与其他社会制度相适应，有助于社会秩序的建立。秩序视角引发了这样一种观点，即家庭的变化正在摧毁国家的社会结构。换句话说，"家庭价值观"是恢复异性恋双亲家庭的道德准则。

冲突的视角则有所不同，它认为家庭与更大社会中的物质不平等密切相关。冲突论者对家庭如何受到阶级、种族和性别的影响尤为感兴趣。这种观点认为，不同的社会和经济背景会产生不同的家庭安排。

家庭是资本主义的重要组成部分，其既生产工人，也创造消费者，以维持经济运转。家庭是造成社会不平等的重要原因，因为它是获得财产和社会地位的工具。财富被封锁在精英家庭中，然后通过代际继承世代相传。这限制了那些处于较低社会经济阶级的人的资源和机会。正如我们所见，家庭将其优势和劣势传给了自己的后代。虽然按秩序论者的观点，这种社会阶层地位的传递促进了社会的稳定，但它也加剧了基于先赋地位的不平等。

家庭以另一种方式服务于资本主义的需要，即美化个人领域。这可以通过提升消费主义来为经济服务。它还通过强化虚假意识来维护统治阶层的利益。家庭是青少年的主要社会化主体之一，因此它可以通过传播社会文化来强化现状。孩子们被教导把社会上的不平等看作理所当然的，他们还被教导要无条件地接受政治和经济体系。

从冲突视角来看，家庭并不是秩序论者所设想的避风港。那些更广泛的社会制度进入家庭，并重现社会其他部分存在的冲突和紧张。家庭关系不仅是爱情和契约，还包括政治安排。所谓爱的私人关系，实际上是一种权力的社会关系。在微观层面上，冲突通常是由女性对男性主导地位的抵抗与就业和经济困难造成的，这不利于家庭情感。因此，现代家庭并不是一个平和的组织，而是一个充满潜在的和实际的冲突的组织。

冲突论者认为，由于家庭唯一的责任就是维持一个远离非个人的社会的私人避难所，并提供个人的满足感，它注定要失败。因为承担这种责任的要求太高了。家庭本身无法满足其成员的所有情感需求，尽管成员试图通过消费主义、休闲和家庭娱乐来满足这些需求。冲突论者认为，社会应该被重组，这样个人的成就感不仅可以在家庭中得到满足，而且在社区、工作及其他社会机构中也能得到满足。

历史视野下的美国家庭

在美国，家庭形式与经济发展密切相关。随着社会从农业经济转向工业经济，再转向以信息技术和服务工作为基础的经济，家庭形式也发生了变化。

资本主义家庭

在工业化之前，"工作"和"家庭"之间几乎没有区别。商品和服务的生产是在家庭内部完成的。随着工业化的发展，工作从家庭转移到工厂，家庭成了远离社会的内部组织。男人去工厂和办公室挣钱，而女人则留在家里养育孩子。从工业经济的崛起到二战，资本主义在一个简单的框架内运作。雇工们认为大多数家庭都有一个主要的经济支柱（男性）和一个在家里做家务的成年人（女性），简而言之，就是家庭主妇。因此，许多男人获得的收入是用来养活一个家庭的（被称为"家庭工资"）。当然，需要注意的是，这是在女性不需要赚取"家庭工资"这一假设的前提下。

男主外、女主内的私人家庭的模式是一个重要的历史发展，但经济条件使这种模式在许多家庭中行不通。1950 年，大约 60% 的美国家庭符合这种模式：一个完整的核心家庭，由一个养家糊口的男性、作为全职家庭主妇的妻子及其尚未独立的孩子组成。社会学家朱迪丝·史黛西（Judith Stacey，1990；1991）称这种家庭为**现代家庭**。虽然这种家庭形式在社会中占主导地位，但其普遍程度因社会阶层而异。例如，这种模式在工薪阶层家庭中普遍存在，但在低收入家庭中存在的可能性要低得多，因为这些家庭中的女性总是不得不外出工作以补充家庭收入。此外，随着工业化，一波又一波的移民填补了产业劳动力的短缺。通过他们的劳动，整个家庭都成为社会的一部分。移民家庭并没有把自己分割成私有化的单位，相反，他们利用亲属关系来适应新社会。家庭在帮助新到的亲属适应新社会方面起着关键作用。亲属帮助寻找工作和住房，他们还提供了其他形式的支持。与典型的移民描述相反，他们迁移的亲属关系和种族纽带在新社会中并未解体，而是得到了重建。

发展中的资本主义经济并没有为所有人提供平等的机会。种族-少数民族没有机会成为工业劳动力的一部分。相反，他们在经济领域的非工业部门工作。这通常需要区别于主导社会中的家庭安排。对移民和少数族裔而言，男主外、女主内的模式从不适用，因为他们被剥夺了赚取家庭工资的机会。因此，许多已婚女性都找了一些工作来维持生计。有些女性接受寄宿或做计件工作；有些人在中产阶层和上流社会的家庭做女佣；有些人成了血汗工厂、百货商店和办公室的雇工。对这些家庭来说，社区和大家庭的成员的支持是至关重要的（Albelda，1992：7）。斯黛西发现，工人阶层家庭，尤其是其中的女性，创造了新颖的方法来应对经济不确定性和家庭动荡。实际上，这些女性过去和现在都是新兴家庭形式的先驱。斯黛西称这些新的家庭形成了**后现代家庭**，因为它们不符合"现代"家庭的标准。现在有离婚大家庭，包括前配偶和他们的爱人、孩子和朋友。随着成年子女的离开，然后回到家，又再次离开，家庭开始扩张和收缩。大多数后现代家庭（超过 60%）都是双职工家庭。与以前相比，当今许多家庭让丈夫更多地照顾孩子和做家务。亲属网络已经扩大以应对经济压力。父母现在要处理孩子的同居、单身、未婚生育以及离婚等问题。其结果是，现在只有 30% 的家庭符合"现代"的家庭形式。

这些后现代的家庭形式对工人阶层和中产阶层家庭来说是新型的，因为他们正在适应结构性的转变，但对于贫困家庭来说，这种形式并不新鲜。穷人所面临的经济匮乏总是迫使他们以类似的方式适应：经营单亲家庭，依靠亲属网络，分担家庭开支，以及鼓励在一个家庭中有多个赚钱的人。

经济不安全感与家庭生活

正如我们所看到的，家庭生活是与其他制度紧密交织在一起的。大萧条（参见第 11 章）放大了这些困难，并给家庭生活造成了相当大的断裂。例如，雇员的工资从不上涨，他们的福利被削减或取消。失业率急剧上升。股票和住房投资急剧下降，导致了高止赎率和破产。经济衰退增加了那些"食物得不到保障"和无家可归的个人和家庭的数量。恶劣的经济条件导致人们推迟结婚，即便结婚，也会推迟生育。经济困境是家庭不和的主要原因。经济转型和大萧条给许多中产阶层造成了可怕的后果。

尽管整个社会的家庭都由于宏观经济力量而发生了变化，但这些变化在工人阶层中最为深刻，蓝领工人在经济转型中受到的打击最大。由于新技术和来自其他工资较低（低得多）的经济体的竞争，数百万人的工作岗位消失了。他们中有很多人被解雇或被定期裁员。有时他们的工作场所已经完全关闭，并转移到了其他社会。他们的工会（在数量和影响力上）失去了力量，工资也下降了。

总而言之，随着越来越多的家庭加入或贫或富的阶层等级，家庭被嵌入一个"分裂"的阶层结构中，从而缩小了中产阶层的规模。这一运动造成了家庭生活的巨大差异，而且再也不能保证孩子们会继承其父母在阶层体系中的地位了。然而，一个家庭在阶层系统中的位置仍然是家庭生活中唯一最重要的决定因素。

当今多样化的家庭形式

通过与其他社会制度的互动，家庭不断发生变化。其中最突出的变化是家庭的形式和构成。要想了解目前家庭生活的趋势，我们必须研究家户与家庭之间的区别。美国人口普查局将**家户**定义为居住在以户为单元的所有人。一个家户可以由一个人单独居住，也可以由几个人共同居住。**家庭**则指两个或两个以上因出生、婚姻或收养而有亲属关系的人居住在一起。在人口普查局的界定中，所有家庭都构成家户，但并非所有的家户都是家庭。多年来，家户在几个重要的方面发生了变化。家户变得越来越小，最大的差异发生在最大和最小的家户中。家庭户包括家庭成员为户主，即拥有或出租房屋的人的家庭。这些家户可能包括非家庭成员，如寄宿生或朋友。**非家庭户**包括独居的户主，或与户主无关的人合住，如大学期间的朋友共住一套公寓。一些非家庭户取代了家庭，并发挥许多相同的功能。非家庭户（即独居的户主或与不相关的人合住的户主）的增长是过去 40 多年里发生的最显著的变化之一。1970 年，81% 的家户是传统意义的家庭户，但到 2016 年，这一比例下降到 66%。与此同时，非家庭户（主要由独居或与室友或伴侣合租的人组成）的数量有所增加。增长最快的是独居人群。非家庭户是一个多样化的群体，他们可能包括独居的老年人、合住一套公寓的大学生、同居男女、推迟或放弃婚姻的人，或那些"介于婚姻之间"的人，如图 13-1 所示。

图 13-1　美国人口普查区分了"家户"（共享一个家的人，可能有亲缘关系，也可能没有）和"家庭"
（两个或两个以上的人因出生、婚姻或收养而有亲缘关系）
资料来源：Tom Merton/Caiaamage/Getty Images

　　图 13-2 将家户划分为不同类别的工作－家庭安排。随着时间的推移，在家户构成方面最显著的变化是已婚、已育的双职工家庭增加了（从 1960 年的 18% 上升到 2016 年的 61%）。或者，换句话说，已婚、已育且仅有父亲工作的家庭从 1960 年的 65% 下降到 2016 年的 30%。未来 10 年，预计家户的总体构成将继续发生变化，家庭户的比例将下降，非家庭户的比例将持续增长。

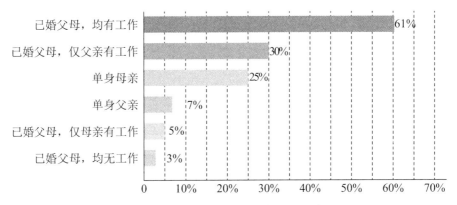

图 13-2　工作与家庭生活安排（2016 年）

注：该图中不包括同性已婚夫妇或同居夫妇。
资料来源：美国劳工统计局，2017 年。"已育家庭：父母按最小孩子年龄和家庭类型的就业状况，2016—2017年年均". 在线查询：https://www.bls.gov/news.release/famee.t04.htm.

　　诸如经济变迁这类宏观层面的变化产生了多种多样的家庭结构，包括单亲家庭、有孩子的同居者、同性家庭、双职工家庭，以及许多种类的大家庭，如离婚大家庭和多代同堂的家庭。不过，已婚、已育夫妇仍然是一个突出的家庭模式。父母和孩子生活在越来越多样化的环境中，包括完整的直系血亲的家庭、再婚家庭／混合家庭和单亲家庭。结构上的变化使家庭更加多样化，并改变了家庭的经历。

婚姻与家庭角色的变迁

　　持续的社会变化正在改变家庭生活的所有特征。特别是婚姻已经发生了变化，不再像过去那样在家庭中占据中心地位。婚姻行为正在改变——年轻人推迟结婚，年长的人摆脱婚姻，还有一些人干脆不结婚（随时间变化的初婚平均年龄，参见图 13-3）。现在已婚人士在成年人中所占比例较小。2016 年，50% 的成年人已婚，而 1970 年这一比例为 72%。结婚率下降有很多原因，包括同居率上升、初婚年龄推迟和离婚率高。据社会学家凯瑟琳·格尔森（Kathleen Gerson）的观点，亲密关系、工作轨迹和性别安排的变化结合在一起，在生活、工作和家庭建设方面产生了一场革命（Gerson，2010）。

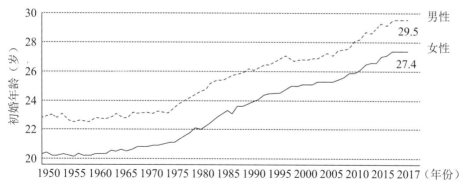

图 13-3　初婚年龄中位数（1950 年至今）

资料来源： 当前人口调查、3 月及年度社会和经济补充资料，表 MS-2. https://www.census.gov/data/tables/time-series/demo/families/marital.html.

　　作为一个社会，我们应该如何应对过去几十年重塑家庭生活的趋势？对婚姻重要性下降的反应之一是 20 世纪 90 年代的"婚姻运动"，该运动旨在提高公众关于婚姻对个人和社会都有好处的认识。婚姻运动由家庭学者、治疗师、教育家、政策制定者和宗教领袖组成，他们提出了一些改善婚姻和减少离婚的策略。一些家庭学者甚至通过强调婚姻与个人幸福之间的正相关关系，为婚姻提出了一个充分的理由。这些论点代表了一场全国性争论，即那些希望促进传统婚姻（尤其是那些反对同性恋婚姻的人）与那些认为家庭形式应该是多样化的、由社会和经济力量塑造的人（如当代家庭委员会等组织）之间的争论的一个方面。

婚姻对社会和个人的好处

个人结婚的原因有多种。其中包括一些显在的，如对伴侣和亲密关系的渴望。但结婚还有其他好处，比如婚姻关系促进了有益健康的行为。研究表明，未婚者死于心脏病、中风、肺炎、癌症、交通事故、肝硬化、谋杀、自杀等各种原因的可能性远远高于已婚者。婚姻促进身心健康的原因有很多。与同龄未婚者和离异者相比，已婚者（尤其是丈夫）不太可能做出酗酒、危险驾驶、药物滥用和找多个性伴侣等危险行为。婚姻也给个人提供了生活的意义，以及对他人的义务和责任感。

已婚人士拥有比未婚人士更多的经济资源（收入、养老金、社会保障福利、金融资产和主要居所的价值）。这种经济活动源于丈夫（与未婚男性相比）生产力的提高，以及在许多婚姻中，夫妻双方均从事工作的事实。更大的经济优势与其他结果有关，如更好的营养、更便利的就医条件、更有可能生活在安全的社区、更多的旅行和高质量的休闲，以及有机会体验生活中的美好事物。因此，婚姻关系本身可能不会给伴侣带来更好的情感和身体健康，但会产生更多的资源。

所以我们看到已婚人士拥有更多的资源、更好的网络、更健康，毫无疑问，婚姻是有益的。但我们必须谨慎地评估这一判断，显然，并不是所有的婚姻都对人有利。有些婚姻是虐待性的，有些婚姻缺乏爱和关怀。较高的离婚率充分证明了，对于数以百万计的夫妇来说，婚姻并不幸福。让我们抛开这些负面因素，首先考虑婚姻在经济上是有益的这一论断。最近的研究发现，婚姻的经济效益是不平衡的，也就是说，具体因社会阶层和种族而不同。

对有色人种来说，通过婚姻实现经济稳定尤其困难。正如我们在第 8 章中所看到的，少数种族的贫困率仍然比白人高得多。较低的工资、更长的工作时间，在少数种族中也比在白人中更常见，这意味少数种族的伴侣陪伴更少，婚姻关系的压力更大。

在评估婚姻的好处时，性别也是一个关键因素。每一场婚姻都建立了一个新的社会单位，这个单位中的互动是强烈而亲密的，其两个成员并不总是从他们共同的生活中分享相同的理解、获得相同的回报，尽管这看起来很奇怪。通过对家庭的剖析，我们可以看到性 - 性别系统对女性和男性家庭生活的构造是不同的。杰西·伯纳德（Jessie Bernard）关于"他"和"她"婚姻的概念是理解这一点最有用的方法之一。伯纳德的经典作品（Bernard，1972）揭示了每一组婚姻联盟实际上包含两个婚姻，而它们并不总是一致的。

笼统地认为婚姻对配偶有利过于轻率了。通过研究婚姻双方的社会地位，我们只能回答"谁从婚姻中获益"这一问题。这意味着包括配偶的社会阶层和种族 / 民族。我们必须吸取伯纳德的观点，即每一段婚姻实际上是两个婚姻。实际上，婚姻很重要，但它的重要程度受社会阶层、种族和性别的影响。

同性婚姻

当今，婚姻争论的另一个主导性问题是"婚姻的定义（和合法性）"。争论的焦点在于婚姻是否应该仅限于女人和男人，或者婚姻是否可以存在于同性之间。

同性婚姻的支持者认为，同性恋者应该和异性恋者享有同样的权利。同性婚姻合法化为同性恋者提供了社会保障福利、医疗保健和养老金福利等婚姻特权。如果同性恋者不能结婚，那么他们就是在性取向上受到歧视。

反对者认为，同性婚姻合法化是对婚姻的诋毁，抛弃了家庭的基本组成部分。这种观点一直主导着美国政治，直到 2012 年奥巴马总统宣布支持同性婚姻。2015 年 6 月底，美国最高法院裁定同性伴侣拥有宪法赋予的结婚权利，见图 13-4。在作出这个裁定时，有 13 个州禁止同性婚姻。这一历史性的裁定使美国与加拿大、西班牙、荷兰、比利时、南非和阿根廷等其他 25 个国家保持一致。

图 13-4　2015 年 6 月，美国最高法院裁定，美国宪法保障同性伴侣合法结婚的权利
资料来源：CarynBecker/ 阿拉米 Alamy Stock Photo

民意调查显示，随着时间的推移，对同性婚姻的支持率稳步上升，从 2001 年的 35% 上升到 2017 年的 62% 以上。千禧一代（1981 年或更晚出生的人）对同性婚姻的支持率最高，为 74%，而婴儿潮一代（1946—1964 年出生的人）的支持率为 56%（Pew Research Center，2017a）。

离婚与再婚

大多数美国人会结婚，但并非所有的婚姻都能天长地久，有些最终解散了。离婚和分居并非在人口中平均分布，而是会根据社会和经济特征而有所不同。各种政府文件揭示的初婚的模式如下（Coontz，2007）。以下模式是对美国离婚情况的一些概括。

- 20% 的婚姻在 5 年内以离婚或分居告终。
- 分居的夫妇平均在婚后 7 年分居，婚后 8 年离婚。
- 约 33% 的婚姻会在 10 年内破裂。
- 拉丁裔美国人的离婚率和白人差不多，但非裔美国人更有可能经历导致婚姻破裂的经济困难，其离婚率是白人的两倍。

离婚率上升的原因有很多，包括：女性（社会和经济）独立性增加；经济改革取消了许多男性工作，并使女性就业成为必要；宗教团体对离婚更加宽容；离婚法的改革，特别是许多州采用无过错离婚（即配偶一方不再需要证明另一方有过错才能离婚）。一个重要的原因是公众对离婚的态度发生了惊人的变化。离婚是艰难的一步，会引起人们对伴侣和孩子的同情。但它不再被认为是一种违背道德的行为。相反，如今离婚被普遍认为是解决婚姻问题的一种可行的办法。

离婚并不意味着要永远退出婚姻舞台。现在，四成的新婚姻涉及至少一个伴侣的再婚（Livingston，2014），离婚后再婚人数的增加是两次人口统计的结果。首先，人们的寿命越来越长，减少了守寡的时间。其次，这一趋势也只是离婚人口比例越来越高的结果。再婚的可能性受到四个重要变量的影响：年龄、社会经济地位、种族和宗教。女性的年龄至关重要，年龄较大的女性再婚的可能性比年轻女性小得多。有孩子的年轻女性再婚的可能性比没有孩子的年轻女性小。社会经济地位也很重要。例如，收入很重要，但这种关系因性别而异。离婚男人的钱越多，他再婚的可能性就越大。女性的情况则相反。种族问题也很重要。非裔美国人和拉丁裔美国人的再婚率低于白人（Amato，2007）。宗教也会影响再婚率。在过去，大多数基督教宗教团体强烈反对离婚，对那些在离婚问题上无视教会教义的人实施了不同程度的制裁。教会的最终制裁是将离婚后再婚的人视为通奸者。大多数教派在这个问题上发生了很大的变化，表现得更为宽容，甚至对再婚给予教会的祝福。天主教会是个例外，它不承认再婚。

再婚可以通过增加第二份收入来解决单亲家庭的经济问题。它也可以减轻独自经营一个家庭的许多负担。与初婚相比，再婚的伴侣会更宽容，更愿意妥协，更能意识到整合不同生活方式的需要，并且能够更好地预见问题，以在问题出现之前或变严重之前解决问题。此外，经济资源的集中和获得高薪工作的更大的可能性（因为年龄更大），应该会缓解或消除困扰许多初婚的经济问题。

工作与家庭角色

在当今社会，工作和家庭不可能成为独立的世界。工作形塑了家庭生活，而家庭与工作亦有重叠之处。经济为家庭消费提供商品和服务，家庭用其劳动收入购买这些商品和服务。经济为家庭成员提供就业机会，而家庭则为经济提供技术工人。

影响美国家庭最重要的变化之一是在已婚家庭中夫妻双方都是劳动力，或双职工婚姻的增多。自 1960 年以来，女性劳动参与率急剧上升（参见第 10 章）。工作－家庭关系给工人带来了困难：工作对家庭施加了不同的限制，比如花在工作上的时间和工作安排，决定了工人可以花在家人身上的时间。此外，工作还有心理成本和收益，这些都会影响家庭互动。近年来，对工作和家庭的广泛研究为我们提供了关于这些"贪婪机构"如何运作的新信息。

工作－家庭干扰一词指的是工作和家庭生活之间的联系可能成为工人和家庭成员紧张

关系的来源。工作家庭关系的一种表达方式是**溢出**，即工作和家庭环境之间的情绪、感觉和行为的转移。溢出可以是积极的，也可以是消极的，而且可以是双向的——工作到家庭的溢出或家庭到工作的溢出。溢出似乎是一个性别现象，男性的工作压力更有可能影响其家庭生活，而女性的家庭压力更有可能影响其工作生活（Zvonkovic，2006：149）。

这种在工作和家庭中有性别区分的且不平衡的关系强化了这两个领域的传统劳动分工。该体系还确保了妻子的就业不会影响她们做家务和育儿的核心责任。有工作的妻子通常有两份工作——工作和家庭，而有工作的丈夫只有一份工作。对妻子们来说，这就产生了第二份轮班。社会学家阿利·霍克柴尔德（Hochschild and Machung，1989）对工薪家庭的经典研究发现，工作与家庭之间存在巨大的冲突。女性在工作与家庭需求之间的痛苦比她们的丈夫要严重得多。据她计算，职业女性做第二轮班的家务的额外时间，每年相当于多工作了一个月。霍克希尔德发现，尽管社会阶层在决定如何完成家庭劳动方面很重要（更富裕的家庭有能力购买更多节省劳动力的服务），但社会阶层、种族/民族和性格对谁会分担和不分担第二轮班提供了有限的线索，性别才是至关重要的。这一发现在一项又一项研究中被反复证实。育儿问题是双职工父母最基本的问题之一，至今仍未得到解决。总的来说，美国社会对双职工父母的需求反应迟钝。传统的工作组织——不灵活的 8 小时工作制，使父母很难解决家庭问题或家庭成员之间的日程冲突。联邦政府和州政府的政策落后于其他西方国家的儿童抚养政策。

尽管有这些不同的工作和家庭取向，压力对男性和女性来说都是一个日益严重的问题。更确切地说，参与家庭生活跨越了种族和阶层。对男性家庭生活的研究为性别平等提供了一个充满希望的视角。尽管真正的"角色分享"夫妻仍然是少数群体，但男性承担了更多的家庭工作量，这是男性角色和父权家庭转型的一个步骤（Schoppe-Sullivan，2017）。

在实现一个男女平等地分担平衡工作和家庭责任的社会方面，仍然存在障碍。对男性来说，父亲身份仍然包括养家糊口的设定。尼古拉斯·汤森的《一揽子交易：男性生活中的婚姻、工作与父亲身份》（*The Package Deal: Marriage, Work, and Fatherhood in Men's Lives*）（2002）发现，如今男性以一种"一揽子交易"的方式看待他们的生活，认为婚姻、父亲身份、就业和住房所有权是相互关联的。在这个交易中，供养家庭是"作为一个成功的父亲的关键"。不能养家糊口的男人不能成为好父亲。成功的父亲角色和良好的养家者角色之间的持续联系鼓励男性将精力投入劳动力市场的成功上，使参与性的父亲角色的目标难以实现。

儿童和青少年

家庭的变迁对孩子产生了深远的影响。正如我们所看到的，在过去的几十年里，孩子们的生活安排发生了巨大的变化。1980 年，85% 的孩子和父母双方生活在一起，但到 2016 年，这一比例下降到 69%（U. S. Bureau of the Census，2017 年）。

比较 20 世纪最后 10 年和 21 世纪前 10 年的研究发现，美国儿童福利正在改善。这在许多关于儿童福利的指标，包括婴儿死亡率、儿童和青少年死亡率以及青少年生育率在内的指标中都有所显示（Kids Count，2017）。自 1990 年以来，儿童的贫困率总体上有所下降，但自大萧条以来却略有上升。该比例目前为 21%，仍远高于 20 世纪 60 年代末和 70 年代的约 14% 的低点。此外，儿童贫困率的降低掩盖了不同种族造成的差异。在儿童贫困率方面，非裔为 36%、拉丁裔为 31%、白人为 12%（Kids Count，2017）。

儿童贫困与本章讨论的家庭结构的变迁有关。一个孩子在成长时期经历贫困的可能性部分取决于他生活于其中的家庭的类型。美国儿童贫困率通常与单身女性家庭的激增有关。如今，大约 35% 的美国儿童生活在单亲家庭中（参见图 13-5 的种族差异）。然而，单亲家庭比例的变化只是导致儿童贫困率变化的一个因素。美国存在大量有孩子的低收入的双亲家庭。年轻的父母，无论是单身还是已婚，都极易受到贫困的影响，因为他们的工作经验可能比年长的工人更少，而且更有可能在经济低迷时期失去工作。

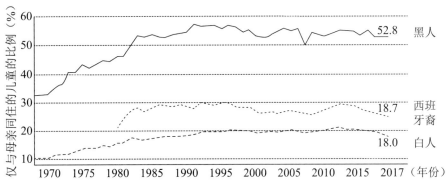

图 13-5　各种族仅与母亲同住的 18 岁以下儿童的比例

资料来源： 当前人口调查，1968—2017 年的年度社会和经济补充报告，表 CH2、3、4. https://www.census.gov/data/tables/time-series/demo/families/children.html.

儿童和青少年会受到两方面因素的强烈影响：一是其家庭可获得的经济资源数量；二是家庭成员从家庭以外的人那里得到尊重的程度。基本上，社会阶层地位为他们提供了生活机会。一个家庭的经济资源越多，他们在以下几方面的机会就越大，包括活过婴儿期，身体健康，接受良好的教育，有一份令人满意的工作，避免被贴上罪犯的标签，避免在战争中死亡，过上好日子。从消极的角度来看，这意味着数百万名美国儿童被剥夺了这些优势，因为他们的父母失业，被困在分割劳动力市场的底层，或者是制度性的种族歧视或性别歧视的受害者。

美国总人口中约 13.2% 的人年龄为 10 ～ 19 岁（U. S. Bureau of the Census，2017）。这是美国社会中一个非常重要的群体：青少年和未成年人是一股强大的经济力量。总的来说，他们在衣服、化妆品和电子设备上的花销巨大。随着他们对时尚的追逐与转换，服装业和娱乐业创造了财富，也消耗了财富。

对许多青少年来说，在美国社会的青少年阶段是一个充满压力和紧张的时期。最重要的原因是，这是一个社会地位向另一个社会地位过渡的时期（参见媒体与社会专栏"数字时代的家庭生活"）。青春期和儿童之间没有明显的区别，同样地，青春期和成年期之间也没有明确的界线。当人们能得到一份全职工作或当他们的身体具备生育能力时，他们就会被认为是成年人吗？反之，当他们继续与父母生活在一起时，他们就是青少年吗？在前现代社会，人们会通过仪式来确定一个人是孩子还是成年人，而在美国社会，成年人身份是不明确的。当然，美国青少年的许多行为至少可以部分地用这些模糊的身份来解释。

媒体与社会

数字时代的家庭生活

技术革新对当今家庭产生了巨大的影响。父母和孩子们生活在一个充斥着屏幕的社会里，该社会由传输信息的电子设备所主导。现今美国人花在屏幕前的时间平均超过 8 个小时。根据皮尤研究中心的数据，目前 92% 的成年人拥有一部手机，其中 68% 是智能手机。73% 的人拥有台式机或笔记本电脑，40% 的人拥有游戏机，19% 的人拥有电子书阅读器。

增加屏幕的使用是否会减少家庭成员面对面互动的时间？安纳伯格数字未来中心在 2010 年进行的一项研究发现，"过去 10 年，在联网的家庭中，家庭成员花在共享互动上的时间从平均每周 26 小时下降到不足 18 小时"（Kahn，2012：A6）。在保持联系并时刻关注工作信息、社交媒体网站和短信的过程中，家庭成员彼此之间变得越来越疏远。社会学家雪莉·特克尔在其著作《一起孤独》（*Alone Together*）（Turkle，2011）中提出，技术是人际关系的替代品。

电脑、电视、手机及其他屏幕技术对家庭关系也有其他复杂的影响。例如，科技使父母可以通过短信或电话与青春期的孩子保持密切联系（手机被称为"世界上最长的脐带"）。特克尔揭示了科技如何引入新的复杂情况，当青少年需要独立时，这些情况限制了他们的独立性。在她的研究中，有几个男孩提到真不该教父母如何发短信和发送即时信息。有人说："我的父母不知道怎么使用即时通信，我教会了他们，这是我做过的最蠢的事情。现在他们经常给我发即时消息。真烦！我的父母让我很烦。我觉得自己被困住了，没那么独立了。"（Turkle，2011：174）虽然技术可以把孩子和父母拴在一起，但它会侵犯隐私。2016 年的一项研究发现，60% 的父母监视了孩子的社交媒体账户，48% 的父母查看了孩子的短信（Anderson，2016）。

如今家庭生活的变化改变了童年和青春期。随着家庭结构的变化，父母花更多的时间在工作上，在家的时间却更少了。忙碌的日程安排使所有家庭成员都时间紧张。孩子们过着更加忙碌的生活，他们的时间被精心地分配在学校、课外托管、运动、芭蕾、空手道和音乐上，纯粹玩耍和家庭聚餐的时间越来越少。由于时间在家庭生活中是一种稀缺品，许多研究表明，当今的父母会尽量多花时间陪孩子。父母越来越多地参与到孩子的休闲活动中。这表明休闲时间正变得越来越以家庭为导向，或者是父母更有可能让孩子参与自己的休闲活动。

随着生活节奏的变化，科技正在减少家庭互动。虽然住在同一栋房子里，父母和孩子可能会互不理睬。经常在家里的不同地方看电视，以及玩电脑、视频游戏，使用手机和耳机，这些都改变了家庭互动的性质。

老年人

20 世纪，美国的人口经历了一次深刻的变化——人口变老了，而且变得越来越老（参见图 13-6）。"老龄潮"在很多方面影响着家庭生活。首先，老龄化产生了前所未有的个人和家庭关系。虽然我们认为祖父母是家庭生活的一个普遍阶段，但这是二战后的一种现象。这是有史以来第一次，大多数成年人活到能够认识他们的孙辈的年纪，而祖父母是孩子们成长过程中正常的一部分。

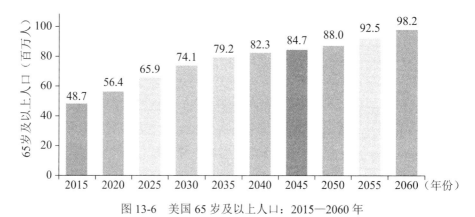

图 13-6 美国 65 岁及以上人口：2015—2060 年

资料来源：美国人口普查，2017 年。一个老龄化的国家。https://census.gov/library/visualizations/2017/comm/cb17-ff08_older_americans.html.

其次，寿命延长改变了家庭生活，出现了新的家庭和家户形式。例如，与过去几十年相比，如今有祖父母健在的家庭更加普遍。多代同堂的家庭户，即至少有两代成年人或祖父母和至少一名其他成年人的家庭户，正在增加。截至 2016 年，有 720 万家庭户是多代同堂（U. S. Bureau of the Census，2017 年）。

未来的家庭

我们研究了当代家庭的一些特点。几个关键的社会趋势正在显著改变美国乃至世界各地的家庭的前景。

- 在家庭功能方面的压力将继续重塑家庭。学校、企业和政府机构将面临更多的需求，以满足曾经由家庭提供的人性化服务。
- 经济将继续推动家庭变迁。双职工家庭的增加将使家庭生活更加复杂，但将为女性提供更多的机会，并使男性更多地参与家庭生活。

- 离婚仍将继续。随着崇尚家庭生活和传统道德观的运动的兴起，社会将专注于创造更有效的家庭。

- 受社会和经济变迁影响的非传统家庭形式将会激增。新模式包括同居关系、离异父母再婚导致的混合家庭、年轻人回家与父母同住产生的"回巢家庭"、单亲家庭以及同性恋家庭。其他新兴的家庭形式包括通过技术形成的家庭形式（代孕父母和克隆胚胎孕育的孩子），以及家庭成员生活在不同国家的、来回跨国移动的跨国家庭。

- 老龄化的社会将重新定义家庭。父母会"回巢"到成年子女身边。老人将进入同居及其他共享生活安排，包括退休社区宿舍式的生活。

这些趋势导向了一种结论，即家庭变化是典型的。最重要的是，在个人层面上，在我们的生命周期中，大多数人都是或将是各种家庭形式的参与者。这不仅对个人如此，对个体家庭也是如此，因为家庭也会随着成员的来去和工作情况的变化而改变。

第 14 章
教育

在新全球经济中最重要的资源——人力资本方面，美国落后于其他国家。在 2015 年进行的国际评估中，美国 15 岁青少年数学成就排名第 38 位、科技成就排名第 24 位（OECD，2016a）。与此同时，美国在不平等方面排名很靠前，不同社会经济群体的学生在科学方面的得分差距很大。

本章探讨了社会的基本制度之一——教育。社会的教育组织既是一些最棘手的社会问题的源头，也是一个潜在的解决方案。

美国教育的特点

本章分为三节。我们从描述美国教育的特征开始。其中一些特征源于我们的农业和工业历史的遗产，而另一些则反映了社会的主导价值观。

教育是一股保守力量

美国社会（以及所有社会）的正式的教育制度是保守的，因为学校的公开职能是教孩子们维持社会所必需的角色、特长和培训。换句话说，学校的特定任务是保存文化，而不是改变文化。因此，学校按照文化规定的方式向学生灌输知识。除了所学到的教育知识和技能（**正式课程**），孩子们还学习**隐性课程**，这种社会上不成文的、非官方的和非计划性的课程、价值观和观点。孩子们被教导要爱国，要遵守规则，要循规蹈矩。

在美国的学校里，总是有一个或明或暗的假设，即美国所走的路是唯一正确的道路。当这种假设在一些中小学被极少数教师违背，比如让学生质疑本国政府的可行性或者提议开设一门世界宗教的课程时，这些教师就会遭到来自学校内部（管理人员、学校董事会）或外部（父母，基督教右翼）的极大的压力以平息这些"骚动"。因此，创造力和质疑态度往往会在学校里受到限制。

大众教育

美国人对教育有一个基本的信仰。这种信仰基于这样一种假设，即民主社会需要受过教育的公民，这样人们才能参与公共政策的决策。正因如此，政府不仅为所有公民提供教育，而且强迫孩子们从 6 岁接受教育一直到 8 年级或到 16 岁（尽管这一点各州有所不同）。

既然是为了孩子好，就应该强迫所有的孩子上学，谁又能反对这种观点呢？毕竟，受教育程度越高，获得更大的经济回报和向上的社会流动的可能性就越大。然而，强迫一个孩子每天上学 6 个小时，每周 5 天，每年 40 周，至少要坚持 10 年，这是一个相当严苛的要求。结果是，许多学生上学的动机出现错误。动机是强迫性的，而不是对获取技能产生兴趣或对周围的世界充满好奇。美国学校的这种非自愿的特征是不幸的，因为很多学校问题都与学生缺乏兴趣有关。尽管经历了 20 年的教育改革，仍有大约 6% 的公立高中学生（超过 90 万名学生）在毕业前辍学，也就不足为奇了（National Center for Education Statistics，2017b）。

从积极的方面看，由于大众教育的目标和投入，越来越多的人接受了正规教育。例如，1940 年，在 25 ～ 29 岁的美国人中，有 38% 完成了高中学业。2016 年，25 岁以上的美国人有 87% 至少高中毕业（U. S. Bureau of the Census，2017）。

关注秩序与控制

大多数管理人员和教师都持一个基本的假设，即学校是一种集体经验，需要把个人需求置于学校需求之下。因此，美国学校的特点是限制个人自由。上学时间受时钟控制。教学活动的开始和结束是有时间表的，而不是基于学生表现出的兴趣程度或是否掌握了该学科。秩序的另一个标志是注重纪律（即不存在不必要的噪声和动作，注重对命令的执行），如图 14-1 所示。

为了追求秩序，一些学校还要求在着装和发型上保持一致。着装规范因其限制了人们随心所欲的着装自由而臭名昭著。学校运动队也限制自由，并且学校纵容这些限制。在阅读什么书籍以及如何给出老师想要的答案等方面，也要求一致性。

学校里的许多规章制度满足了一些明示和隐含的目标，但其中许多目标可能已经过时了。例

图 14-1　美国学校的特点是注重秩序和纪律
资料来源: Myrleen Pearson/Alamy Stock Photo

如，在这个科技化和信息化的经济大局中，以农场日历为基础安排的学年以及让学生为到工业化工厂就业做好准备（即严格服从，缺乏创造性思维），都不再是有意义的目标了。

碎片化的教育系统

有趋势表明，美国的教育系统正向更加分裂的方向发展。根据美国国家教育统计中心（National Center for Education Statistics，2017a）的数据，越来越多的家长选择将孩子送到私立学校（约 10% 或 540 万个孩子）或在家教育（约 3% 或 150 万个孩子）。由纳税人

资助的特许学校也在迅速增长。这些学校建立在混合的"自由市场"体系的基础上，在这个体系中，教育者、学生和家长选择的课程与教育理念不受学校董事会和教育科层制的支配，而是由国家提供经费。2016 年，美国共有特许学校 6 900 所，在校生超过 300 万人，其中 50% 来自低收入或少数族裔家庭。

2017 年，特朗普总统任命贝特西·德沃斯为美国教育部长。她是择校运动的积极倡导者，包括特许学校、虚拟学校和私立学校选择的教育券计划。教育券计划为每个孩子的父母提供规定数额的资金，用于资助孩子在任何学校上学，无论是公立学校，还是私立学校。这个计划建立了一个教育"自由市场"，在这个市场里，学校必须进行生源竞争。从理论上讲，这种竞争将改善学校，因为学校必须满足父母对孩子们的教育期望，无论是更好的纪律、强调基础知识的学习、宗教教育、聚焦艺术培养、职业培训，还是为上大学做准备。虽然一些家长会使用教育券将孩子送到他们所在学区以外的其他公立学校，但将公共资金用于支付宗教学校的学费是否合理是一个宪法问题。2002 年，最高法院以 5∶4 的结果裁定，用公共资金支付宗教学校的学费是符合宪法的，并没有违反政教分离的规定。

每一项教育改革都有其优缺点。最重要的是，它们代表了教育体系迅速分化与细分的趋势。一些人对此持积极评价，认为这代表了美国个人主义和竞争的核心价值观。另一些人则认为，这一趋势导致本已支离破碎的教育系统进一步分裂。此外，他们认为私立学校、特许学校和教育券制度通过隔离的方式来反对包容性。例如，70% 的黑人特许学生就读的学校中至少有 90% 的学生是少数族裔（Blume，2010）。这种种族隔离加剧了美国社会中各种族群体之间、各社会阶层之间的差距。

地方对教育的控制

虽然州政府和联邦政府在一定程度上资助和控制教育，但教育的大部分资金和控制来自当地社区。人们普遍担心教育的集权管理——变成一个州范围内的教育系统，或者更糟，受联邦控制。当地的学校董事会（以及社区自身）小心翼翼地维护着他们的自主权。因为，正如人们普遍认为的那样，当地人最了解他们孩子的特殊需求，地方委员会控制着资金的分配、课程内容、办学规则以及人员的聘用和解雇。

这种强调地方控制的做法存在一些问题。第一，传统上，当地的税收资助了学校。不论税基强弱，税收都对教育质量有显著影响（这一点我们将在本章后面讨论）。

第二，地方税几乎是纳税人反抗的唯一渠道。对收入、财产和购买物的高税收（联邦、州和地方）的不满通常在地方一级表现为失败的学校债券和学校税收。65 岁及以上人口的增长，增加了学校问题失败的可能性。

第三，因为民主理想要求由地方控制学校，所以管理机构（学校董事会）应该代表社区的所有阶层。然而，通常情况下，学校董事会中商业和专业行业的人占比过高，而蓝领工人、穷人及各种少数群体的代表性却远远不足。其结果是，管理机构的观点通常是保守的，对于异己者的意愿无动于衷。

第四，地方对教育的控制可能意味着大多数人（或者至少是学校董事会的大多数人）的宗教观点可能会扰乱公共教育。帕特·罗伯逊（Pat Robertson）（见第 15 章）创立的保守宗教组织（基督教联盟）的一个明确目标是赢得对当地学校董事会的控制权，其秘密目标是反对全球主义，将性教育限制为禁欲的，在科学课上推广圣经创造论的教学，鼓励学校祈祷，并审查那些诋毁基督教价值观的书籍，其热衷于攻击的目标是塞林格（J. D. Salinger）的《麦田里的守望者》和约翰·斯坦贝克（John Steinbeck）的《愤怒的葡萄》。

以下是一些州和城市试图在学校中树立宗教价值观的例子。

- 2002 年，乔治亚州科布县教育委员会投票决定，在学校生物教科书中插入一个标签，上面写着："本书包含进化论的内容。进化论是一种关于生命起源的理论，而不是事实。应该以开放的心态对待这些材料，仔细研究，批判性地思考"（Slevin，2005）。11 名家长对学校董事会提起诉讼，质疑教科书上的警告标签是否符合宪法。2006 年 12 月 19 日，双方宣布达成和解，学校董事会同意不再恢复任何阻止或阻碍进化论教学的警告便笺或对此采取任何行动（National Center for Science Education，2006）。

- 2005 年，堪萨斯州教育委员会采用了科学教学标准，其中进化论被认为是在科学上存在争议的。2007 年 2 月，委员会推翻了这一决定，裁定应该以科学上适当的且负责任的方式对待进化论（National Center for Science Education，2006）。

- 1995—2009 年，12 个州通过了允许强制性默哀的法律，"这是一种在不陈述'祷告'一词的情况下重新引入类似祷告的公共仪式的方式"（Bentele et al.，2014：511）。

- 2010 年 3 月，得克萨斯州教育委员会投票通过开设一门社会研究课程，该课程以更积极的角度描绘保守思想，强调基督教在美国建国中的作用，以及美国资本主义的优越性（McKinley，2010）。此外，该委员会还通过了一项决议，试图减少在得克萨斯州教科书中提及伊斯兰教的内容，"社会保守派董事会成员警告称，中东对美国出版业的影响正在蔓延"（Castro，2010：1）。

- 在得克萨斯州，1.7 万余名在响应式教育解决方案（the Responsive Education Solutions）特许学校系统注册上学的学生正在使用宣扬神创论而诋毁进化论的生物教科书（Kopplin，2014）。

正如这些案件以及近年来的其他一些诉讼所表明的那样，政教分离在美国仍然是一个不稳定的话题。

美国教育的竞争性

不足为奇的是，几乎所有的学校活动都有竞争性。运动队、啦啦队、辩论队、合唱队、训练队、乐队和戏剧演员的构成几乎总是由同学之间的竞争决定的。课程评分也常常是依据学生之间的比较（按曲线评分 ①），而不是根据标准进行衡量。在所有这些情况下，

————————
① 译者注：此处应指学生成绩的正态分布。

人们至少学到两个教训：①你的同学是敌人，因为如果他们成功了，那他们也是以牺牲你为代价；②最大的动力源于对失败的恐惧，而非好奇心或对知识的热爱。

学校的筛选与分类功能

学校在选择哪些年轻人在社会中占据较高的地位方面发挥了相当大的作用。反之，在校表现也将那些在职业威望阶梯中占据较低位置的人分类出来。因此，教育是一个遴选的过程。分类是根据两个不同的标准进行的：孩子的能力及其社会阶级背景。虽然教育的目标是只看能力，但先赋地位（一个人的家庭、种族、性别和宗教的地位）对一个人在教育制度中的成功程度有着显著的影响（关于性别和教育，参见深入观察专栏"甩掉男孩？"）。学校类似一条传送带，所有社会阶层的人同时上了传送带，但当他们离开时，则会按照社会阶层——阶层越低，路程越短。

深入观察

甩掉男孩？

20世纪90年代，研究人员和流行作家围绕美国的"女孩危机"开始写作。从《复活的奥菲莉亚：挽救少女的自我》（*Reviving Ophelia: Saving the Selves of Adolescent Girls*）[1]（Pipher，1994）和《公平失败：学校如何欺骗我们的女孩》（*Failing at Fairness: How Our Schools Cheat Girls*）（Sadker and Sadker，1994）这类书籍中可以看出，女孩们进入青春期时是痛苦的。1992年，美国大学妇女协会（AAUW）发布了一篇题为"学校是如何亏欠女孩的？"（How Schools Shortchange Girls）的报告，该报告基于一项由韦尔斯利学院妇女研究中心展开的研究。报告称，全美各地的女孩都是学校中普遍存在的偏见的受害者。教师们更关注男生，给他们更多的时间和作业反馈，不鼓励女孩，在数学和科学领域尤为如此。因此，数百万美元的赠款被用于研究女孩在教育方面的困境。

最近，作家们开始关注另一场教育领域的危机。克里斯蒂娜·霍夫·萨默斯（Christina Hoff Sommers，2000）写道，用于证明女孩危机的研究都是错误，有些数据甚至缺失了。她认为，在学校里吃亏的其实是男孩，而不是女孩。

根据作家格里·加里波第（Gerry Garibaldi，2006）的说法，在"女性化"的课堂上，男孩的参与度越来越低。通过电影、电视和说唱音乐，流行文化教导小男孩喜欢上学或者在学校表现良好都不够"酷"，要想有男子气概，就要摆脱拘束，反对权威（Wenzl，2007）。那些提出男孩危机的人认为，男孩有更高的辍学率，他们更有可能退学和陷入麻烦，他们获得学士学位或硕士学位的可能性更低，在标准化阅读和写作测试中的平均分数较低。

---

① 译者注：该书目前已有中译本，（美）皮福．复活的奥菲莉亚：挽救少女的自我 [M]．何吉贤，等，译．北京：作家出版社，1998.

那么，教育中的性别差距究竟是什么呢？米德在教育部门 2006 年的一份报告中（Mead，2006：1）指出，"真实的情况是，这并不是男孩退步的坏消息，而是女孩进步的好消息。"米德在这份报告中使用了美国国家教育进展评估（National Assessment of Educational Progress，NAEP）的数据，她提出，美国男孩比过去取得了更高的成绩，获得了更多的成就，但在某些方面，女孩提高得更快，这就让人觉得男孩好像"退步"了。数据似乎表明，年龄较小的男孩表现得相当好，但年龄较长的男孩在进入 12 年级后成绩开始下滑。米德认为，12 年级女孩的成绩也在下滑，这表明这个问题未必与性别有关。

在这场关于谁处于危机和谁更不利的争论中，两个非常重要的观点似乎被忽略了。首先，抛开辍学的男孩越来越多、上大学的可能性也越来越小的数据不谈，在各个教育水平上，女性的平均收入仍低于男性。此外，在商界、政界及其他职业领域，女性在高层职位的占比仍然很小，而且她们继续承担着大部分的家务工作。

其次，在每一项表明性别差距的统计数据中，社会阶层和种族之间的差距甚至更大。米德认为，考试成绩表明，穷人、黑人和西班牙裔男孩的成绩差距大概是性别差距的 2～5 倍。只关注性别的教育改革将会忽视这些种族和经济成就的差距。

共同核心的争议

我们在上一节没有提到的美国教育的另一个特点是，超过 14 000 个学区和 50 个州的课程缺乏标准化。已故的美国教师联合会前主席阿尔伯特·尚克（Albert Shanker）将美国与其他拥有共同课程的国家进行了比较："在美国，我们在课程设置上没有达成共识，而且在学生应该学什么、对其进行评估的知识以及我们期望老师知道什么之间几乎没有联系。"（1991：E7）自尚克 1991 年写下这篇文章以来，在保持地方控制的同时，美国一直在推动基于共同标准的教育。

不让一个孩子掉队 ①

2002 年，乔治·沃克·布什签署了**"不让一个孩子掉队"法案**。这项立法的目标是缩小那些困扰美国教育的差距，并让学校负责成败。例如，根据美国国家教育统计中心（National Center for Education Statistics，2017a）的数据，只有 33% 的美国 8 年级学生精通数学，只有 34% 的学生能够熟练阅读（数学成绩低于基础水平的学生比例为 29%，阅读方面为 24%）。与其他那些设有指定国家课程或高度明确的国家标准的工业化国家相比，美国学生的成绩排名几乎垫底。

---

① 译者注：国内学者谷贤林曾对"不让一个孩子掉队"法案以及"每个学生都成功"法案作出详细阐述，参见谷贤林."破解《每个学生都成功法案》的'成功密码'"[J].人民教育，2016（5）。

为了提高成绩，"不让一个孩子掉队"（NCLB）法案要求各州制定阅读、数学和科学方面的学校课程标准。各州、地区和学校负责确保所有孩子达到这些州制定的标准。一个全国性的评估系统每年对 3 ~ 8 年级的所有学生进行评估，以衡量学校"适度年度进步"。根据这些考试，各个学校被给予"达标"或"不达标"的等级。

虽然这项立法被誉为自 20 世纪 60 年代以来对公立学校最雄心勃勃的改革，但许多问题是显而易见的。首先，有 50 个州，而不是一个系统。每个州都可以设定自己的熟练水平的基准，有的设定得高，有的设定得低。由于联邦政府奖励那些达到标准的人，制定高标准的州反而会受到惩罚，制定低标准的州则会得到不公平的奖励。托马斯·B. 福特汉姆研究院的研究员在 2007 年的一份报告《关于熟练水平的错误观念》（*The Proficiency Illusion*）（Cronin et al.，2007）中对"不让一个孩子掉队"进行了细致的研究。在综合评估中，他们发现：

- 各州考试的难度差异很大，科罗拉多州、威斯康星州和密歇根州在阅读和数学方面的熟练标准最低。
- 各州考试通过率的提高在很大程度上可以解释为这些考试的难度下降，而不是学生的学习能力真正有所提高。
- 8 年级的考试始终比低年级的考试难度大得多。许多州在小学设置的标准要低得多，这给家长和老师造成了学生表现良好的错误印象。

"不让一个孩子掉队"的批评者认为，在一个州内，没有试图解决贫富地区之间的资金不平等问题，这延续了成绩差距、贫困学校的长期资金不足或儿童贫困等问题（Metcalf，2002）。

2015 年 12 月，参议院投票结束了"不让一个孩子掉队"法案，取而代之的是"每个学生都成功"法案（The Every Student Succeeds Act）。这项法案由前总统奥巴马签署，它取消了问责制，不再惩罚那些不达标（没有足够的学生精通阅读和数学）的州。随着联邦控制的放松，各州被允许创建自己的评估系统，但仍被要求测试 3 ~ 8 年级的学生，并且在高中至少测试一次（Camera，2015）。

共同核心

在美国，缺乏统一的全国性课程存在几个负面影响。首先，因为各州都能提高或降低其标准，因此在培养学生方面存在很大差异。其次，因为家庭平均每 5 年搬家一次，所以每年都有大量的孩子发现新学校的要求与他们以前的学校不同。最后，许多美国学生毕业时不仅没有具备在信息经济中竞争所需的技能，而且对于全球经济中的竞争，他们似乎也并未做好准备。

为了推动统一的全国课程，全美州长协会最佳实践中心与其他机构联合成立了"共同核心州立标准倡议"，该倡议旨在为所有州制定国际基准，以便所有学生都能在全球化市场上具备竞争力。联邦政府没有参与标准的制定；这纯粹是一个由各州发起的倡议。全美各地的家长、教师、学校管理人员和专家制定了这套"共同（核心）标准"，截至 2017 年 1 月，已有 42 个州和哥伦比亚特区自愿采用这套标准。

虽然这似乎是朝着正确的方向迈出的一步，但"共同核心"却极具争议，人们形成了抗议这套标准的团体，并要求州立法机构废除"共同核心"，如图 14-2 所示。根据 2014 年两项备受瞩目的民意调查，60% 的受访者反对"共同核心"标准；许多人认为，这些标准限制了教师的灵活性，使他们无法教授自己认为对学生最合适的知识（Camera，2014）。反对"共同核心"的组织（如右翼组织"自由工作"）认为，"共同核心"剥夺了父母的控制权，他们将不再对孩子的教育有发言权。他们认为，"一刀切"的教育政策对学生不利（Borowski，2013）。

图 14-2　2015 年，父母及其孩子们联合起来反对共同核心测试
资料来源: Ethel Wolvovitz/Alamy Stock Photo

"共同核心"的支持者则认为，各州已经"降低了标准"，"共同核心"将对所有学生有更高的期望，这恰恰是美国所需要的（Resmovits，2014）。与"共同核心"的流行的谬论相反，学校系统和教师可以自行选择教学材料；他们只需要依照核心规定的年级水平，教学生们所应该知道的知识即可。"共同核心"的最终目标是培养更高效的教师，并提高美国学生在国际上的竞争力。

教育与不平等

许多人认为，教育是美国社会伟大的均衡器，通过教育，弱势群体获得向上流动的机会。例如，图 14-3 中的数据显示，受教育程度越高，收入就越高。但这些数据并没有以任何方式证明教育实现机会平等。它们清楚地表明，拥有高等学历的非裔和西班牙裔美国人获得的经济回报低于拥有高等学历的白人和亚裔美国人。

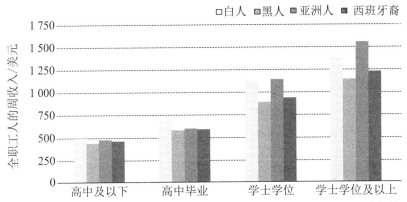

图 14-3　2014 年按种族与教育划分的全职工人（25 岁及以上）周收入中位数

资 料 来 源: Bureau of Labor Statistics, 2015. https://www.bls.gov/opub/ted/2015/median-weekly-earnings-by-education-gender-race-and- ethnicity-in-2014.htm.

　　如第 10 章所述，女性在每个教育层次的收入都低于男性，如表 14-1 所示。事实上，表格第 4 列显示，男女收入差距实际上随着教育水平的提高而增加。这些由种族和性别造成的差异反映了社会歧视，而不只是校园歧视。不过本节特别关注的是学校是如何助长阶级和种族不平等的。

表 14-1　2016 年按性别与受教育程度划分的全职工人（25 岁及以上）收入中位数　　美元

	女性	男性	年均差
高中及以下	15 831	24 644	8 813
高中毕业	22 571	34 010	11 439
学士学位	42 154	62 242	20 088
硕士或专业学位	56 859	85 127	28 268

资料来源: U. S. Bureau of the Census, 2017.

　　教育成绩与社会经济背景有关，这方面的证据十分明确且无可辩驳。我们把种族 / 民族与经济地位放在一起，因为它们是高度相关的。

- 2015 年，就 8 年级学生的数学平均成绩而言，享受免费午餐的学生比不享受免费午餐的学生低 28 分。事实上，42% 的贫困学生的得分低于基本能力水平，相比之下，没有资格享受学校免费午餐的学生此项的占比仅为 16%（National Center for Education Statistics，2017a）。
- 2013 年，就 4 年级的学生而言，有 83% 的黑人学生和 81% 的西班牙裔学生的阅读水平无法达到年级水平（Children's Defense Fund，2014）。
- 对 4 年级和 8 年级学生进行的评估测试显示，2005—2015 年，就阅读成绩和数学成绩而言，重度贫困学校的学生的年度平均成绩均低于低度贫困学校的学生（National Center for Education Statistics，2017a）。
- 在阅读、写作和数学方面，少数族裔学生和白人学生之间的成绩差距依然存在。

表 14-2 表明了 2015 年 8 年级学生数学成绩的差异。除了亚裔学生外，少数族裔学生在进入高中时，数学水平更有可能低于基本水平。在表 14-2 中，值得注意的是，8 年级的亚裔学生更有可能在数学上达到高级水平。想要获得更深入的了解，请参阅多样化专栏"关于'虎妈'的争议"。

表 14-2　2015 年 8 年级学生的数学能力（按种族/民族划分）

	低于基本水平	处于基本水平及以上	达到熟练水平及以上	处于领先水平
白人	18	82	43	11
黑人	52	48	13	2
西班牙裔	40	60	19	3
亚裔	13	87	59	25
美洲印第安人或阿拉斯加原住民	43	57	29	3

资料来源：National Center for Education Statistics, U. S. Department of Education, 2017，"The Condition of Education, 2015".

多样性

关于"虎妈"的争议

2011 年 1 月 11 日，耶鲁大学教授蔡美儿（Amy Chua）出版了一本著作——《虎妈战歌》（*Battle Hymn of the Tiger Mother*）[①]，这是一本滑稽的回忆录，讲述了她如何尝试以其严厉的中国移民父母的抚养方式来管教自己的两个女儿，但当遭到小女儿反抗时，她不得已做出了让步。这本著作引发了一场激烈的争论，蔡美儿不得不在各种脱口秀节目中为自己严格的教育方式辩护。以下是该书第一章的节选，那是在她"被 13 岁的孩子所折服"之前：

许许多多的美国人都想知道，中国父母是如何培养出如此成功的孩子的。他们想知道中国父母是如何培养出这么多数学天才和音乐神童的；这些家庭内部到底是什么样；他们能不能复制中国父母的成功。好吧，让我来揭开这个谜底，因为我就是一个这样的中国妈妈。下面是一些我从来就不允许女儿索菲娅和路易莎涉足的事情：

- 在外面过夜
- 参加玩伴聚会
- 在学校里卖弄琴艺
- 抱怨不能在学校演奏
- 选择自己喜欢的课外活动

---

① 译者注：该著作及其中译本（初版）已于 2011 年 1 月同时面市，中译本于 2019 年再版。本书在参照 2019 年中译本的基础上，重新进行了整理。详见蔡美儿.虎妈战歌 [M].北京：中信出版社，2019.

- 任何一门功课的学习成绩低于"A"
- 在体育和文艺方面拔尖，其他科目成绩平平
- 演奏其他乐器而不是钢琴或小提琴
- 在某一天没有练习弹钢琴或拉小提琴

我总是宽泛地看待"中国妈妈"这个称谓。我还认识一些来自韩国、印度、牙买加、爱尔兰和加纳的父母，他们也完全拥有中国父母的品质。相反，我所认识的一些出生在西方国家但有着中国血统的妈妈，她们自觉或不自觉地，却并没有成为真正的"中国妈妈"。我也宽泛地使用"西方父母"这个称谓。西方父母们林林总总、风格各异。

尽管西方父母认为他们对孩子的要求已经足够严格，但他们严格的尺度通常很难接近中国妈妈的标准。例如，我的西方朋友们要求孩子弹奏乐器，每天半小时，最多一小时，他们认为这已经严厉有加了。然而，对中国妈妈来说，第一个小时是轻松愉快的热身，不停地弹上两三个小时才具有一定的难度。

尽管我们对老生常谈的文化差异已提不起兴趣，但在养育孩子方面，的确有无数研究证实了中西文化之间存在显著而可量化的差异。一份对 50 位西方妈妈和 48 位中国妈妈的调查研究显示，近 70% 的西方母亲认为，"强调学业成功的做法对孩子们没有好处"，"父母应本着让学习变得生动有趣的思路来培养孩子"。与此相反，没有一个中国妈妈赞成这样的想法。大多数的中国妈妈确信他们的孩子可以在学校里出类拔萃，她们认为"孩子的学习成绩优异反映了家长教子有方"；如果孩子不能在学校里如鱼得水，那就"有问题"了，就说明做父母的"严重失职"。此外，还有一些研究发现，中国父母每天督促孩子进行学习的时间大约是西方父母的 10 倍，而西方的孩子，则更热衷于参加学校运动队。

资料来源： Chua, Amy. 2011. "Why Chinese Mothers Are Superior," Wall Street Journal（January 8）. http://online.wsj.com/article/sb10001424052748704111504576059713528698754.html?keywords=chinese+mothers.

- 在毕业率及大多数其他衡量学生表现的指标上，非裔、拉丁裔和美国土著学生都落后于同龄的白种人。西班牙裔男生的辍学率最高。美国国家教育进展评估（NAEP）将**状态辍学率**[①]定义为 16～24 岁未入学且未获得高中文凭或同等学力的年轻人的百分比（见图 14-4 和图 14-5）。索恩伯勒称："就像吸烟有害身体健康一样，当今高中辍学的情况对社会是不利的，它预示着一系列的不良后果，从低终身收入到高监禁率，再到你的孩子很有可能也会从高中辍学，从而开始一个恶性循环。"（Thornburgh，2006：32）

---

① 译者注，关于美国发布 2019 年高中辍学率和毕业率的趋势报告，可参见 http://untec.shnu.edu.cn/ea/99/c26039a715417/page.psp.

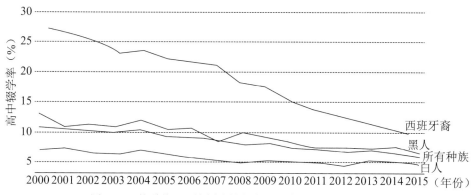

图 14-4　按种族 / 民族划分的状态辍学率（2000—2015 年）

资料来源：National Center for Education Statistics，2017.http：//nces.ed.gov/fastfacts/display.asp? id=16.

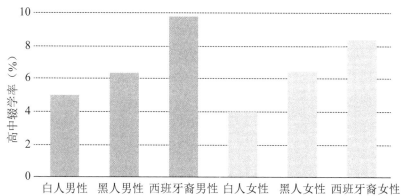

图 14-5　按种族 / 民族和性别划分的状态辍学率（2000—2015 年）

资料来源：作者根据美国国家教育统计中心（National Center for Education Statistics）2017 年的数据制成，https：//nces.ed.gov/programs/digest/d16/tables/dt16_219.70.asp? current=yes.

在美国，几乎每一所学校和每一个地区都能发现各个社会阶层和种族之间在学习成绩上的差距。从表面上看，这些模式强化了社会达尔文主义的假设，即富人成功是因为他们聪明，反之，穷人和少数族裔之所以处于社会底层是因为他们不具备成功所必需的能力。同样，人们普遍认为，功能失调的家庭、缺乏动力的学生以及贫困文化可以解释学习成绩的差距。与之相反，我们认为，针对为什么穷人和少数族裔在我们所谓的功绩主义的教育制度中处于不利地位这个问题，结构性因素给出了解释。实际上，教育制度对中产阶级和上层阶级的孩子有利，而对贫困家庭的孩子不利。

许多相关因素解释了为什么美国的教育制度往往会加剧社会经济地位的差异。我们将在下面几节予以介绍。

资助公共教育

大约有 5 000 万名美国儿童就读于公立学校。每个州的公立学校都有三个政府层面的资金来源——大约 8% 来自联邦政府、47% 来自州政府（取决于每个州内的分配）、45% 来自州内各地区的地方税（U. S. Bureau of the Census，2017），但各州数额不同。结果，在美国，各所学校得到的资助是不平等的，而公立学校的教育效果迥异：在中产阶层社区成效显著，而在贫困社区往往表现不佳。

教育机会平等（至少以平等的资助来衡量）并未在全美范围内实现，因为富裕的州比贫穷的州投在每个学生身上的费用要高得多。例如，支出最高的州对学生的人均投资额是支出最低的州的 3 倍多。联邦政府只为公立学校提供了大约 8% 的资金，而只要州和地方政府是教育资助的主要提供者，各州的平等就不可能实现，因为二者在财富及对公共教育的投入方面存在差异。学生人均支出最高和最低的州如图 14-6 所示。

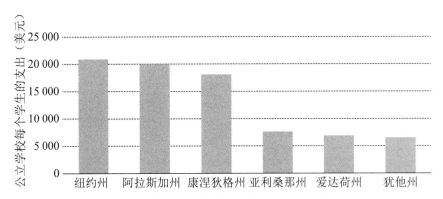

图 14-6　2015 年公立学校学生人均支出最高和最低的州

注： 哥伦比亚特区也以 19 396 美元的支出位列前茅。

资料来源： 美国人口普查局（U. S. Bureau of the Census），公共教育财政部（Public Education Finances），2015年 .https://www.census.gov/content/dam/Census/library/publications/2017/econ/g15-aspef.pdf.

在一个州内，学生人均支出差距也很大，这在很大程度上是因为公立学校的资金主要来自地方财产税的传统。这一做法具有歧视性，因为富裕学区在每个学生身上的投入要比贫困学区多，而且税率更低。因此，郊区的学生比市中心贫困区的学生更有优势，有企业入驻的地区比农业地区更有利，有自然资源的地区比资源稀少的地区的人能更好地抚养孩子。以下是一些相关的例子。

- 2014 年，在纽约州北部（全美学生人均支出最高的州），学生的人均支出从维克多学区的 12 772 美元到亨特坦纳斯维尔学区的 32 416 美元（托马斯，2014）。
- 2007—2008 年，伊利诺伊州新特里尔镇高中学区为每个学生投入了 21 137 美元，而法明顿中央社区单位学区只为每个学生投入了 6 728 美元，这反映了当地税基的巨大差异（New America Foundation，2009）。
- 在洛杉矶地区，位于中央谷的麦克基特里克学校为每个学生投入了 1.7 万美元，这是拉古纳海滩地区学校学生的两倍之多（Los Angeles Times，2003）。

根据凯里和罗莎（Carey and Rosa，2008：1）的说法，"各级政府（联邦、州和地方政府）的政策制定者把更多的资源投向原本就拥有更多资源的学生，而对资源更少的学生的投入则更少。随着资金在各级政府之间层层递进，各个学校的资金差距不断扩大，最终，在其他方面类似的学校之间产生了巨大的差异"。

许多法院对州内的不平等拨款提出了质疑，有几个州的制度被判违宪。为了应对法院的反对意见，人们提出了各种方案，但即使在更为进步的州，不平等现象仍然存在。这些解决财政资助不平等的进步计划遭到了富裕地区及其选民的反对，他们认为，税收就应该花在孩子们身上，而不是用于其他。

研究表明，低收入家庭的学生以及为他们服务的学校拥有的电脑和其他用品更少，教师的工资过低，缺乏教学经验，且每位老师负责的学生人数更多。此外，低收入家庭的学生更有可能就读于需要修缮和不够现代化的学校。

总之，对公共教育的资助本末倒置。那些最需要帮助的学校和学生得到的资助最少，而那些本就享有优势的学生得到的更多。菲拉多及其同事（Filardo et al.，2006）对1995—2004 年全美范围内的学校建设支出展开了研究，他们发现在数十亿美元的学校设施支出中，最不富裕的学区（也是那些少数族裔学生为主的学区）的人均投资最低，而最富裕的学区投资最多。此外，对于学校拨款，那些以低收入学生为主的学校更有可能将其用于基本维修，而富裕地区的学校则更有可能将其用于增设科学实验室、引入技术或其他新项目。正如美国前总统奥巴马所说："对于来自低收入家庭的学生来说，学校变得不那么破旧了；对于来自富裕家庭的学生来说，学校变得更加丰富多彩了……为了让所有学生都有所成就，就必须向所有学生提供充足的资源：能力卓越的教师、鼓舞人心的校领导以及丰富的课堂环境。"（Barack Obama，2006：1）

家庭经济资源

就 SAT 的平均分而言，家庭收入达到 20 万美元及以上的青少年比家庭收入在 2 万美元或以下的青少年高 388 分（Goldfarb，2014）。我们对此作何解释？原因之一是经济特权带来的好处。许多低收入父母（绝大多数是有色人种）没有医疗保险，负担不起产前护理费用，这增加了婴儿出生时体重过低的风险，这种情况可能会导致学习障碍。随着这些孩子年龄的增长，与来自比较富裕家庭的孩子相比，他们不太可能获得充足的营养、像样的医疗护理以及安全可靠的环境。与健康儿童相比，这些不足导致他们不那么警觉、缺乏好奇心，与环境有效互动的能力较差。

相比富裕家庭的孩子，低收入家庭的孩子更有可能上资源匮乏的学校，正如我们所看到的，这意味着他们不太可能获得丰富的教育经验。

同样，大多数低收入青年在所生活的社区几乎没有机会应用学习技能和培养新技能，因为这些技能要么是不可用的，要么是无法获得的。社区资源（图书馆、天文馆、夏令营、动物园、自然保护区和博物馆）的匮乏在夏季的几个月里尤具破坏性，这是孩子们在校表现最差（绝大多数都是贫困群体）的时期，他们的成绩下滑得最多。

富裕程度也会影响孩子们的在校时间，因为学校，即便是公立学校，都会花费不菲。这些花销包括学费（许多学区对参加音乐、体育和戏剧活动收取费用）、日常用品、膳食、交通费及其他教育费用。这些经济需求迫使来自低收入家庭的孩子早早地辍学去工作。来自中产阶级家庭的孩子不会受到经济困难的限制，往往在校时间更长，从长远来看，这意味着有更好的工作和更丰厚的收入。

富裕阶层还会为子女提供教育上的有利条件，如家庭电脑；在国内外的旅行经历；参观动物园、图书馆，参与各种文化活动；参加夏令营，磨炼自身技能，丰富参与活动的经历，如体育、音乐、写作和计算机等。富裕家庭的另一个有利条件是他们可以聘请家教，帮助学习有困难的孩子，或把好学生培养成出类拔萃的学生。

富裕家庭的父母也可以利用特权为孩子获得其他好处。例如，除了花钱让孩子参加 SAT 预备课程，他们还会拿到心理学家或医生关于其孩子患有学习障碍的医学诊断，这样孩子们就能获得额外的时间来完成诸如 SAT 这类考试。

富人经常把孩子送到私立学校。他们这样做有几个理由。有些人是出于宗教原因。一些人这样选择是因为私立学校与公立学校不同，它们在招生方面有选择性。这样一来，父母就能确保自己的孩子将会与跟其种族和社会阶级相似的孩子互动。同样，私立学校比公立学校更容易赶走"问题学生"（那些存在行为问题和成绩不佳的学生），从而提供一个更有利于提高学习成绩的教育环境。上私立学校的最后一个原因是，最顶尖的私立学校会提供高要求的教育以及进入顶尖大学的机会，这可能会让学生进入专业和企业职业领域的高层职位。

上述论点表明，家庭的经济资源与孩子在教育上的成功有关。从考试成绩到辍学率，有些学生比其他人更有优势。

高等教育与分层

获得大学学位是日后成功的最重要途径。由于工作的回报和报酬与毕业院校的声望直接相关，所以大学在维持社会分层结构方面发挥着重要作用。从那些没有接受过大学教育的人到那些就读于私立名校的人，每个阶层都有不同的生活机会。

那些上不起大学的人处于等级制度的最底层。虽然没有大学学位也有可能获得经济上的成功，但对大多数人来说，没有受过大学教育意味着一辈子从事低收入、低流动性的工作。上大学的学费很高，而且越来越高。就每年上大学的总费用而言，2016—2017 年，四年制私立大学（学费、杂费、食宿费）平均为 50 900 美元，而四年制公立大学州外为 40 940 美元，州内为 25 290 美元（College Board，2017）。高昂的学费，加之奖学金削减，既限制了有能力的穷人上大学，也让越来越多的工薪阶层和中下阶级的孩子上不起大学。

这种支付得起大学学费的能力从两个方面强化了阶级制度。一方面，由于缺少资金，一些学生无法上大学，而对于那些上大学的人来说，钱能够形成阶层。最贫穷的人，即使是那些有才华的人，也最有可能上的是花销最少的社区大学：他们强调技术职业，因此限制了后续获得成功（美国约 42% 的大学生就读于社区大学）。拥有更多资源的学生更有可能进入公立大学。另一方面，那些有大量资金支持的人最有可能进入私立精英名校，如图 14-7 所示。值得注意的是，尽管能力是一个重要的变量，但将大学生置于这个分层体系的是金钱而非能力。来自富裕家庭的子女在进入精英大学时也有优势，因为录取标准有利于校友的子女和大学筹款活动主要捐款人的子女。

图 14-7 从那些没有接受过大学教育的人到就读于私立精英大学（如哈佛）的人，每个阶层都有不同的生活机会
资料来源：Bastos/Fotolia

种族隔离

60 多年前，具有历史意义的布朗诉教育委员会案（Brown v. Board of Education）推动取消学校种族隔离，研究表明，如今美国学校越来越多地按照社会阶层和种族、所在社区以及学校内部的能力分组进行隔离。学校设在社会经济地位相对同质的社区。种族和经济隔离现象在小学尤为普遍，在中学程度较低，但仍有延续。各大院校里挤满了中上阶层的"客户"。因此，在各个阶段，孩子们倾向于与自己社会经济地位、种族相似的人一起上学。美国政府问责局（the U. S. Government Accountability Office，GAO）的一项研究发现，75% 及以上的学生是同一种族或阶层的公立学校的比例增加了，2000—2014 年增加了一倍多。该研究还发现，那些严重贫困和 / 或主要由黑人或西班牙裔学生组成的学校开设的数学、科学和大学预科课程更少，而学生被停学或开除的比例更高（Toppo，2016）。那些生活在纽约的拉丁裔学生常常就读于 80% 的学生是非白人的学校。这些数字在拉丁裔人口整体激增的西部也是一样的。简而言之，消除种族隔离的进程在 20 世纪 80 年代末达到顶峰，但由于全美各地种族隔离的社区和学区对融合政策的挑战，这一进程多年来一直在倒退。

路易斯维尔和西雅图的两个案例说明了整合所面临的挑战。在这两个例子中，官员们都在努力确保公立学校的学生群体能反映其所在城市的种族构成。基于多样化的环境最有助于学习的理念，学生被按种族分配到从幼儿园到 12 年级的（一站式）公立学校。白人父母在法庭上对这些政策提出质疑，乔治·沃克·布什政府站出来支持这些反对者，称这种带有种族意识的招生政策违反了宪法（Lane，2006）。

在大学层面，一些大学通过带有种族意识的招生方式来解决种族隔离问题。例如，在密歇根大学，招生委员会使用了一个分数指标，学生需要 100 分才能被该大学录取。在 2003 年以前，代表性不足的少数族裔入学可自动获得 20 分加分。2003 年，最高法院的一项裁决（格拉茨特诉布林格案①）（Gratz V. Bollinger）认为这一制度违反宪法，而且过于接近配额（种族）制度。然而，与此同时，最高法院的另一项裁决（格鲁特诉布林格案②）（Grutter V. Bollinger）支持大学在录取过程中考虑种族问题，但少数族裔不能获得固定的额外分数。这个裁决受到了公众的抨击。2006 年，密歇根州居民以压倒性的票数支持该州禁止在公共合同、就业和教育方面基于肤色或性别给予优待（Brown，2006）。2014 年，美国最高法院支持禁止在公立大学招生中采用平权法案（Woodhouse，2014）。

分轨与教师期望

1954 年，最高法院宣布实行种族隔离的学校是违宪的。正如我们所见，许多学校仍然至少在一定程度上按照社会阶层和种族实施隔离，因为就学校招收的学生而言，他们所居住地区的阶层和种族几乎是同质的。学校内部的分轨制度进一步强化了种族隔离。**分轨**是根据学生的智力，将其分到不同的班级或课程轨道（例如，将一小群成绩优异的学生分到单独的"尖子班"或"荣誉班"）。该决定既是基于成绩和教师的判断，但也基于标准化考试。结果，来自低收入和少数族裔家庭的孩子往往被排除在进阶的轨道之外，而来自富裕家庭的孩子则不成比例地被选进中上层轨道。

分轨的基本原理是，使学生的需求和能力更好地与课程的要求和机会相匹配。后进生不会拖累先进生，而且如果学生的能力相对一致，那么教师就可以更有效地根据课堂水平调整教学。当不同能力的学生（从资优生到学习有困难的学生）提出的各种问题变成学生群体共有的相同或相似的问题时，这些问题就很好解决了。这些论点很有说服力。

虽然可能真的有这些好处，但分轨可能会招致严厉的批评。首先，处于低级轨道的学生被阻止发挥自身潜力。他们往往被给予重复而低级的工作，这强化了他们和处于较高轨道上的学生之间的差距。

其次，处于较高轨道上的学生会产生优越感，而处于较低轨道的学生倾向于自认低人一等。早在二年级的时候，学生们就知道自己在聪明—愚蠢这个连续统上处于什么位置，而这些认识深刻地影响着他们的自尊。这些心理创伤可能会产生毁灭性的影响。

最后，处于低级轨道的学生被分轨引向失败。负面标签、教师期望低和教育资源匮乏都导致被分配到最低轨道上的学生失败的概率很高。鉴于所有这些负面影响，有纪律问题或最终辍学的学生大多来自低级轨道的现象，也就不足为奇了。

这种分轨制度的负面影响是巨大的。这项制度阻碍了那些被贴上负面标签的学生获得

---

① 译者注：在格拉茨特诉布林格案中，最高法院认为密歇根大学以分数为标准的招生制度中，为少数族裔加分的做法违反了平权法案。

② 译者注：在格鲁特诉布林格案中，联邦最高法院支持并维持了密歇根大学法学院的招生政策，同意该校把种族作为确定录取学生的若干考虑因素之一。

成功，主要原因有三个：自我实现预言；关于教育的未来回报的信念；消极的学生亚文化的产生。

（1）**自我实现预言**。**自我实现预言**是指某一事件被预测后，人们会改变自己的行为以符合预测，从而导致该事件发生。相对于被分配到其他轨道的学生而言，如果被安排在大学预科或高级班的轨道上，学生可能会得到更好的指导，使用更好的设施，更竭尽全力。这个原因很明确：教师和管理人员对一个群体寄予厚望，而对另一个群体的期望则不那么高。而且这些期望也会得到满足，处于较高轨道上的人做得更好，而在较低轨道上的人则做得不好。这些行为恰恰证明了为那些处于更高轨道上的学生花费更多的时间、提供更多的师资和实验课程是合理的。

罗森塔尔和雅各布森（Rosenthal and Jacobson，1968）的一个经典而有争议的研究提供了一个例子。尽管这项研究因一些方法上的不足而受到批评，但其研究结果与人际影响理论和针对越轨行为的标签理论的观点是一致的。1964 年春天，旧金山一所小学的所有学生都接受了智商测试。翌年秋天，老师们拿到了被测试认定为有潜力取得学业成就的学生名单，其中 5 个人被分配到各个教室。事实上，这些学生是通过随机数字表选出的。实验组（那些被标记为成就者的人）和对照组（班上的其他学生）之间的唯一区别在于教师的期望。年底，所有的孩子再次接受测试，那些老师期望获得更大智力进步的孩子表现出了相应的进步（在智商和成绩上）。此外，他们的老师认为他们比对照组的孩子更有好奇心、更有趣、更快乐，也更可能获得成功。

这个例子的含义是明确而深刻的。教师的期望对学生的表现有着深刻的影响。当学生被高估时，他们往往会表现优异；而当他们被低估时，就会无法实现目标。分轨制度是一个影响教师（以及同学和家长）期望的标签化过程。这些期望的局限性在教育过程中是至关重要的。然而，如果教师有一个坚定不移的信念，相信他们的学生能够学习好，自我实现预言就可以朝着积极的方向发挥作用。与此相伴随的是，如果学生失败了，老师应负有责任，而不应由学生来负责。通过这种方式，自我实现预言可以为所有学生带来好处。

（2）**未来回报**。学校被认为与学生上大学有关。成绩是获得大学资格的一种手段。然而，对于不上大学的学生来说，学校和成绩对就业的重要性要小得多。他们最多只需要高中文凭，只要不退学，成绩并不重要。因此，不上大学的学生经常对学校、成绩和老师产生消极的态度。这反映在一份统计数据中，该数据显示，近 40% 的高中辍学学生来自社会收入最低的 25% 的家庭（National Center for Education Statistics，2017d）。

（3）**学生亚文化**。前文给出的理由表明，处于低轨道的学生的一种自然反应是在一种与学校对立的学生亚文化中联合起来。这种亚文化会很自然地发展出自己的奖励体系，因为他们无法获得学校的奖励。

这些因素（消极的自我实现预言、低未来回报和对立的学生亚文化）显示了分轨制度为何至少在一定程度上导致了处于较低轨道上的学生倾向于成绩差，缺乏动力，不参与学校活动，以及更容易违反校规和辍学。通过能力或毕业后的打算将学生区隔开来，对那些被贴上"低人一等"标签的学生是有害的。这是一种精英制度，在很大程度上，它接收精英的孩子，并教育他们成为社会精英。相反，非精英阶层的孩子则被训练去重复其父母的经历。

不可避免的结论就是，教育制度的不平等导致许多人在美国学校中失败。这一现象是学校的过错，而不是那些失败了的孩子的问题。关注这些受害者是为了转移人们对学校和更广泛的社会分层制度缺陷的注意力。

秩序与冲突视角下的教育

秩序论认为，学校对于维持社会整合至关重要。它们是个人与社会之间的重要联系，有意向青年灌输社会的价值观，并传授必要的技能以使其适应社会。最重要的是，学校对孩子们进行筛选和分类，以便他们能在社会分工中找到并接受自己的合适位置。

冲突论则强调，教育体系通过给予优势群体更大的成功概率（成绩、成就测试、智商测试、接受高等教育——所有这些在校外都能转化为经济和社会上的成功），强化了社会中现有的不平等。冲突论者也反对学校里的隐性课程，即学会遵守命令，保持安静，无论在什么情况下都要取悦权威人士。简而言之，学生们学会了适应与服从。这对社会以及那些将在大型科层制中生活的学生而言可能是有用的，但不利于个人诚信，也不利于对应该改变的情况采取行动。此外，一个建立在秩序、严格的时间表和授课方法上的教育制度是否为年轻人现在和将来的生活做好了充分的准备？批评者认为，隐性课程和当前的学校模式并没有让学生准备好获得 21 世纪全球经济所需的素质。

第 15 章
宗教

罗伯特·普特南（Robert D. Putnam）和大卫·坎贝尔（David E. Campbell）（2010）在一本宗教著作《美国恩典》（*American Grace*）中指出，在过去 50 年里美国的宗教格局已经被重塑。二战后，主流教会占据了主导地位，教会礼拜及其他形式的宗教仪式非常普遍。随后美国宗教经历了三次地震般的冲击：第一次冲击是 20 世纪 60 年代，伴随着宗教仪式的衰落，在性和毒品问题上持自由主义观点的叛逆时期；第二次冲击紧随动荡的 60 年代而来，即七八十年代以福音主义和宗教右翼兴起为特征的保守时期，值得注意的是，这是一种神学与政治的融合，"宗教"越来越多地与共和党联系在一起，在堕胎、同性婚姻和学校祈祷等争议性社会问题上持保守态度；第三次冲击是 20 世纪 90 年代以来，保守政治和狂热的宗教混杂在一起，以年轻人为中心的民众对此产生了消极反应，许多人放弃了有组织的宗教。

尽管有这些宗教动荡，普特南和坎贝尔写道：

> 在美国，任何关于宗教的讨论都必须以这样一个不争的事实开始，即美国人是一个高度笃信宗教的民族。人们可以在如何衡量宗教和宗教虔诚的问题上吹毛求疵，但无论以什么标准衡量，美国（作为一个整体）都是一个宗教国家。总的来说，美国人有很高的宗教归属感（belonging）、行为（behaving）和信仰（believing）——社会学家称之为宗教信仰的"3B"（Putnam and Campbell, 2010：7）。

本章强调了宗教在社会中的作用。我们首先从社会学的角度来看宗教，接着是美国宗教的鲜明特征。其次，我们转向宗教如何与其他系统，如社会阶级、种族、性别和性取向相交叉。最后，我们来看一下社会的宗教趋势和美国宗教的未来。

宗教研究

社会学家研究**宗教**是出于两个基本原因。首先，宗教是一种普遍存在的现象，对人类个人的行为有巨大的影响。宗教可能会影响我们约会和结婚的对象，我们如何抚养孩子，我们如何对待他人，以及我们对一些社会问题的态度和看法。

其次，社会学家研究宗教是因为宗教是更大的社会系统的一部分，受其他社会制度的影响，也影响其他社会制度，即家庭、经济、教育和政治的模式。因为宗教趋势可能是对社会根本变化的反映，而一些宗教思想可能以一种狭隘的方式限制社会行为，因此除非一个人理解那个社会的宗教，否则对任何社会的理解都是不完整的。

但是宗教究竟是什么呢？在这一范畴下的各种活动和信仰体系几乎是无限的。然而，有一些要素对于宗教而言是至关重要的，而且能够使我们将之与其他现象区分开来。宗教是一种社会建构，也就是说，它是由人创造的，是文化的一部分。

宗教是一套完整的观念，人们试图用它来解释生与死的意义。宗教也是一个规范的体系，它定义了不道德和罪恶，也定义了道德和正义。总而言之，**宗教**是一个有组织的信仰、仪式和规则体系，用来崇拜一个神或众神。以下是对其中一些说法的进一步说明。

- 宗教涉及人类的终极关切——生与死的意义。它为个人在社会和宇宙中的位置提供了答案。

- 它强调了人类的行为。一个人应该做什么以及不当行为的后果。这种行为限制是一个重要的社会控制机制。

- 神圣与世俗之间是有区别的。一些对象和实体被认为具有超自然的力量，因此要以尊重、虔诚和敬畏之心对待。什么是神圣的，什么不是，都是信仰的问题。神圣物品的范围是无限的，它们可能是物体（神像、祭坛或护身符）、动物或动物图腾、自然界的一部分（太阳、月亮、山脉、火山或河流）、超自然的存在（神、天使、魔鬼）或人（活着的或死去的，如先知、弥赛亚或圣徒）。

- 神圣是令人敬畏的，一些信仰（神学和宇宙论）可以表达和加强信徒对神圣的正确态度。这套信念试图解释生命的意义。

- **仪式**包括加强了对团体共同意义的集体记忆的象征性行动（如游行、圣礼、蜡烛、念诵和吟唱）。因此，仪式唤起了信徒之间的共同理解（敬畏、虔诚、狂喜和恐惧），从而促进了群体的团结。

- 宗教的一个重要组成部分是信徒群体。必须有一个有共同信仰和实践、道德价值观和集体观念的社会团体（一个独特的身份）。

一群人拥有相同的宗教传统和信仰的一个重要后果就是团结。所有的信徒，不论地位高低、不论老少，都因共同的宗教信仰而团结在一起（见图15-1）。因此，宗教通过对共同价值的珍视、对罪孽的规避、对规则的遵守和对象征的崇敬进行整合。群体团结也是通过一种普遍的感受才得以实现的，即上帝或众神尤其眷顾这个特定的群体（"上帝站在我们一边"的种族中心主义观念）。

宗教的另一个后果是它约束了信徒群体的行为，从而发挥了一种社会控制的功能。这可以通过两种方式实现。第一，有明确的规则要遵守，如果违反，就会受到惩罚。第二，在社会化的过程中，儿童内化了宗教信仰和规则。换句话说，他们每个人都形成了一种良知，这种良知通过内疚和恐惧使他们遵守规则。

宗教的最后一个后果是宗教信仰与世俗信仰相互交织的趋势，从而为社会的价值观和制度提供宗教支持——例如，宗教与体育的相互交织，或者如我们将要讨论的，宗教与政治的交织。历史上，教会支持过许多世俗活动。早期移民的清教徒教会宽恕了猎巫。大多数基督教团体都认为印第安人是异教徒，所以被打败也是合理的。此外，大多数宗教派别都在为奴隶制在《圣经》上寻求合理解释。

图 15-1　宗教仪式唤起了信徒之间的共同理解，从而导致了群体的团结和一致

资料来源：Marmaduke St. John/Alamy Stock Photo

　　促进群体融合的宗教基础也存在分歧。宗教团体倾向于强调分离性和优越性，从而将他人定义为低等人（异教徒、未开化的人、离经叛道者或无信仰者）。现存的宗教派别大约有 1 万个——每个教派都有自己的宇宙论，对生与死的意义也都有自己的答案。大多数宗教派别都会断言，其他派别不仅是完全错误的，而且为邪恶所利用（Krakauer，2003：338）。这是因为每个宗教团体都倾向于认为自己有办法（而且通常是唯一的办法）实现救赎，或达到涅槃的境界，或实现任何目标。

　　宗教差异突出了社会之间、教派之间，甚至地方教会之间的差异。因为宗教团体有优越感，所以它们之间可能会因为歧视、争夺皈依者或仇恨感而产生冲突。此外，由于各个团体的宗教观念强烈，因此它们之间可能会出现分裂而不是妥协。自由主义者和原教旨主义者，即使是在同一宗教、教派或地方教会内，无疑也会在许多问题上存在分歧。当然，一个共同的结果便是分裂。

　　宗教的一个主要分裂特征是，它倾向于通过已建立的教会来接受国家的行为。在教会内部，总有人公开反对教会与世俗的共存。无论多么繁重，教会使国家活动合理化的能力已经分裂了许多教会和教派。例如，奴隶制问题将浸信会教徒分为美国浸信会教徒和南方浸信会教徒。1995 年，也就是在对黑人地位提升充满敌意的 150 年后，由约 4 万会众组成的南方浸信会为其偏见的历史公开道歉（Salmon，2008）。

　　冲突本身可以发生在宗教团体之间（通过各个宗教的制裁）。发生在阿富汗、叙利亚、伊拉克、黎巴嫩、巴勒斯坦、爱尔兰、南苏丹、尼日利亚、菲律宾、印度尼西亚和波斯尼亚的事件为这一论断提供了血淋淋的证据。在美国，宗教冲突也在不同时期发生过。天主教徒和新教徒之间、基督教徒和穆斯林之间、穆斯林各教派之间、穆斯林和犹太人之间、新教徒和犹太人之间的冲突相当普遍。显然，宗教价值观是个人和团体发生冲突的充分理由。

埃米尔·涂尔干的秩序视角下的宗教

法国社会学家涂尔干（Durkheim，1965）1912 年写作了《宗教生活的基本形式》[①]一书。这部经典著作探讨了为什么宗教在人类社会中普遍存在。他推断，宗教必须有助于维持社会。涂尔干研究了澳大利亚土著居民的宗教信仰，以了解宗教在社会生存中可能发挥的作用。

涂尔干发现，每个土著部落都有自己的图腾，即一件被人们视为神圣的物品。这个图腾（袋鼠、蜥蜴、树、河流或岩石）是神圣的，因为氏族认为它象征着氏族的独特品质。在这方面，涂尔干的两种解释非常重要：①人们把神圣的概念赋予某物，而不是该物本质上是神圣的；②群体真正崇拜的其实是社会本身。因此，人们创造宗教。因为社会成员有着共同的宗教信仰，所以他们是一个道德共同体，这样就会增强社会团结。

社会是通过宗教仪式和节日维系在一起的，在这些仪式和节日中，群体的价值观和信仰得到了重申。每一代人都通过社会化接受这些信念，以确保人们对是非对错达成共识。因此，无论是在前工业化时期的澳大利亚原住民、中东的穆斯林、亚洲的佛教徒，还是北美的基督徒之中，宗教都具有促进秩序和团结的功能。简而言之，当人们聚在一起确认共同的信念和价值观时，他们就被捆绑在一个道德共同体之中了。

卡尔·马克思的冲突视角下的宗教

涂尔干认为通过宗教实现的团结是积极的，而马克思则认为这是消极的。宗教通过使现有的社会安排看起来是正确的且不可避免的方式来抑制社会变革。社会中经济的主导形式、政府的类型、法律及其他社会创造都得到了宗教的认可。因此，这个体系保持稳定，秩序论者将之视为好的，而它或许应该被改造以满足所有人的需求。

宗教还会以其他方式维护现状。无权者被教导接受与其自身利益相悖的宗教信仰。例如，印度教认为，接受自己的种姓是每个人的责任。如果不这样做，就将转世到一个更低的种姓，甚至转世为一个动物。

> 印度教中有一个（通过宗教使不平等合法化的）很好的例子，其中因果报应、佛法和轮回的概念结合起来解释了一代又一代持续的不平等，并对此加以证明。因果报应表明，一个人的现状是他前世行为的结果，而佛法是指每个种姓的职责和规范，轮回指的是生命的不断诞生和重生。换句话说，印度教的核心信仰免除了社会或其他人对社会不平等的责任。不平等是个人行为的结果（Hurst，2001：309-310）。

基督教宣称穷人应该接受他们今生的命运，因为他们会得到奖赏。正如《圣经》所说："谦卑人必承受地土（The meek shall inherit the earth）。"这句话实际上是说，不要坚持

---

① 译者注：该书目前已有中译本，（法）涂尔干 . 宗教生活的基本形式 [M]. 渠东，涉喆，译 . 上海：上海人民出版社，2006.

自己的主张，接受压迫，好事终究会发生。从这个角度来看，宗教将压迫和贫穷重新解释为一种特殊形式的正义。因此，宗教是促进**虚假意识**的终极工具。

马克斯·韦伯关于宗教与社会变革的看法

马克斯·韦伯从根本上不同意马克思的如下观点：①宗教是**人民的鸦片**，鼓励被压迫的人接受他们的命运，从而阻碍社会变革；②经济基础决定了意识形态。韦伯 1904 年的经典著作《新教伦理与资本主义精神》[①]从这两个方面反驳了马克思。韦伯证明了约翰·加尔文（1509—1564）的宗教信仰对资本主义在欧洲的兴起起着重要作用。加尔文主义的宿命论至关重要，因为从定义上讲，上帝知道一切，在人们出生之前，上帝就知道谁将进入天堂（选民），谁将被判下地狱。这种观点让信徒们感到不安，因为这意味着一个人的未来是被锁定的（注定的）。加尔文主义者强调经济上的成功是他们自己和他人获得上帝青睐的标志，并以此来缓解他们的焦虑。他们的理由是，上帝肯定会在今生和来世赏赐选民。这种信念导致加尔文主义者非常努力地工作，节俭地生活，积累储蓄，并将储蓄投资于更多的土地、设备和劳动力。因此，加尔文主义者的特殊宗教信仰有利于资本主义在欧洲以及随后在美洲殖民地的发展。在这种情况下，宗教意识形态导致了经济变革。

宗教意识形态也导致了其他方面的社会变革。马丁·路德·金以及南方基督教领袖委员会利用宗教激励追随者打破美国的种族隔离。在中美洲和南美洲，许多神父和修女及其追随者所信奉的解放神学激起了对拉丁美洲独裁统治的抗议。同样，天主教是东欧国家变革的一股力量（Hurst，2001：311）。

从这些角度你可以看到，社会学家认为宗教不是绝对的，而是一种对人类行为有巨大影响的制度。无论个人的宗教信仰如何，都必须能够客观地研究宗教，并分析其对社会的积极的和消极的影响。

宗教在世界各地的影响

在世界范围内，大约 80% 的人认同某个宗教团体（以下统计数据来自皮尤研究中心，2017b）。世界第一大宗教是基督教，约有 23 亿信徒，如图 15-2 所示。基督教起源于追随者对拿撒勒人耶稣的崇拜，其真理的来源是《圣经》。

世界第二大宗教是伊斯兰教，约有 18 亿信徒。在全球增长最快的 10 个国家中，有 8 个国家以伊斯兰教为主，穆斯林预计将成为增长最快的主要宗教群体。伊斯兰教是真主（Allah）向真主的使者穆罕默德（生于公元 570 年）所启示的话语，他是《古兰经》（Qur'an）的作者。伊斯兰教的根源可以追溯到亚伯拉罕（正如基督教和犹太教的根源一样）。虽然伊斯兰教无处不在，但主要集中在中东的阿拉伯国家、北非和印度尼西亚。

---

① 译者注：该书目前已有中译本，（德）韦伯：新教伦理与资本主义精神 [M]. 赵勇，译 . 西安：陕西人民出版社，2009。

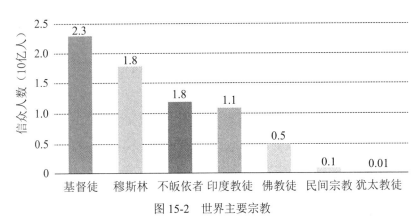

图 15-2　世界主要宗教

资料来源：Pew Research Center: 2017."不断变化的全球宗教图景"（April 5）.
http://www.pewforum.org/2017/04/05/the-changing-global-religious-landscap.

印度教是世界上最古老的宗教之一，有 4 500 多年的历史。它是世界第三大宗教，拥有 11 亿信徒。印度教不同于基督教、伊斯兰教和犹太教，因为它是多神论的（许多神，没有一个至高无上的存在），它没有唯一的神圣经文，而是拥有诸多经文。此外，与基督教和伊斯兰教不同，印度教徒不会使用**劝诱改宗**或使用武力来增加信徒。印度教的发展主要得益于其主要所在地印度的高出生率。巴基斯坦、非洲南部和印度尼西亚也存在印度教。

佛教拥有 5 亿信徒，他们主要分布在亚洲，其中大部分在泰国、柬埔寨、日本和缅甸。"佛陀"悉达多·乔达摩（Burma）生于公元前 563 年。他所传达的信息是，一个人如果过着严格规定的冥想生活，举止得当，那么他就可以达到开悟，即人类意识的最高水平。佛教不承认某位神或众神，因为每个人都有虔敬的潜力。

犹太教始于大约 4 000 年前上帝与亚伯拉罕的盟约，上帝赋予了亚伯拉罕及其后代对现在的巴勒斯坦的专有权，并认为犹太人是"上帝的选民"。在旧约时代经历了无数的战争和奴役之后，犹太人在公元 1 世纪散居在世界各地，无论他们定居何处，都会遭到偏见和迫害。全世界只有 1 420 万犹太人，其中大约 600 万居住在美国。

这些对世界主要宗教的简短描述掩盖了每个宗教内部宗教表达的多样性（例如，基督教在 11 世纪分裂为东正教和罗马天主教会，然后在 16 世纪宗教改革运动中再次分裂）。

宗教的全球影响

每一种宗教都是其追随者之间团结的强大源泉，也是宗教内部分裂的强大源泉（原教旨主义者和自由主义者，激进派和温和派，以及各种教派）。我们将重点关注这些宗教的全球影响。

- 通过传教活动，一个宗教的追随者前往不同的国家，试图使没有信仰的人皈依他们的宗教信仰（传教）。例如，1900 年，大约 9% 的非洲人口是基督徒。2000 年，这一比例上升到 46%，其中大部分是传教活动的结果（Jenkins，2002：55）。以耶稣基督末世圣徒教会（摩门教徒）的全球影响力为例，该宗教起源于美国，2000 年在美国有大约 510 万信徒。由于强烈的传教热情（年轻的摩门教徒会花 2 年时间进行传教活动），现在全世界有近 1 600 万摩门教徒和 30 000 多个教会。

- 历史上，一些宗教使用军事行动来改变非信徒的信仰（例如 16、17 世纪殖民扩张背后的推动力，部分来自传教士的热情，他们想要使这些非基督徒土地上的土著人皈依基督教）。

- 宗教意识形态是紧张局势、政局不稳定、恐怖主义和战争的根源之一。在当代，有很多这样的例子，如在印度和巴基斯坦的穆斯林对抗印度教徒，中东的穆斯林对抗犹太人，北爱尔兰的天主教徒对抗新教徒，巴尔干半岛信奉天主教和基督教的塞尔维亚人对抗波斯尼亚和科索沃的穆斯林，菲律宾的穆斯林游击队对抗天主教徒，印度尼西亚和尼日利亚的基督徒与穆斯林之间的冲突，斯里兰卡的印度教徒和佛教徒之间的冲突，中东的逊尼派和什叶派之间的冲突，以及穆斯林极端分子对世界各地的基督徒目标发动的恐怖袭击。

- 虽然有些国家的宗教是单一的（例如，沙特阿拉伯 99% 是穆斯林），但移民给其他国家带来了宗教多样性。例如，欧洲和美国都正在经历大量非基督教移民的涌入。这些移民信奉他们原籍国的宗教，建造教堂、清真寺或寺庙，而且经常把孩子送到宗教学校。

- 政府的政策有时会受到宗教意识形态的影响。例如，在联合国的投票经常分为伊斯兰国家和基督教国家。无论是共和党还是民主党执政，美国对以色列的政策始终是亲犹太人的。2017 年，特朗普总统宣布，美国将承认耶路撒冷为以色列的首都，并将大使馆迁往那里。联合国以压倒性投票谴责这一决定（128 个国家投票谴责）（Gaouette，2017）。

- 美国（及其他地方）的堕胎主张分为自由派和保守派，对一些人（如基督教右翼）而言，它带有强烈的宗教成分，这对政策出台有明显的影响。例如，2002 年，乔治·沃克·布什总统取消了美国对联合国人口基金的财政捐款，该基金为全世界贫穷妇女提供产前护理、家庭计划生育及其他生殖健康服务。同样，唐纳德·特朗普总统的竞选承诺之一是取消对计划生育协会的资助，因为该组织在提供其他生殖健康服务的同时还提供堕胎服务，不过截至 2018 年，这一承诺还没有兑现。宗教也影响着世界各地关于同性婚姻的政策，世界上只有 22% 的国家承认同性伴侣婚姻合法（Pew Research Center，2017c）。

这些只是几个例子，说明了宗教在全球范围内为数百万人提供团结和安慰的重要性，以及宗教团体内部及宗教团体之间的冲突和分裂。

美国宗教的鲜明特征

在前一节中，我们看到了宗教在全球的重要性。现在我们来看看美国宗教的显著特征。

宗教组织

从广义上讲，美国的宗教组织可以根据其世俗信仰分为两类——教会和教派。宗教团体可以选择是拒绝和退出世俗社会，还是适应世俗社会。决定拒绝社会环境的基础是保持精神和伦理的纯洁。根据定义，这种选择意味着退出世界，从而有意识地避免任何改变世界的机会。相反的选择，适应世俗社会就需要妥协和独特理想的丧失，但这也意味着宗教团体可以影响更大的社会。教会和教派之间的根本区别在于，是适应还是抵抗世俗世界。

教会作为一种理想类型（即最纯粹的形式），具有以下属性。

- 倾向于向更大的社会及其价值观和制度妥协。
- 倾向于包容，其成员标准相对宽松。
- 父母属于教会，他们的孩子倾向于获得成员资格。
- 此外，婴儿通过洗礼获得成员资格，这意味着所有成员都得到了拯救。
- 一种权威的等级制度，在其顶端的人要接受职业培训。
- 接受信仰的多样性，因为成员众多；对许多人来说，《圣经》是隐喻性的而不是字面上的解释。

一个完美形式的**教派**在各个方面都与教会完全相反。

- 从根本上退出并排斥世界。教派是一个道德共同体，它与世俗世界分离，并在许多方面敌视世俗世界。
- 只有皈依教派，才能成为其成员。因此，成员资格是排他性的、自愿的，并仅限于成年人。因此，成人洗礼是唯一被接受的洗礼形式。
- 组织是非正式的、无组织的。牧师没有受过训练。他们从团体中被调用为管理者。
- 信仰体系非常严格，强调教义的纯洁性。《圣经》是其来源，完全按字面解释。
- 有严格的道德要求，限制成员的某些行为，如饮酒和吸烟。

教会－教派的二分法并没有穷尽所有的可能性。一些宗教团体介于二者之间，被视为制度化的教派。这些团体（如摩门教徒、基督门徒和南方浸信会教徒）既有教会的特征（训练有素的领袖及对更大社会的适应）又有教派属性，包括成人洗礼，以及不愿在一些神学问题上作出妥协。

教会－教派的二分法说明了一个重要的社会学现象——组织的过程偏离了群体的原始目标。一个群体的形成可能是为了追求实现一个目标，比如宗教纯洁，但这样做会创建一个新的组织，这意味着该群体的一些精力将被用于维护组织。因此，一个教派的形成可能带有明显的意图，即消除等级制度和对信仰的编纂。然而，随着某些做法被发现更有效，行为模式就随之出现了。特别是，对牧师的选择趋于常规化，为儿童制定了一套宗教教育体系，使他们能够按照恰当的顺序学习教义内容。

因此，教派往往会变成教会，这可以通过每种类型的领袖来说明。一个教派通常是由一个卡里斯玛型的人物及其追随者组成的。这个人被追随是因为人们认为他具有非凡的领导能力、圣洁、预言天赋或治愈能力。

　　这样的组织在领袖离开后会发生什么？该组织会面临继任危机。团体通常会寻找方法来传递最初领袖的**卡里斯玛**（非凡的属性），这个过程被称为**卡里斯玛常规化**（组织试图将前任领袖的卡里斯玛传递给新领袖）。这是通过以下方式完成的：①由原卡里斯玛领袖选择继任者；②由最接近原领袖的群体指定继任者（"门徒"）；③世袭传递；④通过仪式传递卡里斯玛。在最后一种情况下，有一种对**官职卡里斯玛**的认可——也就是说，谁担任这个职位，谁就拥有卡里斯玛。当这种情况发生时，组织机制的先进程度足以将团体从教派性质转向教会。在此，一个重要的社会学观点是，组织很少一成不变。简单的事情往往会变得复杂。但这个过程并不仅限于复杂性；当组织变得更大、更科层制时，该教派最初的目标（必须与世俗分离以保证宗教纯洁）会被取代，而一些人会因为不满而脱离原有教派，形成一个新的教派。因此，这个过程往往是周期性的。

　　日益增加的科层制（以及随之而来的分裂）是现代城市社会的特征。这就引出了关于教会－教派二分法的最后一个思考——人们加入教派的动机。我们冒着过于简单化的风险提出教派的两个重要特征，这有助于解释为什么某类人特别为教派所吸引，而不是教会。

　　第一，一个教派（比教会更会如此）可能提供一个充满意义和社会身份的整体世界，还向成员提供了一个在其遇到麻烦时可以求助的亲密圈子。该教派恰恰提供了许多人生活中所缺少的东西，这些人生活在大都市地区、在大型科层制机构工作，而他们的世界正在迅速变化。教派在一个毫无意义的世界里提供了意义，而其成员在茫茫人海中找到了朋友。他们在快速变化的环境中找到了稳定的状态。因此，孤单的人尤其会被教派所吸引。

　　第二，一般来说，社会地位较低的人（就收入、受教育程度或社会地位而言）更容易被教派而非教会所吸引，因为在教派中，宗教地位取代了社会地位（或者，正如《圣经》所说，"那在后的将要在前"）。对于社会或经济地位低下的人而言，拒绝这个世界和适应宗教团体是有意义的。有一种宗教团体对这类人最具吸引力，它不接受这个世界，并向其信徒保证，在另一个世界，真正的信徒（那些在宗教上保持纯洁的人）将拥有最高的地位。对其追随者而言，该教派代表了一种对社会中占主导地位的宗教和经济体系的反抗或逃离。

　　因此，该教派和教会都有论据充足的神正论（Berger，1967b）。**神正论**是针对某些情况的宗教合法化，这些情况可能导致内疚或愤怒（如战败或在富人中存在穷人）。教派倾向于有一种关于苦难的神正论，也就是说，对他们缺乏权力和特权的宗教解释。教会也必须解释社会的不平等，但他们强调的是拥有权力和特权的合法性。这种发展神正论的倾向在维持现状方面发挥着重要的社会功能。教会使其信徒相信一切都好，一个人应该接受自己的命运，这是上帝赋予的。这使人们的处境不再那么难以忍受，革命的可能性也变得渺茫——遭受苦难的人认为他们会得到回报，而富人的罪恶感得到了缓解。因此，没有理由改变社会系统。

　　邪教是一种新的宗教，其实践和教义与主流文化和既有宗教相抵触。通常情况下，一个邪教的成员对一个卡里斯玛型领袖极度忠诚，而这个领袖对其也所求甚多（他们的物质资源、工作、苛刻的生活方式，以及完全而强烈的承诺）。虽然不是所有的邪教都是如此，但有些的确是极权主义的、自我丰富的和古鲁[①]崇拜的。邪教与教派存在根本区别：教派是指那些离开既有教会，以重获其所认为的宗教传统精髓的宗教团体；邪教则代表宗教异端，是一种新的宗教表达。例如，1953 年科幻作家 L. 罗恩·哈伯德创立了山达基教会。在它的教义中，有转世的信仰，灵魂在地球上生活之前生活在其他星球上。

我们倾向于认为邪教及其追随者是奇怪的（例如，吉姆·琼斯的人民圣殿教和天堂之门的追随者集体自杀）。从定义上讲，他们与我们这些人不同；他们拒绝社会，并声称自己有着对我们大多数人而言都很陌生的宗教经历。许多这样的组织最终都失败了。关于他们的消息逐渐消失；预言失败了；那些卡里斯玛型领袖也死了，并且让其继任者失望了。但是，虽然我们倾向于认为这些群体是奇怪而短暂的，但我们应该明白，今天的许多主要宗教团体都始于邪教。

公民宗教

传统上，美国宗教的一个显著特征是政教分离（由《宪法》第一修正案确立）。这既是美国宗教多样性的结果，也是其原因。在美国，宗教和国家之间是有关系的，但它不同于通常的观念，即一个占主导地位的教会与国家是分不开的。在许多方面，大多数人视"上帝和国家"为一体。这种认为上帝赋予了美国及其机构以神圣性的观念被称为美国的公民宗教。

美国的**公民宗教**似乎与政教分离的宪法要求背道而驰。矛盾之处就在于政府认为上帝是"充斥于公共话语中的宗教形象、语言和概念，出现在货币上，并出现在对国旗的宣誓中"（Wilcox，2000：16）。除了华盛顿的第二篇总统就职演说外，每一次总统就职演说都提到了上帝，现在的总统定期安排祈祷早餐，而与此同时，又宣布在公立学校进行祈祷和 / 或宗教教育是非法的。这一悖论的基础是，公民宗教并不是一种特定的宗教信仰。它是一套足以让所有公民接受的信仰、象征和仪式。公民宗教的上帝是所有人的一切。1956年，艾森豪威尔总统通过了第 84 届国会的一项联合决议，宣布"我们信仰上帝"为美国的国家箴言。有一件事是肯定的——如果政客们想要成功，他们必须表现出某种虔诚，方式是偶尔祈求这位无教派、无宗派的上帝的祝福。

公民宗教的几个中心主题对理解美国社会至关重要。公民宗教的第一个中心主题是人们相信上帝对美国有着特殊的安排，上帝选择美国来实现他的意愿（Wilcox，2000：16）。这意味着上帝积极参与历史，最重要的是，美国有一个神圣的使命，即在尘世执行上帝的意志。约翰·F. 肯尼迪在就职演说的结束语中很好地表达了这一点："问心无愧是我们唯一可靠的奖赏，历史是我们行动的最终裁判，让我们走向前去，引导我们所热爱的国家。我们祈求上帝的福佑和帮助，但我们知道，确切地说，上帝在尘世的工作必定是我们自己的工作。"（转引自 Bellah，1967：1-2）这种信念一直是美国在外交关系中自以为是的根源。

---

① 译者注：古鲁，印度教或锡克教的宗教导师。

例如，里根总统告诫美国人要明白上帝希望我们强大起来。因此，他引用《圣经》来为自己做强有力的辩护：

> 我想要提醒你，耶稣在《路加福音》十四章第 31 节说道："哦，一个王，当他发动战争或出去和别的王打仗，岂不先坐下酌量，能用一万兵，去敌那领两万兵来攻打他的吗？或者，当还没有遭遇对方的时候，派使者去谈和。"我不认为上帝会保佑这个国家，就像其他任何国家一样，打算让我们在某一天因为我们的软弱而进行谈判。（转引自 Pierard and Linder，1988：280）

同样，乔治·沃克·布什总统认为上帝在波斯湾战争中站在美国一边："在 1992 年总统竞选期间，布什认为耶稣基督是其军事干涉主义背后的道德力量，声称在波斯湾战争期间'基督指定的美国'是'照亮世界的光'。"（Parenti，1992：43）

美国总统乔治·沃克·布什在"9·11"恐怖袭击一周年之际向全国发表的讲话中说道：

> 我们无法预知未来的一切。但我们知道，此刻是上帝让我们在一起，共同哀悼，站在一起，守望相助，为祖国服务。我们被赋予的责任——保卫美国和我们的自由，也是我们共同享有的特权。我们已经做好了准备。我们今晚的祷告是，上帝会保佑我们渡过难关，让我们值得这么做。

总统提及上帝的最后的例子是最近的几任总统，包括乔治·沃克·布什和巴拉克·奥巴马，他们都在政治演讲结束时祈祷"上帝保佑美国"。

公民宗教的第二个中心主题是维持现状。相对于改变制度而言，公民宗教的上帝与法律和秩序的关系更密切。因此，公民宗教强烈倾向于不加批判地支持美国的价值观和社会分层制度。秩序和团结是上帝的传统方式，而不是改变和异议。因此，公共政策往往能获得宗教上的合法性。

然而，与此同时，公民宗教要求美国人民坚持某些原则——自由、个人主义和机会平等。因此，有些时候，当目前的政府政策或某些团体的政策不符合特定的理想时，就会受到批评。这样一来，美国的公民宗教既完成了宗教祭司的角色（接受现实），又完成了宗教先知的角色（挑战现有制度），然而，重点是前者。

美国宗教信仰的多样性

美国宗教的最后一个显著特征是信仰体系的多样性。有些社会是由一种宗教统一起来的。在这个社会里，所有的人都信奉同样的宗教观念，崇拜同样的神灵，遵守同样的道德戒律，并强烈地认同彼此。从表面上看，对于公民宗教，美国在宗教方面似乎是同质的。2016 年，约 89% 的美国人自称相信上帝或普世精神，53% 的美国人表示，宗教在日常生活中对他们"非常重要"（Gallup Poll，2016）。虽然基督教徒在美国占绝对多数，但也有大约 600 万犹太教徒、400 万穆斯林（估计从 250 万到 700 万不等）、100 多万印度教徒和数百万其他非基督教徒，包括佛教徒和无神论者。美国目前的宗教信仰与 2000 年时的比较如图 15-3 所示（注意新教徒的减少和无宗教信仰者的增加）。

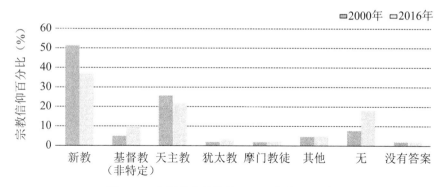

图 15-3　美国的宗教信仰：2000 年和 2016 年

资料来源： 数据来自 "你的宗教偏好是什么，你是新教徒、罗马天主教徒、摩门教徒、犹太教徒、穆斯林、其他宗教还是没有宗教？"（"What is your religious preference—are you Protestant, Roman Catholic, Mormon, Jewish, Muslim, another religion or no religion？"）Religion.Gallup.com.http://www.gallup.com/poll/1690/religion.aspx.

美国基督徒的态度和信仰的范围非常广泛。例如，在罗马天主教徒中，有激进的牧师、修女和教区居民不服从主教、红衣主教，甚至教皇的指示。然而，与此同时，有些天主教徒严格遵守教会权威制定的所有规则。有些人甚至坚持弥撒时讲拉丁语。新教内部的差别甚至更大。许多新教徒相信圣经应该按照字面意思来理解；对另一些人来说，圣经纯粹是寓言式的。一些宗教团体非常信仰宗教的治愈能力，以至于其成员在任何情况下都拒绝去看医生。在新教中有阿米什人、赫特人、贵格会教徒、高教会派圣公会教徒、五旬节圣洁教会、公理宗，甚至是弄蛇者。总而言之，美国的宗教信仰是多样化的，而且总是在变化。

阶层、种族、性别、性取向与宗教

在本书中，我们已经看到了社会阶级、种族、民族、性别和性对个人生活的影响。一些学者认为，除了阶级主义、种族主义和性别歧视等词汇外，"宗教主义"（religism）（对其他宗教/信仰体系存在偏见）也应该添加到我们的语言中。就像阶级、种族、性别和性取向一样，宗教与一个人的价值观和身份紧密相连，并能影响他人对待自己（以及自己对待他人）的方式。本节我们来看看宗教和社会阶级、种族、性别和性取向的交集。

宗教与社会阶级

在美国，占主导地位的宗教是基督教，它强调所有人在上帝面前一律平等。所有人，无论社会经济地位如何，都被欢迎加入基督教。因此，我们可以预期，在任何教派中，成员的社会经济地位将是随机分布的。我们也可以假设，任何地方会众的组织都会忽视身份差别。尽管这两个假设表面上看起来是有效的，但实际情况并非如此。

　　我们已经看到，教派和教会往往存在一种社会阶级偏见——社会经济地位越低，属于某个教派的可能性就越大。根据其成员的社会经济地位，似乎也对各教派进行了排名。虽然在任何一个教派中总有各种社会阶级，但每个教派都有一种形态地位的特征。造成这种情况的原因各不相同：成员生活在农村或城市的比例，哪些移民群体在什么历史时期将宗教带到了殖民地或者美国，以及宗教体验（仪式、传福音、亲密的私人关系、救赎、社会制度的合法化或对当权派的攻击）的吸引力。

　　经济地位、受教育程度和宗教信仰之间存在一定的关系。在主要宗教中最富有的是犹太教，2014 年 44% 的犹太教徒的家庭年收入超过 10 万美元。最贫穷的则是耶和华见证人和浸信会教徒，分别只有 4% 和 9% 的家庭收入能达到 10 万美元（Masci, 2016）。犹太教徒在高等教育和高收入成员中的比例最高，其次是印度教徒、圣公会和长老会教徒。在社会阶级系统中处于低教育水平和低收入的人包括神召会、南方浸信会和耶和华见证人。但是，请注意，这些都是平均水平，每个教派均包括高、中、低经济地位和受教育水平的人。

　　在社会经济地位方面，地方教会甚至比教派更倾向于是同质的，这在一定程度上是居住模式的结果，也就是说，社区的社会经济地位相对同质，而地方教会的主要信众是住在附近的人。另一个可能同样重要的原因是，人们倾向于寻找由与自己相似的人所组成的组织。他们不想不自在，所以他们被有着相同的生活方式（如说话方式、着装品位和教育背景）的教会成员所吸引。其结果是，属于某个教派的人往往会去找让他们感觉最自在的教会。

　　然而，每个地方教会都有一些差异。可能没有一个教会是完全由来自相同地位的人所组成的。虽然在一个地方教会中，地位的差异可能是最小的，但这些差异对信众而言显然是重要的。一般而言，成员的社会经济地位越高，他在当地教会运作中的影响力就越大。这些人被选举或任命为公职的可能性更大，他们的意见比社会地位较低的人的意见更有分量。这在一定程度上可能是由于更富裕的人的巨额的财政捐款，在此重要的一点是，世俗世界侵入了每个地方的教会组织。宗教参与的常见指标——教会的成员身份、出席教会礼拜和参与教会活动可以表明其与社会经济地位的关系。在每一项指标上，地位高的人比地位低的人参与度更高。不幸的是，尽管这些指标通常会被认为是用于衡量宗教虔诚度的很好的标准，但事实并非如此。问题在于，上流社会的人更有可能加入各种组织并积极参与各种组织的活动。

　　总之，社会经济地位与宗教之间存在相当复杂的关系。尽管相对贫穷和未受教育的人比受过良好教育和经济富裕的人更有可能对宗教漠不关心，但那些有宗教信仰的穷人往往把宗教作为他们生活中更重要的一部分。他们去教堂更多是出于宗教原因而非世俗原因，他们更坚定地信奉着《圣经》所表达的基本信仰，也更可能接受对《圣经》字面意义上的解释。因此，在许多衡量宗教参与度的客观标准上，存在一个矛盾：进教堂做礼拜和参与正式的教会活动的人中上层人士居多，而如果说宗教在个人生活中的重要性的话，去教堂的穷人似乎更虔诚。

宗教与种族：非裔美国人的例子

与其他社会现象一样，种族和宗教将人们区隔开来。如前所述，历史上美国的大多数白人教会选择忽视种族隔离问题或积极支持种族隔离。奴隶制的合法性问题使一些白人教会和教派产生了分歧。例如，南方浸信会是一个基于支持奴隶制而构想出来的教派。1995年，在支持奴隶制的立场 150 年后，南方浸信会通过了一项决议，承认了一项历史性的罪行："我们对历史上诸如奴隶制此类的罪恶行径表示哀悼和谴责，对此我们将继续自食苦果"（转引自 Sheler，1995：10）。同样，教皇约翰·保罗二世也为教会参与非洲奴隶贸易的行为而道歉。此外，荷兰归正会在 1991 年正式向南非黑人道歉，为其从宗教的角度为种族隔离提供了理由，这对世界各地的黑人而言都具有重要的历史意义。虽然这些全面的道歉具有重要的象征意义，但我们应该注意到，它们的道歉来得太晚了。例如，南方浸信会的教徒整整花了 150 年才最终承认他们支持种族主义，而这距离民权运动的高潮已经过去了整整 30 年。

地方教会是种族隔离最严重的组织之一，其信众往往只属于一个种族，或者主要是白人或非裔美国人。例如，一些观察人士认为，美国种族隔离最严重的时间是周日上午 11 点。

种族隔离是多种因素的结果：居住隔离模式的映射；过去和现在的歧视；教派忠诚度。对非裔美国人来说，最重要的是，地方教会是少数几个他们能控制的组织之一。此外，这些历史上的黑人教会是其宗教中心、是黑人社区社会生活的重要组成部分，为有需要的人提供资源，而且是黑人政治活动的中心。对于那些被剥夺了平等机会的非裔美国人而言，种族隔离教会给了有才能的人展示和磨炼能力的机会。值得注意的是，20 世纪 60 年代民权运动的领袖几乎都是非裔美国牧师。

宗教与性别

美国的三大主要宗教——基督教、犹太教和伊斯兰教，一直都是父权制的。每个人都崇拜一位男性的上帝 [正如女权主义神学家玛丽·戴利所说："只要上帝是男性，男性就是上帝。"（Daly，1993）]。这些传统都只承认男性为先知，并在历史上赋予男性最高的宗教领袖角色。值得注意的是，他们的信仰体系已经被用来合法化女性对男性的从属地位（参阅多样性专栏"宗教和父权制"）。

多样性

宗教和父权制

各大宗教及其领袖一直教导人们，女性比不上男性。看看以下几个例子，这些思想支持将男性作为上帝选择的领袖：

- "女性幼年从父，青年从夫，夫死从子。女性永远不能摆脱奴役。"——印度教《摩奴法典》（约公元 100 年）

- "如果……女子没有贞洁的凭据，就要将女子带到她父家的门口，本城的人要用石头将她打死；因为她在父家行了淫乱……这样，就把那恶从你们中间除掉。"——《申命记》第 22 章：20—21（旧约）
- "主，我们的上帝和宇宙的王啊，你是应当称颂的，因为你没有把我创造成一个女人。"——东正教犹太男性的日常祈祷（古代和当代）
- "女人要沉静学道，一味地顺服。我不许女人讲道，也不许她辖管男人，只要沉静。"——《提摩太前书》第 2 章：11—15（新约全书）
- "男人要比女人优越。"——《古兰经》（约公元 650 年）
- "女人更应该待在家里、坐着不动、操持家务、生儿育女。"——马丁 - 路德（1483—1546）
- "最完美的女人是服务和服从男人，而不是统治和命令他。"——约翰·诺克斯（1513—1572）

鉴于这些声明，关于女性传统上没有在有组织的宗教中担任精神领袖的职位，我们就不应该感到惊讶了。但是这些声明出自很久以前的历史时期，当时女性在社会的各个方面都明显屈从于男性。

严重的问题依然存在：教会是否会像接纳男性神职人员一样接纳女性神职人员？女性神职人员是否会被召去领导最大的、最具声望的教会？不同教派的等级制度是否会提拔女性担任最高职务？一些宗教团体是否仍会拒绝让女性担任神职人员？

资料来源： 这些引文摘自一篇文章，Meg Bowman, 1983. "Why We Burn: Sexism Exorcised." The Humanist 43（November/ December）: 28–29.

这些宗教起源于女性在社会各个方面明显屈从于男性的历史时期和地区。然而，这种父权传统依然存在。在希腊东正教、耶稣基督末世圣徒教会（摩门教）、天主教会、南方浸信会和犹太教正统派中，女性被正式拒绝担任牧师、神父、祭司或拉比等职务。例如，教皇约翰·保罗二世（Pope John Paul Ⅱ）在 1995 年表示，罗马天主教会对女性祭司的禁令是"建立在上帝书面话语的基础上的，它将在任何地方永远被所有人遵守"（转引自 Religion News Service，1995）。在其他教派，对这个问题也有着激烈的争论，一些持不同政见者在女性被允许成为牧师后，就会脱离出来，成立独立的组织。现在大多数新教教派都有女性担任神职，改革和保守的犹太教也是如此。这些突破都是最近才出现的。联合卫理公会和长老会在 1956 年、福音路德会在 1960 年、圣公会在 1979 年开始任命女性为牧师。但即使是在像圣公会这样更开明的教派中，一些教会也拒绝接受女性牧师。具有讽刺意味的是，尽管女性被剥夺了在宗教组织中担任领导角色的权利，但在世界范围内，平均而言，女性比男性更虔诚。帕特南和坎贝尔从他们的研究中得出结论：

在安息日礼拜中，女性的平均人数是男性的 3 倍。女性对上帝的信仰更加虔诚，她们认定宗教对其日常生活更加重要，她们更频繁地祈祷、更多地阅读经文、更多地从字面上解读经文，也会更频繁地谈论宗教——简而言之，从各个方面来看，她们都更虔诚。可以肯定的是，并非所有的女性都有宗教倾向，但性别与宗教虔诚之间的相关性很强（Putnam and Campbell，2010：233）。

显然，女性神职人员不仅人数不足，而且没有跟上其他职业中女性人数的增长。当今，律师中有 37% 的女性、医生中有 40% 的女性，而新教主流神职人员中只有 17% 的女性（Bureau of Labor Statistics，2017a）。

宗教与性取向

犹太教－基督教的传统认为同性恋行为是一种罪。《旧约》中有几段谴责同性恋的文字。《新约》延续了这一传统。例如，使徒保罗在《哥林多后书》中写道，同性恋者永远不会继承上帝的王国。当代基督教会和教派对同性恋的反应各不相同。对于原教旨主义者来说，他们在文化战争中斗争的两大支柱是禁止堕胎和同性婚姻。原教旨主义者认为，同性恋是一种罪。例如，原教旨主义传教士、道德多数派创始人、已故的杰里·福尔韦尔牧师将在同性恋人群中艾滋病的暴发称为"上帝对社会的一种审判"（转引自 Crooks and Baur，1987：312）。同样，圣安东尼奥一家大型教堂的牧师约翰·哈吉宣告，卡特里娜飓风是上帝对美国对待同性恋自由态度的惩罚。原教旨主义者还试图影响关于其价值观的公共政策和公司政策。例如，1996 年，南方浸信会投票抵制迪士尼公司，因为迪士尼公司为同性恋员工的同居伴侣和异性恋员工的配偶提供相同的医保福利（尽管仍然谴责同性恋，但南方浸信会在 2005 年取消了对迪士尼公司的抵制）。最近，非营利性的基督教组织美国家庭协会呼吁人们抵制在支持"同性恋议程"的电视节目中做广告的西尔斯和福特汽车公司，对此，该协会声称得到了超过 300 万人的支持（Wildmon，2007）。

2017 年，美国卫生与公众服务部宣布，将增设一个"良心与宗教自由处"，以保护因道德或宗教异议而拒绝为病人提供护理的医护人员。虽然这个新部门旨在防止医疗工作者参与和其宗教信仰相冲突的堕胎服务，但许多人认为，这个部门为医疗工作者因宗教信仰而歧视同性恋者和跨性别者打开了大门。在我们的历史上，各个宗教派别对同性恋的接受程度已经达到了一个临界点。一些教会内的保守派威胁说，如果教会完全接受同性恋者，他们将脱离出去。例如，美国圣公会在 2003 年确认了一名公开同性恋身份的牧师为新罕布什尔州的主教，并在 2010 年确认了第二位公开同性恋身份的主教。此举引发了保守派的不满，他们成立了一个与之对抗的教会——北美圣公会。2017 年，联合卫理公会最高法庭谴责该教会的三个地区允许公开同性恋身份的牧师和主教任职。即使在比较开明的教派和教会中，这个问题也经常引起分歧，一些人抵制教义的改变，而另一些人则寻求接受同性恋，承认婚外之爱的结合，甚至是任命同性恋的神职人员。

成立于 1968 年的普世大都会社区教会团契，是基督教会的一个团契组织，专门面向世界上的男同性恋、女同性恋、双性恋和变性群体。它从 12 名信徒发展为一个教派，在美国有 4.3 万名信徒，在 22 个国家有 300 个教堂。然而，该组织在美国的 20 多座教堂被炸毁或被纵火犯烧毁。

2015 年 6 月，美国最高法院裁定，宪法赋予同性伴侣结婚的权利。在决定如何处理同性婚姻时，教会面临不确定的未来和疏远成员的可能性。在几代人之间（美国年轻人更倾向于支持同性婚姻）、在宗教团体内的保守派和自由派之间以及个人之间，对经文的解释都存在意识形态上的分歧。

宗教的发展趋势

宗教在美国社会是一个悖论。一方面，宗教似乎正在失去活力。例如，数据显示，在过去 35 年间，去教堂的人数呈轻微下降的趋势，如图 15-4 所示。不同社会类别之间存在差异。例如，每周至少参加一次宗教仪式的人群中，65 岁及以上的人是 18～30 岁的人的 2 倍以上，女性比男性更有可能参加，参与教会礼拜的南方人远远超过其他地区，天主教徒和新教徒更有可能参加宗教仪式。

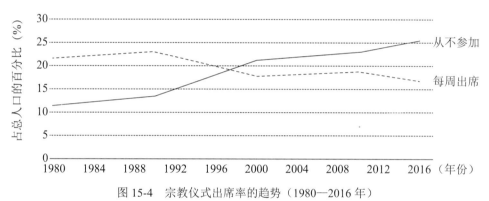

图 15-4　宗教仪式出席率的趋势（1980—2016 年）

注: 在此只列出了两种极端情况，即从不参加和每周出席（宗教仪式）。

资料来源: Smith, Tom W., Peter Marsden, Michael Hout, and Jibum Kim. "General Social Surveys, 1972–2016." 2017. NORC, University of Chicago（September 2017）.

另一个表明美国人宗教信仰下滑的指标是，表示自己无宗教信仰的人数从 1960 年的 2% 跃升至现在的 22.8%（约 5 600 万人）。这个增长十分显著，不信教人士的规模仅次于福音派新教徒。这些"不信教人士"主要集中在年轻人中，大约 35% 的"千禧一代"表示自己没有宗教信仰。正如本章开头所指出的，罗伯特·帕特南和大卫·坎贝尔（Robert Putnam and David Campbell，2010）认为，年轻人对组织化宗教的不满是 20 世纪 80 年代美国宗教的公众形象急剧右倾的结果。他们的分析表明，年轻人对宗教的排斥主要是由于宗教不能容忍同性恋。

另一方面，美国人始终坚定地、压倒性地相信上帝。各项调查一致显示，美国人比欧洲和斯堪的纳维亚地区的同龄人更有可能定期去教堂，并认为宗教在自己的生活中十分重要。

一些宗教团体的成员和利益正在迅速增长，增长速度最快的是五旬节派和耶稣基督后期圣徒教会（摩门教徒）。更重要的是，由于在全美范围内的人数不断增加，这些团体的政治影响力也越来越大。

在本节中，我们将重点介绍美国宗教的四大趋势：①主流教派的衰落；②数字技术和社交媒体的影响；③基督教原教旨主义的兴起；④宗教右翼对政治的影响。由于社会条件导致了这些变化，所以我们的重点是推动这些趋势的社会条件。

主流教派的衰落

教派增长和衰落的格局是稳定的。联合基督教会的主要教派（包括大多数公理会）、长老会、圣公会、美国浸信会、联合卫理公会、福音路德教会和路德教会自20世纪70年代以来已经失去了数百万名信众，而且这种情况仍在持续。耶稣基督后期圣徒教会（也被称为摩门教会）、非裔美国人新教团体、神召会、耶和华见证会及其他保守的福音派和五旬节派团体的会众人数持续增加（Lindner，2011）。

主流教派衰落的原因尚不完全清楚，但以下几点似乎是有道理的。这些教派已经失去了活力，因为它们变得越来越像教会（即它们已经脱离了教派的特点），不需要信徒在神学或福音方面作出足够的承诺。这些教会的信仰变得如此多元化，以至于对许多人来说，信仰似乎被冲淡了。许多去教堂的人想要权威，但他们得到的往往只是更多的模棱两可。主流教会也失去了信众，因为它们专注于社会问题，而忽视了促进个人成长的旧式信仰和圣经教义。

因为社会的其他部分强调理性、效率和科层制，许多人寻求一种强调感情和友谊的宗教。然而，主流教会在很大程度上就像社会上的其他科层制一样，是非人格化的。

天主教会的发展是复杂的。总的来说，其信众数量之所以增加，是因为大量来自墨西哥及其他天主教国家的移民，以及相对较高的生育率。与此同时，它很容易受到出席人数减少的影响。天主教僵化的等级制度对此负有部分责任，教会坚决反对避孕、堕胎、性别平等、同性恋和离婚。许多天主教徒认为教会权威与当代生活格格不入。恋童癖丑闻（牧师性侵儿童）的持续曝光，严重影响了许多天主教教区，随后教会高层又掩盖真相，这使许多人对天主教失去了兴趣。在很大程度上，禁止牧师结婚是导致牧师人数急剧减少的原因。天主教会及其他一些传统教会也因为拒绝接受女性担任领袖角色而失去了一些人的信任。然而，某些教会对于男权的强调对另一些人来说则是一种积极的吸引力。

数字技术和社交媒体对宗教的影响

智能手机、数字技术和社交媒体的大量普及，对宗教世界产生了重大影响。教会现在使用推特、脸书及其他平台来联系信众。社交媒体取代了"在讲坛上布道"的模式，为宗教领袖及其成员以及成员之间的双向交流打开了大门。

YouVersion等圣经应用程序为手机、平板电脑和电脑提供免费的《圣经》。自2008年发布以来，该应用程序已被安装超过3.07亿次，有超过1 500个版本，支持1 000多种语言（也有适用于《古兰经》和《律法》的应用程序）。一些人认为，在屏幕上阅读《圣经》或其他神圣的文本从根本上改变了人们对文本的感觉，使它们不再那么"神圣"了（Stokel-Walker，2017）。

虽然大多数美国人（96%）反对在做礼拜时使用手机，但教会正在研究在做礼拜时使用手机的方法。联合卫理公会传播部门建议将"自拍星期日"作为一种营销工具。它还建议，牧师们在礼拜时就一个特定的问题使用手机在 Poll Everywhere 上发起投票，以便对信众进行民意调查。一些教堂甚至鼓励在做礼拜时实时更新推特。可是天主教会的情况并非如此，教皇曾公开敦促天主教徒不要把手机带到教堂。

然而，天主教会确实欢迎使用社交媒体作为提高教会的知名度和强化社区的工具。它和大多数主流宗教团体一样，认识到社交媒体正在从根本上改变人们的交流方式，因此不可忽视。

基督教原教旨主义的兴起

自 20 世纪 60 年代末以来，基督教原教旨主义兴起。虽然原教旨主义者之间存在差异，但他们有四个共同的核心特征。第一，与耶稣之间存在一种个人关系，这是通过重生和对罪的忏悔而达成的。这种个人经历反映在信徒的日常生活中。第二，强调**福音传道**，这是一种使他人皈依其信仰的责任。这不仅是一种改变个人的努力，而且包括一种强烈的愿望，即将更广泛的文化带回其宗教根源，以恢复美国社会的基督教特征。第三，相信《圣经》的每一个字都真实无误。因此，《圣经》提供了对历史和绝对道德真理的准确描述。此外，它还提供了对未来世界事件的预言。第四，原教旨主义者是真正的信徒，他们区别于那些不按字面意思理解圣经的人。作为某些真理的坚持者，他们拒绝宗教多元化。

原教旨主义者分为两类：福音派和五旬节派。福音派强调与耶稣的个人关系，公开宣示他们的信仰，并向无信仰者传播信仰。五旬节派教徒与原教旨主义者有相同的信仰，也强调圣灵积极存在于其生活和教会仪式中。他们的教会仪式是非常情感化的，带有特别的体验，包括信仰疗法和"讲不为人知的语言"（speaking in tongues）。

这两股宗教原教旨主义在美国和世界各地都迅速发展。这种增长让许多宗教观察家和社会学家感到惊讶，因为他们认为，现代化社会的进程往往会使宗教与社会事务越来越无关。那么，这种意外增长的原因是什么呢？

第一，原教旨主义者人数增加最突出的原因是他们非常重视使其他人皈依自己的信仰。他们强调这种活动，因为基督曾吩咐说："去世界各地，去向每个人宣讲上帝的福音。"

第二，原教旨主义教会强调共同体。在一个对许多人来说不友好、拒绝和冷漠的世界里，共同体的人们是友好、包容而充满关怀的。因此，原教旨主义者往往为许多人提供他们在主流教会及其身处其中的其他非人格化的科层制中缺失的成分。

第三，原教旨主义者提供真理。他们强烈相信自己是对的，而其他人是错的。在一个以快速变化、多元思想和过多选择为特征的社会中，许多人寻求权威，这是为他们的生活提供一致性和持久性的基础。原教旨主义者提供了一套严格的信仰，其基础是《圣经》，是上帝的话语，是绝对正确的。

第四，原教旨主义者坚持认为社会做出了错误的选择，我们必须回到基于《圣经》真理的法律和习俗。例如，为了与他们对《圣经》的解读保持一致，南方浸信会在 1998 年的大会上宣称，女性应该"欣然地服从"丈夫的领导，而丈夫应该"供养、保护和领导他的家庭"（Niebuhr，1998）。因此，原教旨主义不仅是一种对现代社会的批判，也是一种基于其绝对信仰的行动纲领。

第五，福音派直接吸引了青少年和成年人。对人的态度是温暖而不是冷漠（教区居民、牧师更愿意去拥抱他人）。这些建筑、灯光、舞台和音乐都是当代的。例如，我们可以将福音派音乐与主流教堂的音乐进行比较，福音派没有赞美诗和管风琴，取而代之的是用吉他和鼓演奏的赞美音乐。

第六，其中的一些教会已颇具规模（休斯敦的湖木教会有 47 000 名固定信徒）。这样的**超大型教会**有 2 000 多个（每周至少有 2 000 人出席）。它们通常分布在阳光地带，如亚特兰大、达拉斯、休斯敦、凤凰城和洛杉矶等城市周边的郊区。他们在神学上是保守派和福音派，但所传达的信息是一种更广义的"感觉良好"的神学，如图 15-5 所示。

图 15-5　每个周末接待成千上万人的超大型教会越来越受欢迎
资料来源： Paul Harris/BWP Media/atticusimages/Newscom

这些大教会刻意不分宗派，由首席执行官和商界人士管理，他们避免五旬节教派的重复乐段和末世论。相反，他们推销的是一个对未来持乐观态度的耶稣。他们宣讲人们的"感觉需要"和个人问题，试图与他们的生活相关，就像任何自助组织可能做的那样。他们建立小型亲密小组来提高自尊和培养归属感。他们举办"上帝使你成为赢家的计划"研讨会。(Parenti，2010：107)

这些教会的成长得益于娱乐性的教会仪式(快节奏、照本宣科，带有高能音乐、戏剧性短剧和具有现实应用的布道)，每周都有很多服务，咖啡馆、书店、体育设施、儿童看护、青少年节目、电影以及针对目标群体(老年人、刚离婚的人、青少年的父母、越南移民和强迫性饮食者)的专门的事工[①]。

第七，原教旨主义者注重现代营销技术(如直邮广告、广播、电视和社交媒体)，从而提高了其受欢迎程度。许多宗教领袖已经成为企业家，他们利用这些技术和各种形式的媒体接触到数百万人，赚取了数百万美元。让我们来看几个例子。

- (约尔·奥斯汀牧师领导下的)休斯敦的湖木教会是美国最大的教会，2016 年平均有 5.2 万人参加周末礼拜，有员工 350 人，预算达数百万美元。每周有 700 万人在国家有线电视和网络频道观看它的布道，每年营收 7 000 多万美元。奥斯汀所著的《活出美好》(Your Best Life Now)第一年就售出了 100 万册，并连续 125 周登上《今日美国》的畅销书排行榜。2005 年，教会搬进了位于休斯敦康柏中心的综合大楼，这座大楼是新装修的，设有 18 000 个座位。这项耗资 9 000 万美元的改造项目包括两个瀑布、三个大型电视屏幕和一套最先进的照明系统。
- 位于芝加哥郊区的柳溪教会有 4 800 万美元的预算、1.43 亿美元的资产和 427 名员工。它的书店收入为 320 万美元、餐厅收入为 250 万美元、汽车修理厂收入为 100 万美元。该教会的一个分支——柳溪协会，为其他教会提供咨询服务，举办研讨会和会议介绍柳溪教会所创造的有效的方法。1975 年，柳溪教会的前任牧师比尔·海贝尔带领 125 名会众，并由此开始了他的传教生涯。2018 年，海贝尔在工作人员和前牧师指控他性骚扰和不当行为后辞职。
- 南加州超大型教会马鞍峰教会的牧师里克·沃伦推出了一本著作，名为《标杆人生》(The Purpose-Driven Life)，该书在全球售出约 3 500 万册，成为有史以来最畅销的非小说类书籍。这本书已在 162 个国家的 2 万所教堂被传授，并被译成了 25 种语言。福音派牧师被认定为营销工具，他们根据书中的建议，带领信众进行为期 40 天的精神反思。1980 年每周参加教会活动的人数为 250 人，现在约为 2.2 万人，其中马鞍峰教会的信众人数超过 10 万人。

宗教右翼对政治的影响

原教旨主义者和福音派教徒认为，他们生活在一个道德崩溃的社会。由于夫妻双方都在外工作以及高离婚率，家庭不再稳定。犯罪猖獗。公立学校发放避孕套，但不允许学生学习《圣经》。媒体宣扬性乱交、暴力和吸毒。堕胎合法化。同性恋者公开拥护一种被宗

---

① 译者注：事工是指基督教会的成员执行教会所任命的工作。

教右翼视为罪恶的生活方式。因此，他们争取与其对基督教家庭和基督教社会的《圣经》观点一致的做法。

宗教右翼最近在政治上变得特别活跃，这给人的感觉是正在远离美国基督教的根基。在它看来，由终身任命的法官所组成的法院要对这一转变负责。20 世纪 60 年代以来，法院裁决禁止在学校祈祷，禁止在公共场所进行宗教展览，并使堕胎合法化。在 2005 年最高法院出现两个职位空缺时，保守派宗教领袖向乔治·沃克·布什总统大力施压，要求任命符合他们意向的人选，布什也照做了。

宗教右翼是一种社会运动，由许多领袖和组织组成，包括帕特·罗伯逊的"基督教联盟"（Christian Coalition）、詹姆斯·多布森的"关注家庭行动"（The Family Action）（"爱家协会"的政治分支）、贝弗利·拉哈耶的"美国女性关怀协会"（Concerned Women of America）（提倡女性的传统角色）、唐纳德·怀尔德蒙的"美国家庭协会"（American Family Association）（反对色情）、罗伯特·西蒙的"优秀教育公民"（Citizens for Excellence in Education）、菲利斯·斯拉夫利的"鹰论坛"（The Eagle Forum）和加里·鲍尔的"家庭研究委员会"（Family Research Council）。但基督教右翼既是一种宗教运动，也是一股政治力量。这些组织利用自己的集团投票和大量的财政资源来支持那些与其宗教议程相同的政客（几乎都是共和党人），并影响共和党的立场（在全美和每个州）。它们还组织教会工作干部作为志愿者，向最有可能与其宗教和政治观点一致的人传播政治信息。此外，基督教联盟还积极努力击败那些它认为持反《圣经》立场的候选人。

20 世纪 80 年代初以来，宗教右翼在美国政治中一直具有强大的影响力。它成为共和党的一个强大的派别，而福音派仍是最大的单一投票集团。凯文·菲利普斯认为，在此期间，"共和党成为美国历史上的第一个宗教政党"（Phillips，2006：21）。但到了 2008 年，宗教右翼的影响力开始减弱，其支持的政策也开始转变。道德多数派的创始人杰里·福尔韦尔已经去世了。该运动的其他领导人，如帕特·罗伯逊、詹姆斯·多布森和菲利斯·施拉夫利，都已年过七旬，他们被年轻牧师所取代，而后者有着更加微妙的政治观点。虽然新宗教右翼仍然专注于反堕胎和反同性恋婚姻，他们不是自由派，但在某种程度上更进步（Kuo，2008）。由 Beliefnet.com 对 1 000 名福音派信徒进行的一项民意调查发现，60% 的人认为自己是一场政治运动的一部分，他们关心保护环境、抗击艾滋病毒／艾滋病、帮助穷人和促进人权；他们对于与那些反对堕胎和同性恋的人保持一致不太感兴趣（Kuo，2008）。2008 年大选前，*Relevant* 针对 25 岁以下的福音派信徒进行了另一项民意调查，该期刊询问受访者，他们认为"耶稣会把票投给谁"，多数人认为是民主党人奥巴马。*Relevant* 的创始人兼出版商卡梅隆·斯坦说："年轻的基督徒似乎根本感觉不到与传统宗教右翼的联系。许多人在国内政策问题上（即影响穷人的问题）有很大分歧，而且对美国的外交政策和战争感到不满。"（转引自 Kuo，2008：26）

然而，在奥巴马总统任期和 2016 年总统大选期间，情况发生了变化。宗教右翼越来越直言不讳地表示，基督教正在被"围攻"，他们还利用了人们的担心，即如果希拉里·克林顿当选总统，宗教自由和国家的道德将何去何从。在宗教右翼的支持下，81% 的白人福音派基督徒在 2016 年的总统选举中把票投给了唐纳德·特朗普（Alberta，2017）。

结论：宗教团体是变迁的潜在推动者

正如我们所看到的，宗教在社会中扮演着非常重要的角色。然而，回想一下，宗教的冲突观认为，宗教通过使现有的社会安排看起来是正确而不可避免的，抑制了社会变革。经济在社会中的主导形式、政府类型、法律及其他社会创造都受到宗教的认可。

然而，最近出现了一个趋势，宗教激进主义似乎在社会问题上复兴，这不仅体现在宗教原教旨主义团体对学校性教育、同性恋权利和堕胎等的反对上，而且体现在主流教会的领导层上。几乎每一个主流宗教组织的领袖都公开反对政府削减对弱势群体的预算，反对美国对独裁政权的军事援助及核军备竞赛。例如，美国罗马天主教会的主教们正式提出过对美国防御系统的基本假设和策略质疑。以上及其他例子表明了教会和宗教团体是如何成为社会抗议和社会改革的强大推动者的。

第 16 章
健康和医疗

本章主要分析美国的医疗制度。当前的制度是如何运作的？谁从当前的制度中受益，谁没有受益？制度需要改革吗？为了回答这些问题，本章分为四个部分：①描述健康危机的大致情况；②不同阶级、种族和性别的健康差异；③ 2010 年《平价医疗法案》（ACA）；④医疗模式——来自其他发达国家的经验教训。

医疗危机

根据美国劳工统计局（Bureau of Labor Statistics，2017d）的数据，医疗支出是仅次于住房、交通和食品的五大家庭支出之一。2016 年，人均医疗费用每年达到 9 892 美元。因此，对美国家庭而言，医疗和医疗保险非常重要，同时它们也可能造成压力和经济紧张。

持续上升的医疗费用

美国的医疗费用一直在急剧增长。2016 年，美国人在医疗上花费了 3.3 万亿美元，是大多数发达国家支出的两倍多（Bloom，2017）。2016 年的医疗费用占 GDP 的 17.9%，高于 1960 年的 5% 和 2000 年的 13.6%。无论是人均支出，还是占 GDP 的比例，都远高于其他先进的现代国家，人均支出比排名居于其后的瑞士和德国高出数千美元。

与其他国家相比，美国医疗费用如此高昂的原因有以下几个。第一，利润推动着美国医疗制度：私立医院、保险公司和医疗设备制造商都在寻求更高的投资回报。2017 年第一季度，五大营利性保险公司公布的净利润为 45 亿美元。最显著的是，十大保险公司在过去 10 年中的利润增长了 250%（Alazraki，2011）。

第二，医疗制度效率低下。涉及数百家保险公司的保险索赔文书尤其烧钱。医生和医院不得不雇用额外的人员来处理层层的文书和账单。根据 2014 年发表的一项研究，医疗保险的文书工作每年大约浪费 3 750 亿美元（Mangan，2015）。

第三，许多医生采取**防御性医疗**——医生进行的测试和程序，主要是为了保护自己免受诉讼。实际上，防御性医疗的做法意味着，医生所提供的大部分医疗服务是不必要的，而且成本高昂。

第四，指控医生、制药公司和医院医疗差错的诉讼抬高了医疗成本。

第五，科学界不断发明昂贵的新测试、新药物和新疗法。因为医疗保险公司会向医生和临床机构支付它们所收取的大部分费用，这意味着财政鼓励使用新型的且价格昂贵的技术。与此相关的是，许多医生为了增加收入，在办公室安装了昂贵的设备（超声波、核磁共振等）。研究表明，相对于把病人转诊给放射科医生和其他专家的医生相比，自荐的医生为其仪器安排检查的频率要高得多（Harmon，2011）。

美国医疗费用高昂的另一个原因是家庭医生①短缺，以及过度使用专科医生。全科医生（家庭医生）的平均收入低于专科医生收入的 50%。因此，经济激励对医学生来说就是选择专科路线。专科医生的服务费用昂贵，而且相对于家庭医生而言，他们更倾向于依靠昂贵的技术手段谋生。由于全科医生短缺，定期就诊的患者较少，这意味着他们接受预防性护理的可能性更小。

医疗体系成本高昂的最后一个原因是处方药的广泛使用，这是美国医疗法案中最重要的部分。2015 年处方药成本为 3 250 亿美元，自 1980 年以来，这一成本在大多数年份都有所上升，是所有工业化国家中最高的，如图 16-1 所示。对平均每人要服用 4 种处方药的老年群体而言，药品费用是一项特别沉重的负担。

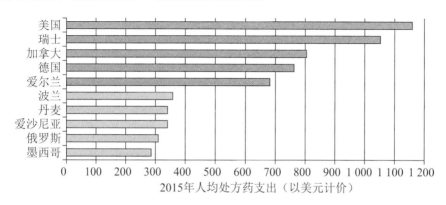

图 16-1　某些国家的处方药成本

注：图中显示的是支出最高的 5 个国家和支出最低的 5 个国家。

资料来源：作者根据 OECD.org 统计而成。https://data.oecd.org/healthres/pharmaceutical-spending.htm.

美国制药工业是由从事研究、生产、广告和销售产品的营利公司组成的。美国是唯一一个允许直接向消费者销售药品的发达国家。值得注意的是，制药公司在广告上的支出高于研发。由于这些因素的影响，美国的药品价格比其他工业化国家高 35% ～ 55%。只要制药公司持有一种药物的专利，该药物的价格就会逐年上涨。当专利到期后，随着仿制药的出售，价格会立即下降。当几家药品制造商生产出类似的仿制药时，由于竞争，价格会进一步下降。参考以下天文数字般的药品价格（AARP，2017）：

- 2002—2013 年，胰岛素的价格上涨了 2 倍。
- 自 2007 年以来，可以救命的肾上腺素自动注射器的价格增加了 5 倍（现在两个注射器的价格为 609 美元）。
- 2017 年 3 月批准的一种新的抗癌药物，每名患者每年的费用为 15.6 万美元。
- 一种新的治疗肌营养不良的药物，每位患者每年要花费 30 万美元。

正如美国退休人员协会（AARP，2017）所指出的，只要制药商对一种药物拥有 20

―――――――――

① 译者注：家庭医生，也称为全科医生、初级保健医生。

年的有效专利垄断期，他们就可以自由地"在市场承受的范围内尽可能频繁地"提高价格。

与其他国家的健康对比

由于美国在人均医疗上的支出超过其他任何国家，人们似乎有理由认为美国人将是地球上最健康的人，但美国人的健康状况不如那些生活在西欧、斯堪的纳维亚半岛、加拿大和日本的人。主要参考以下内容。

- 根据 2017 年社会进步指数排名，在 128 个国家中，美国总体健康状况排名第 34 位，非传染性疾病导致的过早死亡情况排名第 42 位，自杀率排名第 82 位（Social Progress Imperative，2017）。
- 联邦基金将美国列为发达国家中"可避免死亡率"最高的国家。与其他 6 个工业化国家相比，美国在医疗质量、效率、获得保健的机会和公平性方面排名最靠后（Commonwealth Fund，2016）。
- 美国人的平均预期寿命排名第 43 位（Central Intelligence Agency，2017）。
- 在新生儿存活率方面，美国排名第 55 位（在 224 个国家中）。美国的**婴儿死亡率**（出生一年内死亡的婴儿）是排名靠前的国家的 2 倍多。

因此，尽管美国人的医疗支出比其他任何国家都多，但这并没有转化为更高质量的医疗保健或更好的健康状态。此外，在美国，我们发现从属于不同社会阶级、种族和性别的人群的健康状况存在很大差异，我们将在下一节讨论这些问题。

基于阶级、种族／民族和性别的健康差异

在考察一个社会的结构及其任何一项制度时，社会分析家会问，这种组织方式，谁会受益，谁又会受损？当将医疗服务作为重点时，问题的答案就很清楚了：明显的不平等导致某些人不如其他人健康。我们对这种结构性不平等的研究集中在三个不平等的基本结构上，即阶级、种族／民族和性别，它们是健康（即健康和疾病的分布）和医疗服务（即治疗的分配）的关键决定因素。不足为奇的是，这些不平等的结构所产生的影响是，已经处于有利地位的人更加有利，而已经处于不利地位的人更加不利。

社会阶级与健康

经济上的不利条件与健康上的不利条件密切相关。换句话说，人的生死在很大程度上取决于其所属的社会阶级。穷人比富人更容易患某些癌症（肺癌、宫颈癌和食道癌）、高血压、低出生体重、听力丧失、糖尿病和传染病（特别是流感和结核病）。

由于在饮食、卫生设施、住所、暴露于环境危害（如空气污染、铅、未经处理的水）、不安全的工作条件、医疗和生活方式方面的差异，穷人的健康比富人的健康更容易受到损

害。例如，就生活方式而言，一个人的收入越低，他吸烟的可能性就越大。

富人的一个明显的健康优势是有机会获得促进健康和保护身体的资源，并在需要时获得医疗服务，通常至少部分由医疗保险支付。工作中的声望越低，工资也越低，工资中包括雇主提供的健康福利的可能性就越小。

当然，没有保险的人负担不起医生和医院的费用，所以他们经常得不到适当的医疗服务。例如，贫穷的孕妇往往得不到产前和产后医疗。其后果是相对较高的产妇死亡率（通常是由于出血和感染）和相对较高的婴儿死亡率。具有讽刺意味的是，当没有保险的人去看医生时，他们要比有保险的患者支付更高的服务费，原因是保险公司坚持让医院为有保险的患者打折。其结果是，医生对由团体保险计划承保的常规检查收取 25 美元的费用，而对没有保险的人，同样的检查却要收取 175 美元。

在美国，数以百万计的穷人在**医疗补助计划**下接受治疗，但这项计划存在严重的问题。许多医生拒绝治疗接受医疗补助的病人，因为他们得到的服务补偿较少。这导致延误就医，由于医院不能拒收这类病人，只能任其滞留在医院的急诊室。这使医院负担过重，而且延误了治疗，因为患者通常必须等上好几个小时才能看医生。

即使穷人去医院和诊所看病，他们得到的医疗服务往往也会比富人差。穷人更有可能在医疗设施（工作人员数量和设备质量）不足的情况下得到救治。由于没有医疗保险，他们被迫去拥挤的急诊室，而那里的护士和医生都是超负荷工作。贫困社区的医院较少，而且这些医院的质量也低于富裕社区。例如，研究表明，最好的医院集中在收入较高的地区（Williamson and Alexander，2016）。因此，富裕地区的心脏病患者比低收入地区的患者更有机会在当地医院获得良好的治疗。

总而言之，特权阶层更容易获得并更好地利用医疗资源。疾病发病时的早期干预和慢性疾病的医疗管理都会影响生存率和生活质量。经济资源越少，一个人接受预防性护理和早期治疗的可能性就越小。这是因为药品在美国社会是一种市场商品，因此会被不平等地分配给买得起它的人。

种族 / 民族与健康

研究不同种族的健康状况意味着各种族之间存在生物学上的差异。由于种族是一个社会构建的而非生物学的概念，因此，按种族划分的健康差异几乎全是过度贫穷和 / 或歧视性待遇的结果。

美国的少数族群贫困程度极高（例如，大约 20% 的拉丁裔和非裔美国人生活在贫困线以下）。这个事实结合种族歧视，导致了对他们不利的健康和医疗服务模式。让我们来看看这些不同种族的健康差异。

（1）**预期寿命**。也许种族对健康产生影响的最好例证就是预期寿命。2015 年，非裔美国男性的预期寿命比白人男性短 4.4 年，黑人女性的预期寿命比白人女性短 2.8 年（Centers for Disease Control and Prevention，2017）。

（2）**婴儿死亡率**。美国的婴儿死亡率显示出明显的种族差异。根据美国疾病控制和预防中心（2017）的数据，2014 年黑人婴儿死亡率（10.93‰）是白人婴儿死亡率（4.89‰）的 2 倍多。美国原住民的死亡率也相对较高（7.6‰）。婴儿死亡率可能与产前护理和低出生体重等因素相关。低出生体重与两个因素密切相关：母亲没有得到足够的产前护理和 / 或准母亲在怀孕期间吸烟。非裔美国人的低出生体重率为 13.4%，而非西班牙裔白人的低出生体重率为 6.9%。

（3）**高血压**。高血压会增加中风、心脏病和肾病等严重健康问题的风险。统计数据显示，高血压发病率因种族和性别而异，非裔美国人的高血压发病率明显高于其他族裔，如图 16-2 所示。

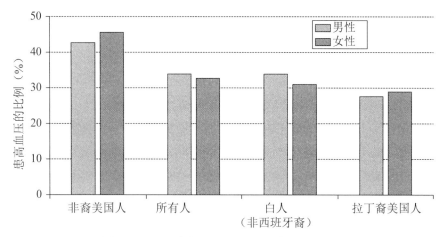

图 16-2　不同种族 / 民族和性别患高血压的情况

资料来源：Centers for Disease Control and Prevention，2018. https://www.cdc.gov/bloodpressure/facts.htm.

（4）**癌症**。黑人男性和白人女性的癌症确诊率最高，黑人男性和黑人女性比其他群体更容易死于癌症。总的来说，问题在于，非裔美国人更有可能在癌症晚期才被诊断出来，从而降低了存活的可能性。这可能是获得医疗的机会不同或缺乏医疗保险造成的。

（5）**传染病**。那些在穷人中特别常见的疾病（如流感、肺炎和肺结核）在非裔和西班牙裔美国人中的发病率很高，因为他们的贫困程度也很高。非裔美国人患结核病的概率是白人的 14 倍，西班牙裔美国人患结核病的概率是白人的 4 倍。美国原住民死于结核病和痢疾的可能性是非美国原住民的 4 倍。

自 1981 年致命的艾滋病毒 / 艾滋病（获得性免疫缺陷综合征）开始流行以来，全球死亡人数大约为 3 500 万人。根据联合国艾滋病规划署（UNAIDS，2017）的数据，截至 2016 年年底，全球有 3 670 万人携带艾滋病病毒。然而，感染艾滋病毒不再等同于被判死刑，因为现在有新型药物能有效防止艾滋病毒变成艾滋病（抗反转录病毒疗法）。2017 年 6 月，得益于一项旨在降低艾滋病发病率的全球行动，全球 2 090 万人接受了抗反转录病毒治疗。在美国，受艾滋病影响最严重的是少数族裔男性和女性，如图 16-3 所示。2015 年，尽管非裔美国人约占总人口的 12%，但他们在所有新确诊的艾滋病毒患者中占 45%。

总体而言，非裔美国人占美国所有艾滋病毒携带者的 40%（Centers for Disease Control and Prevention，2017）。

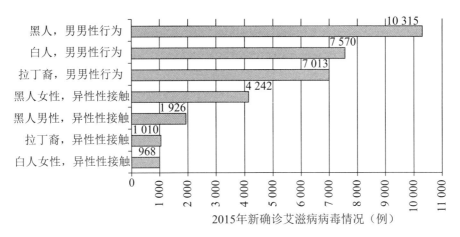

图 16-3　美国新感染艾滋病毒人群中受影响最严重的亚种群的情况估计

资料来源: Centers for Disease Control and Prevention. "Diagnoses of HIV Infection in the United States and Dependent Areas, 2015." HIV Surveillance Report 2016, 27. https://www.cdc.gov/hiv/pdf/library/reports/surveillance/cdc-hiv-surveillance-report-2015-vol-27.pdf.

性别与健康

　　女性的健康状况及其得到的医疗主要反映了她们在社会中的地位，其次才反映了她们与男性的生理差异。与男性相比，女性确实有显著的健康优势。例如，她们的预期寿命比男性多 7 年左右（Centers for Disease Control and Prevention，2017）。这些优势从子宫开始，女性胎儿的存活率比男性胎儿高 10%。这些优势在胎儿出生后继续保持，并贯穿整个生命周期，因为就所有年龄段的死亡率而言，男性都高于女性。女性比男性更不可能死于主要的致死原因，包括心脏病、癌症、事故、自杀和杀人（唯一的例外是死于糖尿病和阿尔茨海默病）（Centers for Disease Control and Prevention，2017）。

　　女性在健康方面比男性具有某些优势，这既有生物原因，也有社会原因。在幼儿时期，女孩比男孩更具生物优势，这表现为她们对传染病和慢性疾病的抵抗力更强。对于成年人而言，女性过去比男性受到更多的保护，至少在她们绝经前是这样，这是因为雌激素的作用，尤其表现在心脏病和高血压等病症方面。此外，由于每月的生理周期和生育，女性比男性更有可能定期去看医生或住院。

　　比性别之间的生理差异更重要的是显著的社会差异，后者也解释了健康的性别差异。青少年和年轻的成年男性有着冒险的性别角色期望，这就解释了为什么男性出现这类状况的可能性更大，包括发生车祸事故（5/7 的受害者是男性）、酒后驾车、过度饮酒（男性成为酗酒者的可能性是女性的 3 倍）、毒品和香烟（然而最近，女性吸烟人数一直在增加，所以男女之间的差异正在趋同）。此外，男性比女性更有可能从事危险的工作（包括军事战斗）。

　　平均而言，女性获得医疗保险的可能性低于男性。这是因为她们比男性更有可能从事兼职工作或做临时工作，因此没有资格获得雇主提供的医疗保险（Kaiser Family Foundation，2017）。此外，当女性丧偶或离婚时，她们在丈夫保单下的保险将停止。这些劣势对 45 ～ 64 岁的女性（在有资格享受**老年人医疗保险制度**之前）影响严重，而对这个年龄段的非裔女性和拉丁裔美国女性尤为如此（35% 女性享受医疗保险，而 2/3 的男性享受此项待遇）。

一个人是否有医疗保险确实是一个生死攸关的问题。在乳腺癌的例子中，研究人员发现，相对于有私人保险的女性而言，没有投保的女性接受癌症筛查服务的可能性更小，她们不太可能对自己是否患有乳腺癌进行充分评估、定期接受乳腺钼靶检查，以及积极治疗乳腺癌。

妇女面临两大健康风险：一种是生育，这对母亲来说可能是不健康的，甚至是致命的；另一种健康风险是传统性别角色的后果。因为美国社会评价女性的标准是外貌，所以她们比男性更容易患神经性厌食症和暴食症（人们采取特别措施减肥时产生的症状）。女性也比男性更有可能因为整容（抽脂、隆胸或缩胸、拉皮）而面临手术的风险，这可能会对健康产生负面影响。

在死亡率方面，女性低于男性，但这种优势对比男性从医疗行业获得的优势而言，相形见绌。第一，男性在医学院和医学界占主导地位。医学领域的女性在护理和助手这类养育性、支持性、低薪的和相对弱势的角色中占比过高，或者即便她们是医生，她们最有可能是全科医生（Vassar，2015）。

图 16-4　一名美国妇女抗议医疗性别歧视
资料来源：Jim West/Alamy Stock Photo

第二，直到 1990 年政府证实妇女被有意排除在联邦资助的医学研究之外时，许多医学研究都将妇女排除在研究对象之外（Westervelt，2015），如图 16-4 所示。例如，一项关于每日服用阿司匹林能否降低心脏病发作风险的大型研究选取了 22 071 名受试者，而这些受试者全都是男性。在大多数情况下，对男性有效的药物对女性也有效。但激素比例和月经周期的差异可能是很重要的。在阿司匹林的研究中，这将有助于确定服用阿司匹林能否预防绝经前女性的心脏病发作，还是仅对绝经后女性有效，抑或是对任何女性都无效。另一项研究以 12 866 名男性为对象，探索心脏病与高胆固醇、缺乏锻炼和吸烟之间的联系。由于将女性排除在研究之外，医学界没有明确的科学证据表明，在男性身上发现的这些变量之间的联系是否也适用于女性。

第三，各项研究似乎把女性的健康置于男

性的健康之后。例如，美国国立卫生研究院在女性医疗问题上的研究预算一直少于在男性医疗问题上的研究预算。也许这就解释了为什么医学研究还没有找到一种可接受的、安全的、有效的男性避孕药。这种缺陷意味着女性必须承担避孕的责任和健康风险。医学研究中的这一疏忽正在逐步得到纠正。最近的研究发现了与遗传性乳腺癌相关的基因、在预防骨质疏松症方面取得了进展，并研制出了治疗卵巢癌的药物。

第四，女性患者与男性医生互动时，会遇到许多性别歧视（Fassler，2015），其中包括：家长式的态度；对于与月经周期、分娩和更年期相关的女性特殊问题不敏感；站在那些不愿接受输精管结扎术丈夫一边，对妻子进行输卵管结扎，尽管成本和医疗风险要大得多；在诊断检查中要求男性比女性进行更具体的检查。在意外怀孕期间，通常也能体现出男医生对女性不敏感。许多男性医生往往认为女性的利益次要于胎儿存活。

总而言之，在美国，人们关于医疗制度的体验很大程度上取决于他们的社会阶层、种族和性别。一个人的条件越优越，就越容易获得高质量的医疗服务。

2010 年平价医疗法案

平价医疗法案（ACA）（也被称为"奥巴马医改"）于 2010 年获得通过。推动医疗改革的动力来自所谓的"医疗危机"，即无保险的人数不断增长，费用越来越高，医疗保险公司的利润也越来越高。推动医疗改革的最大因素之一是，2010 年 4 990 万人口（占总人口的 16.3%）没有医疗保险，这意味着他们基本上被排除在医疗体系之外。

如果没有医疗保险，糟糕的事情就会发生。无保险与较差的医疗质量和较高的过早死亡率（由于缺乏预防保健）相关。如果没有保险，许多人不会去看病，会拖到病情越发严重，而这造成了严重的医疗债务和困难。

医疗保健制度的其他问题源于医疗保险公司的营利性。为了提高利润，这类公司采用各种方法，如提高税率。以下是增加利润的其他一些策略。

- 他们雇用大批理算人和调查人员审查索赔要求，寻找拒付的理由。
- 他们运用"解除"这个法律术语，意思是"我们取消你的保险"。当投保人因受伤或疾病需要长期昂贵的护理时，通常会发生这种情况。取消保险的理由可能是：投保者的个人问题是由超重、有风险的生活方式，或不遵守医嘱造成的。
- 他们不为有"既往病史"的人投保。换句话说，他们拒绝为那些最需要他们服务的人提供保险。

ACA 纳入了一些条款，以纠正保险公司所有这些提高利润的手段。让我们更仔细地研究围绕医疗改革的政治及争议。

医疗改革的政治学

美国是唯一一个没有全民医疗的发达国家。早在 1912 年就有人试图改革美国的医疗制度，但均以失败告终。在奥巴马总统和特朗普总统最近的医疗改革努力之前，就有一些改革尝试，以下是这类改革的简史。

- 1912 年，西奥多·罗斯福竞选时提出了一项全民医疗计划，但他在选举中败给了伍德罗·威尔逊。1915 年，国会就一项提供全民医疗保险的法案展开辩论，但当美国在 1917 年对德宣战时，这项法案就夭折了。
- 1935 年，富兰克林·罗斯福总统通过了《社会保障法》。这项立法最初包括医疗改革，但由于争议太大而被取消了。
- 1949 年，哈里·杜鲁门总统呼吁建立一项全国医疗保险计划，但美国医学协会谴责该计划为"医疗的社会化"①，朝鲜爆发战争后，该计划被放弃了。
- 1965 年，林登·约翰逊总统试图制定全民医保法案。他放弃了医疗保险的普遍性，但却建立了老年保健医疗制度和医疗补助制度。
- 1974 年，理查德·尼克松总统提出了一项类似于奥巴马 2009 年提议的全国医疗方案，但水门丑闻被曝出，该方案未能通过。
- 1976 年，卡特总统推动了一项强制性医疗计划，但经济衰退使其偏离了轨道。
- 1993 年，比尔·克林顿总统向国会提交了一项全国医疗计划，要求企业为员工提供医疗保险，并要求每个人都要有医疗保险，但该计划未能获得通过。

2009 年，面对一个功能失调的制度，奥巴马总统将全面改革医疗制度作为首要目标。2009—2010 年，国会议员围绕医疗改革展开了激烈的辩论。双方形成了两个有争议的派别——民主党人普遍赞成改革，而共和党人则一致反对采取改革措施。支撑这些争论的是一个基本的哲学问题：医疗的组织是政府关心的问题（民主党的立场），还是应该留给市场（共和党的立场）？在实际层面上，每年大约 3 万亿美元的医疗支出涉及利害关系。这笔钱的分配是争论的焦点。保险公司和制药公司担心自己会失去利润；医生、医院和管理式医疗网络都对自己的未来感到担忧；个人和家庭担心医疗制度的改变会影响自己的钱袋子及将得到的医疗质量。简而言之，各个利益集团与现状利害攸关。结果，医疗制度改革的支持力量和反对力量采取各种策略，展开了一场激烈的斗争。这里我们集中讨论反对改革的各项努力。

（1）**影响公众**。2009 年，参与医疗辩论的各利益集团在电视宣传广告上花费了超过 2.1 亿美元（Seelye，2010）。拉什·林堡等保守派评论员以及福克斯新闻等媒体也发起了一场精心策划的运动。他们试图说服公众：奥巴马和民主党正在把美国引向一条充满危险的歧途，政府越来越多地侵入美国人的私人生活。他们的论点包括：政府的过度扩张等于失去自由；医疗改革将补贴堕胎；它将导致由华盛顿官僚组成的"死亡委员会"；这项改革将花费巨大。

那些反对医疗改革的人成功地使公众舆论反对改革，并使一些人（如茶党人士）成为

---

① 译者注：以美国医学协会为代表的反对方认为，医疗的社会化可能代表"社会化国家的基石"，因此对这类"社会主义计划"进行批评并加以阻挠。

狂热的反对者。他们集会上的标语把奥巴马描绘成希特勒，并展示了锤子和镰刀等共产主义符号，上面写着："奥巴马医改——医疗的社会化""奥巴马的谎言和奶奶死亡""拒绝社会主义——拒绝死亡委员会！""奥巴马医改：告别老人们！"和"国会不是我的医生"。

（2）**影响国会**。2009 年，华盛顿有 3 098 名医疗行业的游说者，几乎每个国会议员有 6 名说客。他们致力于阻止改革立法，或者形塑由此产生的立法，以保持他们的优势（Sklar，2009）。无党派机构响应性政治中心（The Nonpartisan Center for Responsive Politics）发现，2009 年，医疗和医疗保险行业的联邦游说总额达到 6.48 亿美元，是有史以来商业部门用于联邦游说的最高金额（转引自 Seelye，2010）。制药和保健品行业作为一个高利润行业，在 2009 年花费了 2.668 亿美元进行游说，创下了单一行业的历史纪录（Jackson，2011）。

另一个影响医疗保健立法最终成形的策略是向关键的立法者提供资金。医疗行业向国会议员提供的竞选捐款中，有近 60% 流向了在 5 个有权力的委员会任职的议员，而医疗改革立法正是由这些委员会制定的。这些捐款背后的意图是，有影响力的立法者将制定对其有利的立法。例如，参议院财政委员会主席马克斯·鲍卡斯是参议院竞选捐款的主要接受者，这些捐款来自医院、保险公司及其他医疗利益集团，仅在 2007 年和 2008 年，他就收到了 150 万美元（Eggen，2009）。

（3）**少数派对立法的阻挠**。作为国会参众两院的少数党，共和党决意采取全面反对医疗改革的策略。例如，当参议院在 2009 年平安夜就一项重要的医疗法案进行投票时，没有一个共和党人投赞成票。在 435 个席位的众议院中，只有一名共和党人投了赞成票。共和党之所以反对，有两个原因：对一些人来说，反对意见基于一定的原则，即遵从政府计划而不是让市场决定医疗保健是错误的；对另一些人来说，他们极端的党派倾向是政治性的——拒绝奥巴马取得重大胜利（Klein，2010：21）。

奥巴马医改

由于民主党控制了国会参众两院，众议院和参议院通过了不同的医疗改革法案。由会议委员会提出的最终法案并没有通过单一支付计划来提供全民医疗保险，这让改革派感到失望。然而，这确实增加了政府在医疗保健制度中的作用，这让保守派感到不安。《平价医疗法案》于 2010 年获得通过，尽管参众两院曾有 50 多次废除该法案的尝试，但最高法院于 2012 年和 2015 年裁定维持 ACA 的法律地位。

奥巴马医改是一种改变现状的立法。

- 有一项强制命令，要求每个人都要购买健康保险，就像法律规定司机必须购买汽车保险，否则就要缴纳罚款一样。政府补贴低收入人群，通过扩大医疗补助计划的覆盖范围或税收抵免来支付他们的保费。这项命令的基本理由有两个：保护那些没有保障的人；防止社会不得不为没有保险的人支付医疗费用（Coy，2012）。

- 如果个人愿意，可以保留现有的保险计划。

- 交易所的建立使直接从保险公司购买保险的小企业和个人可以选择一系列为其业务而展开竞争的私人计划（称为健康保险市场）。
- 政府成立了一个医疗保险监督委员会，授权其控制报销率。
- 对于那些被解雇、更换雇主或换了不提供保险的雇主的人而言，自己是有保障的，因为他们现在有保险。
- 不能因为个人先前存在的健康问题或医疗费用过高而拒绝为其提供保险。
- 禁止保险公司对承保范围设定终身上限。
- 年轻人在 26 岁之前都享有父母的保险。

根据该法案，自 2014 年开始：①几乎每个人都被要求购买保险否则要缴纳罚款。这听起来让人很不舒服，但它只影响 7% 的人口，其中大多数人有资格获得补贴，以帮助他们购买保险（Urban Institute study, reported in Pugh, 2012）；②有超过 50 名员工的企业如果不为其员工提供保险，将面临罚款；③保险市场使个人和小企业更容易买到负担得起的保险；④保险公司在每一美元中用于非医疗费用（管理费用）上的支出不得超过 15 美分；⑤禁止保险公司拒绝为有健康问题的成人和儿童提供保险，也禁止收取更高的费用；⑥医疗保险范围扩大，包括精神疾病；⑦医疗补助制度扩大到包括贫困线 133% 以内的所有人。

关于奥巴马医改似乎存在许多误解。首先，平价医疗法案不是社会主义。如果是的话，政府将提供医疗保险，设立公立医院，并雇用卫生专业人员作为员工。政府管理和补贴医疗保险，但它不是接管美国医疗系统。虽然在立法过程中进行了考虑，但最终法案中没有包含公共选择权。这将允许政府与私人保险公司竞争，从而提供更多的竞争、更低的费率以及政府对市场的更多干预。简而言之，该计划将医疗作为一个主要的私人体系保留了下来。

其次，该计划并没有损害商业医疗保险公司的利益。尽管医疗保险公司无法再拒绝那些将产生昂贵费用的病人，但它们将从越来越多的投保人中受益，因为每个人都被要求拥有保险，而且它们不必与政府保险竞争。

《平价医疗法案》的未来

平价医疗法案（ACA）并不完美。这激怒了改革派，他们认为，该法案在提供全民医保方面做得还不够。此外，它将大多数私人医疗交给了以营利为目的的保险业，这将带来巨大的管理成本和文书工作。保守派反对医疗改革，因为它给了联邦政府太多的权力，他们批评人们必须有医疗保险这个要求。

随着 2016 年唐纳德·特朗普的当选，共和党人发誓要废除并取代 ACA。随之而来的是一系列复杂的提案和未能通过的议案。2017 年 3 月，共和党人提出了《美国医保法》（AHCA），该法案得到了总统的支持。然而，国会预算办公室发布的一份报告称，根据《美国医保法》，5 200 万美国人将没有保险，保费也将上升。该报告发布后，许多温和的众议院共和党人拒绝投赞成票，该项法案未能获得通过。

在提出了许多修正案之后，参议院宣布将起草一份废除和替代法案。在多数党领袖米奇·麦康奈尔的领导下，参议院提出了《改善医疗和解法案》（BCRA）。国会预算办公室再次发布了一份报告，预测到 2026 年，与 ACA 相比，在这项法案下，将有 2 200 万人没有保险。在一些共和党参议员拒绝支持 BCRA 之后，参议院推迟了对 BCRA 的投票，并提出了许多修正案和修订建议，但均未获通过。

2017 年夏天，参议员们提出并投票否决了一系列修正案和法案，包括《奥巴马医改废除和解法案》（ORRA）和《医疗自由法案》（HCFA）。特朗普总统公开表示，他对共和党未能拿出一项计划来废除并取代 ACA 感到失望。

在撰写本书时，ACA 的未来难以预料。特朗普政府正在采取措施来取消 ACA 的一些条款。例如，《减税与就业法案》取消了每个人必须购买保险或支付罚款的强制规定。共和党人和民主党人还在继续辩论，他们是否会提出一个得到两党一致支持的医疗计划还有待后观。也许其他国家的经验教训可以作为美国的参照，这些我们将在下一节讨论。

来自其他社会的经验教训

世界卫生组织将**全民健康覆盖**定义为每个人都可以获得所需的高质量医疗服务，并且不会因此面临财政困难的一项制度（World Health Organization，2018）。尽管《平价医疗法案》使美国最接近实现全民医保，但对于没有保险的人来说，他们面临经济困难的风险非常高，而目前有近 2 800 万人没有保险。

正如我们所看到的，美国在医疗方面的花费，无论是在总额上还是在国民生产总值占比上，都远远超过其他国家。然而，国民健康的所有主要指标都表明，其他国家从健康资金中得到的比美国更多。

在这种令人沮丧的医疗气候下，是否存在可以改善美国医疗制度的改革？其他发达国家已经找到了符合其历史、政治、经济和国家价值观的方式，一般模式可以分为三种基本安排（以下内容基于 Reid，2009：17-20）。

俾斯麦模式和贝弗里奇模式

（1）**俾斯麦模式**。这一制度以奥托·冯·俾斯麦的名字命名。俾斯麦于 19 世纪在德国创造了福利国家，如今在德国、日本、法国、比利时和瑞士实施的都是这一制度。与美国的医保制度一样，福利制度也使用私人医疗保险计划，通常由雇主和雇员共同出资。不过，与美国不同的是，俾斯麦式计划覆盖了所有人，保险公司并不盈利。政府严格监管医疗服务和收费情况，以控制成本。

（2）**贝弗里奇模式**。这一制度以一位英国改革者的名字命名，英国、意大利、西班牙、古巴和斯堪的纳维亚半岛的大部分地区都使用这一制度。医疗由政府提供和资助。在这种制度下，没有医疗账单，因为医疗是一项公共服务，就像公共图书馆一样。政府拥有大部分的医院和诊所，许多医生是政府的雇员。还有一些私人医生，他们的服务费用由政府报销。因为政府控制了医生可以做什么，并且决定他们可以收取哪些费用，所以医疗成本很低。

国民健康保险模式

这一制度包括俾斯麦模式和贝弗里奇模式的元素，澳大利亚、加拿大和韩国都实行该制度。医疗服务的提供者是私营的，但支付方是政府经营的保险项目。这就是众所周知的**单一支付者计划**。政府保险计划（无论是联邦计划还是省级计划）每月向每个公民收取保费并支付医疗费用。

> 由于不需要营销，不需要昂贵的承保机构来拒绝索赔，也没有利润，这些通用保险项目往往比美国式的私人保险更便宜，管理上也简单得多。作为一个覆盖所有人的单一支付者，国家保险计划往往有相当大的市场权力来谈判较低的价格（例如，更低的药品成本）。（Reid，2009：18-19）

大多数全民医疗保险的倡导者认为，美国应该采用与加拿大或澳大利亚类似的单一付款者计划（这是 2016 年总统候选人伯尼·桑德斯的主要竞选纲领）。这项计划将以更低的成本为所有公民服务；澳大利亚将其国内生产总值（GDP）的 10% 用于医疗，而美国的这一比例为 17.9%。2016 年，澳大利亚人均医疗支出为 4 708 美元，而美国人均医疗支出为 9 892 美元，但澳大利亚人的健康状况更好（如表 16-1 所示）。它不仅能更有效地为每个人服务，还能减少科层制和文书工作；美国的医疗管理费用是澳大利亚的两倍多。

表 16-1　健康结果比较

结果	美国	德国	英国	澳大利亚
人均支出 / 美元	9 892	5 550	4 192	4 708
预期寿命 / 年	78.8	80.7	81	82.5
每 1 000 个婴儿生存率 / 个	5.8	3.4	4.3	4.3
可预防的每 100 000 个早产死亡婴儿 / 个	4 610	2 880	—	2 674

资料来源： 作者依据经合组织 2016 年数据统计。The Organization for Economic Co-operation and Development. https：//data.oecd.org/health.htm；Central Intelligence Agency. 2017.https：//www.cia.gov/library/publications/the-world-factbook/rankorder/2091rank.html.

总之，与其他高收入国家相比，美国的医疗支出要高得多，但健康状况却较差。联邦基金对 11 个高收入国家进行的一项研究显示，美国的医疗制度表现垫底；在获得医疗保健、公平和健康结果方面排名垫底；行政效率排倒数第 2 位（Schneider et al.，2018）。随着即将到来的政策变化，这一制度是会改善还是恶化，还有待观察。

第 17 章
社会变迁：经济与人口

在本书的最后一部分，我们将转向社会变迁的议题，第 17 章关注广泛的结构变化是如何影响个人生活的，第 18 章关注人类能动性（或个人生活如何影响更广泛的社会）。我们正处于三次社会"大动荡"之中。在 20 世纪的大部分时间里，美国经济主要以国内生产和消费为基础，人口绝大多数是有着欧洲血统的年轻白人。现在正在发生三个巨变：①全球化和美国经济转型，这对国内外的就业和安全产生了深远的影响；②随着拉丁裔和亚裔美国人口急剧增加，"新移民"正在改变美国的种族构成；③人口老龄化，这正在改变家庭、政治、工作和公共政策。这些社会变迁比人类历史上任何时候都更加深远，发展的速度也更快。本章旨在了解这三个宏观的社会趋势及其影响个人、家庭、社区和社会制度的未来的重要方式。

全球化与经济结构转型

人类历史上有几个根本性的转折点。新石器时代的农业革命大约开始于公元前 8000 年，它标志着从狩猎和采集植物的游牧生活过渡到以农业为基础的定居生活。在这个阶段，人类开始制造和使用工具，驯化动物，语言、数字和其他符号变得更加复杂；采矿和金属加工也得到了发展。

接下来的一个根本性的转折点，就是第一次工业革命，始于 18 世纪 80 年代的英国。随着蒸汽动力以及后来石油和电力用作工业、采矿、制造业和交通的能源，经济、工作性质、家庭组织发生了根本性的变化，此外，农村生活向城市生活转变。

第二次工业革命通过流水线和大规模工厂实现了商品的大规模生产。钢铁取代了铁，使铁路、轮船和桥梁的建造更加容易。内燃机的发明永远地改变了交通方式，并促进了社会的现代化。

第三次工业革命利用电子和信息技术来改造生产方式，促进自动化生产，从而导致制造业的衰落，并向以服务和信息为基础的经济转型。如今，一些人认为第四次工业革命——数字革命正在进行。新技术和新应用（互联网、3D 打印、自动驾驶汽车、工业机器人、生物技术、人类基因组解码、人工智能、移动技术等）推动了这场革命。这些惊人的科学突破已经对商业、国际贸易、全球政治，以及个人层面的工作机会、薪酬和福利产生了巨大的影响，而这种影响将会持续下去，如图 17-1 所示。

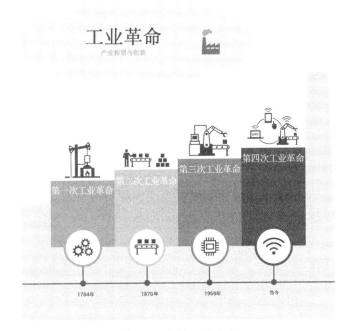

图 17-1　历次工业革命

资料来源：ElenaBs/Alamy Stock Photo

全球化

在变化中最重要的是，新技术扩大了全球各国人民之间的联系。互联网使世界范围内的通信变得即时。只需敲击几下键盘，资金就能跨越政治边界。一个国家的低薪会影响其他国家的工资。世界某一地区的干旱会抬高世界各地的商品价格，而某一地区的某种产品生产过剩则会压低该产品在其他地区的价格。一个国家的股票市场崩溃会对全世界的金融市场产生影响。一个社会的电影、电视和广告影响着其他社会的品位、兴趣和风格。受污染的空气和水跨越国界。发展中国家的乱砍滥伐对世界各地的气候变化都有重大影响。燃烧化石燃料造成的全球变暖改变了气候，产生了超级风暴，并增加了热带疾病在世界各地的传播。艾滋病毒（HIV）/ 艾滋病（AIDS）等疾病大约在 50 年前起源于非洲，现在在全世界感染了 3 700 万人。甲型 H1N1 流感病毒在几个月内就成了一种流行病（全球范围的健康威胁），2014 年埃博拉病毒的暴发也是如此。移民人数急剧增加，特别是从贫穷国家到富裕国家的移民。有了尖端的武器系统，任何国家都无法免受其他国家的攻击或极端主义组织的恐怖袭击。

全球化的每一个例子都涉及这样一个过程，即地球上的每个人在经济、政治、文化和环境上的联系日益紧密的过程。我们在此讨论的重点是经济全球化。

虽然国家之间的贸易并不新鲜，但全球贸易在二战后进入了一个新的阶段。战后，逐渐演变出一个全球贸易网络，民族和国家的一体化，以及一个拥有共同意识形态的全球经济——资本主义。前殖民地已经建立了本地的工业，并在全球市场上出售原材料、产品和劳动力。美国成为世界上最强大的经济和军事强国，美国公司致力于将业务扩展到其他国家以获取利润。关税壁垒的消除加速了向全球经济的转型。1994 年通过的两个协定，即北美自由贸易协定（NAFTA）和关税及贸易总协定（GATT），都是增加商品（和就业）跨境流动的例子。2005 年，布什总统签署了中美洲自由贸易协定（CAFTA），建立了一个西半球版本的北美自由贸易协定。得益于自由贸易协定，2015 年，47% 的美国商品出口（总计 7 100 亿美元）流向了合作伙伴国家（International Trade Administration，2018）。

经济的全球化并不是一个中立的过程。决策是基于如何使利润最大化来制定的，从而服务于资本所有者，而不一定是美国业务所在地的工人或社区。就这一点而言，私营企业在寻求利润的过程中所做出的关键的投资决定，改变着家庭和社区的动态。最重要的是，企业将资金从一项投资转移到另一项投资的决策（称为**资本外逃**）。这种资本转移有几种形式：投资设在其他国家的工厂，美国境内的工厂搬迁，以及兼并。虽然这些投资决策对企业而言可能是积极的，但它们也从其他人（工人及其家庭、社区和供应商）那里拿走了投资（撤资）。

美国跨国公司的大部分制造业现在都是在低工资的经济体中运行的。制造商转移到海外的原因在于，海外的利润更大，而且大型零售商（如沃尔玛）为消费者寻求更低的价格和为自身谋求更高的利润而迫使它们如此（Meyerson，2010：A16-A17）。这种工作迁移有两种形式，二者均与资本外逃有关：离岸和外包。**离岸**是指公司将生产转移到另一个国家，以同样的方式生产同样的产品，但劳动力更廉价，税收更低，工人的福利也更少。**外包**是指将那些在公司内部完成某些具体任务，如调查、客服中心、会计或转录等，转移到海外公司以节省资金，然后再将其重新整合到公司的整体运营中。

> 新技术的爆发——包括电子邮件、数字化、互联网、宽带技术、扫描仪、通信卫星、海底光缆和视频会议——使企业能够很方便地将白领工作转移到海外……现在，印度的放射科医生正在为马萨诸塞州综合医院及其他医院分析 X 光片。在波音公司裁减美国工程师的同时，莫斯科的 500 名工程师正在帮助这家公司设计和制造飞机。美国银行向印度转移了 1 000 个技术和后台工作岗位，同时在美国裁减了 3 700 人。（Greenhouse，2009：203）

外包的现象有三个根源。首先，互联网引发了世界范围内的通信革命。其次，在英语国家有合格的工人供应，最明显的是印度，还有菲律宾、巴巴多斯、牙买加、新加坡和爱尔兰。最后，这些工人愿意以低于美国同类工人的工资工作。成千上万的公司将部分或全部生产外包，最突出的是苹果、耐克和沃尔玛。其他受外包影响的工作包括软件工程师、会计、建筑师、工程师、设计师、X 光技术员和飞机维修工人。同样受到负面影响的还有较低级别的白领工作，如客户服务代表、电话推销员、录音转录员以及预订机票和酒店的人员。

经济结构转型

众所周知，随着资本主义经济结构的转变，一些部门将会受损，而另一些部门将会受益。例如，1917 年，美国最大的公司美国钢铁公司的资产是其最接近的竞争对手的 3 倍，其雇用的工人多达 268 000 名。如今，美国最大的雇主是沃尔玛，旗下有超过 230 万名员工。这些事实说明，作为 20 世纪美国经济支柱的制造业是如何不再占据主导地位的。该行业已被服务部门和知识 / 技术类公司所取代。过去，人们主要从事生产产品的工作，而现在，他们倾向于在办公室、银行、保险、零售、医疗、教育、保管、餐馆、保安和交通运输业工作（换句话说，提供服务而不是生产产品）。

（1）**从制造业到服务业**。从制造业向服务业和信息 / 知识行业的转移意味着一些经济部门的重要性减弱，甚至将消失殆尽。这些行业被称为**夕阳产业**。1975 年以来，钢铁、轮胎、鞋类、玩具、纺织品等 1 500 多家制造工厂永久性关停了。实际上，数以百万计的蓝领工人丢了工作，而且没有被取代，其中大部分工人都有工会组织，拥有优厚的工资和福利。2001—2011 年，美国仅在中国就失去了 270 万个工作岗位（Kurtzleben，2012）。

在过去的 20 年里，虽然工作岗位减少了数百万，但**朝阳产业**（以增加产出和就业为特征的产业）创造了更多的工作岗位。这类工作涉及高科技产品的生产（如计算机软件、医疗仪器、生物工程和机器人科学）。此外，零售员、门卫和保安等低端服务的工作岗位也有所增加（免受离岸和外包影响是其优势）。

许多蓝领工作岗位也被自动化取代。20 世纪 60 年代以来，机器人已经取代了人类的日常工作，如采摘水果、焊接、装配、喷漆和扫描产品缺陷。现在机器人能够看到、移动并协同工作。同样，由于新技术的出现，许多白领工作岗位正在流失（参见深入观察专栏"计算机技术与中产阶级失业"）。

深入观察

计算机技术与中产阶级失业

经济学家保罗·克鲁格曼认为，技术进步实际上正在减少对受教育程度高的工人的需求。他提供了法律研究软件的例子，这些软件能以低廉的价格分析数百万份文件，而这些任务曾经需要大量律师和律师助理才能完成，而且有软件能取代工程师完成芯片设计和计算机辅助医疗诊断等工作（Paul Krugman，2011）。同样，由于设计是以数字化的方式创建和操作的，因而对建筑师的需求也变小了。在医疗领域，计算机和电信的结合使远程服务成为可能。X 光片在低工资国家经过当晚的查看和解读，第二天就可以返回给美国医生。

互联网已经淘汰了许多白领工作。例如，互联网使人们能够自行安排旅行从而减少了对旅行社的需求，甚至不再需要旅行社了，人们还能在互联网上买卖股票从而使股票经纪人变得不必要。此外，还有软件可以帮助人们在不需要税务专家的情况下完成纳税申报。在公司内部，计算机程序负责处理工资单、库存控制和交货时间表，从而减少了对会计师的需求。每年邮寄的信件数量从 2006 年的 2 130 亿封减少到 2015 年的 1 540 亿封（United States Postal Service，2016），这就意味着邮政服务员、分拣员和送信员的减少。同样，谷歌的每日搜索量从 2000 年的 1 亿次增加到 2018 年的 35 亿次（Internet Live Stats，2018），大大减少了人们对图书馆及其工作人员的需求。每日报纸的订阅量不断下降，部分原因是这些内容可以从网上免费获得。因此，随之而来的是记者、专栏作家、调查记者、文案编辑和排字员等工作岗位的减少。大幅增长的网上销售导致零售员及相关人员的减少。同样，随着人们通过电子方式购买书籍，书店也在纷纷倒闭。

因此，工作稀缺不仅是制造业衰落和蓝领岗位流失的问题，白领工作也变得越来越脆弱。

（2）**临时性就业**。雇主／雇员的关系也在被重塑中。互联网正在彻底改变商业交易的方式。2015 年，高达 40% 的美国工人从事临时的、合同的、个体经营的、租赁的、兼职的及其他"非标准"的工作。这些**临时性就业**的工人（即兼职、临时工作或作为独立合同工的雇员）通常缺乏一份明确的持续雇用的合同，只能断断续续地收到工资。他们的收入低于同岗位的员工，享受的健康保险、探亲假、退休等福利也更少，因此雇主的支出比雇佣普通员工低 30%。值得注意的是，相比男性，女性更有可能成为临时工。

临时性就业的一种形式是"**居家办公**"（homeshoring）或"**家庭外包**"（homesourcing），即独立合同工在家办公。这些工人虽然赚取工资，但是需要自行支付医疗费用和退休保险，并且自行购买设备（电话、电脑等）。这些人通常从事预订代理或其他呼叫中心的工作。公司从这种安排中获益，因为它节省了员工福利，而且不必提供工作场所和设备。独立合同工受益于灵活的工作时间，而且节省了儿童保育、通勤和服装方面的费用。

临时性就业的另一个趋势是临时工的增长。这一趋势代表了工作领域的巨大变化。企业辩称，它们需要这种安排，以便在快速变化的竞争中保持灵活性。这些临时工不受雇主的约束，可以从现有的工作中自由选择（称为"零工"工作）。这一趋势与"千禧一代"有关，他们在临时劳动力中占很大比例。然而，这种趋势也有不利的一面：大约 60% 的非标准工作都是低质量的，工资也低于同类的正规全职工作的工人。临时工的时薪平均比全职工人低 40%。简而言之，这一趋势意味着边际工作岗位的激增，雇主们现在将附加福利的负担转移到了工人个人及其家庭身上。

大约一代人以前，工人们在其职业生涯里往往会为一两个雇主工作。雇主不会轻易开除他们的员工（"做好你的工作，你就会一直有这份工作"），工人们也忠于他们的雇主。但是工作的性质发生了巨大的变化。现在，许多工人并未与雇主联合起来，正如我们所见，他们以临时工的身份工作。当雇主对工厂进行现代化改造或将工厂迁往别处时，数百万工人被解雇了。还有一些工人发现自己的技能跟不上技术的变化，而其他人跳槽去做其他工作。总之，工作性质的变化导致数百万工人担心工作不保。

（3）**福利无保障**。由于工会相对薄弱，加之来自低工资经济体的竞争，美国企业一直在减少工人福利。一些公司甚至宣布破产，以违背其向工人承诺的福利（如美国联合航空公司、达美航空公司、西北航空公司和美国最大的汽车零部件制造商德尔福公司）。另外一些公司与工会协商建立一个双层福利体系。这种方式保留了那些已经被雇用的人的福利。而新员工不仅工资较低，而且福利待遇也会大幅减少。雇主的另一种策略是将退休计划从固定福利（基于服务年限的保障性的退休福利）转移到基于员工投资的退休计划（如401k）。这免除了雇主今后的任何责任。值得注意的是，许多雇主减少或取消了工人的医疗福利。

（4）**工资下调**。考虑到通货膨胀的因素，现在的平均工资还没有达到 1979 年的水平。事实上，数据表明，经过通货膨胀调整后，如今的平均时薪的购买力与 1979 年差不多。此外，在这个工资停滞或下降的时代，医疗、交通、住房和大学学费等费用却大幅上涨。

具有讽刺意味的是，在这段漫长的时间里，工资下降了，而工人的生产率（即每小时的工作产出）实际上却上升了。因此，尽管美国自 20 世纪 70 年代末以来失去了 700 多万个制造业工作岗位，但制造业产出仍在继续增长。正如本章所示，技术（计算机和机器人）、生产效率、工人对自己如果不努力工作就会遭到解雇的恐惧、更少的工人生产更多的产品，所有这些因素最终导致了生产力的提高。

有几个因素压低了工人的工资。第一，正如我们在第 11 章中看到的，工会成员人数大幅下降，工会成员的收入比其非工会成员的同事多 30%。第二，来自低工资国家的竞争压低了美国的工资水平。例如，2005 年，无法与低工资经济体竞争的德尔福公司将生产工人的工资从每小时 27 美元削减至 10 美元（使全职工人的年收入从约 5.6 万美元减少至2.08 万美元）。第三，企业如果不迁往海外，就会迁往基本上没有工会的南方和工会较少的西部，以及工资较低的农村地区。第四，企业管理层系统地用机器取代了工人和临时工（独立合同工、兼职工人和居家办公者）。

总而言之，美国社会中与经济和工作相关的问题的根源是结构性的。也就是说，在很多情况下，失业或低薪工作是更广泛的社会力量的结果。为了理解我们社会中的经济和工作环境，我们必须理解资本主义的本质。在资本主义制度中，指导管理决策的是利益得失，而不是对人的影响。跨国公司根据全球市场以及在世界范围内哪里的劳动力成本和做生意的成本最低来作决定。在跨国公司繁荣发展的同时，美国劳工却受到了负面影响。此外，经济已经转变为一种有着高度集中的临时的、低福利的和低工资的工作的经济。这些趋势是一场深刻的社会变革的一部分，给工人、他们的家庭、社区和社会造成了许多混乱。

新移民与不断变化的种族格局

美国正在从一个植根于西方文化的盎格鲁－白种人的社会转变为一个有着三大少数种族/民族的社会，每个种族的规模都在增长，而白人的比例却在下降。让我们详细分析一下人口结构的变化。

移民与日益增加的多样性

以下五个事实显示了当前人口结构转型的轮廓和规模。

- 超过 1/3（38.7%）的美国人是非裔、拉丁裔、亚裔或印第安人。有 4 个州（加利福尼亚、得克萨斯、新墨西哥和夏威夷）是非白人占多数，另有 3 个州（内华达州、马里兰州和乔治亚州）接近这个门槛。

- 少数种族人口的增长速度快于多数种族人口。少数种族和族群几乎占人口的 40%，但他们的出生人口占所有出生人口的 50% 以上。亚裔是美国人口中增长最快的群体。

- 非裔美国人已经失去了他们作为人数最多的少数族裔的地位。1990 年，非裔美国人占所有少数族裔的比例首次少于 50%。到 2016 年，拉丁裔人口（5 750 万）超过非裔美国人（4 680 万）。到 2050 年，拉丁裔人口预计将占美国人口的 29%，非裔人口约占 13%。人口结构的转型将使关于种族的两个常见假设过时了，即"种族"是一个"黑人和白人"的问题，以及美国是一个"白人"的社会。

- 移民占了美国人口增长的很大一部分。目前，13.2% 的美国居民是在外国出生的。据美国人口普查局估计，拉丁裔和亚裔人口的增长速度是白人的 10 倍以上。移民占当前人口增长的 1/3 以上，而且因为第 1 代（在外国出生的人）和第 2 代美国人（在外国出生的人的孩子）平均比其他人口生育的孩子更多，这会更间接地增加美国人口。

- 新的移民模式正在改变社会的种族构成。在不断扩大的第 1 代移民人口中，在亚洲出生的人数已经超过了在欧洲出生的人数，而来自拉丁美洲（尤其是墨西哥）的移民人数已经超过了前两者。这与 20 世纪 50 年代的情况形成了鲜明对比，当时美国 2/3 的合法移民来自欧洲和加拿大。让我们来仔细看看美国的移民模式。

移民模式。移民，即人们跨越政治边界的移动，是全球化的一种表现。历史上，美国经历过四次主要的移民潮，这是美国人口增长和种族多样性的主要来源。第一批移民是在 1790—1820 年抵达的，他们主要由讲英语的英国人组成。第二次移民潮主要是爱尔兰人和德国人，他们在 19 世纪四五十年代抵达美国，并挑战了新教徒的统治地位，这导致了对天主教徒的强烈反对。第三次移民潮发生在 1880—1914 年，此次移民超过 2 000 万人，其中大部分是南欧和东欧人，他们来此是为了在大城市的工厂中工作。20 世纪 20 年代，美国对其接受的移民数量进行了限制，其运作原则是新移民应该与旧移民相似。"国籍"

规则旨在严格限制东欧移民，并拒绝亚洲人入境。

第四次移民潮始于 1965 年，目前仍在继续。1965 年的《移民法》修正案废除了美国保留了近半个世纪的欧洲特色的配额制。新法律鼓励了新一波的移民潮，只不过这次移民不是来自北欧，而是来自第三世界，尤其是亚洲和拉丁美洲。例如，2015 年，主要的新移民来自印度，其次是中国、墨西哥、菲律宾和加拿大（Zong and Batalova,2017）。显然，其结果是美国人口的种族构成发生了巨大的变化。

除了合法移民（每年约 100 万名），估计有 52.5 万名非法移民进入并留在美国（估计每年有 150 万～ 250 万人非法进入美国，但大多数会返回本国），因此，美国每年净增约 153 万移民。虽然无法确定秘密进入美国的移民人数，但最好的估计是，2012 年大约有 1 112 万非法移民居住在美国（克罗格斯塔德和帕塞尔，2015）。

加州是美国未来人口结构的指示器。直到 1970 年，加州 80% 的人口是白人，但此后它一直受到移民的独特影响。其结果是，从数值上看，非西班牙裔白人现在是加州的少数民族（占加州人口的 38.6%）。2016 年，44% 的房主会说英语以外的语言，而在西班牙裔人口中，只有 33.9% 是土生土长的。洛杉矶是韩国以外韩国人最多的地方，也是西方世界中伊朗人最多的地方，还有大量的墨西哥人。南加州人口多样化，当地讲 88 种语言和方言。洛杉矶市区有 50 多家外语报纸，也有用西班牙语、普通话、亚美尼亚语、日语、韩语和越南语播出的电视节目。

移民冲突

尽管美国是一个由移民建立的国家，但移民是一个有争议的话题，因为政客们在移民政策上争论不休。在 2018 年的国情咨文中，特朗普总统提出了移民政策的以下改变：①为 180 万非法移民（他们在小时候被带到美国，被称为"追梦人"）提供获得公民身份的途径；②划拨 250 亿美元的信托基金沿墨西哥边境修建一堵墙；③结束签证抽签移民制度，支持择优移民制度；④将家庭团聚仅限于配偶和子女（Plott，2018）。

边境墙曾是特朗普总统的竞选承诺之一，目前备受争议。（他最初希望墨西哥支付这笔费用，但遭到了拒绝。）特朗普政府实施的另一项有争议的反移民政策是旅行禁令，禁止来自 8 个以穆斯林为主的国家的外国人入境。政府将这些申请人指定为"高风险"。2018 年 6 月，最高法院以有争议的 5 票对 4 票的投票支持了特朗普总统的旅行禁令。

必须注意，最近的移民潮是在以下历史背景下发生的：美国经济结构调整；对恐怖袭击的恐惧；日益保守的政治气候。新移民一直被视为对现有移民的威胁。人们通常认为，由于移民的工资较低，他们会压低工资，抢走已经在这里定居的人的工作。在经济困难时期，当企业缩小规模或外包工作、支付更低的工资、用技术取代工人以适应经济转型时，这些担忧就会加剧。人们普遍认为，新移民增加了税收，这是因为他们需要的服务（教育、医疗和福利）的成本远远超过他们交的税，因此对移民抱有敌意，如图 17-2 所示。

图 17-2　2017 年纽约市数千名示威者抗议特朗普政府的移民政策

资料来源：Albin Lohr-Jones/Pacific Press/Alamy Stock Photo

之前的移民潮是白人，主要来自爱尔兰、英格兰、德国、意大利和东欧。与此形成鲜明对比的是，今天的移民来自拉丁美洲和亚洲。他们不是白人，有着明显的非欧洲文化。当这些种族和民族差异再加上对经济和恐怖主义的恐惧，这种组合就充满了动荡不定。

新移民的所在地使情况进一步恶化。通常，他们会搬到像他们这样的移民已经定居的地方。例如，在美国 9 万苗族人中有 20% 住在明尼苏达州，大部分住在明尼阿波利斯－圣路易斯附近。大约 40% 的亚裔美国人居住在加州。移民在地理上按种族/民族聚集的趋势为他们提供了一个朋友和亲戚网络，这些亲朋为他们提供支持。这种在特定地区的聚集模式也会增加非移民对他们的恐惧。非移民们担心工资会下降，税收会增加，因为新邻居们相对贫穷，他们的孩子在学校有特殊语言需求，而且可能没有医疗保险。

另一种倾向是新移民为了更便宜的住房而选择其他穷人居住的地方。当贫穷的白人和一个或多个少数族裔住在一起时，问题就会出现。尽管有共同的条件，但这种情况下的紧张局势加剧了，因为在社会中处于不利地位的群体经常为了相对优势而相互争斗。例如，非裔美国人和亚裔移民之间的紧张关系在 1992 年的洛杉矶南部的骚乱中得到了证明，当时大约有 2 000 家韩国企业被洗劫或烧毁。

这些因素的结果通常是对反移民的反弹。过去 50 多年的民意调查一致显示，美国人希望减少移民数量。然而，最近的民意调查显示，大多数人（74%）支持"追梦人"（那些在儿童时期被非法带到美国的人）获得永久性的合法地位，60% 的人反对美墨边境墙（Tyson，2018）。当然，共和党和民主党之间存在巨大的意见分歧，这就是为什么要让任何政策在联邦一级获得批准都是困难的。

尽管对移民的支持不断上升（特朗普政府实施旅行禁令时，美国各地都出现了抗议活动），但反移民活动人士的数量越来越多，声音也越来越大。南方贫困法律中心表示，非法移民所引发的紧张局势导致了美国各地仇恨组织和仇恨犯罪的上升。白人至上团体正在壮大。治安维持团体已经组织起来监视边境。让这些反移民活动人士走到一起的，是一种普遍的信念，即移民对他们的工作构成威胁，并消耗社会资源。他们的假设正确吗？让我们来看看事实。

（1）**工作**。来自墨西哥的新移民在美国的工资水平是他们在墨西哥的5倍。这就是诱惑。由于许多人不会说英语，而且他们的技能有限，他们倾向于从事低工资的职业，如园丁、屋顶工人、装配工、保管员、餐馆服务员、女佣和移民农场工人。虽然移民在低工资职业中的占比可能过高，但对所有移民都从事低薪工作的看法并不准确——46%的移民从事白领工作（例如，22%的牙科、护理和健康助手以及31%的计算机软件开发人员是移民）（Costa，Cooper，and Shierholz，2014）。有证据表明，移民是经济阶梯的顶层、中层和底层的一部分。

经济政策研究所的证据表明，移民不会降低本地就业率，而且从长期来看，移民一般对本土工人的劳动力市场有微小而积极的影响（Costa，Cooper，and Shierholz，2014）。在工资方面，有证据表明，移民对本地工人工资的总体影响也很小，而且平均来说是积极的。这表明，总体而言，美国人担心移民会威胁本土工人的工作和工资是没有根据的。然而，经济学家们对某些群体是否会受到负面影响存在一些争论，比如教育水平低的工人。研究表明，在工作和工资方面受新移民影响最大的群体是更早一些的移民，而不是本地出生的人（最有可能是因为他们生活在相同的地方，竞争相同的工作）。

随着联邦和州政府不再为合法移民和大多数非移民的接受福利救济者提供福利，这个问题在未来将会加剧，福利接受者被要求放弃福利，去寻找工作，这就增加了数百万工人，他们要去竞争相对较少的低端岗位。

移民只是造成较低工资和受教育程度低的工人之间关系的部分原因。正如我们所看到的，导致工资下降的因素还有制造业的萎缩、工会成员的减少、工作的外包以及大衰退，这给建筑业带来了失业，而这正是许多新移民所从事的行业。

从积极的方面来看，移民比其他人口更有可能自主创业，这反过来又创造了就业机会，增强了当地经济的活力。例如，1992年洛杉矶骚乱5年后，在一些被骚乱破坏的地区出现了意想不到的复兴，这场复兴主要是由亚裔和拉丁裔企业家领导的，其中许多人是第一代移民。这些人在当地投资，雇用当地人，而后者把大部分工资花在当地。牙买加、墨西哥、韩国和印度的企业家引领了类似的移民经济模式。

（2）**社会资源**。从短期来看，移民在公共服务和福利方面的消费超过了他们缴纳的税额。他们缴纳的税较少，因为他们的工资往往较低，而且可供自由支配的收入相对较少。值得注意的是，非法移民确实要缴纳各种税收，如收入、社会保障、医疗保险和销售税（West，2010）。例如，2014年，有3 400 000名无证工人缴纳了社会保障税（Blanco，2017）。社会保障局在2010年分析了非法移民对社会保障基金的影响，并得出结论，非法移民工作并向社会保障基金缴纳了130亿美元的税收，但只收到了大约10亿美元的福利津贴（Goss et al.，2013）。所以从长远来看，移民对社会来说是一项很好的投资。也就是说，移民缴纳的大部分税款和联邦政府扣缴的所得税部分用于为老年人提供社会保障和医疗福利。

移民与人类能动性

移民可以是强迫的（如奴隶贸易），也可以是自由选择的。后一种意义上的移民显然是一种人类能动性的行为（人们不是被动地接受结构上的限制，而是应对、适应和改变所处的社会环境以满足自己的需求）。发展中国家的大多数人安土重迁。还有一些人搬家，与大家庭决裂，离开邻里和社区关系，主要是为了改善经济状况或逃离压迫。

通常情况下，新移民会面临来自其东道主的敌意，正如我们所看到的，东道主害怕他们是竞争对手，或者因为他们"不同"而讨厌他们，又或者害怕他们可能是恐怖分子。在后一种情况下，自"9·11"恐怖袭击以来，伊斯兰国家的移民不得不面对相当大的敌意和怀疑，各种民意调查显示，这种情绪在 17 年后有所上升。这种敌意如此普遍，以至于它被称为"伊斯兰恐惧症"。

新移民在找工作时还面临语言障碍。在许多情况下，尤其是对非法移民来说，他们最初的工作是有辱人格的，薪水很低，而且没有福利。他们是如何适应这些艰难处境的？最常见的方法是，移民会搬到一个已经有朋友和亲戚网络的目的地。这些网络将新移民与住房（通常在非常拥挤但廉价的条件下挤在一起）、工作和非正式的福利制度（医疗保健，在困难时期集中资源）联系起来。

为了克服低工资，所有有能力的家庭成员都可能在家族企业工作或从事不同的工作，并整合家庭资源。为了克服他人的各种形式的敌意，移民社区可能会变得更紧密，尽可能少与外人互动。有些人可能会加入帮派寻求保护，还有一些人可能会尽快采取行动以便同化。

同化是指个人或群体接受另一个群体的文化，失去原有身份的过程。同化的一个主要指标是语言。根据美国早期移民的经历，向全面使用英语的转变很可能需要 3 代人的时间——从几乎只使用传统语言的新移民到他们的孩子会双语，再到他们孩子的孩子（第 3 代移民）只会说英语（Martin and Midgley，1999）。根据皮尤拉丁裔中心的数据，例如在 2007 年，23% 的第 1 代拉丁裔成年人说他们可以很好地用英语进行对话，相比之下，第 2 代和第 3 代的这一比例分别为 88% 和 94%（Gorman，2007）。

如果以史为鉴，新移民将会被同化。然而，有人反驳了新移民会像前几代移民一样被同化的假设，他们认为，新移民是种族/民族群体的成员，而不是白人。早期的移民潮（1965 年后）大多是欧洲白人。随着时间的推移，这些群体被社会主流的"大熔炉"所吸收，因为他们的就业机会相对充足，而且无须遭受种族歧视。然而，今天的移民面临一个不同的现实。人们普遍认为，新移民不容易被同化，或者如果他们仍旧贫穷，那么都是他们的错。因此，许多社会问题和同化阻力被归咎于移民，从而"忽视了种族主义和经济秩序等更大力量的影响，这些力量限制了成功的机会，并为同化带来了障碍"（Pyke，2008：212）。

总而言之，新移民出现在经济不稳定和政府服务减少的时期，导致了：①种族多样性的增加，因为少数种族 / 民族的增长速度比白人快；②关于移民改革的争论；③出于对恐怖主义、就业和社会资源的恐惧，土生土长的人与移民之间的紧张关系加剧。

老龄化社会

美国人口的年龄结构正在经历一个显著的变化——它已经变老了，而且即将变得更老。1900 年，大约每 25 名美国居民中就有 1 人年龄在 65 岁及以上。到 1950 年，这一比例约为 1 ： 12。2000 年，12.5% 的人年龄在 65 岁以上，到 2030 年，这一比例可能会达到 20% 左右，65 岁及以上的人比 18 岁及以下的人多。实际上，到 2030 年，今天的大多数大学生将在 30 岁到 40 岁之间，祖父母的数量将超过孙辈的数量。我们即将迎来老年潮，而它将在许多方面改变社会。

本节分为两部分：①对现在和未来的年龄组的人口统计学描述；②老龄化社会对社会问题的影响。

人口趋势

直到 20 世纪，高**生育率**（出生率）和高**死亡率**使美国一直是一个年轻的国家。然而，20 世纪，出生率下降了（二战后除外，这是一种反常现象），导致儿童占总人口的比例下降。最重要的是，由于医疗技术的进步，美国人的预期寿命延长了。1900 年的平均预期寿命为 49 岁，2015 年为 78.8 岁（女性 81.2 岁，男性 76.3 岁）。

因此，基本上在 130 年内（1900—2030 年），美国 65 岁及以上人群在总人口的占比将从 5% 变为 20%。在接下来的几十年里，老年人数量的激增是 3 个人口因素的结果：从 2011 年开始到 2030 年，生育率持续走低，预期寿命不断延长，"婴儿潮一代"（1946—1964 年出生的 7 800 万人，比前 20 年出生的人口多 70%）步入老年，图 17-3 展示了 1950 年（以年轻人口为特征）、2000 年和 2050 年的人口金字塔。这三个金字塔显示了随着婴儿潮群体走向老龄化而发生的年龄结构变化。

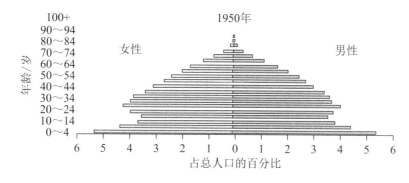

图 17-3　人口老龄化是一个长期趋势

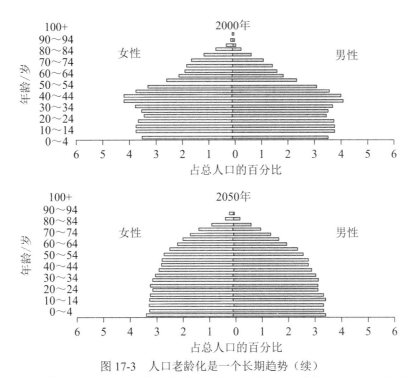

图 17-3　人口老龄化是一个长期趋势（续）

资料来源： 美国人口普查局。对 2050 年的预测来自美国人口普查局对美国人口的中间系列预测。转载自 "Government Spending in an Older America." Reports on America 3. Washington, DC: Population Reference Bureau, p. 2.

在这些统计数据中隐藏着另一个关于老年人的重要事实，即老年人正在变老，图 17-4 中高龄者（即 85 岁及以上的老年人）的增长以及 65 岁及以上老年人的总体增长。根据美国人口普查局的数据，1900 年，只有超过 10 万人属于高龄老人（即 85 岁及以上）。1950 年，这一数字上升到 60 万，到 2012 年，这一数字增加到 590 万。到 2030 年，预计将有 900 万人的年龄在 85 岁及以上，到 2050 年，预计将有 1800 万名高龄老人。换句话说，到 2050 年，高龄老人的数量预计至少会增加两倍。2014 年，100 岁以上的老年人大约有 7.2 万人。由于医学和营养方面的持续进步，预计到 21 世纪中叶，百岁老人的数量将增加到大约 100 万人。事实上，如今出生的孩子有 50% 的机会活到 100 岁。

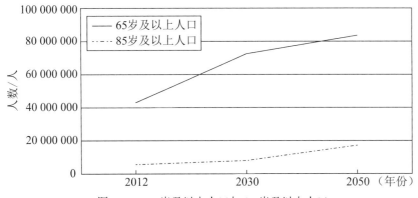

图 17-4　65 岁及以上人口与 85 岁及以上人口

资料来源： 美国人口普查局，人口估计和预测，当前人口报告，第 25 ~ 1140 页 . Population Estimates and Projections, Current Population Reports, P25-1140（Ortman et al., 2014）.

当代老年人的人口学特征

性别比。 由于女性的预期寿命比男性多 5 年左右，老年女性与老年男性的比例为 3 : 2。随着年龄的增长，这种差距变得更大，如图 17-5 所示。

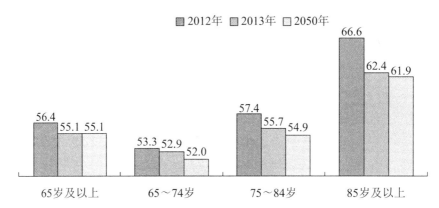

图 17-5　各年龄段女性在人口中的占比：2012 年、2030 年、2050 年

资料来源： 美国人口普查局，人口估计和预测，当前人口报告，第 25 ~ 1140 页．（Ortman et al., 2014.）https://www.census.gov/prod/2014pubs/p25-1140.pdf，第 10 页．

因此，相对男性而言，老年女性更有可能寡居，40% 的老年女性为寡妇，而只有 19% 的老年男性为鳏夫（Jacobsen et al., 2011：4）。这是两个因素的结果：其一，女性的寿命更长；其二，男性与年轻女性结婚的社会常态。因此，在某种程度上，孤独虽是老年人的问题，但更多是老年女性的问题。由于养老金是通过工作获得的，以及传统上对没有外出工作的女性的社会保障的偏见，使老年女性（超过 75 岁）致贫的可能性（14.7%）是老年男性（7.6%）的 2 倍。非裔和拉丁裔老年女性比同龄男性更有可能贫穷。

（1）**种族构成。** 由于少数族裔的预期寿命低于白人（例如，非裔美国人的寿命大约少 4 年），他们在老年群体中所占比例低于其他年龄组。少数族裔在老年人中占比偏低的原因是：拉丁裔老年人代表性不足部分是由移民造成的，因为大多数移民都是年轻人。但少数族裔老年人的比例相对较低的主要原因是，与白人相比，他们活不了那么久，因为他们不太可能有医疗保险，接受的医疗水平低于正常标准，他们更有可能干一些体力活，甚至从事危险的工作。最重要的是，属于种族 / 民族群体的老年人贫困的比例很高。

（2）**地理分布。** 一些州和社区的老年居民比例过高。25% 的美国老年人居住在三个州（加利福尼亚州、佛罗里达州和纽约州）。许多农业州的老年人比例相对较高，因为这些州的年轻人大量外迁。大多数老年人在退休后仍留在当地（"在地老化"），而那些迁移的老年人倾向于搬到气候宜人的阳光带各州（佛罗里达州、加利福尼亚州、亚利桑那州、内华达州和得克萨斯州）。这些迁移的老年人不具有代表性，他们往往比留在当地的老年人更年轻，也更富裕。因此，他们通过自置居所和强大的购买力来扩大税基，而且不会给当地就业市场增加负担，从而给新社区带来好处。他们离开的那些地处雪带的社区则受到了负面影响。留下来的老年人不成比例地更老、更穷，他们需要从本来就较低的社区税基获得更多的公共援助。

（3）**财富、收入和累积的优势或劣势**。显而易见，人们一生工作所积累的财富会影响退休后的生活质量。经济上有困难的人在退休后将继续为生活所迫，而那些经济上有优势的人在晚年则会颐养天年。然而，随着 2007 年经济泡沫的破裂，相对富裕的人群的处境也发生了变化。在大衰退之前，刚退休的人通常享有教育、收入和资产方面的个人资源，这是以前的人所不知道的。他们受益于 20 世纪 90 年代股市的大幅上涨，以及过去 30 年从房地产市场获得的巨额收益，最终，这些收益将会传给他们幸运的继承人。然而，许多老年人错失了良机。他们没有房子，也没有足够的资产来投资。但这种繁荣并没有持续下去（对此我们在第 11 章中做过更详细的讨论），这给许多原本富裕的人带来了困难。

在人们拥有合理的净值方面，房屋净值是最重要的。在这方面，那些早买了房子的人具有优势，因为他们在 20 世纪五六十年代购买的房屋在利息和抵押付款方面比在 20 世纪 70 年代到 90 年代购买的房屋便宜得多。然而，在房地产泡沫破裂后的 3 年里，房屋价值减少了 11 万亿美元。此外，股市损失超过 7 万亿美元，共同基金下跌 38%。对退休储蓄的投资 [401（k）]① 损失了超过 1 万亿美元，在 18 个月的时间里，对公共养老金计划的投资共计损失了 1.3 万亿美元（Byrnes and Palmeri，2009）。这样一来，许多原本认为已经有足够的退休储蓄的人发现自己并未做好准备。为此，许多人不得不推迟退休时间，并无限期地留在劳动力大军中。当然，尽管赔钱了，许多富裕的老人仍然过着舒适的生活。

老年夫妇往往比单身老人拥有更多的净资产。在房屋净资产值的占有方面，未婚老年男性高于未婚老年女性。同样，在家庭收入方面，户主年龄在 65 岁及以上的白人已婚夫妇也可能高于少数族裔已婚夫妇。

退休后个人收入通常会减少 1/3 ～ 1/2。重要的是，那些在进入老年之前就拥有优势的群体在晚年时保持了他们的经济优势，而穷人则变得更穷。

最值得关注的是，政府对这些向富人倾斜的好处负有部分责任。由于税收优惠，政府鼓励相对富裕的人投资退休收入计划，如个人退休账户（IRAs）、基奥计划或其他递延纳税计划。如此一来，已经享有优惠的人会得到相当于税收补贴的税收优惠，从而增加了他们在 65 岁以后相对于弱势群体的经济优势。

大约 9% 的 65 岁及以上的老人生活在贫困之中。这一比例低于总体贫困率，因为社会保障福利是与通货膨胀挂钩的。这个贫困率低于整个国家的贫困率，通常会被认为是成功的。然而，超过 300 万名老人是穷人，另外 30% 的老人属于"经济弱势"类别，也就是说，他们的收入低于官方贫困线的 150%。

贫困老人将收入的 20% 用于取暖和用电，而二者的费用都随着通货膨胀而增加。那些拥有固定收入的人同样受到通货膨胀的负面影响，因其导致租金、税收和医疗成本增加。最后一个是贫困老人的特殊负担。老年人的医疗费用几乎是 65 岁以下人群的 4 倍。

---

① 401（k）来自美国 1978 年在《国内税收法》中增补的第 401 条第 k 项条款，是一种由雇员、雇主共同缴费建立起来的完全基金式的养老保险制度。

图 17-6　随着老年人口的不断增长，社会保障制度的
未来仍有待观察

资料来源：Dennis Brack/Danita Delimont/Alamy Stock Photo

其结果是，贫穷的老人往往居住在不合标准的住房中，得不到充分的医疗保障，饮食不良，如图 17-6 所示。

如果贫穷和衰老是双重诅咒，那么属于种族或少数族裔成员的贫困老人则面临三重劣势。老年非裔美国人贫穷的可能性更高，这是他们一生中累积的不利条件的直接后果。由于他们的平均收入只有白人的 60%，他们几乎没有机会积累储备金来补充养老金收入。相对于白人而言，非裔美国人更有可能从事不提供退休福利和不符合社会保障条件的工作（例如，在 1974 年之前，只有 80% 的老年黑人获得了一些社会保障福利，而老年白人的这一比例为 90%）。即使他们从事的工作符合社会保障的要求，少数族裔成员通常也只能获得较低的福利，因为他们终身工资都很低。

这些相关问题反映了就业歧视、法律不公等问题。显然，在少数族裔能够与白人有类似的职业生涯和报酬之前，社会保障福利的公平不会实现。

老龄化社会的问题

虽然老龄化社会带来了一些问题，但我们重点关注两个方面：①养老金或社会保障收入不足；②老年人医疗的费用高昂。

（1）社会保障。自 20 世纪 30 年代引入社会保障制度以来，这一计划一直对老年人有很大帮助。除了老年人每月的收入外，社会保险金还在养家者死亡的情况下向遗属提供人寿保险津贴，并在工薪阶层无法工作的情况下给予其伤残救济金。最重要的是，社会保障表达了一种信念，即社会为全体公民的福利负责。

尽管社会保障计划有相当大的优势，但它也存在几个严重的问题，这给某类老年人和部分参与该计划的工人造成了不同程度的负担。当前的问题是，并不是所有的工人都享有社会保障。一些工人群体未能参加，因为他们所工作的州有其他退休计划。此外，立法还明确规定，农民等职业不享受社会保障。

对于有资格享受社会保障的工人来说，他们所享有的福利也差异巨大。福利的多少取决于工人参加社会保障计划的时间长短，以及他们缴纳社会保障税的工资数额。换句话说，低薪工人在退休期间得到的福利很少。因此，30% 的几乎完全依赖社会保障福利的老年人处于贫困线以下。这些老年人通常是在工作期间相对贫穷的人，或者是寡妇。

从表面上看，社会保障制度是不分性别的。福利完全基于工作经历、收入和家庭构成。这使许多女性处于不利地位。对女性而言，其中的一些缺点如下。

- 社会保障制度只承认带薪工作。不工作的配偶（通常是妻子）的福利是工作配偶福利的 50%。
- 社会保障福利是根据工作年限和工资收入而定的。由于女性在职的时间比男性短（主要是因为她们会抽出时间来生育和照顾孩子），而且女性通常收入比男性少，因此女性获得的退休福利也比男性少。例如，2014 年，女性的平均年福利为 13 150 美元，男性的平均年福利为 17 106 美元（Social Security Administration，2016）。
- 一段婚姻至少维持 10 年，离婚后女方才能得到前夫 50% 的补助金。如果婚姻关系不足 10 年就离婚了，那么她将什么也得不到。
- 在妻子和丈夫都有工作的情况下，只有当妻子的福利超过丈夫的福利时，她才能因工作获得社会保障福利。如果她根据自己的工资领取福利，那么她将失去丈夫支付的 50% 的工资税。
- 丧偶妇女在 60 岁之前不会获得任何社会保障福利，除非她有一个 16 岁以下的孩子或者有一个残疾的孩子，又或者她自己就是残疾人。

社会保障制度的资金来源是对工资和薪金征税。从 20 世纪 30 年代开始实行时，对 3 000 美元以内的收入征收 2% 的工资税，到现在，税率已经大幅提高了。2011 年对 106 800 美元以内的收入（通货膨胀导致的上限）征收 10.4% 的税，成本由工人和雇主分摊，但大多数经济学家都认为，税收的负担落到了雇员身上，因为雇主通过支付员工少得多的工资来支付自己的份额。

社会保障的融资方式是不公平的，因为它对低收入的工薪阶层很不利。换句话说，这是一种累退税：它需要从收入最低的人那里收取更大比例的税。社会保障税具有以下几个缺点。

- 它以固定的税率征收（每个人，富人和穷人，支付相同的税率）。
- 它从劳动收入的第一美元开始征收，不为非常贫困的人提供补贴或减免。
- 它只适用于工资和薪水，因此免除了富人所特有的收入，如利息、股息、租金和出售地产的资本收益。
- 税额设有上限（2018 年为 12.84 万美元）。因此，实际上，2018 年，年薪 12.84 万美元的工人和年薪 500 万美元的高管或职业运动员支付的社会保障税完全相同。

社会保障面临一个首要问题，即如何在未来为其提供融资。有三个人口因素使该计划的融资存在问题。第一，正如我们所看到的，越来越多的人年满 65 岁。第二，人们活得比前几代人更久。人们的平均寿命比 1935 年建立社会保障制度时长了 14 年。寿命延长的明显后果是，社会保障制度向不断扩大且寿命越来越长的老年群体支付越来越多的费用。第三，倾斜的**抚养比**（劳动人口的比例与非劳动人口的比例的对比①）。社会保险的资金来源是对工人及其雇主征税。目前，每 100 名劳动年龄人口中有 19 人年龄在 65～84 岁。预计到 2028 年，这一系数将攀升至 30 人以上。各方的估计各不相同，但社会保障信托基金似乎将使该计划的偿付能力维持到 2033 年前后，在那之后，它将只能达成部分承诺，即每 1 美元福利对应 79 美分。

　　为了应对这一紧迫的社会保障资金危机，国会将必须提高社会保障税、使用其他收入或削减福利。其他选择包括：①上调获得（保障金）资格的年龄。这种做法对某些群体是不公平的，例如，非裔美国男性的寿命比白人男性短了近 8 年，这意味着如果退休年龄提高到 70 岁，那么非裔美国男性得到福利的人相对会很少。蓝领工人的寿命也比专业人士短。例如，一名终身矿工只有 50% 的机会活到 65 岁。②减少或取消使工资跟上通货膨胀的步伐的生活费调整②。这一提议对穷人的伤害最大，因为它是倒退的。③将社会保障福利作为收入征税，这将保护穷人，因为他们支付的联邦所得税少之又少（如果有的话）。④将社会保障私有化，这是深受共和党欢迎的解决方案。一般而言，这将允许每个人将其一部分社保税投资于股票市场。这一计划在股市上涨时是有利的，但它也使退休储蓄容易受到股市下跌的影响。试想一下，如果社会保障在大衰退之前就被私有化的后果。

　　（2）**医疗费用**。在所有年龄组中，老年人受疾病影响最大。75 岁以后，随着老化过程的加速，健康问题不断加剧。请考虑以下事实。

- 虽然老年人目前只占总人口的 15% 左右，但他们消耗了美国 1/3 以上的医疗资源。
- 老年人住院的可能性是非老年人的 4 倍。在住院的情况下，他们的平均住院时间比非老年人长 3 天。
- 老年人的医疗费用是中年人的 3 倍，但老年人的收入通常要少得多。
- 老年人占处方药总消费的 1/3 以上。
- 阿尔茨海默病是美国的第六大死亡原因。超过 500 万的美国人患有阿尔茨海默病；到 2050 年，除非能找到有效的治疗和预防措施，否则患病人口将增加 2 倍，达到近 1 600 万。根据阿尔茨海默病协会的数据，2017 年，阿尔茨海默病耗费了美国 2 590 亿美元的医疗费用，预计到 2050 年，这项投入将增加至 1.1 万亿美元（Alzheimer's Association，2017）。
- 骨关节炎是身体关节周围保护组织的退化，65 岁及以上人群中约有 50% 的人患有骨关节炎。

---

① 译者注：此处原文对抚养比的界定相对宽泛，根据现有研究，抚养比指总体人口中非劳动年龄人口与劳动年龄人口之比。因此，抚养比越高，意味着劳动力承担的抚养人数越多，负担越重。

② 译者注：生活费用调整指根据通货膨胀来调整货币工资，把货币工资增长率与物价上涨率联系在一起，使二者同比例变动。

- 大约有 50% 的高龄老人去世前会在疗养院待一段时间。
- 长期护理的费用高得令人望而却步。2016 年，住疗养院（半私人房间）一年的平均费用是每天 225 美元或每年 82 125 美元，在一些城市，花销更高（Mullin and Esposito，2016）。

美国国家老年人医疗保险制度（Medicare）（后简称"医疗保险制度"）始于 1965 年，是一项针对 65 岁及以上人群的联邦医疗保险计划。通过这个计划（称为医疗保险 A 部分），每个人都自动享有医院保险、家庭医疗保健和临终关怀。补充医疗保险计划（被称为医疗保险 B 部分）帮助支付医药费、门诊服务、诊断测试、物理治疗和医疗用品。人们可以通过每月支付相对适中的保费来参加这个项目。总的来说，医疗保险制度的资金来自工资税、受助人支付的保费和政府补贴。

医疗保险制度存在三个主要问题：首先，政府的资金不足。其次，从老年人的角度来看，他们的医疗费用大约只有 50% 是通过该项目支付的，这使许多人承担了高额的费用。富裕的老年人可以购买补充医疗保险，因而不会受到伤害。穷人也不会受到伤害，因为医疗补助计划能够覆盖他们。这项计划是由联邦税和州税所资助的独立项目，为穷人的医疗买单。然而，几近贫困的人没有资格享受医疗补助，而且负担不起额外的医疗保险。最后，医生们认为该计划支付给他们的服务费用太少了。因此，许多医生会限制自己服务的享有医疗保险的患者的人数，有些医生甚至拒绝为任何享有医疗保险的患者服务。因此，一些老年人很难找到医生。

老年人：人类能动性

如今 65 岁的人还可以再活 20 年、30 年甚至 40 年。有些人在经济上有保障，很多人直到生命的最后都会相对健康。对一些人来说，生活是充实而富有意义的。

但对很多人来说，变老是人生中的一个艰难阶段。他们不再"通过学校、工作、家庭、教会、社区等一系列机构与社会息息相关了，而这些机构构造了他们的生活，界定了他们在世界上的位置，形塑了他们的身份"（Rubin，2006：93）。他们的生活一度围绕追求目标而展开，（在步入老年后）显得空虚而毫无意义了。一些人将经历使人衰弱的疾病，这些病症会给他们带来持续的疼痛，限制他们的自由，并剥夺他们的活力。活到 85 岁的人有 50% 的概率要"忍受多年严重的精神或身体上的失能"（Jacoby，2011：14）。

大多数老年人保持活跃，直到健康问题削弱他们的行动能力和精神敏锐度。大约 60% 的 80 岁以上的人仍然独立生活（Rubin，2006：90）。许多老年人在教堂、公共图书馆和慈善机构从事志愿工作。例如，有三个针对老年人的国家服务计划——退休老年义工计划（Retired and Senior Volunteer Program）、祖父母义工计划（the Foster Grandparent Program）和老年伴侣计划（the Senior Companion Program），每年动员 50 多万老年人来解决他们所在社区的各种需求。还有另一个非营利性组织经验义工团（Experience Corps），则让老年人在公立学校担任教师和导师，帮助高危儿童提高技能（Reilly，2006）。

65 岁及以上人群的投票率始终高于其他年龄段。许多退休人员在政治上变得活跃，试图改变一些对他们尤为有害的社会条件。老年人在政治上（投票、志愿服务）比社会上任何其他年龄段的人都活跃。由于面临共同的问题，许多老年人加入了地方和国家的集体活动中。一些全国性的组织采取政治行动，造福老年人。其中，最著名的是 4 000 多万成员的美国退休人员协会（AARP）。其他具有代表性的组织有：社保及医保全国保护委员会（National Committee to Preserve Social Security and Medicare）、全美老年公民委员会（National Council of Senior Citizens）、全国老龄委员会（National Council on Aging）、全国老年黑人核心小组（National Caucus of Black Aged）和老年学协会（Gerontological Society）。这些组织通过游说、发放邮件、打广告及其他途径来改善美国老年人的生活。

至于这些组织现在或将来的效力如何，我们不得而知。但随着老年人数量的增加，他们的影响范围也会有所扩大。目前，老年人约占选民的 20%，到 2038 年，他们预计将占到选民总数的 1/3 以上。如果老年人有年龄意识并且投票一致，他们可以构成一个重要的投票群体。来自老年人相对集中的州的政客们逐渐意识到老年人潜在的投票权，因而更关心老年人需求的立法可能即将出台。老年人关注切身问题，并发展成一个要求公平的有效的压力群体，可能只是一个时间问题。

社会变迁：小结

本章重点讨论美国社会及世界范围内的三大转型。这些宏观力量对社会、社区、家庭、个人和工作的性质产生了巨大的影响。通过通信和交通方面的新技术，以及少数几家大型跨国公司将世界各地和美国国内的资本和就业机会转移到工资最低、监管规则最宽松的地方，全球经济呈网络化发展。这种现象，加之美国国内从制造业经济向服务型经济的转变，深刻地影响了就业岗位的分配和工作类型。从事大规模装配线生产的工人越来越少，而这些工作薪水高、福利好。许多人认为，沿着信息高速公路发展的服务业和网络空间上的新的工作岗位将吸收那些从不断变化的行业里被裁掉的员工。这种情况只在有限的范围内发生，因为这些行业所需的技能与工业时代非常不同，而且高科技公司在全球范围内采用自动化和低成本劳动力的同时，也在裁员。结果，经济转型导致数百万工人从高薪工作转移到低薪工作，转移到暂时的或临时的工作，或者根本找不到工作。此外，非熟练和半熟练工人要么被排除在外，要么只能从事低薪工作，即使有福利，也非常少。因此，数百万人的工资维持原样或有所下降。结果，中产阶层日益衰落，贫富差距不断扩大。

全球经济的一个方面是人口流动（移民），通常是从贫穷社会到富裕社会。对美国来说，移民的结果是种族 / 民族结构的转变，因为大多数新移民来自拉丁美洲和亚洲。这些移民大多没有工作和语言技能，无法适应知识型社会。老移民在经济上取得了成功，但经济转型的现实增加了他们被边缘化的可能性。此外，政治气候助长了对少数族裔的平权行动及其他补偿性项目的取消，对穷人的公共支持的缩减，以及对城市衰败和市中心学校的忽视。所有这些都发生在 21 世纪中期，即少数族裔在人数上逐渐成为多数的时期。

除了移民，另一个人口结构的变化是老年人比例的增加，这种变化正在并将对美国社会产生日益显著的影响。被抚养人口的增加给工人和家庭带来了养活他们的压力。他们不断增长的政治力量将影响公共政策、选举政治以及某些州和地区的政治动态。

这三种强大的宏观社会力量的融合给美国造成的后果是：①由于一些工作过时了，许多工人会失业，他们的技能在服务 / 知识经济中再无用武之地，他们的工作被自动化所取代，或者他们的工作转移到了工资较低的环境中；②贫富 / 收入差距不断扩大；③少数族裔的经济呈螺旋式下降；④处于经济边缘的人口比例增加；⑤穷人和担心其经济前途的工人日益加剧社会动荡；⑥由于经济困难时期和种族主义的复兴，仇恨加剧，寻找替罪羊的行为增多；⑦劳动人口的经济负担日益加重，他们必须为越来越多的老年人口的养老金计划及其他援助提供资金。

第 18 章
社会变迁：人类能动性

在这本书中，我们关注强烈地影响人类行为的社会结构和社会力量。正如社会学家彼得·伯杰（Peter Berger，1963：121）所说（在第 1 章中所引用的）："社会不仅控制我们的行动，而且塑造我们的身份、思想和情绪。社会的结构成为我们自己意识的结构。社会的影响不会停留在我们的外在。社会不会停留在我们的表面。社会既包围着我们，也渗透着我们。"然而，这种**决定论**过于强烈。虽然社会限制了我们的行为，但它对我们未来的行为并不是绝对的支配。虽然社会及其结构是强大的，但社会成员并不是完全受控的。我们不是被动的行动者，我们可以控制自己的生活状况。人类要应对、适应和改变社会结构以满足自己的需求。个人，无论是单独行动还是与他人一起行动，都可以塑造、抵制、挑战，有时甚至可以改变影响他们的社会制度。这些行为构成了人类能动性。本章重点关注能动性的宏观层面，即那些改变和克服社会约束的集体行动。

社会学的悖论，即社会拥有对其成员的控制力与社会行动者改变社会的能力，有几个重要的意义和含义（下面让我们回顾第 1 章的开头）。第一，社会并不是一个由机器人所组成的僵化而静止的实体。在一个正在构造的社会项目中，互动中的人是社会的建筑师；也就是说，社会是由人创造、维持和改变的。

第二，人们创造的社会形式往往具有一种神圣的品质，即传统的神圣性，它以社会规定的方式约束着人类的行为。社会学的观点是，许多人认为神圣而不可改变的东西实则为一种社会建构，因此可以被重建。

第三，由于社会结构是由人们创造和维持的，所以它们是不完美的。人们的组织方式会产生积极的和消极的后果。许多人满足于现状，因为他们从中受益。其他人接受这种现状，即使他们因之而处于不利地位。但也有人寻求改变以改善现状，或者彻底地改变现状。这些人是变迁的推动者。

总而言之，能动性的本质是个体通过集体行动能够改变社会结构甚至历史进程。但是，虽然能动性是重要的，我们不应低估那些使人处于从属地位的社会结构的权力，它们使改变变得举步维艰，甚至无法进行。

本章分为五个模块。第一模块是概念性的，着眼于社会运动，即人类行动者为改变社会而做出的集体性和组织化的努力。这部分描述社会运动的类型及其成功或失败的条件。第二、第三和第四模块是说明性的，提供能动性的案例研究——民权运动、女权运动和同性恋权利运动。最后，我们将展望未来。

社会运动

试图以某种方式改变社会生活的个人，其自身所能实现的目标是有限的。如果有任何成功的可能，就需要我们与有着共同目标的人一同努力。社会学家肯尼斯·卡迈耶、乔治·里策尔和诺曼·耶特曼指出，要想成为变革的有效推动者，社会运动很重要。

> 作为个人，我们改变社会的能力是有限的。巨大的社会势力使改变变得困难；这些势力包括政府，大型而强大的组织，以及主流的价值观、规范和态度。当我们以个人的身份去投票时，我们的力量很有限。当我们以个人的身份去向官员抗议时，我们的力量微乎其微。当我们以个人的身份反对舆论风向时，我们几乎没有希望施加影响。当我们以个人的身份对抗企业的结构时，我们注定会受挫和失败。但是，如果我们与其他有着共同信念的人联合起来、组织起来，制订行动计划，我们就可能给社会秩序带来许多重大的变化。通过参与社会运动，我们可以突破那些压倒个体的社会束缚 (Kenneth Kammeyer, George Ritzer, and Norman Yetman，1997：632-633)。

寻求改变的个体行动者通常会与他人一起获得更大的权力，从而成为社会运动的一部分。**社会运动**是一种促进或抵制变革的集体性尝试。当人们对现有的社会制度极其不满，并愿意为一个更好的制度而作出努力时，社会运动就产生了。因此，社会运动在本质上是政治性的，因为它们设法影响公共政策。社会运动是由相当数量的人所发起的以目标为导向的努力。它是一个有领导、有分工、有意识形态、有集体行动方案、有成员角色和规范的持久性组织。虽然金钱和组织技巧很重要，但意识形态是一场运动成功与否的关键。**意识形态**是一套解释现实、为行为提供指导并表达群体利益的思想。群体意识形态为行动提供了目标和理由，将不同的成员团结到一个共同的事业中，并使个人融入运动之中。意识形态可能是复杂的，如基督教或资本主义。此类意识形态提供了一个统一的框架，人们据此在一些问题上采取行动，并对其保有信心。或者，这种意识形态可能会在一些问题上狭隘地针对一方或另一方，如动物权益、堕胎、环境保护、死刑、枪支管制、同性恋权利、美国卷入先发制人的战争、核能、全民医疗保险、种族不平等、薪酬平等、性骚扰、基本生活工资和福利等问题。对于这些问题，支持任何一方的组织都带有一种意识形态，用以阐明立场，提供目标，将成员聚集在一起，并为招募新成员提供一个令人信服的论据。

社会运动的类型

有三种类型的社会运动本质上是政治性的：组织起来以防止变革的抵抗运动；寻求改变社会特定部分的改革运动；寻求彻底变革的革命运动。

第一种社会运动，即**抵抗运动**，要么是明确地组织起来抵制变革，要么是反动的，因为它试图逆转已然发生的变革，并寻求恢复"传统价值观"。

由于快速变迁时期会滋生抵制运动，所以当代有许多这种现象的例子。目前有运动正在努力阻止将核能用作能源的趋势。人们已经组织起来阻止在河流上筑坝或砍伐森林，因为他们想保护环境。反堕胎团体已经成立，以抵制使堕胎合法化或使其容易实现的立法和司法行为。许多社区的福音派教徒组织起来，向学校董事会施压，要求改变学校的政策，因为他们认为这些政策与基督教的原则背道而驰。例如，他们反对进化论的教学内容，并试图让学校也讲授神创论或智能设计论。他们想要在学校里祈祷，希望在公共场所有基督教的象征，反对性教育（除非只教授禁欲）。一些团体组织起来抗议最高法院于 2015 年作出的同性婚姻在美国合法的裁决。如你所见，这些都是抵制变革或试图逆转已经发生的变革的例子。

第二种社会运动，即**改革运动**，试图改变社会的特定部分。这些运动通常只关注一个问题，如妇女权利、同性恋权利或全球变暖。通常情况下，这类运动中有一个权利受到不法侵害的群体，如妇女、非裔美国人、美国原住民、残疾人、农民或工人，这些群体的战略重点是改变法律和习俗，从而改善自己的处境（参见多样性专栏"美国残疾人的政治影响力"）。在美国历史上的不同时期，受压迫的群体成功地组织了改革制度的运动，以获得更多的公平。20 世纪五六十年代的民权运动就是一个例子。另一个例子是 20 世纪 90 年代末的学生运动，该运动旨在消除外国的血汗工厂，这些工厂生产的产品为美国高校带来了利润（参见全球专栏"对抗血汗工厂的学生"）。最近的一个例子是 2018 年的"时间到了"（Time's Up）运动，一群娱乐圈女性发起了一项倡议，反对好莱坞以及全国蓝领工作场所的系统性性骚扰。

多样性

美国残疾人的政治影响力

残疾人权利运动始于 20 世纪 60 年代末。1972 年，"残疾人行动"（Disable in Action）（有 1 500 名成员）组织了抗议活动。此次抗议针对的是无障碍公共建筑、杰瑞·刘易斯的《电视马拉松》（他们认为强化了对残疾人的侮辱性刻板印象），以及忽视残疾人问题或发布对残疾人问题带有偏见的报道的媒体。1972 年，他们还封锁了理查德·尼克松的纽约竞选总部门前的交通，以抗议他对《康复法案》的否决。国会最终通过了 1973 年的《康复法案》，禁止政府机构和承包商歧视残疾人。20 世纪 70 年代还通过了其他有利于残疾人的立法，与当时的政治形势保持一致。

1980 年罗纳德·里根当选总统后，残疾人权利活动人士的政治气候发生了变化。总的来说，20 世纪 80 年代的特点是联邦政府的要求减弱、预算减少、放松管制和不利的司法判决。

1989 年，国会通过了保护残疾人公民权利的具有历史意义的立法，即《美国残疾人法案》。这项法案为残疾人提供了与 20 世纪六七十年代给予非裔美国人和女性的同样保护，以防止歧视。

在美国，大约19%的人（超过5 600万人）有某种形式的残疾。大约5%的人天生就是残疾人，其他大多数残疾人则是后天经历致残状况。在1990年《美国残疾人法案》颁布之前，残疾人在工作、社会场合和交通方面都面临歧视。新颁布的法案禁止商店、酒店、餐馆和剧院拒绝残疾人进入。雇主再也不能仅因为一个人是残疾人而拒绝其工人身份的合理性了。此外，雇主们不得不改造工作场所，使之便于残疾工人出入。根据新法案，正在兴建或改建的公共建筑物必须为轮椅使用者开放。因此，公共交通工具必须配备升降机以方便轮椅使用者。此外，电话公司必须配备专门的接线员，他们能够记录听力障碍者在"听力障碍者专用通信设备"上输入的信息，然后通过口头转述的方式将其发给另一头听力正常的接听者。

1989年，尽管许多商界人士反对，认为法案的这些条款对企业来说成本太高，但残疾人还是赢得了全面胜利。通过一些手段，残疾人战胜了巨大的反对力量，获得了成功。首先，残疾人对其所经历的歧视感到愤怒，这种愤怒为他们所共享，并使之形成了一种共同的身份（阶层意识）。现在，在残疾人中出现的不是孤立感，而是一种共同的纽带感和赋权感。许多人开始积极参与所谓的残障运动。一些人加入了倡导团体；另一些人则联合起来使用非暴力反抗的策略，如扰乱公共交通或封锁通往市政厅的通道，以使其困境更引人关注。在一个著名的案例中，一所聋人大学加劳德特大学的学生们抗议1988年选出一位听力正常的校长。他们拒绝去上课，并占领了行政大楼，最终迫使新任命的校长辞职，而董事会则任命了该大学的第一任聋人校长。

1989年《美国残疾人法案》的胜利得益于残疾人人数的增加，其中包括艾滋病患者和老年人，以及因阿尔茨海默病、失明、耳聋、关节炎及其他疾病而致残的人。由于认识到大约20%的美国人有残疾，政治家们发现很难投票反对他们。作为一个有凝聚力的群体，残疾人具有相当大的潜在政治影响力。他们对共同处境和共同身份的意识日益增强，这使他们在某些问题上以一个团体的身份投票的可能性比以往任何时候都大。结果，最终立法保障了他们的公民权利。

全球

对抗血汗工厂的学生

大学服装产业的年产值超过40亿美元，每所大学在运动衫、帽子及其他商品上使用自己的徽标，从中分得一杯羹。每所大学将使用其徽标的权利出售给大学商标特许公司，该公司是耐克、冠军、锐步等品牌的商标代理，涉及200多所大学。重点高校每年从这些销售中赚取数百万美元的利润。例如，2016年，加州大学洛杉矶分校与阿迪达斯签订了历史上报酬最高的合同，为期12年，金额为2.8亿美元（Benjamin，2016）。

　　许多高校的学生利用这个机会向世界表明，他们不希望自己的大学从事在外国血汗工厂生产服装的商业活动。例如，针对耐克鞋类在亚洲的生产情况的调查发现：

> 耐克公司 75% ～ 80% 的工人是女性，大部分在 24 岁以下，通常每天工作 10 ～ 13 个小时，每周工作 6 天，每周被迫加班 2 ～ 3 次；监工虐待工人的现象很普遍。一般工人的工资大约只有政府认定的满足"最低物质需求"（一个特定国家的成年工人人均最低的生存所需）的工资的 50%（Sage，2010：119）。

　　从另一个角度看，一项印有大学徽标的棒球帽售价 19.95 美元，大学从中盈利 1.5 美元，而多米尼加共和国的工人仅挣 8 美分（Capellaro，1999）。

　　为了纠正血汗工厂带来的不公正现象，以及美国公司和大学在这些不公正中沆瀣一气，许多学生都在努力确保大学服装是在人道的条件下制作的。学生们采用了各种各样的策略：密歇根大学的学生占领了一间院长办公室，进行了为期 3 天的"大汗淋漓"（sweat-in）抗议活动；亚利桑那大学的学生封锁了行政大楼一个下午；威斯康星大学麦迪逊分校的学生不顾校警使用胡椒喷雾和警棍，在校长办公室静坐；普渡大学的学生举行了为期 11 天的绝食抗议；耶鲁大学的 40 名学生参与了"针织"（knit-in）活动，在校园中心做针线活；在圣十字学院和加州大学圣巴巴拉分校，学生们举行模拟时装秀，一边走 T 台，一边就血汗工厂进行演讲；在哈佛大学，350 名学生举行了集会，普林斯顿大学的 250 名学生也举行了集会，他们要求学校不要利用血汗工厂来制造商品；北卡罗来纳大学的学生举行了一场名为"我宁愿赤身裸体，也不愿穿血汗工厂的衣服"的裸体派对。其他院校的学生们分发请愿书，在学校书店里举行抗议活动，并在网站上呼吁穿"无血汗"的衣服。这些抗议活动是由"反血汗工厂学生联合会"协调的。该组织成立于 1997 年，2018 年在美国 150 多所院校设有分会。由于这些抗议活动，个别大学已经改变了政策。例如，杜克大学通知耐克及其他杜克大学产品的许可方，必须向学校透露其工厂的位置，否则杜克大学将不会续签合同（威斯康星大学麦迪逊分校、密歇根大学和乔治敦大学也提出了类似的要求）。各所大学的校长都同意学生们的要求，并反过来要求独立监督（通过工人权利联盟）生产带有学校名称的服装的工厂，全面公开信息，保障维持生活的工资，以及妇女权利。

　　由学生发起的反对服装业血汗工厂的社会运动，最终将其目标扩大到包括其他行业的工人斗争，以及反对种族主义、性别歧视、恐同症、阶层歧视及其他形式的压迫。其主旨是为那些在全球经济中受到剥削的工人伸张正义。

　　显然，在校园里开展集体行动的学生们一直是并将继续是自下而上的变革推动者，他们改变了大学和企业的政策，为那些给大学创造利润而辛勤劳动的人们创造了更人性化的工作条件。

第三种社会运动，即**革命运动**，寻求彻底的变革。这种运动超越了改革的范畴，试图用符合完全不同的社会愿景的新制度取代现有的社会制度。中东各国自下而上的起义是革命性的社会运动的典型例子。

社会运动的生命历程

社会运动经历了可预见的阶段。一场运动要想开始，就必须招募成员，这是运动的第一阶段。通常会有一些社会条件，如制度性的种族主义、制度性的性别歧视、经济萧条、战争、移民潮、有争议的法案或法院判决的通过、警察暴力、性骚扰，威胁或伤害某些社会阶层。正如威廉·斯隆·科芬所说："如果没有反抗的条件，你就不可能反抗。"（Coffin，2004：62）这导致了社会动荡，但却没有引起关注。

运动的第二阶段是不满情绪变得集中。一个或多个领袖会出现，他们利用意识形态和卡里斯玛（非凡的个人属性）来定义他们所面临的核心问题，并邀请和激励追随者们为了共同追求而努力，以使社会变得更好。有时，有些人的行为体现了个人的勇气，如激怒有权有势的人，或入狱、受伤或死亡，有助于凝聚以前没有集中在一起的人。在一个即时通信和社交媒体的时代，这一点尤其重要。在这个时代，公众的注意力集中在以下方面：包括卡里斯玛型领袖所发出的信息和个人的英勇行为；烈士的英雄主义；当局的镇压行为；反对运动的恐怖主义；运动所关注的社会中持续存在的不平等现象。这是一个关键的阶段，当那些处于类似境况的人意识到其他人也有着同样的不满、愤怒或不公正的感觉，他们可以一起做出改变时，就开始获得一种集体认同感和一种共同的使命感。这是一个激动人心的时刻，人们对集体带来所需的社会变革的可能性感到兴奋。这就是女演员阿什利·贾德公开指控好莱坞制片人哈维·韦恩斯坦性骚扰时发生的事情。女演员艾丽莎·米兰诺鼓励受到性骚扰的人在社交媒体上使用"我也是（me too）"标签。随着数百万人作出响应，出现了一种集体认同感和共同目标，这导致了"我也是"运动和"时间到了"运动。《时代》期刊将 2017 年"年度风云人物"评选为"打破沉默的人——发起运动的声音"。

第三阶段涉及走向组织。资源（资金、设备和人员）被调动起来。一个正式的组织结构有着需要遵循的规则、政策和程序，权力集中，层次分明。组织会形成策略，以对抗权威、吸引新成员和保持老成员的活力。组织可以与有着相似目标的其他团体结盟（允许它们分享可能会成为贡献者或新成员的计算机邮件列表）。简而言之，这是一个科层化（或正规化）阶段，以往分散的个体现在已经成为一个组织。以往的领袖是卡里斯玛型的，而现在的领袖则由管理者和经理组成（这被称为卡里斯玛的常规化）。

如果运动取得成功，就会进入最后一个阶段。如果是这样，这场运动将融入社会。运动的目标已经达成。这是**制度化**阶段。虽然这是社会运动的目标，但这一阶段也存在风险。一个常见的风险是**目标替代**。当维持运动组织的正式结构的目标变得比社会运动的原始目标更为重要时，就会发生这种情况。另一个威胁涉及运动内部的权力斗争，这会分散人们对共同目标的努力。我们现在来看三个案例研究，以说明社会运动和人类能动性的力量。

人类能动性：民权运动

许多人认为，民权运动始于 1955 年罗莎·帕克斯在亚拉巴马州蒙哥马利市的公共汽车上因不给白人让座而被捕，随后发起了一场成功的公共汽车抵制运动（见图 18-1）。然而，民权运动并不是一个事件的结果，而是"几个世纪以来白人及其政府虐待黑人的必然结果"（Powledge，1991：xi）。

图 18-1　民权领袖们领导着大约 1 万名追随者从塞尔玛到蒙哥马利的游行。民权运动的和平策略导致了南方种族隔离制度的垮台
资料来源：AP Image

非洲人以奴隶的身份被带到美国，他们遭受剥削，被贬低，被剥夺权力。尽管黑人受到残酷压迫，而他们违反法律和习俗的行为也会受到严厉惩罚，但许多非洲男女仍在与白人权力的统治作斗争。有些人参与了单独的反叛行动。有些人向北逃跑了。有时，黑人逃亡者组成小型游击队，他们建立基地，骚扰邻近的种植园及其他人可能逃离的地方。这些逃亡者（被称为异类）对受压迫者来说是非常重要的。它们的存在意味着，表面上完整的奴隶制实际上并非包罗万象。最重要的是，"这些异类代表着一种隐藏的、被湮没的黑人力量，而这些力量是奴隶主们无法打破的。他们是挑战黑人和白人现状的激进的存在"（Harding，1981：40）。至于那些仍然被奴役的人，有些人选择反抗，他们使用的策略包括在不破坏工具的情况下拒绝学习如何使用工具，消极怠工，持续地不合作，纵火，甚至投毒。

1800 年前后，黑人约占美国人口的 20%。在这 100 万奴隶中，90 万人被合法奴役。

1800 年，加布里埃尔·普罗塞及其他 40 名奴隶因敢于反抗奴隶主而被处决。这次暴动和对奴隶的惩罚导致了长达 35 年的奴隶起义的加剧。在"地下铁路"（一个由黑人和白人组成的网络，将数千名奴隶偷运到北方）的帮助下，奴隶逃跑成功的概率增加，他们为逃跑做出了更多的努力。在留下来的奴隶中，能动性体现在多种形式上，如保留非洲传统、努力维持家庭关系、维护群体团结，以及创造自己的婚姻仪式和生育仪式。历史学家文森特·哈丁总结了内战前黑人的处境。

> 奴隶群体并不是一个陷入绝望的群体。这并非一个没有希望的群体。它活在残酷的环境中，但并没有变得野蛮。它经常受到非人道的对待，但它坚持自己的人性。这条河有太多的东西（哈丁对黑人斗争的累积效应的比喻）暗示着其他的可能性，预示着新时代的到来，并掀起了不安的运动，冲向白人压迫的大坝。在奴隶制的表面下，黑人群体积极地追求自由、完整和家园，这个从未失去人性的群体创造了黑人斗争之河，而斗争的暗流从未停止涌动。（Vincent Harding，1981：74）

内战结束后，《解放奴隶宣言》以及《宪法》第十三、十四、十五修正案获得通过，黑人被从奴隶制中解放了出来，并被赋予了一定的权利。但是，尽管他们在表面上是自由的，但仍然受到压迫。一种形式上的压迫，即奴隶制被废除了，取而代之的是其他形式的压迫，如低薪工作和与土地所有者的分成协议，以及被白人视为低人一等的经济奴隶制。19 世纪 80 年代，南方黑人农场工人的平均工资大约是每天 50 美分。他们通常以"记账"而非现金的方式得到支付，并且只能在土地所有者控制的商店里使用。小佃农不得不向商店借种子来种庄稼。"当年底把所有的钱都加起来时，他却负债累累，所以他的庄稼一直欠别人的钱，他被束缚在土地上。账簿由种植园主和店主保存，黑人就这样被骗了，而且永远在还债。"（Zinn，1980：204）

尽管存在这些障碍，但黑人比以前有了更多的自由，许多黑人想方设法地加强自己的自由，比如持枪狩猎、驾驶马车、在公共场所与其他黑人会面、结成政治联盟、改名、向白人主张自己的权利，以及与长期存在并被深刻理解的地位低下的迹象作斗争。

白人对黑人的暴力行为不断升级，这是对曾经为奴的黑人的行为变化的回应。三 K党和当地的治安队使用突袭、私刑、殴打和放火等方式恐吓黑人。相比白人，法庭更有可能把黑人送进监狱。在南方的监狱系统中，有被殴打、戴镣铐的囚犯和被强迫的劳工，因为承包商以低价购买他们的劳动。

《黑人法典》是由南方各州和地方政府通过的法律，目的是让黑人"安分守己"。这些法典旨在阻止黑人获得平等，控制黑人，将黑人束缚在白人控制的工作和土地上。虽然各州和各市的法律有所不同，但其模式在本质上是相同的。黑人对土地的所有权和租赁权受到限制。当时的《流浪法》坚持黑人有合法的就业机会。例如，在南卡罗来纳，流浪汉可能会被判处一年的苦役，并被出租给个人。《流浪法》规定，对违反与土地所有者或其他雇主合同的黑人工人施以严厉的惩罚。另有一些法律对黑人所能从事的工作有严格的限制。实际上，这些法律意味着黑人受到了许多特殊的惩罚，而这些惩罚并不适用于白人。"这种模式很清楚：在几乎所有涉及黑人与白人关系、行动自由、工作选择自由、个人独立意识以及对自己家庭控制的情况下，黑人法典就是奴隶法典的翻版。"（Harding，1981：314）

20 世纪初，南方出现了严格的种族隔离制度，种族之间的平等交往机会被剥夺。这些"吉姆·克劳法"（由 1896 年美国最高法院普莱西诉弗格森案的判决支持，该案为"隔离但平等"的原则辩护）意味着，南方的所有公共设施，如餐厅、卫生间、学校和公共交通工具，都可以实行隔离。尽管如此，非裔美国人经常联合起来对抗不公正，共享资源，并维持对自己生活的控制。全美有色人种协进会（NAACP）成立于 1909 年，一年后，全美城市联盟成立。二者都在公众舆论和法庭上为民权而战，但直到二战后才取得成功。

二战期间，尽管国防工业被禁止基于种族差异的歧视（根据罗斯福总统的行政命令），但军队仍实行种族隔离。在战争即将结束之时，黑人媒体和少数几家白人媒体推动了种族融合，它们认为既然黑人是为了平等、自由、民主的原则而战，那么他们就应该享有同样的权利。

二战后不久，全美有色人种协进会在法庭上挑战了隔离但平等的学校教育。这种努力在 1954 年得到了回报，最高法院在布朗诉堪萨斯州托皮卡市教育委员会案中裁定，"隔离教育设施从本质上说是不平等的"。这一裁决在南方遭到三 K 党、白人公民委员会、市长、学校董事会和州长的抵制。

除了这一重大的法院裁决之外，1955 年发生的两起事件促使黑人发动了一场最终改变了美国种族关系的群众运动。第一起事件是埃米特·蒂尔在密西西比州被处以私刑。蒂尔是一名来自芝加哥的 14 岁的非裔美国人，他到密西西比州的目的是探亲。为了向堂兄弟炫耀，他违反了南方农村针对黑人不成文的行为准则，对着一个白人女子说了一句"俏皮"话。这名女子的丈夫和姐夫在蒂尔的叔叔家绑架了他。后来，人们在一条河里发现了蒂尔残缺不全的尸体。在法庭上，蒂尔的叔叔指认了两名从他家里带走蒂尔的人（这是南方历史上黑人第一次在法庭上指控白人犯有重罪）。尽管有这种英勇的行为，白人陪审团还是认定杀害蒂尔的凶手无罪（这两个被指认者后来骄傲地承认是他们杀了蒂尔）。

第二起事件是亚拉巴马州蒙哥马利市的一名黑人妇女罗莎·帕克斯遭到监禁，原因是她在公共汽车上没有按照法律所强加的习俗那样，给白人男子让座。这个勇敢的人采取的简单的非暴力反抗行为引发了一系列改变南方的事件。帕克斯被捕后，5 000 多人聚集在教堂，通过了一项支持抵制公交车的决议。一位领袖出现了，他是当地的年轻牧师马丁·路德·金，他鼓励非裔美国人用非暴力抵抗来推翻他们的压迫者极其不公平的法律和实践。此次抵抗的直接目标就是种族隔离的公共汽车系统。超过 4 万名黑人在 381 天的时间里抵制交通系统，这期间人们步行上班或采用拼车方式。蒙哥马利市最终废除了公共交通中的种族隔离制度。这是能动性的一个明显的案例，因为无权无势的人成功地改变了一个不公平的制度。

在马丁·路德·金的领导下，黑人连同白人支持者动员起来废除其他公共设施的种族隔离。餐馆、候车室、教堂和公共海滩的浅滩上都有静坐示威。他们还组织了经济抵制活动。法院开始审理案件。勇敢的学生成为第一批融入学校的非裔美国人。人们举行了抗议游行，以示不满。这些行动遭到了白人的强烈抵制。金和其他人被关进了监狱。示威者受到口头和身体上的虐待。私刑发生了，最臭名昭著的是三 K 党谋杀了密西西比州的三名民权工作者。当时的伯明翰警察局长，绰号"公牛"的尤金·康纳命令警察用消防水枪、警棍和警犬驱散抗议者，数百万人在电视上观看了这一事件。他们试图通过驾车枪击及其他形式的恐吓阻止黑人登记投票。

然而，马丁·路德·金的改革运动决心要推翻种族隔离主义的规范和价值观，并以新的规范和价值观取而代之。在有限但仍很重要的程度上，这场运动取得了成功。在联邦军队的帮助下，学校废除了种族隔离制度。1964 年的《民权法案》禁止在公共设施、教育、就业以及任何接受政府资助的机构中实行歧视。1965 年的《投票权法案》禁止使用识字测试和类似的测试来筛选投票申请人，并允许联邦审查人员监督选举。

但是民权运动并没有完全实现平等。正如本书在不同章节所指出的，北方和南方仍存在相当多的居住隔离，许多学校仍然有种族隔离，非裔美国人的教育投入比白人少，黑人的失业率是白人的 2 倍，黑人的工资也少得多，黑人的贫困率几乎是白人的 3 倍，在贷款业务中仍然存在种族歧视，统计数据显示警察对黑人的暴力程度很高，黑人女性的经济地位比白人女性差得多。

简而言之，虽然民权斗争已经取得了胜利，争取平等的战争仍在进行，在立法机构上、在法庭上、在学区和社区（甚至在足球场，作为"下跪"运动的一部分，美国国家橄榄球联盟球员在国歌奏响时下跪以抗议警察对黑人及其他少数民族的暴行）。与以往一样，个人和团体正在认真发挥能动性，努力改变一切形式的制度性种族主义。

人类能动性：美国社会的女权运动

美国社会的性别不平等导致了女权主义的社会运动。为了克服性别歧视，女权主义经历了三个阶段。第一阶段起源于 19 世纪 30 年代的废除奴隶制运动。在努力废除奴隶制的过程中，女性发现自己与主张废除奴隶制的男性朋友们并不平等。她们开始相信，女性的自由和摆脱奴隶制一样重要。1848 年 7 月，历史上第一次妇女权利大会在纽约塞尼卡瀑布镇举行。塞尼卡瀑布镇大会的与会者通过了一项独立宣言，主张男女生而平等，并被赋予某些不可剥夺的权利。

内战期间，女权主义者把注意力转向了黑人解放运动。战后，废除奴隶制的第十三修正案获得批准。女权主义者分为两派，一派寻求广泛的社会改革，另一派则寻求妇女的选举权。女权主义的第二阶段优先考虑选举。从 1878 年起，在国会的每一届会议上都会提出的妇女选举权修正案，终于在 1920 年 8 月 26 日获得批准（距塞内卡瀑布镇大会提出的妇女选举权要求已经过去了近 3/4 个世纪）。从 1920 年到 20 世纪 60 年代，基础广泛、有组织的女权运动在某种程度上暂停了活动。

女权主义在 20 世纪 60 年代被重新唤醒。那个时代的社会运动产生了当代女权主义的一个重要分支。20 世纪 60 年代的民权运动及其他抗议运动传播了平等的思想（见图 18-2）。但就像早期的女权主义者一样，参与政治抗议运动的女性发现，即使在寻求平等的社会运动中，男性也占了主导地位。她们在自由运动中发现了不公正，于是将抗议范围扩大到医疗、家庭生活和两性关系等问题上。当代女权主义的另一股力量出现在职业女性中，她们发现了收入和晋升方面存在性别歧视。像全国妇女组织（NOW）这样的正式组织开始不断发展，它们寻求通过立法来克服性别歧视。

图 18-2　华盛顿女子游行
资料来源: JG Photography/Alamy Stock Photo

当代女权主义的这两个分支在数百万美国女性中激起了女权主义意识。20 世纪 60 年代和 70 年代初，女性和男性的角色发生了许多变化。然而，20 世纪 70 年代末的经济衰退、高失业率和通货膨胀引发了人们对女权主义的强烈反对。从 20 世纪 70 年代中期开始，一个自称支持家庭和反对堕胎的团体联盟出现了。联盟中的团体来自右翼政治组织和宗教组织，反对女权主义者在生育、家庭和反歧视政策方面取得的进步。由于平权行动计划及其他平等权利政策遭到反对，许多进步都受到了阻碍。

体育运动中的性别平等

争取性别平等的斗争仍在继续，特别是在平等就业和晋升机会以及接受女性担任领导角色（宗教、政府、教育和企业）方面。最近一场有趣且成功的性别平等斗争发生在体育领域，也是我们在此所要呈现的研究案例。

历史上，体育运动一直是男性的专利。当女性参与进来时，她们会被粉丝和媒体忽视，或因带有"男性气质"而被轻视或被贬低。因此，体育曾是（现在也是）一种有助于并延续男性在社会中的主导地位的制度（Hall，1985）。

除了少数例外，20 世纪 70 年代早期，美国的体育运动是男人和男孩的运动。当时，《体育画报》作家比尔·吉尔伯特和南希·威廉姆森写道："在美国可能存在更严重（社会上更严重）的偏见，但是，就那些参加竞技体育的、想要参加的以及如果社会不抨击这种行为而有可能想要参加的女孩和妇女所受到的歧视而言，现今没有比这更明显的有关歧视的例子了。"（Bil Gilbert and Nancy Williamson，1973：90）

把这句话和现在的情况加以比较。美国女性在最近几届奥运会上取得的成就备受赞誉。网球和高尔夫球的女性职业选手经常会出现在电视上，并因获胜而得到高度的认可和评价。现在，篮球、足球及其他运动中都出现了女性职业联盟。在大学层面，拥有成功女子球队的学校，尤其是篮球队，会得到球迷和媒体的大力支持（在一些情况下，甚至比男子球队还多）。1972 年，女子运动员总共获得了 10 万美元的体育奖学金。现在，超过 15 万名女性参加大学体育运动，每年获得 4 亿多美元的奖学金，而男性获得的体育经济资助比女性多 2.27 亿美元。大约有 15 000 名女性被聘为校际体育主管、教练、培训师或体育信息主管。在高中层面，1971 年，27 名女生中只有 1 名（少于 30 万）会参加校际比赛。现在，有超过 300 万名女孩参加（女孩仍然少于男孩）。青少年体育项目现在有了女子队，有些项目让男孩和女孩在同一支队伍中比赛，这与上一代人形成了鲜明的对比，当时许多青少年体育项目都明文禁止女孩参加。

这些重要的变革不是由当权者——联邦政府、州政府、全美大学生体育协会、各州的高中协会、当地的学校董事会、少年棒球联盟或其他青年体育组织发起的。这些变化的发生得益于更广泛的争取妇女权利的社会运动，以及个别家长、运动员和团体的行动，他们挑战了父权传统、法律以及各种体育和学校组织的政策。由于他们富有能动性的行动，体育运动已经发生了变化，因此"下一代女子运动员可能如此平常而自然地在体育运动中找到平等，以至于她们可能会忘记这种平等从何而来"（Kuttner，1996：5）。

20 世纪 70 年代，全美妇女组织（NOW）在两大方面促进了女子体育的进步。首先，它要求当地组织收集有关当地学校和社区项目中男孩和女孩、男人和女人的差异的信息（团队数量、参与者、预算、设备和设施）。这为拟议的立法和法院案件提供了一个国家数据库，并为每个参与社区提供了信息，以便在学校董事会或法院面前就公平问题提出强有力的论点。间接地说，这项调查很重要，因为当地女性直接了解了其所在社区存在的不平等，因此，她们可能会在以后采取更积极的应对措施。

其次，全美妇女组织对国家立法进行游说，以纠正性别不平等。根据联邦政府的数据，妇女作为个人和妇女团体的成员向政治代表施加了压力。经过 2 年的激烈游说，国会1972 年通过了《教育法修正案》第九条。该修正案宣称，"在接受联邦财政援助的任何教育项目或活动中，美国境内的任何人不得因性别而被排除在参与范围之外、被剥夺受益的权利或遭受歧视。"

《教育法修正案》第九条遭到体育组织和学校的男性势力集团的强烈抵制，认为它太激进、不切实际、不可承受。因此，这一条款在早期充其量只是在断断续续地执行。1984年，该条款遭遇挫折，在格罗夫城市学院诉贝尔案中，最高法院裁定第九条不适用于学校体育项目，因为这些项目没有直接接受联邦的资金（尽管学校接受了）。1988年，国会通过了《民权复原法案》（推翻了里根总统的否决），这加强了第九条的力度。该法案规定，接受联邦资金的任何组织的所有项目都要提供平等的机会。最重要的是，美国最高法院裁定，如果学校故意违反《教育法修正案》第九条，可以起诉学校，要求其赔偿经济损失。

在争取体育运动性别平等的斗争中，人们还利用了法庭案件。在青少年体育方面，1973年，少年棒球联盟禁止女孩参加的禁令遭到了几位家长的质疑，并在几起诉讼中被推翻了。由此，各种青年体育运动都允许女性参加。

在高中层面，女孩及其父母曾对学区或州立高中管理机构提起诉讼。通常情况下，这些案件涉及以下三种情况之一：①女孩希望参加男子队，因为她的学校没有女子队（法院通常在这些案件中做出有利于女孩的裁决）；②女孩想加入男子队，尽管她的学校有女子队（在这类案件中，法院通常判决她败诉，因为她没有被剥夺平等的机会）；③女孩希望在某项运动中与男子队平等（Sage and Eitzen，2015）。作为最后一种情况的一个例子，内布拉斯加州在1996年处理了4起集体诉讼，同意各所高中必须为女子垒球提供与男子棒球相同的设施和设备（Pera，1996）。

校际体育比赛中的性别不平等已经在两个方面受到正式挑战（Sage and Eitzen，2015）。自《教育法修正案》第九条通过以来，已有女性代表向教育部民权办公室提出了数千起申诉。此外，由于性别不平等，已经有数十起针对高校的诉讼被提起。例如，1992年，科罗拉多州立大学（CSU）由于预算紧张，取消了包括女子垒球在内的几个体育项目。垒球队的9名成员对学校提起诉讼，称其违反了《教育法修正案》第九条。科罗拉多州最高法院裁定，科罗拉多州立大学必须恢复女子垒球项目。在另一个案件中，美国妇女组织加州分会在1993年对加州州立大学提起了性别歧视诉讼，声称只有30%的体育项目参与者是女性，女性体育项目的预算不到体育总体预算的25%。在一年内，加州州立大学同意大幅增加女性参加体育活动的机会和女性体育项目的资金。1994年，经过5年的诉讼，美国一家地方法院对布朗大学女运动员提起的诉讼作出回应，下令该校恢复女子体操队和排球队，并为女运动员提供"平等待遇"。1998年，联邦法院批准了布朗大学达成的一项和解协议，同意将女子参加体育活动的人数保证在该校女生入学人数的3.5%以内，并增加了在4项女子体育项目上的支出。

除了在法庭上，女性还对男性主导的体育系统提出了其他挑战。一些女运动员在传统的男性运动项目中，如足球和摔跤，与男运动员竞争。男子队中也有几位女教练。还有女性体育主管（甚至在 NCAA 一级联盟的学校也有一些）、女性体育记者、电视台的女性体育分析员，以及一些女性裁判和仲裁员。在每一个例子中，这些女性都入侵了男性的领域，因此，她们经常遭遇来自男性的敌意、不尊重和各种不合作的行为。但通过跨越传统的性别界限，这些先驱在争取性别平等的斗争中发挥了极其重要的作用。

在过去 45 年里，妇女和女孩的体育机会发生了巨大变化，参与率大大提高。公众对女子体育的兴趣迅速增长。学校为女性提供的体育项目的数量大幅增加，预算、资源和设施也都得到了极大的改善。然而，体育领域的性别平等仍然是一个目标，而不是现实。第一，一级联盟的大学的女性虽然占大学生总数的 53%，但只获得体育参与机会的 43.5%、体育支出总额的 29%、奖学金总额的 39%，以及招募资金的 28%（National Women's Law Center，2017）。男子足球是引起问题的起因，因为它可以在会计中进行抵扣。对于一所拥有一流足球队的学校来说，在男子足球队上投入的资金是在所有女子运动项目上投入资金的两倍，这并不罕见。第二，自《教育法修正案》第九条通过以来，在高中和大学阶段，由女性担任领导职务（担任女子体育项目总教练和高级管理人员的男性人数超过了女性）的女子队的比例有所下降。第三，媒体的关注度是不平等的。电视网络和报纸给出的理由是，它们所提供的正是公众所想要的，即男子运动项目。当然，这是一个自我实现的预言。第四，女性在体育事业（职业体育、体育新闻、体育教练和裁判员）上获得的机会和回报仍然落后于男性。第五，女性运动员经常被主流媒体性别化。

因此，尽管发生了巨大而积极的变化，但对于那些希望实现性别平等的人来说，体育仍然是一个充满争议的领域。要想使积极的趋势保持下去，就需要集体和个人继续采取能动性行动。

21 世纪的妇女斗争

妇女运动尚未结束。2017 年，特朗普总统就职后，世界各地有 300 多万人参加了妇女游行 / 抗议（这是美国历史上最大的大规模示威之一）。组织者利用社交媒体鼓励人们为妇女权利游行，并得到空前数量的男性和女性的响应。2018 年，数百万名抗议者再次游行，部分原因是震惊全美的性骚扰丑闻。

在金球奖颁奖典礼上，明星们身穿黑色服装抗议好莱坞的性骚扰，表示对新一轮的"时间到了"运动的支持。300 多名女性发起了"时间到了"运动，以对抗全美范围内各行各业的性骚扰和性虐待。迄今为止，这项运动已经筹集了 1 400 多万美元，为在工作场所遭受性骚扰的女性和男性提供法律援助，参与者们正在努力制定法律，以对那些容忍性骚扰的公司作出惩罚（Garber，2018）。

正如我们所见，社会运动经历过成功或衰落的阶段，因此，这波行动主义浪潮能否保持势头仍有待观察。

未来之思

美国社会支离破碎，处于分裂的危险之中。人们对社会制度的信任度正在下降，特别是在这样一个经济体中：不能提供足够的工作岗位以维持生计；政治体制越来越不民主；富人和穷人之间的隔阂日益增长；政治和媒体的两极分化使妥协几乎不可能达成；不断扩大的不平等差距。这些问题都是我们这本书关注的重点。问题在于：我们是否有希望以某种方式打造一个公平和民主的社会，让所有公民都感到每个人都在为共同利益而齐心协力？

我们有理由保持谨慎的乐观态度。回顾美国历史，就会发现联邦政府在公众支持下采取大胆的行动，并克服严重社会问题的例子。实际上，社会自上而下发生了渐进的变化。

一百多年前，作为对不受约束的资本主义、强盗大亨、经济剥削和政治腐败的反应，进步运动开始了。进步时代之后，出现了由共和党人西奥多·罗斯福总统领导的激进政府，解决了工作场所的一系列问题，包括安全法规、禁止雇佣童工、八小时工作制及提供残疾补偿等。政府打破了商业垄断，建立了国家公园系统，并赋予妇女选举权。

在80年前的大萧条时期，政府通过监管银行和股票市场，启动联邦福利项目（对有子女家庭的援助和社会保障），以及资助大规模公共工程来提供就业和基础设施，以应对几近崩溃的市场经济。

最后一个例子是，二战后，大约70年前，美国政府在公众的大力支持下进行了大规模的联邦投资，如州际高速公路系统、太空计划、《退伍军人福利法案》（为退伍军人提供教育和低成本抵押贷款）和国家老年人医疗保险制度。

联邦政府为公共利益采取行动的这些例子都得到了公众的大力支持。我们现在是否准备好不顾现任政治领导人的意愿以及特殊利益集团的资金，来支持进步立法？

自上而下的解决方案的问题在于，这类方案依赖有权势者放弃自己的一些权力，让人们变得相对被动，等待一个领袖来激励和领导。更积极的解决方案是公民自下而上地推动变革。已故历史学家霍华德·津恩（Howard Zinn，1980）所著的《美国人民的历史》[①] 一遍又一遍地展示了受压迫的美国人如何在不同时期组织起来，并成功地改变制度，最著名的是妇女选举权运动、各种劳工斗争和罢工（它们使工人在安全、工资和福利方面取得了重大进展），以及为少数民族、女性和同性恋者带来积极变化的民权运动。

基于进步变革以及政府在解决社会问题方面发挥的积极作用，人民发生变革的可能性有多大？

现在还有可能实现自下而上的改变吗？有许多股力量正在聚集，这有可能会加剧大规模的动乱——有可能引发一场人民社会运动。第一，富人与普通人之间的差距比以往任何时候都大。在过去30年里，工人的工资停滞不前，而富人却获得了巨额盈利。根据无

---

① 中译文可参见霍华德·津恩. 美国人民的历史 [M]. 许先春，译. 上海：上海人民出版社，2001.

党派税收政策中心的数据，特朗普总统在 2017 年签署的税改法案为中产阶层提供的减税是有限而临时的，但为富人提供了大幅减税，这将加大贫富差距。

第二，国会继续通过税收减免、漏洞及其他补贴的方式使已经富有的人受益，以换取他们的资助。实际上，我们拥有金钱所能买到的最好的国会。那些资金有限或根本没钱的人也就没有政治权力。

第三，当 2007 年年末发生大衰退时，政府帮助银行摆脱了困境，而人民却没有得到援手。欺诈者逍遥法外，而受害者却面临破产和丧失抵押品赎回权。现在，企业想要更多的补贴、更少的政府监管。

第四，2016 年大选的结果是，共和党取得了压倒性胜利，获胜者努力将自己的意识形态议程强加于人。获胜者提出的解决方案是削弱工会，削减穷人和老年人的福利，并为企业和富人提供更多的补贴。

第五，大约有 2 500 万美国人处于失业状态或希望从事全职工作但却在从事兼职工作。只有 1/5 的人能找到工作，这些人中有很多人已经失业很长时间了。此外，许多"千禧一代"从事临时的、暂时的或兼职工作。他们很有可能从父母那里向下流动。

这些力量结合起来，造成了世界级的社会动荡。它们共同构成了一场社会运动的结构性诱因（必要的先决条件）。另外还需要两个因素：首先，公众必须对不公正的制度产生强烈愤慨，就像"下跪"运动和"时间到了"运动所发生的情况。尤其是在社交媒体的助力下，这种势头似乎正在增强。像推特这样的平台可以作为一种有组织的催化剂，供活动家们在某个问题上激起愤怒。其次，需要有一个突发事件，将人们聚集在一场社会运动中。这一导火线可能来自新当选的极端保守派，他们攻击公务人员（教师、消防员、警察和社会工作者）时做得太过火了。也许，是众议员保罗·瑞安提出的削减联邦债务的预算计划，该计划最终将取消国家老年人医疗保险制度，而与此同时，将降低富人的税赋。还有可能是警察或大陪审团的种族主义行为。这些行为是否扭转了局势，引发了愤怒？

那么，还有希望吗？想想民权运动卑微的开端。伯明翰一名年轻的牧师马丁·路德·金组织了一场抗议活动，起因是罗莎·帕克斯在公交车上拒绝给一名白人男子让座。该抗议活动最终以最高法院结束公共交通种族隔离的裁决而宣告胜利。几名勇敢的黑人坐在北卡罗来纳州格林斯博罗一家实行种族隔离的伍尔沃斯餐厅里，两周后静坐示威蔓延到 15 个城市。以上这些努力以及诸如"自由乘车者"之类的运动推翻了南方的吉姆·克劳法，并于 1965 年通过了《投票权法案》。自下而上的改革是能够达成的。

并不是所有的社会运动都取得了成功。但有一些成功了。在一场大规模的社会运动中，与其他志同道合的人一起努力，人们可以挑战不平等的安排，从而将我们支离破碎的社会缝合到一起。历史表明，这样的运动可以获得成功。

社会学的想象力

这本书是一本社会学导论，其主要目的是让你对所有社会事物更具洞察力和分析能力。我们希望，你将在这些知识的基础上，终身探索，去理解社会及你在其中所处的位置。

最后一章的主题是人在社会建构与重建中的重要性。这对我们每个人都有两个重要的启示。第一，我们不必认为社会的制度要求是不可避免的而被动地接受。相反，我们可以积极地参与社会生活，为改善甚至彻底改变有缺陷的社会结构而努力。第二，个人即政治。虽然社会内部存在关涉我们的广泛的政治斗争，但政治也发生在微观层面。社会公正的问题可能存在于我们的工作环境中，我们所属的教会及其他组织中，我们的社区中、家庭中，乃至个人关系中。在这些情况下，我们可以促进或阻碍社会公正。在每一种情况下，我们的行动都有政治意义。

在宏观层面，最重要的斗争是推翻现有的剥削和统治结构。这包括为实现更大的平等而开展普遍计划的集体努力，如全民医疗、养老金、平等教育机会，以及扩大和改善社会基础设施（公路、桥梁、供水、机场、公共交通）。新的家庭形式需要诸如带薪产假和国家抚养制度等项目。在变化的经济环境下，为了提高生产效率，需要劳资合作，并提供公平的工资，保障工作稳定、工作安全、工作培训和集体谈判权。社会公正的问题包括累进税制（收入越多，纳税比例越高）、薪酬公平，以及在就业、住房和贷款实践中防止种族、性别和性偏见的方案。

总之，社会的结构性安排并非不可避免的。跨越种族、民族、性别和性取向界限的个人可以在基层组织反对活动、教育公众、通过示威来促进某项事业、选举结盟的候选人、利用法庭或使用其他策略来改变社会。如果人类愿意，那么他们就是变革的推动者。选择，在我们手中。

参考文献

请扫码阅读

译后记

In Conflict and Order Understanding Society（英文版）如今已更新至第 15 个版本，这意味着该书的作者、出版人以读者需求为导向，进行了反复的推敲与打磨，而这也足以证明该著作在西方社会学界取得的广泛影响力。作为一名经过社会学、人类学专业训练的学者，我有幸协同各位同仁首次将这本兼顾经典理论与前沿议题的社会学著作以《冲突与秩序：简明社会学导论》（中译本）之名呈现出来。临近译校尾声，我在此将向各位陈述整个翻译过程。

2021 年 4 月中旬，我受清华大学出版社刘志彬编辑之邀开始承担本书的翻译工作，首先从目录部分着手，明确了章节主题，完成了对"前言"部分的翻译工作，由此基本确定了本书的主要议题与关键概念，随后与中国社会科学院大学庞志老师合作，根据各自的研究兴趣进行分工，由我负责序言部分、第 1 章至第 12 章，庞志负责第 13 章至第 18 章。最初，我们在徐锦、王丹老师的协助下，定期指导学生完成了翻译的初稿，徐锦主要承担了第 3 章至第 6 章（主要涉及人类被社会形塑的方式）的初稿翻译与指导工作，王丹主要承担了第 13 章至第 16 章（主要涉及家庭、教育、宗教、健康与医疗）的初稿翻译与指导工作。

按照本书章节顺序先后参与初稿翻译的学生名字如下：第 1 章（吴开越）、第 2 章（韩思思）、第 3 章（卢子健、藏思成）、第 4 章（孙欣悦）、第 5 章（钱慧敏）、第 6 章（钱慧敏）、第 7 章（郑逍）、第 8 章（邵明燕、彭宇菲）、第 9 章（郑逍）、第 10 章（邵明燕）、第 11 章（王彤）、第 12 章（王彤、彭宇菲）、第 13 章至第 18 章（刘亚鑫、张文怡），以此为基础，南开大学田颖博士主要参与了第一轮校正工作（第 6、7、8、11、12 章），韩思思、范苏珊也分别承担了部分章节的校正任务，他们负责理顺词句、保障名词翻译的前后一致等，我和庞志分别对各自负责的章节进行了整体的完善。至此，初稿基本完成。

2022 年 1 月中旬，我因早产入院，为保障翻译事项的顺利推进，我特邀北京体育大学罗士洵老师承担最终的校正工作。我们师出同门，依我对他的了解，他若能够接手，必以严谨的态度待之。果然，士洵逐字逐句完成了对全文的校正与修订，并针对部分理论、概念、术语提出了十分精准的修订意见。1 月底，士洵将各章陆续返回给我，直至 3 月中旬，士洵将 18 章全部返回。其间我们始终保持同步沟通，对达成一致的意见进行了修订。此后我与庞志重新梳理译稿，并针对难以达成一致的校正意见进行了反复研讨。8 月中旬，我们终于顺利将译稿提交给严曼一编辑，相信在她的悉心编辑下，本书将以更理想的方式面世。

整个翻译和校正的过程，既深化了我与各位参与翻译工作的同仁对于社会学的理解，也强化了我们想要依托学界翘楚的著作将社会学思想广泛传达的信念。我们与作者斯坦利·艾岑（D. Stanley Eitzen）的初衷一致，希望社会学的学生们或者对社会学感兴趣的读者们能够从这本社会学入门教材的阅读中发展出一种社会学的视角，对社会持有一种理解力，即从冲突与秩序的角度理解现实社会的多样性，关注系统的不平等与人们为了寻求社会正义而进行的斗争，注重社会变迁，并将目光投向更为广阔的全球性问题。

需要指出的是，尽管译者与作者推行社会学理论与思想的初衷一致，但由于我们所处情境不同，在某种意义上，本书所选取的素材与论证的视角皆来自他者，这就意味着，当我们尝试用其分析和阐释中国社会时需要在保持文化自觉的基础上培养本土化问题意识。知先行后，此版译著更希望读者能将社会学的想象力融入中国式现代化背景下的日常生活，以更为和谐的方式重构社会。

张文潇

2023 年 4 月 9 日于北京